书山有路勤为径,优质资源伴你行
注册世纪波学院会员,享精品图书增值服务

MASTERING BUSINESS ANALYSIS STANDARD PRACTICES
Seven Steps to the Next Level of Competency

掌握商业分析
7步提高商业分析能力

[美] 凯利·布伦斯（Kelley Bruns） 著
比莉·约翰逊（Billie Johnson）

陈正洪 译

电子工业出版社
Publishing House of Electronics Industry
北京·BEIJING

Mastering Business Analysis Standard Practices: Seven Steps to the Next Level of Competency by Kelley Bruns, Billie Johnson

Copyright © 2019 by J. Ross Publishing.

Simplified Chinese translation copyright © 2023 by Publishing House of Electronics Industry Co., Ltd.

All rights reserved.

本书简体中文字版经由 J. Ross Publishing, Inc.授权电子工业出版社独家出版发行。未经书面许可，不得以任何方式抄袭、复制或节录本书中的任何内容。

版权贸易合同登记号　图字：01-2020-1466

图书在版编目（CIP）数据

掌握商业分析：7步提高商业分析能力 /（美）凯利•布伦斯（Kelley Bruns），（美）比莉•约翰逊（Billie Johnson）著；陈正洪译. —北京：电子工业出版社，2023.7
书名原文：Mastering Business Analysis Standard Practices: Seven Steps to the Next Level of Competency
ISBN 978-7-121-45683-1

Ⅰ.①掌… Ⅱ.①凯… ②比… ③陈… Ⅲ.①商业信息－数据处理 Ⅳ.①F713.51

中国国家版本馆 CIP 数据核字（2023）第 117041 号

责任编辑：卢小雷
文字编辑：刘淑敏
印　　刷：三河市鑫金马印装有限公司
装　　订：三河市鑫金马印装有限公司
出版发行：电子工业出版社
　　　　　北京市海淀区万寿路 173 信箱　邮编 100036
开　　本：720×1000　1/16　印张：24.75　字数：430 千字
版　　次：2023 年 7 月第 1 版
印　　次：2023 年 7 月第 1 次印刷
定　　价：118.00 元

凡所购买电子工业出版社图书有缺损问题，请向购买书店调换。若书店售缺，请与本社发行部联系，联系及邮购电话：（010）88254888，88258888。
质量投诉请发邮件至 zlts@phei.com.cn，盗版侵权举报请发邮件至 dbqq@phei.com.cn。
本书咨询联系方式：（010）88254199，sjb@phei.com.cn。

译者序

很荣幸接受电子工业出版社的委托,独立翻译这本有关商业分析的专业图书。本人接受这个任务的初衷是,希望更多的中国项目管理同行能开阔视野,看到项目全生命周期管理的精彩之处,发现商业分析在组织中原本具有却在一定程度上被暂时忽视的重要价值。

最近几年,因为看到项目集管理的潜在价值,本人开始积极投身项目集管理的推广事业。项目集管理在本质上是敏捷的,项目集的收益实现是阶段性的,并且对项目集收益的评估和评价也一直是阶段性的。众所周知,项目集经理在组织中的定位是承上启下的业务合作伙伴,通过与包括本书所述的商业分析师在内的诸多关键干系人紧密协作,项目集经理通过项目集为组织实现战略收益的最大化。

优秀的商业分析师从组织战略方向和商业需要的角度定义动议(Initiative)范围。需求代表客户价值,商业分析师的主要任务是在整个项目集生命周期中对需求(商业需要、商业需求、干系人需求、解决方案需求、过渡需求)进行科学管理。商业分析师适时与解决方案的提供者及项目经理、项目集经理协作,以确保解决方案的提供者所开发的最佳商业解决方案能够在项目集经理的科学管理下有序实施,并在项目集治理过程中整合实现业务干系人的需求,从而实现最终收益(最佳价值)。

本书介绍了用于掌握商业分析的7个步骤:

步骤1:理解干系人。从商业分析五大视角(Perspectives)入手来理解干系人。

步骤 2：理解商业环境。理解企业架构方向、业务驱动因素、商业论证。

步骤 3：规划商业分析工作。理解商业分析计划，包括商业分析工作计划和商业分析信息管理计划，并理解其中的商业分析任务及所用技术。

步骤 4：设置动议范围。明确对动议进行范围定义的关键点。

步骤 5：开发解决方案需求和设计定义。对商业分析信息的清晰定义与核实。

步骤 6：管理范围。管理范围的 5 个动作（核实需求、确认需求、推荐解决方案、监控产品需求和设计定义、处理范围变更）。

步骤 7：评价解决方案。明确商业分析师在评价解决方案时必须执行的任务。

希望读者通过本书能意识到多视角下商业分析的价值所在，正如清华大学强茂山教授所言，如果善用商业分析，组织和项目（集）会更加紧密地结合，项目（集）管理将成为组织商业成果不可或缺的一部分。

在此，对给予我本次翻译机会并加以指导的电子工业出版社刘露明编辑等一并衷心致谢！

最后，由于本人才疏学浅，本书最终的译稿难免还有值得商榷之处，望读者在发现之余，不吝指教与探讨。

陈正洪

前言

为什么选择本书

你可能自问：

- "这又是一本关于商业分析的书？"
- "在变化日益增加和充斥了大量信息的当今世界，本书值得我花时间学习吗？"

以下是使本书不同于市面上其他商业分析书籍的原因。

- 强调商业分析的如下扩展。
  - 商业分析师的层级：许多组织正在将商业分析师当作可以促进组织成功的专业角色。为了给商业分析师这一关键角色一个更好的支持环境，组织正在提供多层级的商业分析师职业生涯路径。本书将在战术和战略这两个层面介绍商业分析的具体工作。
  - 扩展的问题/机遇视角：组织在当今市场中遇到的问题具有复杂性，或者机遇具有新颖性，这要求商业分析师拓宽其对动议空间的视角。本书将帮助商业分析师填补其正在寻找的这个差距。
- 强调商业分析师与项目经理间的协作交叉点。本书提供的是商业分析指南，而非项目管理指南。诚然，市面上还有许多关于这两个主题的其他专业书籍，但本书将着重指出商业分析师和项目经理这两个角色间的协作交叉点。成功的解决方案就是这两个角色协同工作的结果。

- 强调商业分析师与解决方案提供者之间的协作交叉点。我们发现，目前在绝大多数商业分析书籍中都缺乏有关商业分析师如何支持解决方案提供者的相关论述。
- 以流程的形式提供结构化的方法。虽然无法凭借单一妙招或单一方法就能执行商业分析，但是本书提供的是任何商业分析师都可以遵循的商业分析分步实施方法。对于某些主题，本书更强调广度而非深度。当然，你也可以通过对某个主题进行更深入的探索来满足你的求知欲。
- 提供了一种用来巩固学习效果的方法，并为你提供将过程付诸行动的信心。我们还出版了《掌握商业分析工作手册》(*Mastering Business Analysis Workbook*) 以作为本书的补充资料。你可以利用该手册来对某案例研究项目的内容进行相应的练习和实践。

本书范围

本书旨在呈现，通过 7 个步骤、5 个视角和 74 种技术来执行商业分析工作的良好实践。事实上，在任何项目中，我们都没有足够的时间做完与商业分析相关的所有事情，因此理解业内公认的良好实践是非常有益的。本书旨在提供商业分析的广度，所以本书的范围不包括对商业分析知识领域、范畴、技术、观点、任务、流程等的深度描述或挖掘。本书主要关注的是，商业分析师在动议方面所扮演的角色和其工作的复杂性，它将帮助商业分析师新人或较初级的商业分析师开发和掌握更高层级的商业分析能力和胜任力。对于那些希望在商业分析领域进行更深入研究的读者而言，本书就像一道开胃菜，可以激发读者寻求理解更多的相关知识，从而将他们的职业生涯和专业角色提高到一个更高的层次。

本书的四类目标读者

本书的目标读者是那些执行商业分析工作、使用商业分析可交付成果、评审或批准商业分析可交付成果，以及管理或辅导商业分析师的人员。

- 执行商业分析工作。无论你是刚接触商业分析的新手，还是经验丰富的商业分析师，或者介于两者之间的专业人士，都可通过本书提供的路线图来指导你的工作。如果你对商业分析的认识相对较浅，它将使你熟悉有效的商业分析实践；如果你对商业分析有丰富的经验，它将更新你的知识并帮助你进行分层学习。

- 使用商业分析可交付成果。如果你是一位商业分析工作和商业分析可交付成果的用户，那么知道自己所该期待的将是极其有益的。如果你是一位解决方案提供者，本书将帮助你综合理解商业分析可交付成果，从而创建与商业分析师之间的有意义对话。
- 评审或批准商业分析可交付成果。无论你是评审、核实或确认商业分析可交付成果的人员，还是对商业分析可交付成果进行最终决策的人员，拥有完整的信息对你做出有效的决策都是至关重要的。这些商业分析可交付成果将在推动进展、财务决策和确保完整性的过程中被用来制定或打破动议。本书将帮助你确认商业分析可交付成果是否与动议的需要相匹配。
- 管理或辅导商业分析师。许多商业分析师的经理不确信应该如何衡量或评估商业分析师的工作及相应的可交付成果。商业分析师的导师可能不确定应该如何辅导新加入的或正在成长的商业分析师。其中，导致这两种情况的一部分原因是对商业分析师这一角色的错误理解，另一部分原因则是商业分析师这一角色的工作范围也得到了扩展。本书将帮助你综合理解商业分析师的角色、职责和相应的可交付成果，以确保商业分析工作的最终成功。

本书结构

本书包含以下 8 章。

第 1 章　引言

本章为理解商业分析术语、商业分析师的角色和职责、商业分析视角，以及商业分析能力奠定了基础。在开始商业分析过程之旅前，我们通过描述商业分析过程的路线图来指引你到达本书的其余部分。

第 2 章　步骤 1：理解干系人

本章提供了对干系人识别的指导，并对干系人进行了深入的分析，以确保在规划或争取干系人参与前对干系人能有更全面的理解。

第 3 章　步骤 2：理解商业环境

本章对理解整个组织、执行情境需要分析，以及为决策者准备正当的情境理由提供指导。

第 4 章　步骤 3：规划商业分析工作

本章对规划领域提供了相关的指导。规划领域不仅包括做好商业分析的具体工作，而且包括制订商业分析沟通计划和商业分析信息管理计划。

第5章 步骤4：设置动议范围

本章提供了通过定义一个清晰、简洁的范围边界来制定成功动议的指导。

第6章 步骤5：开发解决方案需求和设计定义

本章提供了有关开发商业分析信息的指导，这些商业分析信息可用来指导解决方案的构建，以满足干系人需要。

第7章 步骤6：管理范围

本章提供了在不断变化的环境中保持范围一致和控制范围的指导。

第8章 步骤7：评价解决方案

本章提供了对商业分析师在构建解决方案时，以及在解决方案存在期间所扮演角色的指导，以确保解决方案的价值得到持续实现。

如何使用本书

在烹饪过程中，一些厨师比较喜欢按照食谱上所写的步骤来做菜，而另一些厨师可能需要从中间步骤开始，因为有些菜是由副主厨先按食谱完成部分工序再交给主厨进行烹制的，同时，其他厨师会意识到，他们需要根据不断变化的环境和客户的口味来调整食谱。使用本书就像使用一本食谱，你可以从头到尾逐页阅读，也可以对本书介绍的某个步骤有针对性地进行阅读。或者你可以使用本书来改进现有的商业分析流程，我们将其称为添加"佐料"。

获得本书最佳阅读效果的7个建议

以下7个建议将帮助你更充分地利用本书，并获得更好的阅读体验。

建议1 执行差距分析。从商业分析过程的当前状态开始，确定你想达到的未来状态。客观评估你的商业分析工作，并确定存在的差距和机会。

建议2 计划从哪里着手。从引言开始，并回顾引言中的章节概述，根据差距分析的结果来确定将哪个步骤定为起点。

建议3 阅读适当的步骤。一旦确定了对你适用的步骤，你就可以通过阅读对应的章节来综合理解这些信息。

建议4 购买补充资料，如《掌握商业分析工作手册》。对于商业分析师而言，使用与本书配套的《掌握商业分析工作手册》是消化本书内容的最佳方法。该手册将帮助你在阅读过程中对商业分析的关键概念进行实践。

建议 5 整合成行动计划。针对拟阅读的每个步骤，你可以制订一个行动计划：

a. 你会采取什么行动？

b. 你将在什么时候采取行动？

c. 你将如何采取行动？

d. 你需要谁的支持来采取行动？

建议 6 实施适当的步骤。在完成该行动计划后，就该付诸实施了，因为没有行动的计划只是一个梦想。这是理论联系实践的关键时刻。如果想获得提升，你就需要根据已制订的行动计划来采取行动。

建议 7 评价你的进展。在实施行动计划后，你需要确定哪些工作做得好，哪些工作做得不好，哪些工作可以加以改进。另外，你要对自己的工作进行经验教训总结或绩效回顾。在这一步，争取包括你的经理、项目经理或 Scrum Master、解决方案提供者和发起人在内的各个干系人的帮助，这将有助于你的事业腾飞。

目录

第1章 引言 1
    什么是商业分析 1
    谁从事商业分析 5
    商业分析师应具备的素质 6
    组织结构和商业分析师 7
    商业分析师的职业发展 9
    成为值得信任的顾问 13
    商业分析能力 16
    商业分析视角 19
    商业分析关键术语、概念和定义 43
    商业分析卓越中心和商业分析实践社区 57
    商业分析信息精化技术 57
    商业分析行程图 60
    重点总结 60

第2章 步骤1：理解干系人 62
    干系人的类型 62
    理解干系人动机 75
    信任：游戏改变者 86

	持续的干系人分析	90
	技术	91
	重点总结	101
第 3 章	步骤 2：理解商业环境	102
	理解企业架构方向	102
	企业架构组件	112
	理解组织的业务驱动因素	113
	经常被识别出的业务驱动因素	114
	理解商业论证	126
	技术	129
	重点总结	171
第 4 章	步骤 3：规划商业分析工作	172
	启发、协作、分析的迭代性	178
	从哪里开始规划	179
	规划商业分析工作活动	184
	重点总结	203
第 5 章	步骤 4：设置动议范围	204
	什么是范围	207
	先聚焦为什么，再聚焦是什么	208
	制定对成功的度量	208
	块状化（Chunkify）动议	209
	解决方案干系人影响和范围定义	214
	就范围定义达成共识	215
	技术	217
	重点总结	254
第 6 章	步骤 5：开发解决方案需求和设计定义	256
	将范围定义分解为有效解决方案需求	257
	将解决方案需求分解为有效的设计定义	272

成熟度：如何知道何时结束 274
技术 276
重点总结 304

第 7 章　步骤 6：管理范围 306
核实需求 306
确认需求 313
推荐解决方案 315
监督需求和设计定义 317
范围变更 326
技术 329
重点总结 346

第 8 章　步骤 7：评价解决方案 348
评价所提议的解决方案 349
推荐可提高解决方案价值的行动 353
支持实施主题专家 354
支持测试人员 355
评估组织准备度 356
开发过渡需求 356
度量解决方案的成功 357
技术 359
重点总结 372

术语表 374

第 1 章

引 言

本书旨在为读者掌握商业分析提供指导,首先,与其他行业一样,在对执行商业分析工作的指导方针理解前,需要对其有一个基本的理解。本章将提供一些有关商业分析的基础信息,这些信息来自两家商业分析领域中的杰出组织——国际商业分析协会(International institute of Business Analysis,IIBA®)及项目管理协会(Project Management Institute,PMI®),还介绍了本书所涉及的一些其他实用资源。本章旨在帮助读者理解 IIBA 和 PMI 对商业分析行业理解的异同。

什么是商业分析

尽管商业分析在最近几年才得到认可,但围绕商业分析的问题和机遇从一开始就已经被分析了。我们回顾一下创造车轮的过程:车轮出现的原因是需要搬运自重太大而不能快速搬运的物料,而轮式的载物平台可以很好地承载物料,并能更高效地用卡车运到指定地点。这就是一个典型的商业分析工作的结果。

IIBA 和 PMI 都将商业分析定义为一组活动,通过定义需求并推荐能够为干系人提供持续价值的解决方案来实现企业变革。这一简短的定义为商业分析师(Business Analyst,BA)和企业提供了令人兴奋的和有益的机会。在识别某个问题后,人们往往都有一种自然的直觉反应,即马上进入解决方案模式,而不是先尝试识别该问题背后的根本原因。对大多数人而言,以这种立即进入的工作方式来找到解决方案很容易,然而,这种工作方式恰恰是他们的问题所在。

企业通过对商业分析进行投资而获得的价值可以概括为:

- 基于更可靠、更高质量的需求，使解决方案满足干系人的需要并提供商业价值。
- 通过确保过程中的干系人参与，来提高对变革的认同度。
- 项目在范围内和预算内按时交付的概率会更大。
- 通过构建商业分析能力，来对未来变革动议建立可重复使用的模式。

研究结果清楚地表明，企业中的很多项目均未能实现其预期的商业价值。2012—2016 年，项目成功的指标基本保持不变。表 1.1 总结了 PMI 研究的结果。据估算，在企业投入项目的资金中，有 12% 的资金是由于项目绩效不佳而被浪费的。根据 PMI 白皮书《商业分析：领导组织取得更好的结果》(*Business Analysis: Leading Organizations to Better Outcomes*)，项目失败的第二个主要原因是不准确的需求（39%），仅次于组织优先级的变化（41%），而对于商业分析实践已成熟的企业，其项目成功的概率正在显著提高。

表 1.1　PMI 研究的结果

项目成果	2012 年	2016 年
达到既定的目标/商业意图	64%	62%
经历了范围蔓延	44%	45%
被认定失败	15%	16%
在既定预算内完成	55%	53%
按时完成	51%	49%
失败项目的预算损失	34%	32%

企业所需的解决方案正在变得越来越复杂和更具相互关联性，这为商业分析师提供了机会，来争取持有多种观点的干系人参与进来，以推动解决方案，这些解决方案可能需要流程、技术和组织结构方面的变革。市场对商业分析师的需求预计将以两位数的幅度增长，特别是在未来十年内，其增长幅度可能达到 13%~30%。值得一提的是，在预测报告中，商业智能（Business Intelligence，BI）被列为需求最大的技能。根据普华永道最近的一份报告（该报告得到了 Burning Glass Technologies 公司的数据支持），2020 年，在商业分析领域，对于具备深入分析技能的商业分析师，将出现 270 万个岗位空缺。此外，《哈佛商业评论》(*Harvard Business Review*) 将商业分析这一工作定义为 21 世纪最诱人的工作。

商业分析师可以通过以下消息来源保持自己的专业水准：
- 商业分析行业的专业组织、商业分析实践指南和认证：
  - IIBA
    - 商业分析实践指南
      - 《商业分析知识体系指南》（第 3 版）（*A Guide to the Business Analysis Body of Knowledge，BABOK Guide，v.3*）。
      - 《BABOK 指南的敏捷扩展》（*Agile Extension to the BABOK Guide*）。
      - 《IIBA 全球商业分析核心标准》（*IIBA Global Business Analysis Core Standard*）。
    - 认证
      - 商业分析入门级证书（Entry Certificate in Business Analysis™，ECBA™）。对进入商业分析领域的个人的认证。
      - 商业分析入门级证书+（Entry Certificate in Business Analysis Plus™，ECBA™+）。认证人员具有实践经验，能将知识转化为目标技能。
      - 商业分析能力认证（Certification of Capability in Business Analysis™，CCBA®）。对具有 2~3 年经验的商业分析师的认证。
      - 商业分析专业人士认证（Certified Business Analysis Professional™，CBAP®）。对具有 5 年以上商业分析经验并领导过商业分析工作的商业分析专业人士的认证。
  - PMI
    - 商业分析实践指南
      - 《PMI 商业分析指南》（*The PMI Guide to Business Analysis*）。
      - 《商业分析实践指南》（*Business Analysis for Practitioners-A Practice Guide*）。
    - 认证
      - PMI 商业分析专业人士（PMI Professional in Business Analysis，PMI-PBA®）。对具有商业分析和项目管理经验的专业人士的认证。

- 业务流程管理（Business Process Management，BPM）国际专业人员协会
  - 商业分析实践指南
    - 《业务流程管理知识体系指南》(Guide to the Business Process Management Body of Knowledge®)。
  - 认证
    - 业务流程助理认证（Certified Business Process Management®）。认证人员具有广泛的 BPM 基础级技能和对 BPM 的理解。
    - 业务流程专业人士认证（Certified Business Process Professionals®）。对具有 4 年以上 BPM 经验的 BPM 专业人士的认证。
    - 业务流程主管认证（Certified Business Process Leader™）。对具有 BPM 精通级别能力人员的认证。
- 业务架构协会（Business Architecture Guild）
  - 商业分析实践指南
    - 《业务架构知识体系指南》(A Guide to the Business Architecture Body of Knowledge®)。
  - 认证
    - 注册业务架构师（Certified Business Architect®）。对从业人员在业务架构领域的专业程度的认证。

截至 2018 年年底，持有上述与商业分析相关认证的 12 000 多人中，有约 84% 的人持有 IIBA 认证的证书。所有这些认证都需要在一定周期内进行重新认证，这使商业分析师有机会通过获得认证机构认可的单位来更新自身的技能。IIBA 为商业分析师进行了年度工资调查。调查结果显示，大多数商业分析师都至少持有一个认证，与那些没有获得认证的人员相比，他们的工资要高出 16%~38%。值得注意的是，在印度，对于至少持有一个商业分析认证的商业分析师来说，其收入比没有获得认证的人员高出 52%。这些统计数字提醒我们，商业分析认证是有价值的。商业分析师不断更新其技能的其他方法包括：

- 社交网络：
  - 行业组织举办的分会活动。
  - 加入专业网站的商业分析小组。

- 商业分析培训：
  - 具有现场讲师指导的培训课程（远程或面授）。
  - 网络研讨会。
- 参考资料：
  - 博客文章。
  - 白皮书。
  - 商业分析书籍（如本书）。

谁从事商业分析

近年来，商业分析行业经历了一场演进式变革。并不是所有的企业都以相同的方式在岗位描述中定义商业分析师这一角色，因为每家企业在规模、导向、组织结构、部门、文化方面均可能存在差异。

企业必须认真思考并采取措施，以便对商业分析师的角色、职责、岗位描述、招聘实践加以明确与适配。如表 1.2 所示，商业分析师被冠以许多不同的职务头衔。此表不是用来列举其职务头衔的，而是旨在显示商业分析师的职务头衔的多样性。根据《2017 年全球商业分析行业薪资调查》，有 83% 的商业分析师具有以下头衔：商业分析师、数据分析师、产品分析师、业务流程分析师、业务系统分析师或系统分析师。令人兴奋的消息是，商业分析的视角变得越来越广，而不再局限于信息技术（Information Technology，IT）视角，各种解决方案的结果也不再总是以技术为基础。在本书中，对于所有从事商业分析工作的专业人士，不管其有何种职务头衔，都将被称为商业分析师。

企业内的各级支持对于商业分析师成功履行职责至关重要。这种支持必须包括组织中的高级管理人员及项目团队。商业分析师需要项目经理和发起人的支持，以消除商业分析师与干系人有效沟通的障碍，因为大多数商业分析师在组织结构中没有正式职权。根据 PMI 白皮书《商业分析：领导组织取得更好的结果》显示，在商业分析实践非常成熟的组织的受访者中，有 91% 的受访者称其管理层、发起人、干系人重视商业分析师的作用。相比之下，根据商业分析实践较不成熟的组织的受访者反馈，这一比例为 53%。然而，根据 PMI 最近的一项调查显示，只有 18% 的受访者认为其组织内的商业分析实践非常成熟。

表 1.2　商业分析专业人员职务头衔

商业分析师	业务系统分析师	流程分析师	解决方案架构师
业务架构师	数据分析师	流程经理	解决方案设计师
业务变革推动者	ERP 顾问	产品分析师	战略商业分析师
业务顾问	功能架构师	产品协调员	战略顾问
业务流程分析师	混合商业分析师	产品经理	系统分析师
业务流程工程师	IT 分析师	产品所有者	技术顾问
业务关系经理	IT 商业分析师	需求分析师	用户体验设计师
商业需求分析师	信息架构师	需求工程师	
业务解决方案分析师	运营分析师	需求经理	

商业分析师应具备的素质

有一些关键的发展因素正在促进商业分析行业的演进，包括：

- 找到在项目启动前进行商业分析的价值，以帮助商业分析师正确定义问题或战略机会。
- 将商业分析专业扩展为多个专门的角色以涵盖整个动议。
- 能够发现商业分析工作提供了超越软件解决方案的价值。
- 基于独特的项目特征裁剪商业分析服务，从而为组织提供更多的价值。
- 对同时从事项目管理和商业分析活动的从业者使用混合角色。

虽然组织中的许多角色是静态的，但商业分析师是不断演进的角色。在这一过程中，理解商业分析师所必需的素质将在根本上帮助商业分析师，并使其工作变得更加有效。商业分析师的如下素质对于商业分析的成功至关重要。

- 大局观与详细信息。这涉及成为战略思考者的能力，即既能为一项动议提供大局观又能够对细节进行精确定位。事实上，大多数人只具备其中一个天赋，但战略思维和细节思维都可以通过学习获得提升。在商业分析中，从战略开始，到商业需求，然后分解为干系人需求、解决方案需求、过渡需求。
- 变革倡导者。这包括帮助干系人和组织从当前的状态向期望的未来状态进行过渡的人员，这些人员将减少负面影响，并增加与组织价值相关的正面成果。有效的商业分析师可评估企业接受变革的文化及企业适应即将发生的文化变革的准备度。
- 前瞻性思考。这种类型的人员不仅需要关注当前状态，还需要研究未来的需要，包括潜在的增长机会。这种素质包括，能够区分满足客户当前需要的潜在解决方案与有潜力满足未来需要的当前解决方案。
- 好奇心。这包括那些对调查战略机遇和问题根源感兴趣的人员。对问题感兴趣，提出正确的问题，并深入挖掘以解决问题，这些素质都有助于成为高效的商业分析师。
- 多维度。这包括那些在被分析的特定视角或领域有专业知识的人员。商业分析行业已经扩展到 IT 以外的领域，这种多维度的素质还包括对影响、变化、风险和干系人参与范围的关注。
- 开放性思维。这需要在引导干系人参与时采取公正的方法，并且这是商业分析的一种关键素质。商业分析师提问的方式可以暴露一些偏见和封闭式思维。减少封闭式思维的最好方法是问各种各样的问题。
- 解决方案和答案的寻求者。这类人员将寻求有根本原因支撑的答案，执行假设分析，挑战假设，并推荐可行的解决方案来满足商业需要。

此处所识别的素质旨在与本章后面讨论的能力、知识和技能结合使用。在雇用商业分析师时，每个企业都需要确定面试问题应涉及哪些素质、能力、知识和技能。由于商业分析师的角色一直在不断演进，组织还必须提供有关技术和技能的培训、指导和教练以增强业务的成功。

组织结构和商业分析师

正如商业分析师在角色和职责上存在差异一样，也存在着与商业分析相关的独特组织结构。根据美国劳工统计局就业预测计划，到 2020 年，美国的雇主需要 876 000 名商业分析师，而用适当的组织结构来支持商业分析师及其职业发展机会，将成为企业留住优秀商业分析师的关键。

在工作中一个更棘手的难题是，如何确定商业分析师在组织结构中的具体位置，这一难题的部分原因在于商业分析师和混合角色的工作规范不同。在同时具有职能型商业分析师和技术型商业分析师的组织中，有必要让职能型商业分析师向其业务部门的职能经理汇报业务，而让技术型商业分析师向 IT 经理汇报业务。

然而，事情并非在每个工作场所都如此简单。

当组织将商业分析师视为项目角色时，组织倾向于将商业分析师放在 IT 部门，而将商业分析师放在 IT 部门的一个缺点是，在开发商业论证并确认项目前，商业分析师不会参与项目。更成熟的组织认识到，让商业分析师参与创建商业论证是有价值的，因为需要分析技能来检查商业论证所涉及的问题或机会。通常，业务部门有主题专家（Subject Matter Expert，SME）执行战略分析或需要分析，但是主题专家没有足够的分析技能来确定最佳解决方案。在这种情况下，商业分析师与主题专家起着相互平衡的作用（商业分析师能对企业所经历的经营情况提供公正的评价）。

让商业分析师向职能部门汇报业务有助于确保商业分析师尽早参与动议和项目。一方面，不太成熟的组织还没有认识到商业分析师角色在理解商业需要（Business Needs）和帮助实现可行解决方案方面的早期参与的价值；另一方面，已认识到这一价值的组织正在从节约成本、提升效率和提高干系人满意度中获益。

对视角的不同理解也会影响商业分析师的业务汇报结构。例如，在商业智能、敏捷、IT 领域的商业分析师通常向 IT 或信息系统（Information Systems，IS）领导层汇报业务；而企业架构商业分析师和 BPM 商业分析师则向职能领导层或向 IT/IS 部门汇报业务。

在 2017 年的全球商业分析薪资调查中，有 46%的商业分析师向解决方案部门（IT/项目管理）汇报业务，有 34%的商业分析师向职能业务领域/产品部门汇报业务，有 20%的商业分析师向卓越中心（Center of Excellence，CoE）/专业知识/项目管理办公室（Project Management Office，PMO）汇报业务。

无论商业分析师在组织结构中的位置如何，商业分析师都必须：

- 与主要的干系人接触。
- 与干系人建立关系。
- 在每个项目、项目集、项目组合或动议中争取干系人的参与。
- 在没有正式授权的情况下领导干系人。
- 成为值得信赖的顾问。

每个组织都需要通过检查其整体战略、愿景、战略目的、业务驱动因素、工作描述和视角来确定商业分析师在组织结构中的最佳位置。

商业分析师的职业发展

在选择职业时，许多从事商业分析的人员并不熟悉商业分析师的角色及其来由。调查显示，大多数商业分析师没有意识到自己扮演什么角色。事实上，我们（本书的两位作者）只是恰好一人有教育和会计背景，另一人有战略和流程改进背景。其实，有何种工作背景并不重要，重要的是要有适当的技能来有效地执行商业分析工作。商业分析师应具有以下任一背景或组合背景。

- 正规学位课程。课程包括商业管理、商业分析、商业分析学、商业智能、计算机科学、数据分析等。
- IT 或技术背景。特定系统和解决方案的知识。
- 在业务域中的部门、职能区域或业务线的经验。在特定领域中使用的流程和系统的知识。
- 行业或特定的交易经验。理解历史、趋势和竞争优势。

从事商业分析的人员可以通过很多途径成为商业分析师。商业分析师通常从业务领域或技术领域入手，在动议中用到的视角也将推动商业分析师的职业发展，这些视角包括商业分析师成功完成动议所需的任务类型和技术。

企业的规模及其所雇用的商业分析师的数量也对商业分析师的职业发展有直接影响。一些企业（尤其是那些规模较小的企业）不认可任何级别的商业分析师；另一些企业则认可商业分析师的 3 个级别：初级、中级和高级商业分析师（见图 1.1）。通常，大型企业认可商业分析师的 5 个级别：入门级、初级、中级、高级、资深级商业分析师（见图 1.2）。区分商业分析师级别和类型的因素包括能力、知识、工作标准、自主性、复杂性/工作范围、对环境的感知程度。在 2017 年的全球商业分析薪资调查中，有 52%~69% 的受访者认为，他们所在的企业认可商业分析师的多个级别以促进商业分析师的职业发展。在企业中，商业分析师的级别划分各不相同：1~3 级（52%~61%），4~5 级（17%~39%），甚至超过 6 级（8%~22%）。百分比区间基于国家进行细分。

规模较大的组织可通过让商业分析师同行为本组织的商业分析师新手提供教练和辅导服务来受益。这一指导有助于使商业分析师新手缩短学习曲线而更快地成长为优秀的商业分析师。在规模较小的组织工作时，商业分析师可以从本地商业分析师资源中获得帮助。互联网、培训机构和书籍等资源也可以为商业分析师的职业发展提供支持。

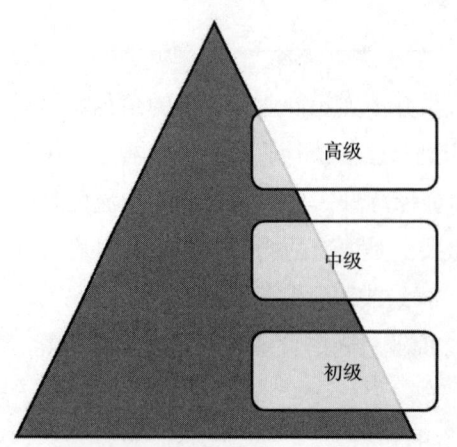 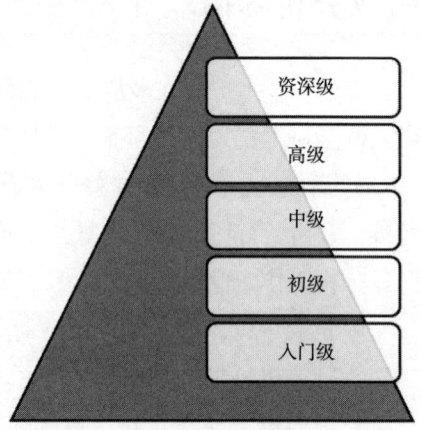

图 1.1　商业分析师职业发展的 3 个级别　　　图 1.2　商业分析师职业发展的 5 个级别

IIBA 商业分析能力模型第 4 版包括商业分析师专业度的 5 个级别：

1. 具备一般意识者。具备基本的商业分析意识、技能和知识。
2. 具备实用知识者。遵循执行商业分析工作的规则、指南和规定方法。
3. 熟练者。负责并完成小型动议和商业分析任务。
4. 专家。具有完成任何类型商业分析工作的技能、知识和能力，能够教练和辅导他人成为价值经理，并具有在整个组织内分享其商业分析专业知识的能力。
5. 策略师。影响和扩展商业分析实践，推进商业分析，并创建创新解决方案。

当商业分析师缺乏必要的商业分析技能集时，商业分析工作和动议将受其影响，当这种情况发生时，重点在于识别导致商业分析师技能集差距的根本原因。一旦识别了根本原因，就可以采取适当的应对措施来协助进行职业定位、职业发展、教练、辅导等。

IIBA 商业分析能力模型第 3 版也识别出了商业分析的 3 种工作概况：

- 通才。可能拥有或不具备领域专业知识，使用各种技术完成各种动议的从业者。
- 专家。具有更高专业知识并能够使用更集中的技术解决复杂业务问题的从业者。
- 混合型。具有不同商业分析能力和其他专业知识的从业者。

许多企业正在拥有以下混合角色：
- 商业分析师/项目经理。设立这类角色的原因是需求（产品和项目）、风险（产品和项目）、干系人识别和分析、与干系人的沟通及质量（产品和项目）这几个方面的重叠。
- 商业分析师/用户体验师。设立这类角色的原因是干系人需求与特定用户界面需求之间的重叠。
- 商业分析师/产品所有者。设立这类角色的原因是通过用户故事识别重叠的需求，并根据干系人需求优先确定用户故事的价值。商业分析师和产品所有者这两个角色都是与干系人的联络人。
- 商业分析师/Scrum Master。设立这类角色的原因是所有干系人在促进、谈判、解决问题和教练方面的重叠。
- 商业分析师/测试人员。设立这类角色的原因是需求工程的重叠导致了不必要的测试计划和测试脚本的创建。
- 商业分析师/开发者。设立这类角色的原因在于由同一个人将需求的原因和内容转换为方法所产生的重叠。

在 2017 年的全球商业分析薪资调查中，商业分析专业人员报告说，他们将 46%的时间用于核心商业分析工作，剩余时间用于履行产品所有者、数据分析师、Scrum Master 或项目经理这些角色的职责，这些统计数据支持对混合角色日益增长的需求。

在组织中导致拥有混合角色的商业分析从业人员的原因还有几个，包括：
- 通才角色。努力提高敏捷性的组织通常要求商业分析从业人员能够履行多个角色职责以避免项目和动议上的瓶颈。
- 缺乏商业分析师。在许多情况下，商业分析师被分配在多个项目和运营中难以抽身，组织内可能因此缺乏足够可用的商业分析师，从而导致员工不得不履行混合角色职责以完成项目和动议。
- 无商业分析师角色。有些组织不认识或甚至不知道商业分析师角色的存在。虽然其职务头衔可能不存在于组织中，但是商业分析工作仍然需要被完成。当一个组织不承认商业分析师角色时，极易忽视需要评估这一项工作。

- 流失的商业分析师。对于雇用合同制商业分析师或使用离岸商业分析师资源的组织,存在失去商业分析师的风险。这种风险是由于随着项目和动议的完成、预算的削减,甚至是商业分析师利用组织获取了知识和获得了更高报酬的职位后去了其他组织就职。遵循此用人策略的组织需要考虑当这些商业分析师离职时公司所流失的知识。
- 角色错位。很少有组织拥有纯粹的商业分析师角色来支持 IIBA 和 PMI 在其文献中所描述的内容。这不一定是坏事,这是事实,有一些拥有商业分析师头衔的从业者不履行任何商业分析职责,也有一些从业者虽没有商业分析师头衔却承担着多个商业分析任务。

混合角色具有独特的优势,包括:

- 更完善的项目范围和产品范围。
- 资源不足时提供帮助的能力。
- 轻松接触正在履行的角色(包括从业者和干系人),从而节省了试图找到合适人选的时间。
- 增强的变更控制流程。
- 由于对产品、服务或结果的主人翁精神而提高质量。

在小型的、不太复杂的、低风险的项目或动议中,企业使用混合角色是有意义的。较小型的企业往往在必要时利用混合角色,因为这些组织可能没法配备专职角色来完成该动议。

同时,混合角色也有一些劣势,包括:

- 与时间、成本和范围的三重约束相关的利益冲突和偏离。约束是限制或限定解决方案、解决方案选项、流程、项目、动议、项目集或项目组合的因素。
- 冲突的角色和责任。项目和动议受益于履行角色的不同人员之间的健康协作和良性冲突。
- 关于执行和责任的困惑。
- 对经验教训的无效知识转移。
- 对于那些在项目中想学习如何履行混合角色职责的员工缺乏职业发展机会。
- 将项目或动议移交给运营。通常,混合角色的人员因负责继续维护解决方案而不能从事新的工作。

在大型、复杂和高风险的项目或动议中，混合角色具有挑战性。当企业违反之前所制定的指导方针时，混合角色将成为项目的瓶颈。混合角色最具挑战性的两个方面是：只有一部分从业人员的经验能够使他在商业分析中获得更高级别的认证，并且商业分析职责可能与从业人员的职业发展目标和经验不一致。

混合角色的从业者有机会在多个学科中取得进步，这对其职业发展既有利又不利。每位从业者都需要审视在其个人职业发展目标中，哪些工作概况将有助于确定最佳的职业道路。

如果正在考虑一个潜在的混合角色职位，请你在决策时考虑如下因素：

- 你是否喜欢商业分析任务和技术？
- 你执行商业分析任务和技术是否有效？
- 你希望未来所履行角色职责的类型，并将此混合角色对准你的职业发展目标。
- 你将从混合责任中获得的经验和机会。
- 需要获得的商业分析认证证书的类型。

商业分析师除在商业分析专业取得向上发展外，还有机会晋升到其他职位，包括业务架构师、企业架构师、商业分析经理、董事、副总裁和C级高管。数年前，大多数商业分析师取得发展的唯一机会是成为项目经理，而现在，商业分析师在商业分析这一行业内寻求发展的机会非常多。

> **在现实生活中……**
>
> 在分析医疗IT平台提供商的当前状态时，我了解到他们有商业分析师的四个级别。他们所面临的两大挑战：（1）如何确保跨多个业务线的不同级别商业分析师职责的一致性？（2）如何保障跨多个业务线的商业分析师的晋升？打算创建不同级别/层级的商业分析师的企业需要牢记这些因素，并确保适当的进度文档、透明的沟通、提升工作的潜力，并在流程中尽可能地消除官僚作风。

成为值得信任的顾问

基本上，信任（Trust）有两个维度的考量因素：品格（Character）和能力（Competence）。请记住，信任等级因情况而异。例如，有人可能问我："你信任你丈夫吗？"我会回答："绝对信任。"他们可能因此回应："所以你会信任他给你做的牙科工作？"我回答说："当然不是，牙科工作不是他的核心能力。"信任某些人并不等同于他们能胜任某项工作。

图1.3有助于理解品格和能力这两个信任函数：

- 品格低，能力低，导致不信任（Distrust）。
- 品格低，能力高，建立尊重（Respect）。
- 品格高，能力低，产生喜爱（Affection）。
- 品格高，能力高，创造信任（Trust）。

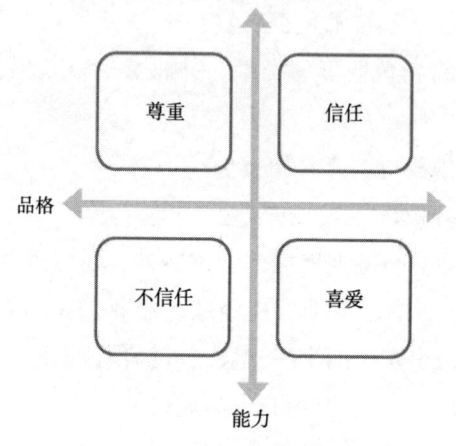

图1.3 信任函数

商业分析师需要考虑干系人对商业分析师的感知，即他们如何将你映射到品格/能力矩阵上？当干系人对商业分析师的感知不在创造信任这一象限中时，商业分析师必须努力提高自身在干系人眼中的品格和/或能力水平。

在商业分析过程中建立信任的重要性是不能被轻视的。当试图与干系人建立信任关系以成为值得信任的顾问时，请考虑以下因素。

- 关注干系人需要和需求：始终关注他们在项目中的最佳利益，并注意信息，这有助于商业分析师与干系人建立信任关系。
- 关注他人的需要：当一个人比别人更关注自己时，大多数信任关系就会崩溃。成为一名值得信任的顾问需要关系建设。

- 掌握互动和人际交往技能：这些技能在本章的"基本能力"一节中进行了描述。信任关系是通过沟通、交谈和积极倾听建立的。
- 愿意承担风险以建立信任：当一方或双方主动承担风险时，关系就开始建立了。根据查尔斯·H.格林（Charles H.Green）和安德里亚·P.豪（Andrea P.Howe）的观点，信任与风险正相关；通过承担适度的风险，可以与干系人建立信任关系。
- 超越本能建立信任：重要的是要停止以下行为
    - 试图影响他人。
    - 自我保护。
    - 通过争斗或出差做出反应。
    - 总是想赢。
- 获得干系人信任的最好方法之一是在我们不知道答案的时候承认自己的无知。
- 倾听他人以建立互惠互利的关系：能够倾听他人的商业分析师更有可能被倾听，这是开始影响他人的最佳方式。查尔斯·H.格林和安德里亚·P.豪认为，互惠意味着，"如果你听我的话，我会听你说。如果你不听我的话，我就不听你说"。商业分析师真正对干系人感兴趣是非常有益的。
- 给人留下良好的第一印象：干系人在第一次与商业分析师互动时，会很快做出信任判断，并同时考虑理性因素和感性因素。
- 承担所有的错误：如果与干系人有着深厚的信任关系，那么商业分析师偶尔犯下的错误会被原谅。在一段关系中，持续的不信任模式是破坏信任的因素。在深度的信任关系中，承认错误实际上会增加信任。
- 信任干系人：当商业分析师信任干系人而不是怀疑干系人时，干系人会更信任商业分析师。
- 成为干系人的可靠顾问：思想、语言和行动的一致性在干系人的头脑中创造了对商业分析师的可信度。

在现实生活中……

一家大型制造企业阶段性规划一个动议时，作为一名混合角色的商业分析师，我有机会与 IT 部门的员工和合作方一起密切合作。在项目结束时，我向 IT 总监反馈了每个团队成员对项目的贡献，同时，我也给了每个成员我当时反

> 馈给 IT 总监的关于他的内容。在计划下一阶段工作开始之时，在我需要同一团队成员的专业知识和工作投入之前，我不知道当初我这个动作的影响有多大。该 IT 总监告诉我他很乐意提供尽可能多的人力资源，因为他相信我会好好照顾他的资源。这次团队成员的贡献比上次更大，因为他们知道我相信并感谢他们。

前面的因素集中在如何建立信任上，而下面的因素则被称为信任粉碎机（Trust Crushers）：

- 泄露机密信息。
- 创造竞争环境。
- 在等级制度下进行沟通（而不是基于团队的沟通）。
- 言行不一致。
- 微观管理。
- 不做决策。
- 不称职。

当缺乏信任时，将导致需求启发过程耗时较长、不完整，并导致士气低落。

成为一名值得信任的顾问意味着在干系人提出需求之前，在识别改进领域方面要比被动反应更积极，但同时也要确认改进是必要的。积极主动提高了商业分析师的价值，并增加了其在企业中保持该角色的机会，帮助他们在工作中越来越有效。当干系人要求商业分析师从事某个项目或动议时，或者当干系人寻求其建议时，这是商业分析师正逐步成长为一名值得信任的顾问的一个标志。

商业分析能力

粗略一看，商业分析师角色主要涉及技术能力，但是进一步审视后发现，除技术能力外，很显然商业分析师还需要拥有丰富的人际交往技能。对于大多数商业分析师而言，可以通过实践获得和学习技术技能，而被有些人称为软技能的人际交往技能的提高则更难，所以需要在商业分析师的职业生涯中不断改进。本节介绍商业分析师所需获取和拥有的关键能力。

核心概念模型

《BABOK 指南》第 3 版将商业分析核心概念模型作为商业分析师执行商业分析的可视化框架。该商业分析核心概念模型阐述了如下六个核心概念。

- 变革：根据需要进行改革。
- 需要：需要解决的问题或机会。
- 解决方案：满足一个或多个需要的特定方法。
- 干系人：团体或个人与变革、需要或解决方案有关系。
- 价值：一定环境背景下干系人的价值、重要性或有用性。
- 环境背景（Context）：影响、受影响和提供对变革的理解的环境。

上述六个核心概念在变革方面相互依赖，也有助于提升商业分析师识别其工作质量和完整性定义的能力。

该商业分析核心概念模型中有多种绩效能力：（1）知识领域，包括商业分析师履行商业分析所需的知识和任务组。（2）技术，是商业分析师履行任务或任务输出格式的不同方法。（3）基本能力，包括商业分析师用于执行任务和技术的技能、能力和个人特征。

商业分析师的基本能力和技能

《BABOK 指南》第 3 版包含 6 大类 29 种基本能力。这些基本能力指的是帮助商业分析师有效执行任务的技能、知识、行为和个人素质。

《PMI 商业分析指南》包含 35 个过程和 6 个商业分析过程组，这些过程组对于商业分析师在以下 6 个知识领域中执行任务时至关重要：

- 需要评估。
- 干系人参与。
- 启发。
- 分析。
- 可跟踪性和监督。
- 解决方案评价。

PMI 还识别出商业分析师角色所需的 40 项能力。表 1.3 包括了 IIBA 和 PMI 认为商业分析师必须具备的能力及两者所共同认可的能力。

表 1.3 商业分析师所必须具备的能力

能力	IIBA《BABOK指南》第3版基本能力						《PMI商业分析指南》商业分析师能力					
	分析思维与问题解决	行为特征	商业知识	沟通技巧	互动技能	工具和技术	分析技能	专家判断	沟通技巧	个人技能	领导技能	工具知识
积极倾听									×			
适应性		×									×	
商业敏锐度			×					×				
商业分析工具和技术					×							
变革代理人											×	
沟通裁剪									×			
沟通与协作工具												×
沟通工具和技术					×							
概念思维	×											
概念性详细思维							×					
创造性思维	×						×					
决策	×											
设计思维							×					
桌面工具												×
企业/组织知识							×					
道德		×								×		
引导				×					×			
行业知识			×					×				
领导和影响					×							
学习者										×		
学习	×											
生命周期知识							×					
倾听				×								
方法论知识			×									
建模工具												×
多任务										×		
谈判											×	
谈判和冲突解决												
非语言沟通				×					×			
计算							×					
客观性										×		
办公效率工具和技术						×						
组织和时间管理		×										
组织知识			×									
个人责任		×										
个人发展											×	
政治文化意识							×					
解决问题	×						×					
产品知识								×				
专业写作									×			
建立关系												
报告和分析工具												×
需求管理工具												×
研究技能							×					
足智多谋							×					
自我意识										×		
解决方案知识			×									
标准								×				
系统思维	×						×					
教学				×								
团队合作				×								
时间管理										×		
值得信任的顾问											×	
诚信		×										
语言沟通				×					×			
视觉沟通									×			
视觉思维	×											
职业道德										×		
书面交流				×								

图例：
×=IIBA《BABOK指南》第3版基本能力或《PMI商业分析指南》商业分析师能力
×=能力认同

> **在现实生活中……**
>
> 在最近的抵押贷款行业某重新设计项目中，干系人表示因为当前平台不再支持，所以协议应用程序需要一个新平台，因为干系人认为客户合同签订这一生命周期过程是完美的，因此，只需建立一个新的平台，所以这被视为一个单纯只有技术含量的项目。在我们获取有关新协议应用程序所期望的更多信息时，干系人提到了这个新应用程序应该有助于缩短客户合同签订的生命周期时间表，因为这是节省成本和时间的一个主要因素。这种实现方式的需求创造了一个新的明确的目标并缩短了合同生命周期。这个干系人原本以为仅含技术成分的项目现在变成了一个流程改进和组织重新设计项目，所以，对于有些事情，只有多问几个问题，才会真正发生。

商业分析视角

商业分析师专业技能集不再只是针对 IT 项目，这些分析技能是在不同的动议环境中工作时所必需的，如流程改进、战略动议、报告需要、自动化解决方案等。

《BABOK 指南》第 3 版将这些商业分析机会定义为商业分析视角。商业分析师可以期望一个动议包含多个视角，依靠这些视角灵活运用技术和执行任务。为了指导商业分析从业人员掌握商业分析，后续章节中所定义的步骤对所有视角都适用。

商业智能视角

商业智能视角认识到需要关注提供增值信息的数据。在这个商业智能视角下工作的商业分析师试图理解与数据的来源、转换、集成和增强相关的影响来支持业务决策。这种决策支持可以是战略层面的、战术层面的或运营层面的。在通常情况下，高管层人员在寻求战略信息，管理层人员在寻求战术信息，而流程人员在寻求运营信息，负责变革动议的商业分析师应该认识到这些不同层面的需要。精明的商业分析师将确保适当地启发这些信息需要，以避免在实施过程中出现可用信息的空白。

该视角的关键目标是获得可靠、一致和准确的信息。由于数据有内部和外部多个来源，如果没有单一事实点（A Single Point of Truth）来处理这些不同的业务数据，就很难实现这一关键目标。从商业智能视角接近数据可促使生成整个企业范围内的信息管理视图。图 1.4 描述了这一单一事实点的概念框架，并暗示了对数据集成和信息交付的信息治理必须加以维护。

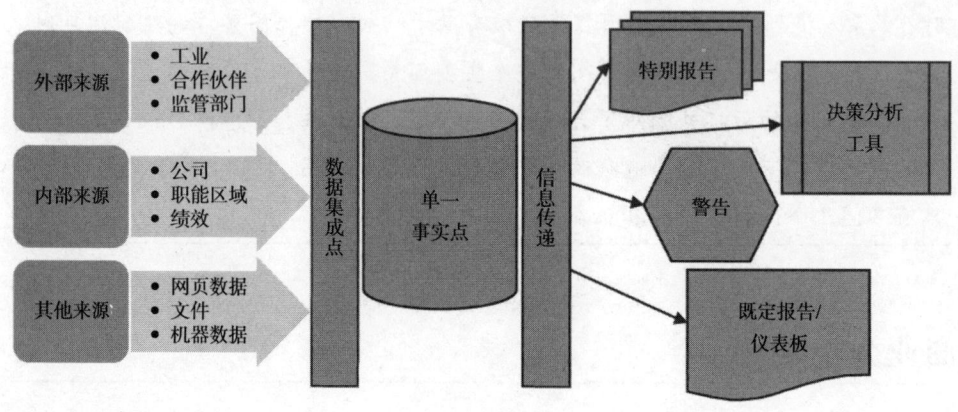

图 1.4　单一事实点

业务流程管理视角

业务流程管理视角旨在确保在端到端流程中对价值交付的优化，这些流程可以是手动的、自动化的，或者两者的有机组合。以流程为中心的企业把业务流程管理视为一项持续的日常工作投入，以及企业日常管理和运营的有机组成部分。商业分析师可以使用许多业务流程管理的框架和方法，但所有这些框架和方法都涉及图 1.5 中所显示的五大步骤。

- 设计：理解当前和未来的流程，以制定差距分析。商业分析师通常在考虑业务流程自动化之前检查如下这些因素的活动：
    - 官僚主义。
    - 增值与非增值。
    - 冗余。
    - 简化。
    - 处理时间。
    - 循环时间。

单靠自动化的方法并不能修复目前效率低下的业务流程。在考虑对业务流程实施自动化之前，需要先找到待改进领域并进行修复。在这个差距分析过程中，商业分析师还需要研究如何为业务干系人做好从当前状态到未来状态的过渡过程。

- 建模：用图形表示当前和未来状态来分析潜在价值。建模有助于商业分析师和业务干系人发现潜在的瓶颈、低效和问题。
- 执行：实际执行流程来识别瓶颈、缺陷和/或错误。
- 监督：对分析数据进行收集以确保价值和推荐改进机会。这涉及持续改进业务流程的工作，并根据需要进行调整，以便业务流程随着时间的推移变得更好。
- 优化：持续重复设计、建模、执行和监督。商业分析师遵循结构化的问题解决方法来执行优化，并寻求能够使业务流程不断适应变化的商业需要。

业务流程管理帮助企业增强业务流程来实现更高效率和更有成效的成果。履行这一视角使商业分析师有机会超出干系人的期望。在执行业务流程管理时，商业分析师意在将重点放在流程中以识别改进并让业务流程干系人参与进来。

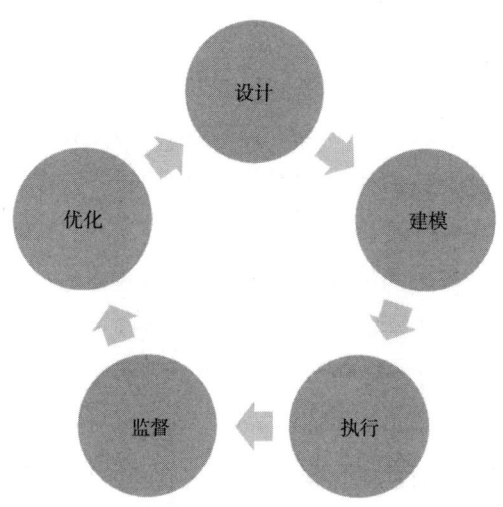

图 1.5 业务流程管理周期（五大步骤）

> **在现实生活中……**
>
> 某制造厂采用结构化的问题解决方法来降低新订单的处理时间和新订单周期时间，这个流程模型图占据了约 38 平方米会议室的所有四面墙。让业务干系人参与定义、测量、分析、实施和控制，帮助他们认识到问题的真正严重性，并获得他们对这一变革的支持和认可，从而将新订单周期时间从 25 天缩短到 5 天。

BP Trends 在 2016 年的业务流程管理市场状况中报告，导致组织关注业务流程变革的业务驱动因素包括：

1. 节省开支的需要。
2. 改进现有流程或创建新流程。
3. 提高客户满意度。
4. 提高组织响应能力。
5. 改善商业协调和控制。
6. 遵守新法规和 IT 升级。
7. 并购等一次性事件。

当然，流程改进并不是什么新鲜事，因为我们每天所做的每件事明显都是流程。这些流程根据一周中的某一天以及所涉及的日历任务而变化，一个典型的例子是分析如何减少晨起准备的时间。使用结构化的业务流程管理方法的区别在于不断的持续改进。表 1.4 提供了业务流程管理演进发展的时间表，在此时间表被评审的同时，用于管理流程的工具也有所演进和发展。表 1.5 描述了当前使用的业务流程管理方法和每种方法的简短描述，该表反映了组织使用了多种方法，因此总百分比大于 100。图 1.6 描述了业务流程管理所聚焦的区域。这些表格和数字当然不是用来吓人的，精明的商业分析师会理解业务流程管理的参与程度、工具和方法以便在分配项目时使用，如前所述，任何项目都可能涉及多个商业分析视角。

表 1.4 业务流程管理演进发展的时间表

阶段	时间窗口	业务驱动因素	组织结构	技术	工具
工业时代	18世纪50年代至20世纪60年代	• 劳动专业化 • 任务生产率 • 降低成本	• 职能层次结构 • 指挥和控制 • 生产装配线	• 机械化 • 标准化 • 记录保存	• 科学管理 • PDCA*循环 • 财务建模
信息时代：阶段1流程改进	20世纪70年代至80年代	• 质量管理 • 连续流 • 任务效率	• 多行业企业 • 业务组织线 • 并购	• 计算机自动化 • 管理信息系统 • 制造资源计划（Manufacturing Resource Planning, MRP）	• 全面质量管理（Total Quality Management, TQM） • 统计过程控制 • 流程改进方法
信息时代：阶段2流程再造	20世纪90年代	• 过程创新 • 最佳实践 • 更好、更快、更便宜 • 互联网商务 • 快速上市 • 客户亲密度 • 卓越运营	• 扁平组织 • 端到端流程	• 企业架构 • 企业资源计划（Enterprise Resource Planning, ERP） • 客户关系管理（Customer Relationship Management, CRM） • 供应链管理	• 作业成本法 • 六西格玛 • 购买还是构建 • 流程再造/再造方法
信息时代：阶段3业务流程管理	21世纪	• 评估、适应性、敏捷性 • 24×7全球业务 • 持续改革	• 网络化组织 • 网络竞争 • 市场增长驱动 • 流程效率高于资源效率 • 组织效率高于运营效率	• 企业应用集成 • 面向服务的体系结构 • 绩效管理软件 • 业务流程管理系统	• 平衡计分卡 • 自助服务和个性化 • 外包、共同采购、内部采购 • BPM方法

*PDCA：Plan（计划）、Do（执行）、Check（检查）、Act（行动）。

表 1.5 业务流程管理方法

方法	使用百分比	说明
精益	34%	精益是一种在制造系统中消除浪费（Muda）的系统方法。精益将过压（Muri）所产生的废品和工作负荷不均匀（Mura）所产生的废品纳入考虑范围。从对产品或服务进行消费的客户的角度来看，"价值"是客户愿意支付的任何行为或过程。从本质上讲，精益的核心是通过减少其他事情来明确哪些事情可以增加价值
六西格玛	20%	六西格玛旨在通过识别和消除导致缺陷的原因并将制造和业务流程的可变性降至最低来提高流程输出的质量。它使用了一套质量管理方法，主要是经验法、统计法，并在组织内部创建了一个关于人员的专门基础设施，这些人员是这些方法的专家。在一个组织内执行的每一个六西格玛项目都遵循所定义的步骤并有特定的价值目标
精益六西格玛	40%	精益六西格玛是一种方法论，它依赖团队协作的力量，通过系统地消除浪费来提高绩效，结合精益制造/精益企业和六西格玛来消除以下八种浪费（Muda）：运输、库存、移动、等待、过度生产、过度加工、缺陷、技能（Transportation，Inventory，Motion，Waiting，Over Production，Over Processing，Detects and Skills，TIMWOODS）
统一软件开发过程（Rational Unified Process，RUP）	9%	RUP 是一个由 Rational 软件公司所创建的迭代软件开发过程框架。RUP 不是一个单一的具体的规定性过程，而是一个可适应的过程框架，意在由开发组织和软件项目团队来定制，由这些开发组织和软件项目团队来选择适合他们需求的过程元素
商业规则方法	12%	商业规则是对业务组织的策略和实践的抽象提炼。在计算机软件开发中，商业规则方法是一种开发方法，其中各商业规则以被业务流程管理系统所使用但不必嵌入该系统的形式存在。商业规则方法用经理和技术人员所理解的语言形象化了企业的关键商业规则
BP Trends 方法论	18%	最佳实践方法综合了诸多方法而接近一个协调的整体。伯尔顿-哈蒙（Burlton-Harmon）将流程工作划分为企业方法论和流程再造方法论。在企业层面，对高级经理和业务流程卓越中心而言，目标是创建或组织用来管理和协调整个流程工作所需的工具和资源。因此，企业工作的各个阶段包括组织战略和流程、创建业务流程架构、组织流程度量系统、建立流程治理系统，以及使流程与来自 IT、人力资源等的其他资源保持一致

续表

方法	使用百分比	说明
Rummler Brache/PDL 方法论	7%	Rummler Brache 方法论定义了业务流程管理的 6 个阶段，包括：阶段 0 绩效改进计划；阶段 1 项目定义；阶段 2 流程分析和设计；阶段 3 管理实施和变更；阶段 4 流程管理；阶段 5 把组织作为自适应系统进行管理。PDL 方法论侧重于在商业需求和 IT 解决方案之间弥补需求差距，包括业务定义和技术驱动因素
流程和企业成熟度模型（Process and Enterprise Maturity Model，PEMM）	6%	流程和企业成熟度模型是一个企业的路线图和标杆工具，用于寻求想成为过程驱动型组织的组织。2007 年 4 月，Michael Hammer 博士在对《哈佛商业评论》的过程审计中介绍了 PEMM。这为企业在流程设计/再设计的任何级别上立即应用 PEMM 提供了指导
案例管理方法论	5%	案例管理解决方案将信息、文档、流程、系统和人员结合起来，提供案例详细信息的 360 度视图，通常称为电子案例文件
框架方法（eTOM、SCOR）	10%	增强电信运营图（enhanced Telecom Operation Map，eTOM）是一个电信服务提供商框架及娱乐业业务流程。模型描述了所需的服务提供商的业务流程并定义了关键元素，以及它们应该如何互动 供应链运作参考（the Supply Chain Operation Reference，SCOR）模型是一个供应链框架，将业务流程、绩效指标、实践和人员技能连接成一个统一的结构
咨询公司方法论（CSC 的 Catalyst）	6%	Catalyst 是一组可重复的流程和技术，用于分析业务状况并开发和实现最佳解决方案。它基于行业最佳实践，反映了 CSC 全球员工的思维和经验
CMMI 方法	17%	能力成熟度模型集成（Capability Maturity Model Integration，CMMI）是一个流程模型，它提供了一个清晰的定义，即组织应该做什么来促进导致绩效改进的行为。CMMI 有五个成熟度级别和三个能力级别，它定义了构建优秀产品或交付优秀服务所需的最重要的元素，并将它们封装在一个综合模型中
内部（In-House）方法论	34%	定制内部开发的标准、工具和实践管理业务流程

注：使用百分比基于 BP Trends 所使用的"BPM 市场状况"——2016

企业层级
- 组织战略
- 业务流程架构
- 绩效测量校准
- BPM 组织政策和实践

业务流程层级
- 业务流程项目
  — 重新设计
  — 改进
- 当前状态文档项目

实施级别
- 人力资本组件
  — 技能集设计
  — 培训
  — 知识管理
- 自动化组件
  — 数据存储库
  — 应用程序开发

图 1.6　业务流程管理所聚焦的区域

IT 视角

IT 视角被商业分析师使用。事实上，我们在商业分析方面提供的大多数参考都是指为描述自动化解决方案的需要而完成的工作。当商业分析师从 IT 视角进行工作时，很可能存在高度的复杂性和活动范围。这些动议的规模是可变的，可能是小型的缺陷解决或小改进，也可能是大型的再造工程项目。商业分析师既可以单独从事 IT 商业分析活动，也可以作为商业分析师团队的一位成员，帮助分解问题、定义目标，最后定义需求以提供最合适的 IT 解决方案。

在 IT 动议中，通常在项目融资之前确定解决方法，然后在商业论证中进行定义。这种解决方法受 IT 特有的企业方向的影响，可以在企业架构中加以定义。IT 解决方法定义了该方案是打包解决方案[商用现货（Commercial Off The Shelf,

COTS）］、定制内置应用程序（国产）、定制外包应用程序（特定的组织）、外包行业标准解决方案，或者是某些方法的组合。这对商业分析工作的最终影响是以用户为中心还是强制用户去使用符合解决方案的系统。对于COTS解决方案而言，企业的选择通常是直接使用业内最好的工具和业已证明有效的功能，可以借此满足同类企业的需要。商业分析师应与发起人和项目经理一起验证这一假设，并确保业务干系人明白虽然流程可能改变，但他们的需要会得到满足。商业分析师应确保解决方案能够满足商业需要，但不指出流程中的具体步骤，否则商业分析师可能破坏购买解决方案的预期收益，详细需求将写在COTS解决方案的配置文件中。对于定制解决方案，商业分析师将采用以用户为中心的方法，详细、简洁地阐述解决方案级别的需求。

现在不乏这样的讨论：为了能以IT视角来开展工作，商业分析师应具备技术专长。一般来说，如果商业分析师有技术背景，那么与IT开发团队的沟通会更容易，但另一个极端是在尚未真正理解问题的根本原因之前就进入解决方案工作模式。IT视角下的成功商业分析师可能具有以下任一背景：

- 过去只在IT系统与商业用户合作。
- 业务组与技术组的指定联络人。
- 有当前应用经验的主题专家。
- 理解日常活动并关注可用性的软件用户。
- 理解业务能力和流程但没有技术或IT经验的业务流程所有者。
- 有深厚技术经验的技术人员。
- COTS代表，他可以在利用其对供应商打包的知识和过去的实施经验的同时，对打包解决方案加以定制。

IT动议通常是通过识别一种新的能力来出发的，这种能力可以改革企业、实现需要技术支持的目标（法规或政策）、改进运营、维护现有IT系统或修复有缺陷的IT系统。这些动议可能需要重点关注多个IT系统，使这些IT系统在多个用户组之间彼此交互。这需要干系人团体之间的高度协作，而商业分析师是定义解决方案需求的引导者。

商业分析师需要考虑某IT变革动议对组织内所采用的其他视角所产生的影响。是否考虑了过程影响？使用此变革是否将启用商业智能？组织是否足够成熟来利用解决方案实现预期价值？以IT视角进行工作的商业分析师必须确保这些考量得到妥善解决，在某些情况下，可能有其他商业分析师处理其他视角，但商业分析师必须考虑所有视角。

这些视角，再加上不断变化的 IT 环境，对业务产生了巨大影响。这一影响推动商业分析师必须与快速演变的环境协调一致。过去十年有贡献的主要创新包括：

- 云计算平台，为大型、中型或小型组织提供了一个相对公平的竞争环境。传统上，企业面临着对信息进行检索、收集、存储和分发的信息系统的大量投资。云计算为那些中小型组织提供了一个灵活的平台来扩展它们的需要，并且只为它们所使用的设施与服务付费。云计算可以决定一个组织的成败，这取决于组织如何执行解决方案，如果能够正确执行，云计算可能推动组织取得比使用旧技术所能设想的更大成功。商业分析师必须理解不当执行解决方法所导致的风险，以及正确执行解决方法对定义商业分析信息所带来的收益。
    - 风险：包括网络依赖性、数据安全和系统集成（组织内部和外部）。
    - 收益：包括降低成本、提高效率、无须投资的平台灵活性、安全收益和可靠性。
- 在云计算的时代背景下，软件的分发方式发生了变化。传统模型提供了盒装软件或现场实现的自定义应用程序，而软件分发正朝着互联网可访问性的方向发展，称为软件即服务（Software as a Service，SaaS）。SaaS 的重点是维护业务应用程序，如会计、数据库管理系统、信息传递软件等。类似地，商业分析师在理解该解决方案对定义商业分析信息所产生的收益的同时，必须理解对其不当执行的风险。
    - 风险：包括托管应用程序的可用性、数据安全和隐私、严格的监管环境和供应商稳定性。
    - 收益：包括人员和硬件成本降低、部署效率提高、初始购置成本降低、无须安装维护版本或补丁、可扩展性、安全性提高和可靠性。
- 全球社会正在改变互联网的接入方式，从台式机和笔记本电脑接入转向添加移动数字平台，如智能手机、平板电脑、智能电视、手表等。现在有些移动劳动力（Mobil Workforce），可以在家、办公室、餐馆或在旅行中工作。这加快了信息流、决策速度和质量、系统间数据交换、协作、沟通和定位服务，它为商业分析师提供了新的启发、沟通和协作工具，以及解决方案设计考虑的机会。

通常，IT 项目是在一个已定义的生命周期框架中进行设计、构建、测试和交付的，这个框架被称为系统（或软件）开发生命周期（Systems/Software Development Life Cycle，SDLC）。商业分析师的启发和分析方法可以遵循或不遵循解决方案开发团队的 SDLC，但是商业分析师受项目 SDLC 的影响，因为商业分析师需要支持成功解决方案的落地。虽然业内有许多不同的 SDLC 方法，但是大多数方法可归属于图 1.7 所示的三个类别中，在此对这三类 SDLC 方法给予解释。

预测型方法　　　　　　　　　　　　　　　　　　　　适应型方法
"瀑布"　　　　　　　　迭代型方法　　　　　　　　　　"敏捷"

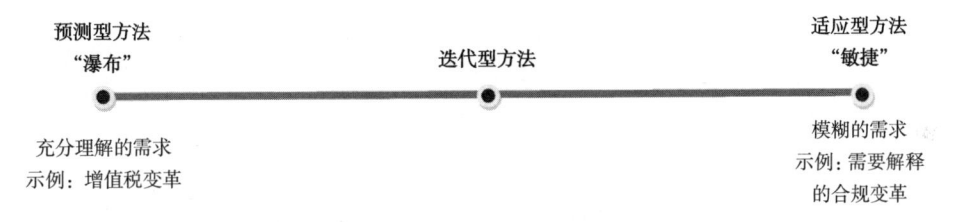

充分理解的需求　　　　　　　　　　　　　　　　　　模糊的需求
示例：增值税变革　　　　　　　　　　　　　　　　　示例：需要解释
　　　　　　　　　　　　　　　　　　　　　　　　　的合规变革

图 1.7　SDLC 的类别

- 预测型方法（Predictive Approach）：通常被称为瀑布方法。预测型方法是一个连续的（非迭代的）过程，在这个过程中，进度被视为稳定地向下流动（像瀑布一样）。瀑布方法经历了概念、启动、分析、设计、构建、测试、实施和维护几个阶段。预测型方法要求在进入下一阶段之前完成、审查、核实当前阶段。图 1.8 描述了瀑布方法的各个阶段。当项目的变量和结果众所周知时，预测型方法是一种有用的方法。在下列情况下，这种方法可能是组织的恰当选择：
    - 团队熟悉问题、需求和解决方法。
    - 项目参数稳定。
    - 项目组很大。
    - 项目开发过程被完整地记录下来。
    - 组织更喜欢可预测性而不是变化。
    - 项目经理在其他项目方法方面缺乏经验。

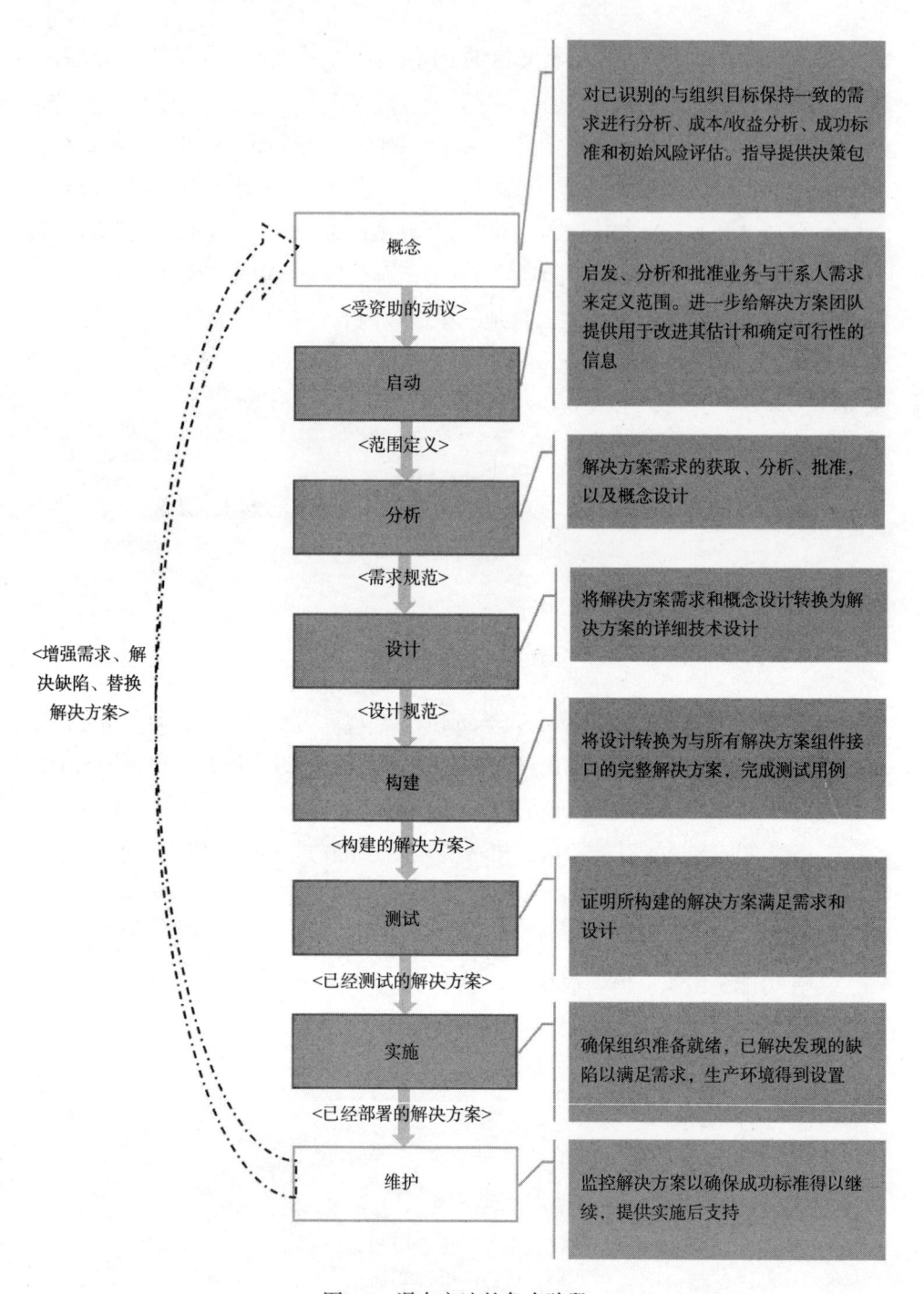

```
                                    ┌─────────────────────────────────┐
                                    │ 对已识别的与组织目标保持一致的需 │
                                    │ 求进行分析、成本/收益分析、成功标│
                                    │ 准和初始风险评估。指导提供决策包 │
                                    └─────────────────────────────────┘
              ┌─────────┐
              │  概念   │
              └─────────┘
              <受资助的动议>
                                    ┌─────────────────────────────────┐
                                    │ 启发、分析和批准业务与干系人需求 │
              ┌─────────┐           │ 来定义范围。进一步给解决方案团队 │
              │  启动   │           │ 提供用于改进其估计和确定可行性的 │
              └─────────┘           │ 信息                             │
              <范围定义>            └─────────────────────────────────┘

              ┌─────────┐           ┌─────────────────────────────────┐
              │  分析   │           │ 解决方案需求的获取、分析、批准， │
              └─────────┘           │ 以及概念设计                     │
              <需求规范>            └─────────────────────────────────┘

              ┌─────────┐           ┌─────────────────────────────────┐
              │  设计   │           │ 将解决方案需求和概念设计转换为解 │
              └─────────┘           │ 决方案的详细技术设计             │
              <设计规范>            └─────────────────────────────────┘

<增强需求、解     ┌─────────┐       ┌─────────────────────────────────┐
 决缺陷、替换     │  构建   │       │ 将设计转换为与所有解决方案组件接 │
 解决方案>        └─────────┘       │ 口的完整解决方案，完成测试用例   │
              <构建的解决方案>      └─────────────────────────────────┘

              ┌─────────┐           ┌─────────────────────────────────┐
              │  测试   │           │ 证明所构建的解决方案满足需求和   │
              └─────────┘           │ 设计                             │
              <已经测试的解决方案>  └─────────────────────────────────┘

              ┌─────────┐           ┌─────────────────────────────────┐
              │  实施   │           │ 确保组织准备就绪，已解决发现的缺 │
              └─────────┘           │ 陷以满足需求，生产环境得到设置   │
              <已经部署的解决方案>  └─────────────────────────────────┘

              ┌─────────┐           ┌─────────────────────────────────┐
              │  维护   │           │ 监控解决方案以确保成功标准得以继 │
              └─────────┘           │ 续，提供实施后支持               │
                                    └─────────────────────────────────┘
```

图 1.8　瀑布方法的各个阶段

预测型方法给项目团队带来了理解需求和实施需求的巨大责任。如果商业分析师未能向团队提供完整准确的信息，最终产品将无法满足组织的需求，随后的变更总是更耗费时间和成本。直到最近，瀑布方法还被认为是软件开发中的主要方法，然而，惠普公司（HP）在 2015 年进行了一项调查，发现情况已悄然改变（见图 1.9）。

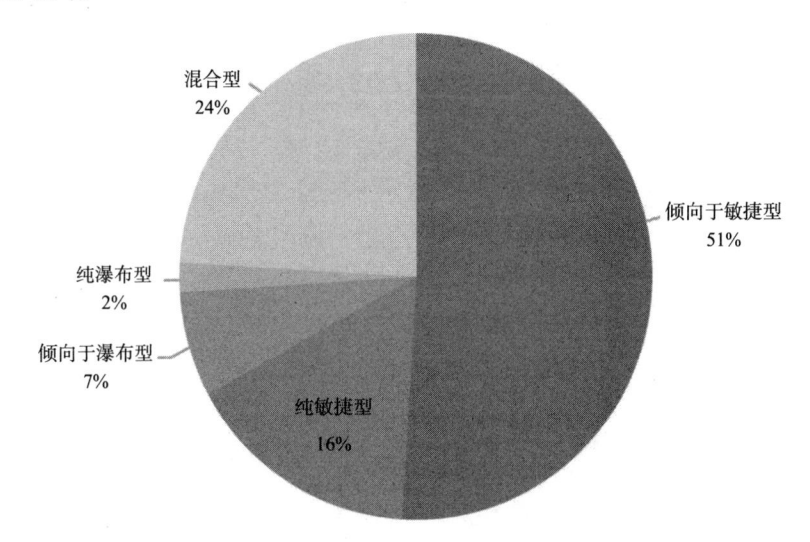

资料来源：惠普在线调查了 601 名软件开发者和 IT 专业人士。

图 1.9 惠普调查所显示的主要 SDLC 方法

- 迭代型方法（Iterative Approach）：这种预测型和适应型方法的混合有时被称为增量方法。由于这类方法的混合性质，在预测型和适应型组织将选择利用哪些方面存在许多差异。图 1.10 描述了这种增量方法，同时，它还具有以下特点：
  - 总体解决方案范围是在高层级预先定义的。
  - 解决方案范围被划分为多个迭代。
  - 迭代是在详细需求中定义的，设计定义是及时的，文档通常需要形式化和批准。
  - 每个迭代的工作是按顺序执行的，有一些重叠。
  - 产品迭代开发，逐步增加特性。

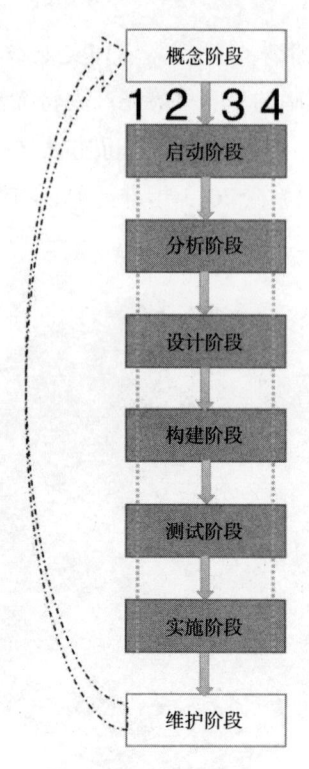

```
            概念阶段
           1 2 3 4
            启动阶段
            
            分析阶段
            
            设计阶段
            
            构建阶段
            
            测试阶段
            
            实施阶段
            
            维护阶段
```

图 1.10　迭代型方法

- 适应型方法（Adaptive Approach）：通常被称为敏捷方法（Agile Approach）。适应型方法允许通过简化的 SDLC 对特性［有时称为用户故事（User Stories）或技术债务（Technical Debt）］进行优先级划分。图 1.11 采用了传统的预测型 SDLC，并以适应型方法推动这些阶段。这允许在小的迭代中交付高优先级的特性，并重复这个过程，直到解决方案完成（或足够好）。如果出现以下情形，适应型方法可能吸引组织的注意力：
  - 项目参数在不断变化或未确定。
  - 组织很容易适应变革。
  - 团队和/或项目规模有点小。
  - 时间线很灵活。
  - 该组织代表一个正在迅速变革的行业。
  - 在这种方法中有一位经验丰富的项目经理。

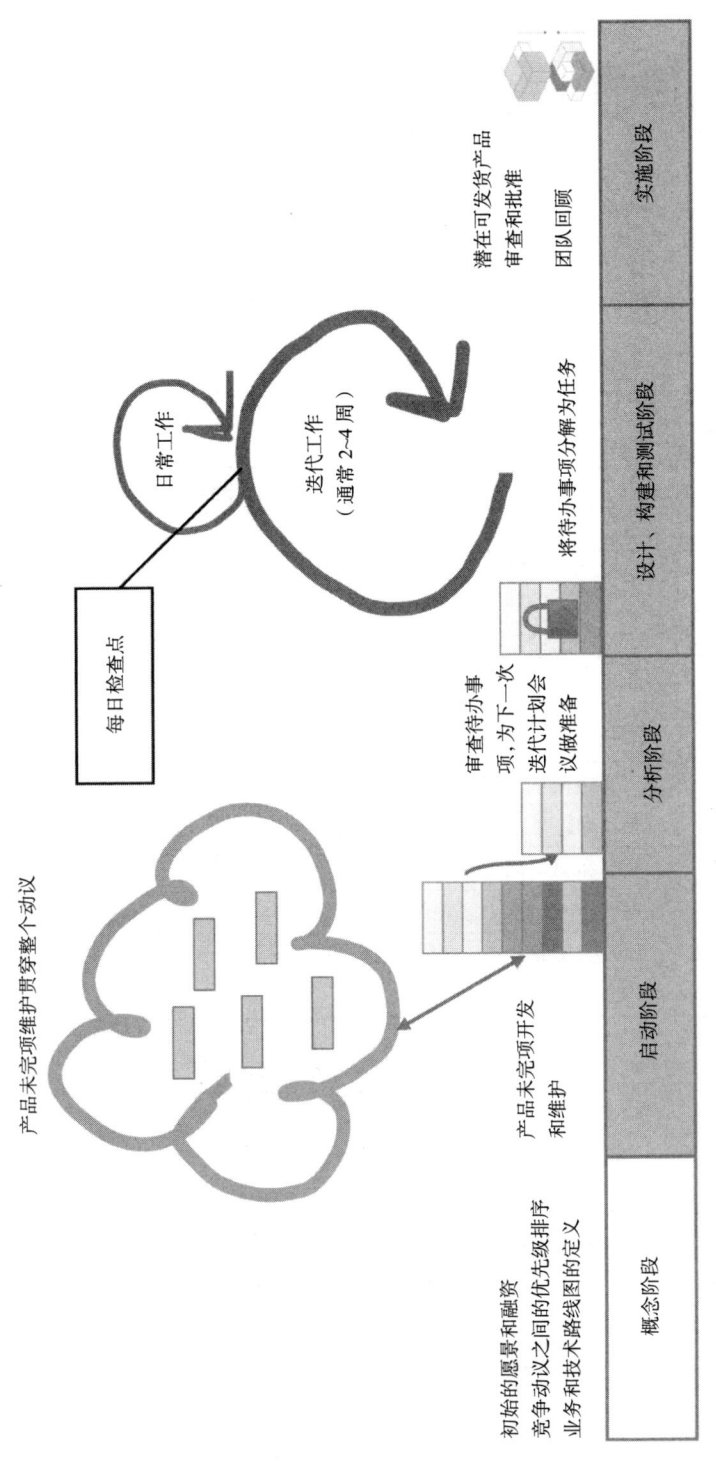

图 1.11 适应型方法

这些 SDLC 方法为 IT 项目提供了框架，其他解决方案驱动的工作已经进行了一些实践。毕竟，项目管理根植于建筑和制造业领域，因此即使不涉及这些 SDLC 方法也很正常。对所选 SDLC 方法的洞察，将有助于商业分析师理解选定的商业分析方法所产生的影响。表 1.6 提供了一些关于哪些项目特征可能导致组织为其项目选择预测型或适应型 SDLC 方法的洞察。为了总结本节有关 SDLC 方法的内容，表 1.7 对预测型和适应型 SDLC 方法的优势和劣势进行了对比。

表 1.6　影响 SDLC 方法选择的项目特征

项目因子	状态	非因子	适应型	预测型
项目规模	小	×		
	中等	×		
	大	×		
干系人的可用性	贯穿整个项目，主题专家和决策者可用	×		
	主题专家和决策者不能承诺广泛参与			×
接口复杂性（内部和外部）	简单明了	×		
	不明的、多的或复杂的		×	
范围和成本变化公差	预算和进度灵活（甚至受到鼓励）		×	
	预算和/或时间表固定或难以更改			×
上市时间	即使特性有限，也需要快速部署		×	
	所有解决方案特性必须在规定的时间内交付			×

表 1.7　预测型和适应型 SDLC 方法的优势和劣势

预测型方法	
优势	劣势
在软件开发周期的早期花费的时间可以减少后期的成本	业务干系人可能在看到解决方案之前不知道自己的需求，因此需求会发生变化，需要重新审视在设计、构建、部署和测试解决方案这几个环节所增加的成本
对程序和控制进行明确定义，以规范项目的各个方面	设计者对可能招致未来约束、需求或其他问题的新软件或特性不熟悉，这可能导致需要修改设计

续表

预测型方法	
优势	劣势
重视文档(需求规范、设计规范和源代码)以支持知识转移	
这种结构化方法通过可理解的阶段里程碑以线性方式进行	

适应型方法	
优势	劣势
提供范围灵活性以适应业务需要。随着功能的创建,业务能够查看成本并删除不必要的特性或添加新特性	基于在团队讨论中做出的决定,关键文件可能无法保持最新
产品所有者通过迭代(通常为1~3周)的开发和测试持续提供反馈。此方法为最终用户提供解决方案,允许以更少的开支开展阶段性纠正	由于是即时反馈,范围很容易增加而超出所资助的愿景
由于迭代,最终产品中存在的缺陷更少,开发、构建、测试的周期增加了测试覆盖率。这在组织级解决方案中提高了组织的质量水平	定价不固定,因此只提供业务估计
因为这种方法需要业务干系人参与,所以会有更多的沟通	业务干系人资源可用性可能不足,给商业社区带来压力。薄弱的干系人参与直接影响产品质量
项目透明度为所有干系人提供对所做工作的理解	敏捷的风格、术语、流程可能对所有干系人都是挑战,学习曲线陡峭而恒定
增加不在一起工作的团队间的协作	
提高客户满意度	

业务架构视角

业务架构(Business Architecture)视角使我们从基于项目或基于变革动议的商业分析工作中走出来,并对企业、组织、单一职能部门或业务线方向进行定义。业务架构不是解决方案,而是工具,通过业务架构定义(称为蓝图),高级管理人员和管理人员对企业有共同的理解,目的是使战略目标与战术需求相一致。在考虑战略目标时商业分析师(或业务架构师)需要与日常活动和变革动议保持一致，以识别：（1）从哪里开始？（2）这项工作需要多长时间？（3）尤其是在时间紧迫的情况下，如何持续向企业展示业务架构的价值？接下来，让我们检查一下业务架构视角的这三个方面。

首先，业务架构师应该回答表1.8中的问题以驱动业务架构的组件，接下来，应该决定如何捕获信息，或者正如业务架构社区所说，即正在使用什么蓝图。如果商业分析师在企业架构组中工作，那么将业务架构蓝图编织到所选的企业架构框架中是有意义的。表1.9描述了三个主要的企业架构框架，并解释了如何解析业务架构组件。基于以下几类框架开发出许多其他框架。

- 联合体开发的框架：由两个或两个以上的个人、公司、组织或政府（或这些实体的组合）联合体开发，以开发共同的企业架构为目标。
- 国防工业框架：由美国国防部制定。
- 政府框架：由美国政府制定。
- 开放源代码框架：由许可用户免费开发，其中版权所有者有以任何目的为任何人提供研究、更改和分发软件的权利；允许以合作的公共方式进行开发。
- 产权框架：企业架构框架，定义为公司的知识产权，并通过专利、商标或版权等法律手段加以保护。

表1.8 针对业务架构组件发现的问题

有待回答的问题	业务架构模型组件								
	能力	价值	过程	信息和数据	组织	报告和管理	干系人	安全策略	结果
做什么业务？	×		×	×					×
为什么做这些事情？		×							×
这些事情是谁做的？是为谁做的？			×		×		×		
这些事情是怎么做的？			×			×		×	
这些事情在哪里做？					×			×	
所有的事情如何结合成一个共同的观点？				×				×	×
正在使用什么信息？			×	×		×		×	
谁使用这些信息？							×	×	
术语是否一致？				×					

表1.9 主要的企业架构框架

企业架构框架/方法	描述说明	业务架构组件
Zachman框架（1987）	该框架提供了基本企业概念的本体，这些概念从六个探测交叉点来定义类别（什么、如何、在哪里、谁、何时、为什么）和六种观点（高级管理者、业务管理者、架构师、工程师、技术人员、企业）	业务架构组件定义了与前种观点相关的概念： ● 高级管理者观点：与业务的范围和背景有关 ● 业务管理者观点：与业务定义模型有关
开放组架构框架（The Open Group Architectural Framework，TOGAF）（TOGAF-2003）	TOGAF将企业架构分为4类： 1. 业务架构 2. 应用架构：描述如何设计应用程序并在应用程序之间进行交互 3. 数据架构：描述如何组织和访问企业数据存储 4. 技术架构：描述支持其交互的硬件和软件基础设施	业务架构类别定义用于满足组织目标的业务流程。此业务架构驱动所使用的应用程序、业务决策所需的数据及支持数据存储和应用程序所需的技术基础设施
Gartner企业架构实践（2005）	这种实践在定义未来状态及为这个结果而努力的每件事上都有很大的权重。Gartner认为企业架构将企业所有者、信息专家和技术实现者三个组成部分结合在了一起。如果能把这三个组成部分聚集在一起，并将它们统一到共同的愿景之下，从而推动商业价值实现，你就是成功者，否则，你就是失败者	此实践的业务架构部分侧重于表示业务所有者组件的未来状态定义

业务架构的开发非一日之功，需评估企业在开发企业架构或业务架构方面的经验和主要干系人的经验。在许多组织中，都存在架构开发方面的"耻辱"。传统的观点认为，业务架构师坐在象牙塔中来定义理论观点，这些理论观点远离业务以至于架构定义被认为是一种浪费，沟通和价值展示将是对抗这种认知的关键。商业计划和商业论证应该运用实际的时间框架来开发。在一家大型金融机构，企业业务架构开发团队的一项工作得到了资金支持，预计全面推出和实现价值需要两年时间，在获得了高管的支持并通过频繁沟通和一路小胜后完成了工作。在组织、单个功能部门或业务线级别开发业务架构所需花费的时间要少得多。

用业务架构视角来工作的商业分析师应该准备好展示他存在的证明，而电梯推销演讲（Elevate Pitch）有助于演讲排练。为了设计这个电梯推销演讲[或价值陈述（Value Statement）]，重点是理解企业和干系人的动机及通用的业务架构价值：

- 为企业提供观点有助于识别合理化、优化和利用企业现有能力的机会。
- 通过提供组织内部动态和相互依赖性的透明度来暴露问题的根本原因。
- 通过可跟踪性和已实现的能力展示战略一致性。
- 为更有效地平衡风险和机遇提供更好的方法。
- 提供更好的方法对变革进行影响分析，从而更快地发现隐藏成本。
- 制度知识的形式化。

敏捷视角

敏捷视角提供了在比传统框架更灵活的环境中进行变革时执行商业分析的洞察力。敏捷这个术语一般用于包括随着时间发展的许多方法。图 1.12 描述了一些由商业分析从业人员识别出的目前正在使用的方法示例。商业分析师可以期望在变革动议中遇到这些方法中的一种。

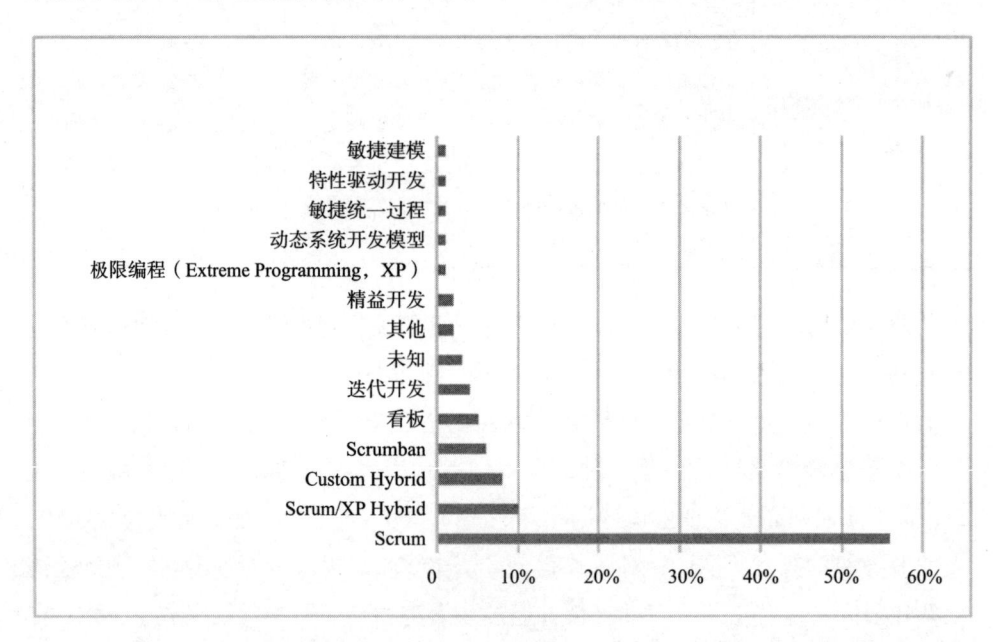

图 1.12　目前正在使用的方法示例

首先介绍一下这个敏捷框架的背景。自 20 世纪 50 年代末以来，在软件开发实践中已经认识到迭代开发是有价值的。在 70 年代，项目管理和适应型软件开发实践取得了进步。然而，到了 90 年代，项目中充满了方法和文档、高度组织化、微观管理。在这段时间里，网络时代出现了一场争夺互联网存在权和率先上市的竞争，这使这些新的业务驱动力变得突出。2001 年，一群软件开发人员（该领域公认的领导者）开会讨论"轻量级"软件开发方法。他们创造了一个术语，即敏捷，并创建了敏捷宣言，宣称发现更好的软件开发方法并帮助他人实现，他们已经开始重视个人和过程与工具之间的交互，在综合文档中使用软件，在合同谈判中进行客户协作，并根据计划响应变更。敏捷宣言的 12 个原则：

1. 通过提前和持续交付有价值的软件来使客户满意。
2. 欢迎不断变化的需求，即使在软件开发后期。
3. 工作软件交付频繁（几周而不是几个月）。
4. 业务人员和开发人员之间密切的日常合作。
5. 项目是建立在那些应该被信任的有动机的个人基础上的。
6. 面对面交谈是最好的沟通交流方式（集中办公）。
7. 工作软件是进度的主要衡量标准。
8. 可持续发展。
9. 持续关注卓越的技术和良好的设计。
10. 简单性（最大化未完成工作量的艺术）是至关重要的。
11. 最佳架构、需求和设计来自自组织团队。
12. 团队会定期思考如何提高效率，并相应地进行调整。

多年来，敏捷方法论随着时间的推移而发展（见表 1.10）。

表 1.10 敏捷方法的演进

敏捷方法	首次介绍	获得认可	简要描述
极限编程（XP）	20 世纪 60 年代的 NASA	20 世纪 90 年代中期	这个名字是通过将有益的软件工程技术发挥到极致而产生的。焦点在于技术开发过程和特性对编程、测试驱动开发及技术实践的其他专业方法。XP 技术实践与其他敏捷管理框架结合使用

续表

敏捷方法	首次介绍	获得认可	简要描述
Scrum	1986年	20世纪90年代中期	基于经验过程控制的轻量级框架。工作是在一系列固定长度的迭代［称为冲刺（Sprints）］中完成的，固定持续时间为一个月或更少时间。在每个冲刺的结尾，团队展示一个足够高质量的工作软件，它可能被运送或以其他方式交付给客户
精益信息技术（Lean Information Technology, Lean IT）	1993年	2007年	一种专注于改进工作流程、管理风险和改进（管理）决策的哲学。这种哲学是对其他敏捷方法的配合
动态系统开发模型（Dynamic Systems Development Model, DSDM）	1994年	2007年	一个项目交付框架，侧重于在开始时固定成本、质量和时间，而通过改变要交付的特性来管理意外事件。最常用的优先排序技术是基于MoSCoW（必须有，应该有，可以有，不会有，即Must, Should, Could, Won't, MoSCoW）进行范围管理的。以时间框（集中时间短，结果明确）管理工作
Crystal Clear	1995年	2004年	基于硬度和颜色定义的晶体方法论系列的一部分。硬度是关于业务关键性（可能造成危害）的，随着关键性的增加，它应用了更严格的预测性计划。颜色是指项目跨越许多维度的厚重程度，包括项目中所需的人员数量和风险因素
演进项目管理（Evolutionary Project Management, EVO）	1996年	1999年	项目管理方法的重点是逐步开发和交付系统。它强调量化干系人的价值，并根据可测量的价值规划增量。EVO用影响评估表作为一种正式的技术，在给定的成本范围内评估解决方案对干系人的价值
特性驱动开发（Feature Driven Development, FDD）	1997年	2002年	一种获取客户价值功能以开发工作软件的方法。例如，分解一个高层级范围，开发一个特性列表，以驱动基于这些特性集的规划、设计和开发
敏捷建模（Agile Modeling, AM）	2000年	2005年	基于最佳实践的软件系统建模和细化方法。AM可以应用于（敏捷）软件开发项目。这种方法比传统的建模方法更灵活，支持快速变化的环境。它是敏捷软件开发工具包的一部分

续表

敏捷方法	首次介绍	获得认可	简要描述
敏捷统一过程（Agile Unified Process，AUP）	2002年	2005年	这个框架是IBM对RUP的简化。AUP应用敏捷技术，包括测试驱动开发、AM、敏捷变更管理和数据库重构，以提高生产力
看板（Kanban）	2004年	2010年	这种方法不需要固定的迭代，相反，工作作为一个连续的活动流在开发过程中流动。这种方法的一个关键特性是在任何时候限制正在进行的工作量。团队只处理固定数量的条目，当需要保持下游流和上一个条目完成后，工作将开始处理新条目
训练有素的敏捷交付（Disciplined Agile Delivery，DAD）	2006年	2011年	一种决策过程框架，旨在支持一个项目从启动到交付。DAD整合了其他各种敏捷方法的原则 DAD不是强制规定的，允许团队自定义自己的生命周期和方法，以支持通过交付启动
Scrumban	2009年	2013年	顾名思义，这种方法结合了Scrum和看板的各个方面，允许团队使用Scrum作为选择的工作方式，使用看板方法来理解工作流程并不断改进
规模化敏捷框架（Scaled Agile Framework，SAFe）	2010年	2011年	用于扩展敏捷实践以支持企业级实施的框架。重点包括将敏捷从团队扩展到项目到企业级所需的个人角色、团队、活动和工件

商业分析师很可能被分配到一个变革动议中，在这个动议中，敏捷方法将与前面所提到的任何视角结合使用。图1.13显示了惠普在对475名开发和IT专业人士进行的敏捷采纳时间的调查情况。2010年至2014年，敏捷方法的采纳急剧加速。

敏捷可以被认为是对许多传统IT角色的破坏者，因为随着软件开发采用敏捷方法，促使下面的这些传统角色发生转变（见表1.11）。商业分析师有机会成为敏捷团队的成员，因为他们有附加价值，但他们需要对所使用的商业分析方法进行重新思考。敏捷方法更加注重协作、知识共享和技能转移。敏捷视角要求商业分析师具有更大的灵活性、更强的纪律性和以演进的方式工作的意愿。

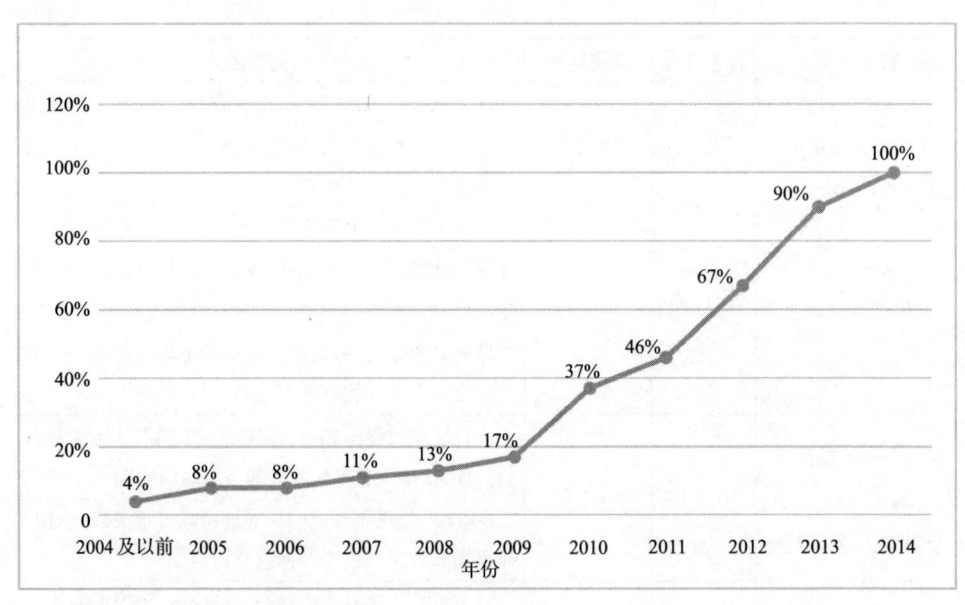

资料来源：惠普在线调查了 475 名开发和 IT 专业人士，其中一些采纳了敏捷方法。

图 1.13　随着时间推移的敏捷采纳

表 1.11　敏捷中的角色变化

传统角色	传统责任	敏捷角色	敏捷责任	初始中断
项目经理	下达任务者	Scrum Master、教练、跟踪者	消除团队障碍	自我地位的侵蚀
开发人员	根据详细的已批准的需求构建解决方案	团队成员	团队成员都为解决方案的分析、设计、构建和测试做出贡献。提供每日进度状态	最后一小时的成就不再有回报，而只有责任感
测试人员	制订经详细批准的需求和技术设计的测试解决方案	团队成员		没有可供测试的正式文档
商业分析师	作为守门员，确保业务和解决方案提供商之间的所有沟通通过商业分析师进行传播。Boiler-Plate 正式文档	团队成员、产品所有者、Scrum Master	通过打开沟通管道及时提供足够的信息。此角色将成为价值经理	在涉及所有业务并且提供需要之后是否仍然需要商业分析师角色

《BABOK 指南》总结了以下用于敏捷动议的商业分析原则。
- 从事探索时：
  - 看到整体。
  - 以客户的身份思考。
  - 分析确定什么是有价值的。
- 从事交付时：
  - 用例子来实事求是。
  - 理解什么是可行的。
  - 促进协作和持续改进。
  - 避免浪费。

> **在现实生活中……**
>
> 我有机会向 25 名大学雇员和顾问提供敏捷商业分析课程，他们参与实施一套应用程序以支持其核心业务企业资源规划流程。遗憾的是，在交付之前，我无法让他们的领导参与进来。因此，我对参与者的目标、敏捷经验和背景感到茫然。当我们在第一张桌子上浏览介绍和个人目标时，很明显他们的敏捷体验以混乱、浪费精力和指指点点结束，这对这所大学而言毫无价值。在上课之前，我在活动挂图上写了敏捷的 12 个原则和敏捷项目的 7 个商业分析原则，我们在这一点上停下来，讨论了在他们的项目中所遵循的原则，他们确定自己的项目没有遵循任何原则。我学到的经验是，即使敏捷，也需要结构和价值管理。

这五种视角并不代表商业分析师在实践过程中所采用的所有可能的视角。这些视角在《BABOK 指南》中有讨论并代表最常见的商业分析背景。

商业分析关键术语、概念和定义

与其他职业一样，在商业分析这一领域工作的专业人士也会使用术语，在某些情况下，这些词语在跨行业和组织时会有所变化，而在其他情况下，相同的词语却代表不同的含义，这使在试图确保意思清晰的前提下来写这样一本书变得很复杂。本节的目标是对商业分析的关键术语进行一些澄清。

需求、设计、商业分析信息

商业分析师应该对解决方案需要（Solution Needs）和方向进行沟通，在传统意义上，商业分析师通常是从 IT 视角进行工作的，所以我们将这一活动的输出称为需求（Requirement）。需求被定义为必要的条件或能力，是有用的代表。需求表示产品、服务或结果所需要的东西。在回顾商业分析文献时，你会发现，其对商业分析工作中的需求描述格式没有做任何指导，商业分析师可以自由使用任何格式来传递需求、条件或能力，从而促进所有干系人对它们的理解。用于需求描述的一些格式示例包括：

- 一句话（如"系统应该"……）。
- 结构化的句子（如商业规则）。
- 表格或电子表格（如在决策矩阵中）。
- 图表（如在工作流中）。
- 原型或模拟（如在屏幕模型中）。
- 图表（如验收标准）。

大多数经验丰富的商业分析师都遵循"我的工作是定义做什么而不是定义如何做，如何做是属于设计范畴的"这一信条。随着商业分析视角超越了纯粹的 IT 视角，业务线开始模糊需求和设计之间的边界，但需要牢记：

- 需求与设计无关。
- 可能有多个设计可以实现需求。
- 概念设计和技术设计之间存在（并且一直存在）差异。

需求更关注干系人需要，而设计更关注解决方案并检查构建解决方案的价值，设计的重点是理解解决方案如何实现预期价值。设计的呈现可以是一个文档（或一组文档）或白板捕获（Whiteboard Capture），并且可以根据具体情况做出很大改变。多年来，在 IT 视角下工作的商业分析师执行概念设计，因为他们生成原型、报告模型、数据映射和流程建模，所有这些都是被规定的设计而不是实际的技术性实施设计。在阐述这个概念设计时，先决条件是：对需要有清晰的理解、行动者的动机、所涉及的某种程度的功能，以及对所接收、转换和提供的信息有一定程度的理解。因此应该在开发设计之前，对需求有一定程度的理解。

有了这些需求和设计的定义，很容易发现一个现象，即一个人眼中的设计可以被认为是另一个人眼中的需求。需求和设计可能是高级别抑或是低级别的，这取决于使用信息的目的。现实中大多数人都会在"如何"的背景中讨论原因和内容，所以这个启发和协作是对需求和设计的迭代和递归讨论。**商业分析师必须根据受众、背景、信息交流目的来考虑最合适的格式和详细程度。表 1.12 提供了一些用来区分需求和设计的示例。**

表 1.12　需求和设计示例

需　　求	设　　计
系统将为员工提供工资单处理	解决方法是将工资单外包，由专业供应商一起处理
如果需求所提交的公司信息是完整的，就更新信息，否则提供错误	不完整提交，公司的屏幕模型描述有错误的信息
系统将提供账龄账户的应收账款视图	应收账款账龄仪表板示意图
本组织必须提供本企业的战略视野	定义的企业架构框架
该系统将通过自动化开票过程精简应收账款	应收账款业务员标准操作更新程序
系统将确保所有合同谈判随着整个合同生命周期不断跟进	在组织结构内创建合同冠军角色和职责

　　这种需求和设计之间的平衡为商业分析师提供了表达需求分解和设计定义的机会。在后文中，我们提供了对这些商业分析信息类型级别和类型进行命名的商业分析标准。基于不同行业和组织，这些标签可能有所不同，只需确保在你的变量中捕获级别和类型的各个方面。创建级别和类型的重要性在于它强制分解（从高到低层次），并提醒商业分析师启发和详细说明不同类型的需求，如果没有这些级别和类型，商业分析师就不太相信自己所完成的是一个完整的商业分析。

在现实生活中……

　　我作为一名业务战略策划者，从事一项多年的创新动议——重新发明组织做生意的方式。在最初的探索研讨会上，我们就其业务的功能分解达成共识。为了实现这一点，我们让业务部门在约 10 厘米×13 厘米的黄色便签上定义了抵押处理的重要方面。这些便签以分层的方式排列，提供了四个主要的域（块），在每个域下进一步定义，以详细说明中间层元素。这为我们提供了功能和依赖关系的大局观，然后允许我们迭代地挑战这个大规模的动议，我们称之为与干系人的黄色方框图。

> 在该项目实施两年之后，其中一个干系人来到我的办公桌旁，问我是否还有黄色的方框图，因为他需要从这片杂草中出来，看看自己所努力的部分如何配合整体，幸运的是，我还留着它，这样他就可以接通这个联系了。这个项目遵循迭代的方法，但是分解对于所有框架都是有价值的。

需求的分解（有时称为需求的级别、类型、分类或类别）包括：

- 商业需求（Business Requirements）：描述业务想要/需要解决方案的原因。一些干系人把商业需求当作目的或目标。商业需求是从事变革动议的理由而非解决方案。
- 干系人需求（Stakeholder Requirements）：描述干系人（特别是用户）需要做什么。干系人需求将解决方案分解为用户希望通过该解决方案实现所定义的目标。干系人需求应该跟踪到商业需求以确保实现目标，并降低过度构建没有资金支持或预期的解决方案的风险。
- 解决方案需求（Solution Requirements）：在允许开发解决方案的级别上描述解决方案所需的功能和特性。解决方案需求应该跟踪干系人需求，解决方案需求通常被进一步分类为：
  - 功能性需求：描述参与者行为和正在管理的信息（数据）。当我们考虑参与者行为时，很可能涉及信息的某些方面，无论是创建新数据、读取/查看数据、更新数据，还是删除数据。这一类别很可能在流程、数据和规则之间进一步划分。
  - 非功能性、服务质量或产品质量需求：描述系统必须保持的条件及系统质量。这些非功能性或服务质量需求有许多分类方案。分类方案将根据所使用的方法、商业分析视角、企业所在行业、企业环境因素、组织过程资产、组织系统、项目类型等条件而有所不同。分类机制应足够灵活以满足企业需要，但是，有些分类对确保商业分析师没有遗漏需求而言非常重要。例如，如果商业分析师有这个分类机制，它会提醒我们，在启发和分析过程中，必须考虑这些类型的需求。《BABOK指南》中的一个共同机制包括：
    - 可用性：衡量用户所需的可操作性和可访问性，通常用正常运行时间或停机时间百分比表示。

- 兼容性：衡量解决方案与环境中其他组件的运行效率。
- 功能性：衡量满足用户需求的程度，包括适用性、准确性和互操作性。
- 可维护性：指定纠正缺陷或修改软件的容易程度，以及频繁修改或快速构建软件所必需的程度。
- 性能效率：衡量解决方案或组件在资源消耗最少的情况下执行其指定功能的能力，通常表示为响应时间。
- 可移植性：包括将一个软件从一个平台迁移到另一个平台，以及将软件国际化和本地化所需的工作。
- 可靠性：以正确完成的操作百分比或系统故障前运行的平均时间长度来衡量软件在无故障情况下运行的概率。
- 规模化：衡量系统随时间增长的能力，以便容纳更多的数据、处理能力、处理增加的工作量等。
- 安全性：包括保护解决方案内容或解决方案组件免受意外或恶意访问、用户身份验证和访问、修改、销毁、保护或泄漏的方法。
- 可使用性：包括用户学习使用解决方案的容易程度、组织用户界面设计标准及与使用中的其他系统的一致性。
- 认证：包括满足标准或行业惯例所需解决方案的限制。
- 遵从性：包括与基于背景或管辖权的监管、财务或法律相关的约束和限制。
- 本地化：包括本地语言、法律、货币、文化、拼写和其他基于动议背景的用户背景特征。
- 服务级别协议：由解决方案提供者和解决方案用户正式商定解决方案的约束。
- 可扩展性：衡量解决方案集成新功能的能力。

这些类型的需求应该能被跟踪到所对应的功能性需求或干系人需求。如果无法进行跟踪，那么可以说，这是一个孤立的、永远不会被启动的需求。

- 过渡需求（Transition Requirements）：定义从当前状态迁移到未来状态环境所必需的临时能力。属于这一类别的需求包括当前系统的数据转换、并行系统的持续工作、业务连续性、流程更改及用于解决技能差距所需的培训。

项目经理负责管理的其他类型的需求包括：
- 项目需求（Project Requirements）：定义项目需要满足的行动、过程和其他条件。项目需求关注交付解决方案所需执行的工作。
- 质量需求（Quality Requirements）：定义标准以确保完成项目可交付成果，并证明符合已确定的标准和质量指标。可交付成果是在完成一个过程、阶段、迭代、项目或动议时需要提供给干系人的独特且可核实的工作产品或结果。质量需求与项目质量相关，而非功能性需求与产品质量相关。
- 项目集需求（Program Requirements）：定义用于成功实施和交付项目集收益所需的规范和成果。

分解设计以满足需求：
- 解决方法（Solution Approach）：对企业将用来实现解决问题或防止机会被开发利用的解决方案的设计方向进行定义。通过这种解决方法的选择，可以更好地理解商业论证以估算解决方案的成本。因此，如果解决方法是现货打包解决方案，那么这不是对供应商的详细分析，而是可以为财务分析导出一个粗略的数量级估算。当然，IT定制构建的成本比现货打包解决方案高。解决方法的分析需要对业务和干系人需求进行定义、核实和确认，以确保所选的解决方法最满足干系人需求。典型的解决方法包括：
  - 构建：这种方法寻求创建一个定制的解决方案来满足需要，专家（内部或合同制）将组装、构建和开发解决方案。这种方法包括修改现有的解决方案，并寻找对解决方案而言最以用户为中心的方法。
  - 购买：这种方法寻求购买由第三方（供应商）拥有和维护的产品或服务。解决方案组件是从一组最能满足干系人需求的产品中选择出来的。这种方法假定正在采购一个同类最佳的解决方案。因此，用户将调整其流程以适应这一解决方案。
  - 构建和购买的结合：这种方法认识到购买了一些组件的同时，某些方面还需要以构建方式完成。
  - 流程改进：这种方法允许更改参与者（人类和非人类）流程，以获得更高效的解决方案。
  - 组织结构重新设计：这种方法得以识别是因为认识到现有的组织结构正在阻碍其采用和适应变化的能力。组织结构可能过于复杂或过于简单，无法使解决方案有效执行。除正式结构外，商业分析师还必须考虑非正式关系。此外，所选择的组织结构很可能是为了确保相互作用而支持与外部各方（客户、供应商和监管机构）合作，在组织结构重新设计中，很容易将焦点仅停留在组织内部，因此商业分析师应该确保支持这些外部交互。

- 设计选项（Design Options）：为解决方案或解决方案组件实现需求提供指导。设计选项通常更具战术性，可以探索多种解决方案来满足需求。这种探索可能引发更多的问题并鼓励通过需求分析进行迭代，通过对这些设计选项进行沟通，商业分析师将引导权衡和谈判。图 1.14 描述了需求和设计的迭代。设计选项的一些例子包括（但不限于）：
  - 解决方案可视化（低保真）：
    - 报告模型。
    - 屏幕流（故事板）。
    - 屏幕模型。
  - 解决方案可视化（高保真）：
    - 屏幕设计。
  - 非人机界面：
    - 数据映射。
    - 序列图。

商业分析信息包括商业分析师获取、创建、编译、传播的任何信息，这些信息可作为商业分析工作的输入或输出。在本书及 IIBA 和 PMI 的定义中，术语"商业分析信息"指商业分析师使用或生成的任何信息。商业分析信息的示例包括启发结果、需求、假设、约束、依赖性、风险、问题、设计、解决方案范围、协作决策、变更策略。在需要引用特定类型的商业分析信息时，将对该特定类型进行标识。

在进入下一个概念之前，讨论一些影响商业分析信息工作的通用风险是合适的。商业分析师和项目负责人（发起人和项目经理）应评审这些风险，并评估其对动议产生影响的可能性。如果这些风险在商业分析工作中出现，那么其可能性和/或影响很高的风险必须有商定的行动方案。需要评审的风险包括（但不限于）：

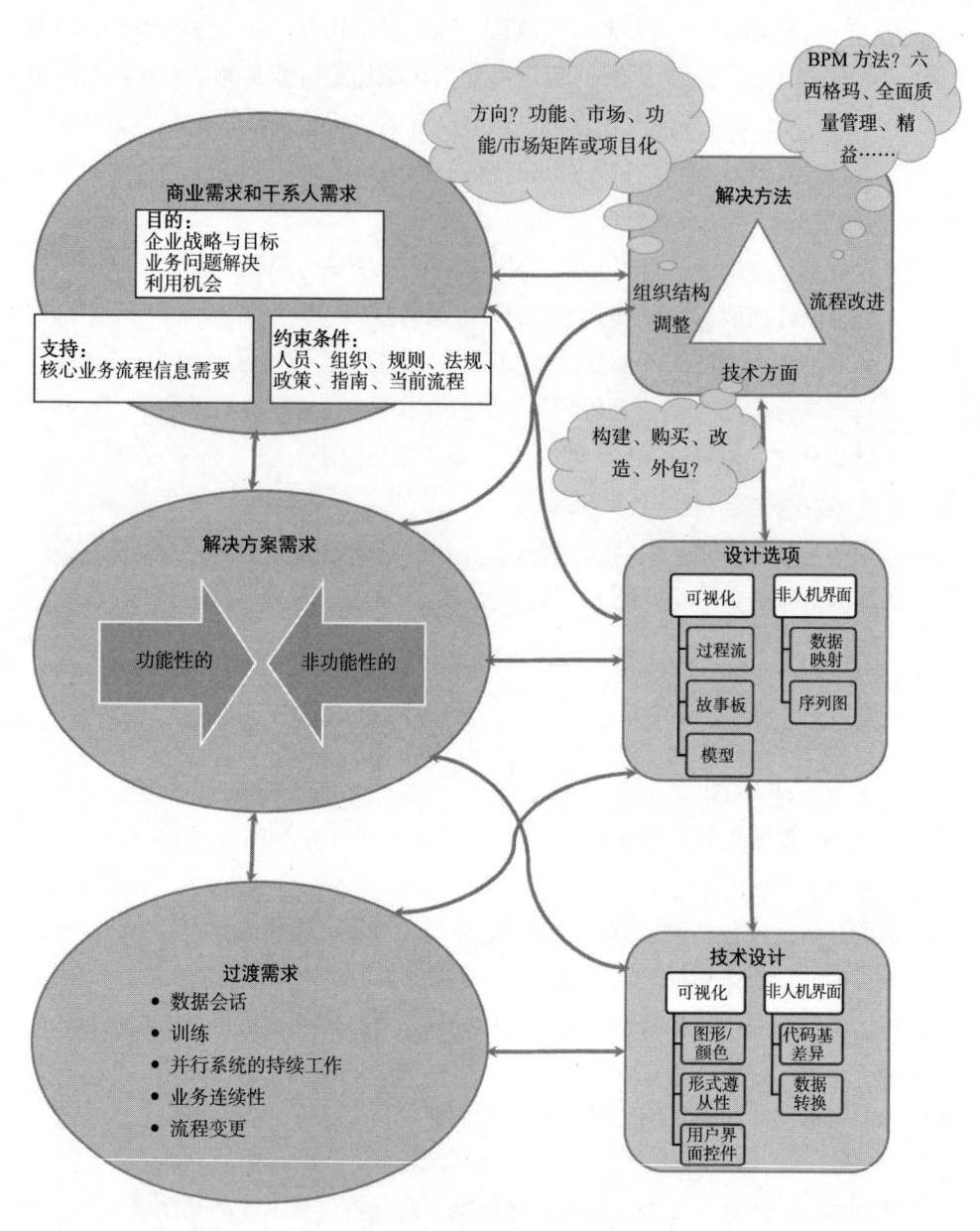

图 1.14 需求和设计的迭代

- 干系人参与不足：考虑与干系人沟通针对某一成功解决方案而言其所需参与的程度，以及由于干系人不可用而导致的问题升级计划。这种干系人参与级别的协议可能比签署该动议的商业分析信息更有价值。

- 不断蔓延的用户需求：确保范围定义（包括商业需求和干系人需求及解决方法）得到明确定义。当变更发生时，商业分析师将把新用户请求标识为范围蔓延，并按照变更控制流程更新范围或删除新请求。当仅仅添加特性和功能而不对时间线、成本和资源的影响做出应对时，或者在未经客户批准的情况下添加范围时，就会出现范围蔓延。范围蔓延包括产品范围蔓延或项目范围蔓延。
- 模棱两可的商业分析信息：当多个读者对同一信息有不同的理解时，信息的模棱两可就会显现出来。商业分析师应该请干系人参与对需求的迭代和非正式评审。当然，商业分析师不是故意把需求写成模棱两可的，只有在这些讨论过程中，模棱两可的需求才会显露出来。
- 镀金：镀金类似于不断增长的用户需求。然而，镀金可能来自业务干系人或解决方案干系人。镀金是添加不增值特性或添加不属于所定义的范围内的增值特性的行为。恰当的比喻可以是，当一件现成的连衣裙能起到同样的作用时，却去找设计师设计定制连衣裙。商业分析师必须确保明确定义范围，并制定变更控制流程以应对该风险。
- 最小规范：正如在 "商业分析视角"一节中所讨论的，商业分析信息规范级别和时间安排有很大的不同。关键是所有的干系人都知道并同意规范级别和时间安排。如果没有足够的信息，解决方案团队的工作可能停滞或需要返工。
- 被忽视的用户组：商业分析师应确保进行彻底的干系人分析。当忽视用户组时，可能忽视以下内容：
  - 接口：由于其对范围的影响，必须尽早发现这些接口。
  - 需求：这些受影响的用户有必须满足的需求，并且可能影响范围和导致返工。
  - 对设计定义的注意事项：这些受影响的用户可能有影响设计的特殊注意事项，并可能影响范围和导致返工。
  - 干系人参与的机会：这些用户因感到被忽视而不关心项目，他们不太可能支持项目或未来对动议的商业分析。
- 不准确的计划：商业分析工作的计划是确保执行高效和彻底的商业分析的关键步骤。如果没有这个计划，商业分析师就没有切合实际的时间框架，通常会导致不完整的商业分析信息被传递给解决方案团队。随着解决方案开发工作通过 SDLC 的各个阶段，返工成本呈指数级增长。
- 对声誉的影响：商业分析师获取、分析、协作和获得持续一致的商业分析信息的能力对于履行商业分析至关重要。如果在项目类型、视角、SDLC 方法这三方面，这个输出不能满足所有干系人的需要，那么商业分析师的声誉就可能受到影响。商业分析师必须与项目领导一起，在适当的时间和适当的水平上强化对商业分析信息的重要性的理解。

项目、项目集、动议、运营

PMI 将项目定义为：为创造一个独特的产品、服务或结果而进行的临时努力。对从业人员而言，这意味着每个项目都有一个开始和一个结束并创造了一些与众不同的东西。有些项目的持续时间会比其他项目长，但是如果总是没有结束时间，那么从业人员可能正在从事的是运营或项目集。运营通常是项目结束后移交或持续努力维持业务的结果，而运营管理是运行和控制产品和/或服务的持续生产。

项目集与项目不同，项目集包括相关的项目、以同步方式控制的动议和活动，以实现比单独收益更大的协调收益。项目集可以持续很长时间，以美国宇航局的太空项目集为例，它自 1958 年 10 月 1 日起就已经存在，虽然太空项目集已经存在几十年了，但支持太空项目集的项目也在同时演进。就像项目一样，当项目集不再支持企业的愿景、使命和目标时，企业可结束这一项目集。根据 PMI 白皮书《商业分析：领导组织取得更好的结果》显示，商业分析师花费大约 73%的精力从事商业分析工作并将商业分析应用到项目和项目集中，对于在高度成熟的组织中工作的商业分析师而言，这一比例增加到了 83%。商业分析师将其剩余可用时间用于项目和项目集的管理任务和活动。

IIBA 将动议定义为解决某些业务问题或实现某些特定变革目标所采取的特定项目、项目集或行动。动议可以是：
- 战略型的动议。
- 战术型的动议。
- 运营型的动议。

这个定义扩大了商业分析专业的广泛性，可以在整个动议中使用多个视角。

项目组合处在这些所定义层次结构的顶部，项目组合包括项目、项目集、子项目组合、动议和运营。在项目组合中管理所有这些元素有助于企业实现其战略目标。图 1.15 旨在显示项目组合、项目集、动议和项目之间的交互关系。

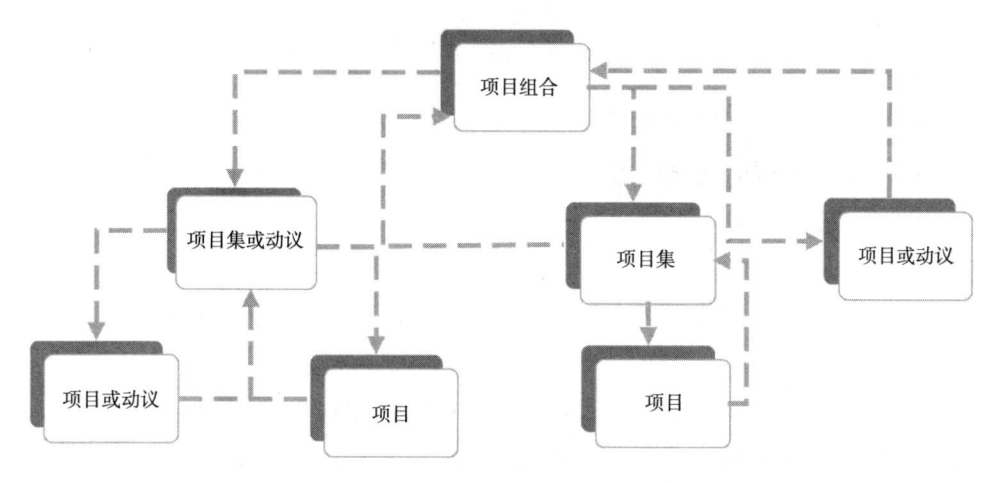

图 1.15　项目组合、项目集、动议和项目之间的交互关系

正如这些定义所示，并非商业分析师收到的每个请求都是项目，并且并非所有商业分析工作都是相同的。首先，商业分析师需要确定请求是否针对项目、项目集、动议、运营，接下来，商业分析师需要考虑本书中包含的因素，以确定如何最好地处理商业分析工作。

本书后续章节中，"动议"一词指商业分析师所从事的任何项目组合、项目集、项目、动议。在应该引用特定类型的动议的情况下，将对该特定类型进行标识。

系统、解决方案、过程、应用程序、软件系统

术语"系统""解决方案""过程""应用程序"通常在业务中可互换使用，但是，有时差异化允许更简洁的讨论，因此，本文结合其他专家的观点对系统一词给出如下定义：

系统在我们生活的各个方面都发挥着作用，系统（System）只是一组组件（手动、自动或两者的组合），它们共同工作以实现一个目标。系统的一个例子是支付账单，个人和组织都需要一个支付账单的系统。本节后面描述的企业环境因素决定了系统的许多特性。

一个系统可能有许多解决方案，通常一个变革动议将为一个系统提供一个新的解决方案。解决方案被定义为在一个背景下满足一个或多个需求的特定方法。商业分析师被分配到一个完全是新功能的项目并不常见，但回想一下支付账单的

例子，多年来，该系统无疑已经演变为提供许多解决方案来进行：

- 易货交易。
- 现金支付。
- 开具支票并交付给供应商。
- 供应商发起的金融机构汇票。
- 网上账单支付。
- 电汇。

所有这些都代表不同的解决方案，它们可以是用于支付账单的系统的一部分。

过程在定义上与系统最相似，然而，一个系统可能由许多过程组成，以实现期望的结果。过程被定义为一组活动，通过接受一个或多个定义的输入并将其转化为定义的输出来实现特定的目标。通常，当涉及手动步骤时，干系人将在过程方面进行讨论，但当涉及自动化组件时，干系人将讨论系统。在业务流程管理这一商业分析视角下，我们将使用过程这一术语。

应用程序（Application）是在计算机上运行的软件程序，如Web浏览器、电子邮件程序、文字处理器、游戏和实用程序都是应用程序。使用单词Application是因为每个程序都有一个特定的用户应用程序。例如，文字处理器可以帮助作者写一本书，而电子游戏可以阻止作者完成本书。

另外，软件系统（Software System）由在后台运行的程序组成，使应用程序能够运行。这些程序包括汇编程序、编译器、文件管理工具和操作系统本身。应用程序运行在系统软件上，因为系统软件是由低级程序构成的。

干系人、参与者、用户

这些术语也可以互换使用，但作为商业分析师，需要注意其中的重要区别。

干系人（Stakeholder）是与变革、需要或解决方案有关系的团体或个人。干系人是指任何可能影响、受其影响或认为自己受到项目、项目集、动议、运营或项目组合影响的人、团体或组织。商业分析工作的最大风险在于干系人，它们可能是错过干系人或缺乏干系人参与。掌握商业分析的第一步是理解干系人，这将在下一章中详细介绍，包括干系人分类。

参与者（Actor）是在与解决方案交互时履行特定角色的人、设备或系统。当将这个定义与干系人的定义结合起来应用时，人类参与者总是与变化有关系；因此，总是存在一个干系人。即使非人类参与者不是干系人，商业分析师很可能识别该非人类参与者的所有者，从而发现一个原本可能被忽视的干系人。

用户（User）或最终用户（End User）被定义为与系统交互并将使用产品的干系人。有了这个定义，人类参与者就是一个用户，让所有用户都成为干系人的用户。有些文档会对用户和最终用户进行不同的定义。最终用户被认为是最终为其创建解决方案的人，用户是维护解决方案所需的社区。示例包括：

- 最终用户：
  - 作为工资单系统的工资单处理者的内部业务人员。
  - 在线购买产品的零售客户。
  - 安装仪表板的汽车装配工。
- 用户：
  - 系统管理员。
  - 数据库管理员。
  - 运营支持人员。

在过去几十年中，最终用户的特性发生了许多变化，以下为最终用户的演进过程。

- 20 世纪 50 年代：最终用户没有与主机交互，计算机专家编程并运行主机。
- 20 世纪 60 年代至 70 年代：最终用户通常是编程专家和计算机科学家。
- 20 世纪 80 年代至 90 年代：公众开始使用计算机设备和软件处理个人和工作需求。其中一些最终用户拥有另一些最终用户所不具备的技术专长，因此开发解决方案以满足技术娴熟用户的需求，同时解决低技术知识用户的一些困难，这就需要以用户为中心的一些考量。
- 21 世纪初：以用户为中心的设计考量成为主流。
- 21 世纪 10 年代：用户希望对他们所操作的系统有更多的控制，这样他们就可以自行解决问题，并希望能够更改、定制和调整系统以满足他们的需求。缺点在于用户缺乏在高级别正确操作计算机或软件的知识，而导致用户控制的系统和数据存在损坏的风险。

商业分析师和解决方案提供商面临着如何满足最终用户良好体验，同时不断提高的高安全级别的挑战。

企业环境因素、组织过程资产

企业环境因素（Enterprise Environmental Factor，EEF）包括商业分析师无法控制的条件，企业环境因素影响、约束、指导动议。企业环境因素可存在于组织的外部或内部，并作为所有商业分析活动的必要输入。组织过程资产（Organizational Process Asset，OPA）包括特定于组织的计划、过程、策略、程序、知识库，组织过程资产是企业内部的，是所有商业分析活动的必要输入。要执行有效的商业分析工作，需要使用企业环境因素和组织过程资产（见表1.13）。

表1.13　企业环境因素和组织过程资产

外部企业环境因素	内部企业环境因素	过程、政策和程序式组织过程资产	企业知识库组织过程资产
学者	架构和基础设施	变更控制过程	业务知识库和来源
商业主义	员工能力	财务控制流程	配置管理知识库
商业分析专业标准	地理设施和资源	指导方针和标准	用于度量的数据存储库
财务	人力资源管理政策和程序	问题和缺陷管理过程	历史信息和经验教训知识库
政府或行业标准	信息技术	商业分析过程的组织沟通需求	问题和缺陷管理数据存储库
法律和合同	商业分析结果重复使用和兴趣	过程、政策或程序	团队和主题专家的组织过程资产
市场	市场调研与测试	项目收尾指南或要求	未来状态的需求和期望
物理环境	组织文化、结构和治理	项目生命周期和方法	信息和知识
社会文化影响	其他资源政策、程序和可用性	需求管理工具过程	洞察和感知
社会文化问题	安全策略、程序和规则	风险管理模板	产品知识和信息
干系人的期望和风险偏好	干系人的期望和风险偏好	具体的组织标准和政策	
		标准化指南	
		模板	

改编自《PMI商业分析指南》

商业分析卓越中心和商业分析实践社区

商业分析卓越中心（Business Analysis Center of Excellence，BACOE）包括一个员工团队或一群人，他们共同协作并创建最佳实践以应用于商业分析工作，商业分析论坛或商业分析实践中心是一些组织首选的别称，对于想要在商业分析工作中不断成熟、持续改进和创建一致性的企业来说，创建 BACOE 是一种战略优势。BACOE 也可以为希望通过集中管理为商业分析师提供职业发展、学习、指导和成长机会的组织提供收益。BACOE 主要关注商业分析，是组织过程资产。

商业分析实践社区（Business Analysis Community of Practice，BACoP）包括创建共享实践的商业分析师，也是组织过程资产。商业分析能力中心是一些组织首选的别称。一个 BACoP 从核心团体开始，然后延伸到其他干系人，这与 BACOE 不同。BACoP 还涉及不断成熟、持续改进、识别特定过程、使用特定的组织过程资产、一致性，以及在整个项目社区（包括所有干系人）内创建一致性。整个项目社区的支持包括项目管理办公室（Project Management Office，PMO）和/或企业项目管理办公室（Enterprise Project Management Office，EPMO）。

BACOE 或 BACoP 可以为你提供一个极好的机会，与其他商业分析师建立联系，向他们学习并助推你的职业发展。

商业分析信息精化技术

商业分析师应该掌握管理商业分析信息的技术。如图 1.16 所示，精化（Elaborated）商业分析信息的周期是一个迭代过程。随着商业分析信息被获取，商业分析师寻求对信息的协作，通过这种协作，更多的问题浮出水面，并启发出更多的信息。在分析所获得的商业分析信息时，商业分析师寻找其中的有效性、佐证、效率、现有模式、差距、冲突。然而，这种分析可能需要在某一点上进行进一步的协作和启发以推动干系人的共识，这种共识可能需要通过启发、协作、分析进行迭代。商业分析师在许多因素上，例如针对商业分析视角、干系人偏好、动议生命周期中的特定点或项目类型等方面所采用的技术可能有所不同，但是这些方面将是商业分析工作所必需的。表 1.14 提供了 IIBA 和 PMI 为商业分析工作提供参考的常用技术地图。表 1.14 并非意在规定技术的使用，而是根据需要提供指导。表中显示了商业分析视角，你会注意到一些技术并没有在某个特定的视角被引用，但是，基于商业分析师有自己的专家判断这一假设，人们应该灵活使用该表。由于本书在接下来的章节中将要详细阐述掌握商业分析的步骤，因此将更详细地介绍如何基于这些技术执行这些步骤和构建。

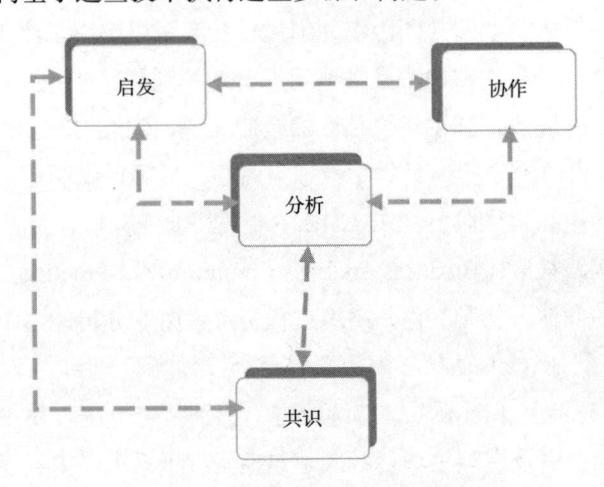

图 1.16 精化商业分析信息

表 1.14 为商业分析工作提供参考的常用技术

技术	1.理解干系人	2.理解商业环境	3.规划商业分析工作	4.设置变动范围	5.开发解决方案需求和设计定义	6.管理范围	7.评估解决方案	启发	协作	分析	共识	商业智能	业务流程管理	业务架构	信息技术	敏捷
验收和评估标准				×	×	×	×	×	×	×	×	×	×	×	×	×
未完项管理					×	×							×			×
平衡计分卡		×		×						×		×				
标杆对照和市场分析		×		×						×		×				
头脑风暴			×	×	×			×	×							×
业务能力分析	×	×		×						×				×		
商业论证		×		×						×						
商业模式画布（待继续）	×	×		×						×				×		
商业动机模型		×		×		×				×				×		
业务流程架构				×		×				×			×			
商业规则分析	×	×		×	×					×				×	×	
商业价值定义		×		×			×	×		×						
变更控制委员会（Change Control Committee，CCB）						×				×						
协作游戏（Collaborative Games）	×	×		×				×	×					×		×
概念建模				×	×					×				×		
客户行程图（Customer Journey Map）				×	×				×							×
数据字典	×			×	×					×		×		×		
数据流图					×					×	×		×			
数据挖掘					×		×			×						

第 1 章 引 言   59

续表

技术	掌握商业分析标准实践实现下一级能力的七个步骤							阐述商业分析信息的各个方面				商业分析视角				
	1.理解干系人	2.理解商业环境	3.规划商业分析工作	4.设置或议范围	5.开发解决方案需求和设计定义	6.管理范围	7.评估解决方案	启发	协作	分析	共识	商业智能	业务流程管理	业务架构	信息技术	敏捷
数据建模		×		×	×			×	×	×	×	×	×	×	×	
决策分析			×	×	×	×	×	×	×	×		×	×	×		
成熟度的定义						×		×	×		×		×			×
文档分析	×	×	×	×	×	×	×	×				×	×	×	×	
估算		×	×		×		×		×			×	×	×	×	
失效模式与影响分析（Failure Model and Effect Analysis，FMEA）				×	×		×			×			×			
财务分析/估值技术		×				×	×				×			×		
焦点小组					×			×	×			×	×	×	×	
功能分解	×		×	×	×					×		×	×	×	×	
差距分析			×	×			×	×		×		×	×	×	×	
术语表			×	×	×					×		×	×	×	×	
质量之家/客户之声	×	×				×	×	×	×	×		×	×	×	×	
影响分析（待继续）						×		×		×				×		
输入、引导、输出、使能器（Input，Guide，Output，Enablers，IGOE）					×					×		×		×		
接口分析			×	×	×		×		×	×		×	×	×	×	×
访谈	×	×	×	×	×	×	×	×	×	×		×	×	×	×	×
条目跟踪				×	×	×	×		×	×	×		×	×	×	
改善活动					×			×	×	×			×	×		
卡诺分析	×	×			×			×	×	×	×		×	×	×	×
经验教训（回顾）	×	×	×				×			×		×		×		×
轻量级文档					×				×							×
指标和关键绩效指标（Key Performance Indicators，KPI）		×	×	×		×		×	×	×	×	×	×	×	×	×
思维导图	×			×	×			×	×				×	×		×
非功能性需求分析					×	×		×		×				×	×	
观察	×				×			×		×			×	×		
组织建模	×	×			×		×			×		×	×	×		
优先级顺序					×	×	×			×		×	×	×	×	×
流程分析	×	×		×	×	×	×		×	×		×	×	×	×	
流程建模	×	×	×	×	×		×		×	×		×	×	×	×	
产品组合矩阵		×		×		×	×			×		×	×	×		
项目组合分析		×	×	×	×				×				×	×		
原型制作				×	×			×	×					×		×
目的对准模型		×		×	×					×			×			×
实物期权（Real Options）					×		×						×			×
相对估算				×			×									
需求配置管理系统（Requirements Configuration Management System，RCMS）和版本控制系统（Version Control System，VCS）					×	×		×		×	×					
评审						×		×		×						
风险分析与管理	×	×	×	×	×	×	×	×	×	×	×	×	×	×	×	
路线图				×			×			×						
角色和权限矩阵				×	×		×					×	×	×	×	
根本原因分析				×	×	×	×	×	×	×	×			×	×	
范围建模				×	×					×		×	×	×	×	×

续表

技术	掌握商业分析标准实践实现下一级能力的七个步骤							阐述商业分析信息的各个方面				商业分析视角				
	1.理解干系人	2.理解商业环境	3.规划商业分析工作	4.设置动议范围	5.开发解决方案需求和设计定义	6.管理范围	7.评估解决方案	启发	协作	分析	共识	商业智能	业务流程管理	业务架构	信息技术	敏捷
序列图					×		×			×		×			×	
举例说明					×		×	×	×	×						×
干系人名单、地图或角色	×	×		×	×	×		×	×	×		×	×	×	×	×
状态建模				×	×					×						×
故事阐述					×				×		×					×
调查或问卷	×	×		×		×		×	×							
SWOT分析		×			×					×						
约束理论（Theory Of Constraints，TOC）思维过程				×	×		×	×	×					×		
跟踪矩阵					×	×				×			×	×	×	
用例和场景					×		×			×			×	×	×	
用户情景					×					×			×	×	×	×
供应商评估					×		×	×		×	×					
研讨会				×	×	×	×	×	×	×	×		×	×	×	×

商业分析行程图

商业分析行程是一个迭代过程，因此一个简单的流程模型不能完成这项工作。相反，图1.17提供了一个商业分析行程图来指导你完成商业分析行程中的各个步骤。我们建议将其用作商业分析视角的参考，并根据所呈现的动议因素改变你所使用的技术。

重点总结

作为商业分析师，每天不只是从事一项工作，而是在从事一种由特定工具、技术和流程所支持的职业，这些工具、技术和流程帮助组织实现目标。商业分析师可以选择通用路径或选择特殊的商业分析视角。我们识别出了五个最常见的视角，但我们知道，随着商业分析的不断发展，这些视角将有更多的深度定义，并添加新的视角。本章提供了对关键术语的深入理解，这些术语将在接下来的章节中被引用，因为我们将继续执行掌握商业分析的后续步骤。

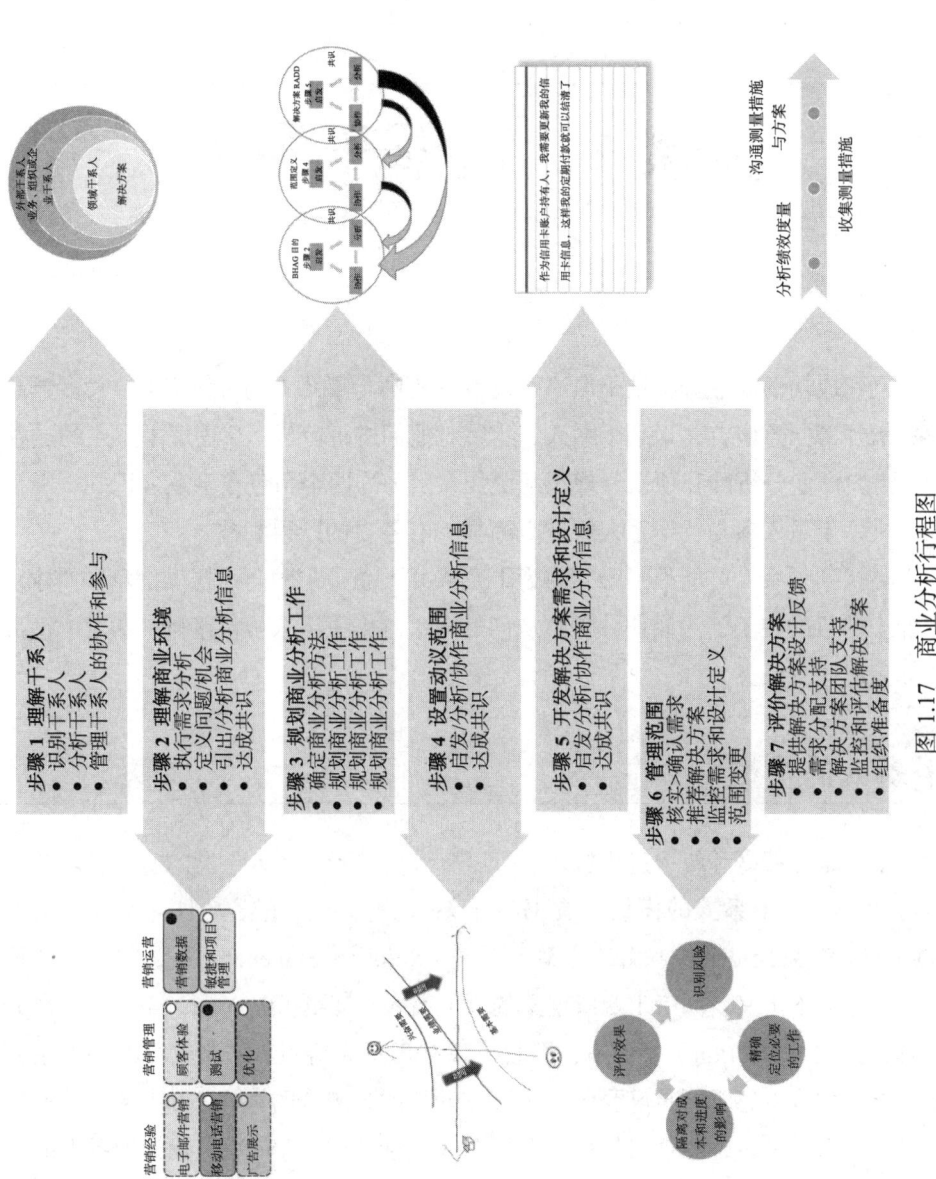

图 1.17 商业分析行程图

第 2 章

步骤 1：理解干系人

创建成功的商业分析结果取决于商业分析师与干系人的协作程度。大多数商业分析师都同意应首先识别干系人，然后对他们进行分析。在理解干系人的过程中，需要商业分析师和项目经理相互协作，因为这两个角色在干系人识别、干系人分析、干系人参与、干系人管理方面都具有各自的既得利益。

寻找到干系人可能很困难，因为干系人并不总是主动向你提供信息和需求。步骤 1 的目的在于，为商业分析师从何处入手理解干系人提供基础。表 2.1 将帮助你完成这一任务。

干系人的类型

基于企业偏好和组织过程资产，可以有许多关于干系人类型的定义，以及许多可用于分析干系人的模板。本书将干系人分为两种主要类型：领域干系人（Domain Stakeholders）和解决方案干系人（Solution Stakeholders），对两者的具体需要做如下定义。如第 1 章所定义的，干系人与变更（Change）、需要（Need）或解决方案（Solution）有关系，并且可以被识别为组织、团体或个人。干系人也可能影响或者感觉到自己受到某决策或动议的某部分的影响，对干系人进行分类有助于商业分析师和项目经理找到干系人识别的起点。可用来找到干系人的方法包括：

- 向发起人询问受影响的干系人或可能影响结果的干系人——无论是正面的还是负面的。

表 2.1 从五个视角理解干系人

理解干系人的活动	商业智能（BI）	业务流程管理（BPM）	信息技术（IT）	业务架构（BArch）	敏捷
识别干系人	干系人包括： • 高管层：负责战略决策 • 管理层：负责战术决策 • 流程层：负责运营决策	干系人是那些参与价值流的人，这些价值流可以影响整个企业或影响企业的一部分 要识别的干系人包括： • 客户 • 监管部门 • 流程负责人 • 流程中的工人 • 项目经理 • 实施团队	以下任何受影响的干系人或领域都包括在干系人识别中： • IT 部门 • 项目管理办公室 • 流程负责人 • 企业所有者 • 产品经理 • 监管代表 • 软件团队 • 部门 • 流程 • 应用 • 功能	干系人包括： • 高管层：负责战略决策 • 管理层：负责执行这些组织指导对业务架构的变革 • 各级管理人员 • 产品所有者 • 业务所有者 • 运营单元 • 解决方案架构师 • 项目经理 • 在其他环境中工作的商业分析师	干系人包括： • 发起人或获得授权的主题专家 • 敏捷团队领导 • 客户代表或产品所有者 • 团队成员 • 外部干系人

续表

理解干系人的活动	商业智能（BI）	业务流程管理（BPM）	信息技术（IT）	业务架构（BArch）	敏　捷
分析干系人	• 分析包括决定在整个企业中所受影响的干系人的级别 • 在企业范围的商业智能计划中，一些运营干系人可能持消极态度，因为该解决方案不会直接为其所在领域提供价值，而是在其他领域提供价值 • 干系人和商业分析师的经验水平影响商业分析规划	• 干系人将渐近明细，以便干系人需要为目标，以便持续改进业务流程 • 普遍存在对变革的恐惧或对变革解惧，恐惧或失业的恐惧也可能与受影响的干系人有关	• 每次干系人的态度和需求会随着软件或过程的变化而变化 • 对于现货打包解决方案，对内部和外部干系人进行评估	• 对受影响的干系人而言，组织变革准备是至关重要的 • 政治敏锐度分析 • 与干系人接触 • 干系人的可用性	• 因干系人和干系人需求变化而进行的适应性分析
管理干系人的协作和参与	• 满足干系人和组织优先事项的新数据需求 • 由于重叠的数据需求，多干系人需要参与进来 • 商业分析师专注于不冲突或产生重复的完整和一致的需求 • 与干系人的沟通和协作通常是正式的	• 与干系人就改进进行频繁的合作是必要的 • 管理情绪有助于干系人缓解担忧和情绪相关风险 • 流程变更需要频繁沟通以避免意外 • 管理干系人的期望有助于流程变更的成功实现	• 包括IT技术人员和主题专家协同会议，以充分识别对应用程序或系统变化的影响 • 当业务干系人认为IT变化分散了注意力或成本过高时，参与可能带来挑战 • 跨组织边界沟通故障和返工；为了克服这种风险，商业分析资源需要与IT和业务协同活动	• 需要正式的沟通策略 • 将所有干系人的需求和愿望与战略方向联系起来 • 与组织各层级进行合作确保理解战略方向 • 相互理解和支持的共同语言对成功至关重要 • 干系人的准入和干系人的可用性至关重要	• 干系人的持续参与 • 客户或产品所有者的明确承诺 • 与干系人就产品范围进行持续的反馈和协作 • 透明沟通 • 持续交付满足干系人需求的价值 • 敏捷团队的持续改进 • 团队和干系人的共同定位是理想的 • 与干系人非正式沟通

- 研究以下可用文件：
  - 商业需要（Business Needs）。
  - 商业论证。
  - 可行性研究。
  - 组织模式。
  - 采购文件。
  - 项目章程。
  - 项目申请表。
  - 愿景文档。
- 检查当前状态并识别直接涉及或可能间接受变更影响的人员。这包括调查：
  - 过程。
  - 报告。
  - 数据。
  - 接口。
  - 关键绩效指标。
- 对干系人进行头脑风暴或访谈，以查看干系人名单中是否缺少干系人：
  - 还有谁会影响结果？
  - 还有谁会受到影响？
  - 还有谁是关键决策者？
  - 还有谁关心团队如何执行项目或动议？
- 与其他组织或商业分析协会协商，看他们是否完成了类似的工作。
- 使用内部或外部媒体：
  - 博客。
  - 在线聊天论坛。
  - 新闻通讯。
  - 社会化媒体。
  - 目标电子邮件。
  - 维基。

- 研究政府、学术或行业报告，包括以下组织：
  - Aberdeen Group。
  - Forrester Research。
  - Gartner。
  - Hoovers。

领域干系人

领域干系人对在其企业内执行的工作流程具有既得利益。许多商业分析师将此域称为业务域（Business Domain）。领域干系人确认需求对于产品范围而言是正确的，这将在第 7 章中进一步阐述。我们将这些干系人代表称为领域干系人。

- 发起人：对动议、项目、成果提供资源和支持的个人或团体。发起人授权开发解决方案所需的工作，并对范围、截止日期和预算进行必要的输入。拥有多个发起人确实会产生一些风险，因为多个发起人需要花费大量的时间来达成共识并做出决策。在规划商业分析工作时，需要识别这些干系人风险，商业分析师将从发起人那里获得商业需求启发和高层级信息。敏捷商业分析师从发起人那里获取与产品愿景和产品路线图相关的信息。
- 用户：使用解决方案者，如系统、软件产品、产品或服务。用户可以被组合成具有相似需求和可相比较的解决方案使用的干系人用户类。用户通常被识别为直接与解决方案交互的最终用户，有如下两种类型的最终用户：
  - 内部最终用户：直接在发起人影响范围内的人，这些干系人通常更容易识别。
  - 外部最终用户：不直接在发起人影响范围内的人，这些干系人更难识别，也很难满足。

商业分析师将从用户那里对干系人需求和/或解决方案需求进行启发。敏捷商业分析师通过用户故事或工作项定义用户需要。

- 特殊利益集团（Special Interest Group，SIG）：为社区的共同利益而分享共同利益和共同特点的群体。SIG 参与者通常拥有专业的知识或技术。这些成员也有可能对关乎解决方案能否执行的能力提出限制。SIG 的例子包括：
  - 社区团体。
  - 竞争对手。

- 财务。
- 政府。
- 工业贸易集团。
- 投资者。
- 工会。
- 法律。
- 专业协会。
- 项目管理办公室。
- 监管机构。
- 股东。

商业分析师将从 SIG 中启发干系人需求和/或解决方案需求。敏捷商业分析师在为即将到来的冲刺或迭代分解工作项时，会考虑 SIG 的非功能性需求。

- 主题专家：与商业需要或解决方案范围相关的特定领域的权威人士。主题专家可以解释流程的执行方式和顺序。主题专家提供背景、内容和信息供商业分析师将其转化为有效需求的特征。主题专家还帮助从领域中识别定义和术语，这些是使用中的领域所必需的。商业分析师将从主题专家那里获得干系人需求和/或解决方案需求。敏捷商业分析师在为即将到来的冲刺或迭代分解工作项时，将主题专家的功能性需求转换为工作项和主题专家的非功能性需求。

- 运营支持：对产品、系统或结果进行日常维护和管理的人员。运营支持角色可以包括：
  - 运营分析师。
  - 产品分析师。
  - 服务台支持/服务支持。
  - 版本经理。

商业分析师将启发过渡需求，并与运营支持干系人一起验证其他类型的需求。当项目或动议变成了日常运营时，敏捷商业分析师核实运营支持干系人已经收到相关的过渡信息。

- 供应商：居住在企业外部而不直接处于发起人影响范围内的个人或团体。供应商通过协议或合同向企业提供产品、服务和结果。供应商也被称为：

- 顾问。
- 承包商。
- 提供商。
- 卖家。
- 厂家。

商业分析师需要确保供应商提出的解决方案：
- 满足商业需要。
- 与企业的愿景、使命和目标保持一致。
- 满足产品范围。

让领域干系人参与到工作中有助于获得对动议或项目的认可、承诺和支持。积极参与计划、分析、开发、实施和评估工作的干系人更有可能接受变革。

解决方案干系人

解决方案干系人在解决问题以支持领域干系人的需要方面具有既得利益。许多商业分析师将此域称为解决方案域或 IT 域。解决方案干系人核实需求是否符合目的，这将在第 7 章中进一步阐述。以下是作为解决方案干系人的代表列表，因为并非所有解决方案都是技术型的或是基于技术的。

- 实施主题专家：具有部署一个或多个解决方案组件相关专业知识的人员。
  实施主题专家可以在以下部分或全部领域拥有专业知识：
  - 功能。
  - 机器。
  - 材料。
  - 流程。
  - 技术。

  实施主题专家可以有许多头衔，包括以下干系人类型：
- 变更经理/组织变革经理。
- 配置经理。
- 数据库管理员。
- 开发者/程序员。
- 信息架构师。
- 组织变革顾问。

- 项目管理员。
- 解决方案架构师。
- 培训师/讲师。
- 可用性分析师。

对于商业分析师来说，考虑这个完整的实施主题专家列表对于启发从当前状态到未来状态的过渡需求至关重要。

- 测试人员：执行需求核实过程的人员。测试人员确保解决方案满足商业分析师定义和记录的需求；测试人员提供与质量标准相关的专业知识，并确保解决方案达到企业相关质量标准；测试人员指定了与缺陷风险和故障风险相关的重要信息，这些信息需要包含在风险分析或风险登记簿中。商业分析师和敏捷商业分析师都需要在需求管理生命周期的早期邀请测试人员加入。
- 用户体验（User Experience，UX）：通过增强可访问性、可用性、技术设计和用户与产品交互的偏好来提高用户满意度。据《UX 杂志》称，该体验正在从设计网络体验扩展到能够适应和响应具有不同输入方法的多种设备。此外，设计需要能够适应不断变化的用户目标和不断变化的期望。有效的用户体验设计师需要对他们的行业规则有广泛的理解，并拥有深厚的设计知识功底。

商业分析师和项目经理

以下对商业分析师和项目经理的定义适用于两个不同的个体执行独特的角色或同一个体执行双重角色（混合角色）。

- 商业分析师：执行商业分析任务和技术的人员，无论其职位或在组织中的角色如何。
- 项目经理：一个由企业指派来领导一个由个体组成的以实现项目目标团队的人。

这两个角色之间不但有许多共同的技能和能力，而且也有关键的区别，表 2.2 通过比较商业分析师和项目经理角色来识别各自的独特性。

表 2.2　商业分析师和项目经理角色比较

相异点与相似点	
商业分析师	项目经理
与发起人密切合作，创建商业论证	当项目经理在项目或动议的早期被分配时，与商业分析师协作创建商业论证
具有根据需求创建产品或服务的输入	按时交付项目或动议并管理进度计划
具有正确开发产品或服务的输入	根据预算交付项目或动议并管理预算
为需求和项目范围而识别并分析干系人	识别和分析项目范围之外的干系人
管理和协调业务干系人	管理和协调项目团队成员
创建商业分析沟通	负责项目沟通
负责规划商业分析和规划需求管理（经关键干系人评审和同意）	负责计划项目或动议（有团队成员的投入），确保团队遵守该计划
确定在商业分析工作中要参与的主题专家数量	最终确定总体人力资源管理计划
根据项目或动议的需要定义可跟踪性方法	确保可跟踪性方法符合项目计划
已输入变更控制过程，以确保满足领域干系人和解决方案干系人的需要	定义变更控制过程，以确保满足领域干系人和解决方案干系人的需要
识别项目或动议的商业分析可交付成果	评审商业分析可交付成果，以确保与项目或动议保持一致
在项目团队的帮助下，评估商业分析工作成果，协调活动评估	确定商业分析活动的顺序，确定资源可用性将如何影响商业分析活动
在领域干系人和解决方案干系人之间执行联络工作，以弥补差距	协调项目管理计划以实现项目目标
在整个商业分析工作中负责干系人的参与和涉入	负责跨项目或动议的干系人参与和涉入
负责产品需求： • 商业需求 • 干系人需求 • 解决方案需求 　◆ 功能性需求 　◆ 非功能性需求或服务质量需求 • 过渡需求	负责： • 项目需求 • 质量需求 • 项目集需求
识别并优先考虑在解决方案评估期间将测量哪些产品指标（由干系人输入）	识别并优先考虑在解决方案评估期间将测量哪些项目度量（由干系人输入）

续表

相异点与相似点	
商业分析师	项目经理
与解决方案域一起设计解决方案	有助于解决方案域的进度,并根据需要调整项目计划
评估所提议变更对干系人的影响	评估所提议变更对项目范围或产品范围的影响
为解决方案的签核实践提供输入(由审计和项目干系人提供输入)	确定解决方案的签核实践(使用来自审计和项目干系人的输入)
确保最终产品或服务满足干系人需求	确保范围是可接受和理解的
负责管理产品范围	负责管理项目范围
识别产品假设、产品约束和产品风险	管理项目假设、项目约束和项目风险
通过以下方式阐述商业分析信息: ● 启发 ● 协作 ● 分析 ● 共识	评审需求并对项目计划进行任何必要的调整
从概念上设计解决方案	评审商业分析师和解决方案干系人做出的概念设计决策
评审以下项目可交付成果: ● 需求 ● 解决方案设计 ● 测试	评审所有项目可交付成果,以便进行任何必要的调整
领导确保解决方案满足商业需求并与业务和项目目标保持一致的工作投入	领导团队并提供解决方案
确保满足商业需要及任何能满足这些需要的解决方案	对项目或动议的成功或失败负责
对已完成的商业分析工作的经验教训或回顾负责	领导整个项目或动议的经验教训总结或回顾
项目或动议成功所需角色	项目或动议成功所需角色

商业分析师和项目经理需要在商业分析工作上实现良好的协作。根据 PMI 白皮书《商业分析:领导组织取得更好的结果》,56%的被调查组织报告称,组织成功基于在商业分析师和项目经理之间对动议所进行的高度协作。这两个角色的目标是不同的,这可能在两个角色之间产生摩擦,或者需要商业分析师/项目经理这一混合角色。同时,角色之间的这种摩擦对项目或动议是有益的,因为它有助

于商业分析师和项目经理专注于确保干系人需求得到满足。当动议或项目有专职的项目经理和商业分析师时，项目经理可以集中精力管理进度计划、预算、团队成员，而商业分析师可以集中精力识别商业分析信息和管理需求。在这种情况下，项目经理负责项目范围，而商业分析师负责产品范围。由于在成功交付产品过程中涉及在进入项目前的所有工作，因此商业分析师所关注焦点的广度远大于项目经理。

商业分析师通常被称为干系人代理（Stakeholder Proxy）。干系人代理通过接受其独特需要来代表一个干系人或一组干系人，包括领域干系人和解决方案干系人。这样商业分析师就成了干系人的代言人。如下一节所述，这个角色不是商业分析师独有的，其也可以代表产品所有者（Product Owner）。

产品所有者和 Scrum Master/敏捷项目经理

产品所有者和 Scrum Master 这两个角色主要在敏捷视角中使用。如第 1 章所述，商业分析从业人员使用了多种敏捷方法，一些敏捷方法使用了 Scrum Master 的别称，其中包括敏捷项目经理（Agile PM）、敏捷教练（Agile Coach）、敏捷项目组长（Agile Project Leader）等。在本书中，Scrum Master 的头衔将用于任何担任敏捷团队服务主管的人。

- 产品所有者：通过帮助用户组识别产品发布（Product Release）的特性来举例说明业务或用户组的人。
- Scrum Master：在敏捷团队成员和任何可能阻碍团队进步的干扰之间充当缓冲或服务主管的人。

正如商业分析师和项目经理之间是相辅相成的关系一样，产品所有者和 Scrum Master 之间也在各自的职责之间取得了平衡，产品所有者负责确保产品成功，而 Scrum Master 负责维护流程成功，产品所有者和 Scrum Master 也分享了商业分析师和项目经理所经历的因为基于职责目标的不同而产生的良性摩擦。产品所有者可能不具备商业分析技能和专业知识，在这种情况下，产品所有者需要与商业分析师密切合作，以启发和详细说明未完项工作。表 2.3 通过比较产品所有者和 Scrum Master 角色识别各自的独特性。

表 2.3 产品所有者和 Scrum Master 角色比较

相异点和相似点	
产品所有者	Scrum Master
代表领域干系人的声音	担任团队的服务主管
负责描述产品愿景和产品范围，使团队理解产品的方向	管理产品所有者对团队的期望
通过做出艰难的决策来管理干系人的期望	帮助产品所有者和团队使用正确的流程创建产品
维护干系人的关系及与干系人的沟通	负责建立和促进敏捷过程
主动管理和优先处理未完项的产品	鼓励团队与产品所有者一起处理未完项的产品
沟通产品的价值主张和商业目的	通过确保团队的功能和提高质量来教练敏捷团队
倾听并考虑团队对未完项工作依赖项的输入	负责帮助团队为产品所有者完成工作
花时间和团队一起回答他们的问题	消除团队所面临的包括分散产品所有者的注意力在内的阻碍和障碍
创建、确定和更新发布计划	支持团队协作，为产品做出切实的承诺
定义关键产品功能，确保团队拥有可靠、高效的工作环境	定义产品的成功标准，向干系人传授敏捷过程及其在过程中的作用
作为新需求和未完项优先级的单一联系点	为敏捷过程生成干系人的承诺和支持
不断完善需求	为产品所有者提供产品决策支持
参加冲刺会议	负责推动组织变革
在冲刺评审期间接受和拒绝工作	与领域干系人一起实施组织变革
确定发布日期、发布内容和产品预算	负责汇报团队的进展和信息发布
负责产品的成功并确保产品符合商业目的	负责流程的成功
对项目成功负终责	帮助团队不断改进自己、敏捷过程和产品

有些企业在同一个项目中使用多种方法（例如，敏捷团队和解决方案域团队同时工作）。当出现这种情况时，必须创建一个如本章后面的"技术"一节所描述的责任分配矩阵或称 RACI［Responsible（执行）、Accountable（负责）、Consulted（咨询）、Informed（知情），RACI］矩阵。

制定干系人概要

干系人概要（Stakeholder Profile）包括对干系人群体的详细描述。干系人概要有助于商业分析师与干系人之间关于项目团队计划的沟通，并使干系人在整个动议过程中保持参与。由于企业的动态特性，需要定期对干系人概要进行评审和更新。

干系人概要中包含的信息类型将根据所运用的视角、企业的动态，以及任何组织过程资产的变化而变化。可能的特征包括：

- 干系人种族信息。
- 所代表的区域。
- 角色和责任。
- 关键问题或关注点。
- 与干系人的工作联系。
- 影响、权力、利益和/或权威的数量。
- 变革的障碍。

获取干系人概要信息的方法多种多样，以下是一些可能用到的方法。

- 人物（Personas）：这种类型的干系人概要文件使用一个虚构的人来表示一个用户组，并为具有类似需要的干系人而创建。一些商业分析从业人员将人物称为用户类。人物最常用于敏捷和 IT 视角及产品开发中。一个人物比其他类型的干系人概要提供更多关于虚拟角色如何与问题或解决方案交互的细节。
- RACI 矩阵：这种类型的干系人概要文件根据对动议或项目至关重要的任务可交付成果来阐明干系人的角色。RACI 矩阵中的字母表示执行、负责、咨询、知情这四种干系人。
- 干系人名单（Stakeholder List）：此类干系人概要文件包括所有受影响和已授权的干系人。干系人名单用于为干系人总结事实和联系信息。
- 干系人映射：这种类型的干系人概要文件涉及可视化或图表，显示干系人与解决方案的关系，以及彼此之间的干系人关系。
- 干系人矩阵：这种类型的干系人概要文件要使用映射将干系人的优先级分类到一个网格中。

用来描述干系人的方法依赖支持视角所需的商业分析工作投入，还要对关于干系人概要文件的共享信息保持敏感。

> **在现实生活中……**
>
> 在引导商业分析课程的同时，我们经常听到关于干系人概要的经验教训。商业分析师需要特别小心以避免在公共领域内共享有关干系人的权力、影响、冲击或利益的信息。我们其中一个班的参加者透露，他们组织中的商业分析师包含了 SharePoint 中干系人分析的所有文档，许多干系人感到不安，因为他们并没有像商业分析师所分类的那样来看待自己，从而报复性地选择不向商业分析师提供商业分析信息。从这个故事中学到的一个重要教训是：只包括公共领域中的干系人名单（一般的干系人信息）。

理解干系人动机

本章的前一节揭示了种类繁多的干系人，在识别了干系人之后将转向分析他们，根据用于商业分析工作的视角不同，商业分析师可以创建特定类型的干系人概要文件。

理解干系人差异

干系人能够影响任务和可交付成果，也可能受到任务和可交付成果的影响，因此，理解干系人差异可以指导商业分析师提高干系人的满意度。如下所述是商业分析师需要牢记的干系人关键差异。

- 文化：包括年龄、部门、性别、群体和国籍等因素。文化可以影响以下商业分析工作：
  - 批准和建立共识。
  - 沟通。
  - 协作。
  - 启发。
  - 管理变更。
  - 管理冲突。
  - 排序优先级。

面对由不同背景组成的干系人，建立信任、表现尊重和有效沟通是商业分析师所要运用的重要能力。

- 经验：每个干系人在动议中所提供的行业、组织和解决方案知识。
- 语言：干系人之间的口头或书面沟通差异可能造成误解。用于表示需求的不同符号和建模语言也可能导致误解。作为领域干系人和解决方案干系人之间的联络人和翻译人员，商业分析师需要能够破译和传达这些差异。

> **在现实生活中……**
>
> 在给大型零售商客户讲授商业分析课程时，我们讨论的是商业分析师用于功能性需求的词汇［例如，将要（Shall）、必须（Must）这两个词语］。"将要"这个词经常引起热烈的讨论，但是，这次的讨论有所不同。一个与会者提到，"将要"这个词翻译为西班牙语是"应该"（Should）的意思。"应该"这个词在分析领域意为"可能不会"（Probably won't）。如果某项需求以如下方式被识别，大多数商业分析师会觉得难堪："员工将能够请求休假"（the employee shall be able to request time off）被解释为"员工可能无法请求休假"（the employee probably won't be able to request time off）。随着全球化越来越成为企业规范，词语的选择有着重要的影响。

　　干系人通常分布在多个时区，在多个时区拥有干系人的优势在于，经常可以夜以继日地完成工作，同时，当干系人不在同一时区时，在沟通和时间方面会产生不利影响，在安排任何商业分析信息会议时，公平对待所有干系人是很重要的。

　　物理位置是需要考虑的一个重要方面。干系人可能在不同的建筑、不同的地区，甚至是远程办公。干系人在实际地理位置上的差异可以揭示办公室政治、偏好、偏见、政策、规则，甚至领土冲突，商业分析师需要过滤这个差异，并为所有干系人提供有益的结果，不管干系人所在的物理位置在哪里，每个干系人都有机会被听取和考虑自己的需求。

理解干系人态度

　　"态度会传染"（Attitudes are contagious.），这是一句睿智的古语，它应该使商业分析师停下来思考揭示干系人态度的过程。如果一个有影响力的干系人对一个所提议的变革持否定态度，那么商业分析师是否会让其他干系人对该干系人持否定态度？绝对不是，在处理干系人态度时，需要考虑两个关键方面。

1. 干系人对商业分析的态度：一个人对周围其他干系人的行为方式可能对

动议产生积极或消极的影响。商业分析师规划如何识别干系人的态度，检查每个干系人对业务的看法，分析并计划如何在整个生命周期中保持干系人的参与和协作。与干系人建立关系并与他们保持关系对于商业分析师成为值得信任的顾问至关重要。

2. 干系人对动议或项目的态度：商业分析师对干系人进行影响分析，以确定变革将产生的影响程度。影响程度通过检查当前和未来状态之间的差距来确定，一些干系人将受到动议的积极影响，而其他干系人将受到消极影响。记住，干系人的看法就是他们所处的现状，干系人可能支持、反对、中立于该动议。

商业分析师还需要考虑与态度相关的以下因素。

a. 可行性：进行可行性研究的目的是客观分析拟议项目或动议潜在的积极或消极结果。在执行干系人分析时，商业分析师将在帮助确定每个干系人对变革的态度时考虑可行性。

b. 发起人：每个干系人必须理解发起人，因为发起人对项目或动议拥有权力、影响力和利益。发起人拥有最终的决策权，因此，商业分析师需要将其纳入干系人分析中。

c. 对我来说有什么好处（What's in it for me?）：由于项目或动议可以产生某种程度的变化，每个干系人都会有意无意地问这个问题：为什么他们需要改变，以及对他们来说改变有什么意义。

d. 团队成员的能力：干系人对团队成员的技能和知识有不同的态度。检查领域干系人对解决方案干系人和供应商的态度，反之亦然。

当商业分析师与持积极态度的干系人打交道时，可以让他们帮助影响中立和消极的干系人，以更客观地理解变革所产生的收益。及早关注中立的干系人，通过向这些干系人提供动议的收益是有利的；否则，消极的干系人可能开始动摇中立的干系人。当与持消极态度的干系人合作时，商业分析师需要专注于创造合作的方法以让干系人参与并基于一些共同点向前进。

> **在现实生活中……**
>
> 我们正准备在一家大型制造工厂部署一个新系统，主管们对这一变革并不高兴。我深知我们团队所面临的巨大阻力，我安排了焦点小组与主管们进行讨

> 论以倾听他们的需要和关注。我和主管们见了五次面来收集他们的信息。在第六次会议上，我开始揭示主管们的需求和系统能力之间的共同点，我慢慢地开始赢得主管们的上司的信任，他的影响有助于说服其他主管，他的这种支持对我们项目的成功是无价的。

理解干系人影响力

干系人在项目或动议中的积极参与程度表明了干系人的影响力，如本章前面所述，商业分析师可以通过创建干系人矩阵来分析干系人的影响力。

在调查干系人的影响力时，商业分析师需要有文化和政治意识，观察干系人如何执行其工作、如何相互参与的细微差别，以及他们如何使用非语言沟通将提供这方面的线索。这些线索有助于确定策略，以确定如何在动议可实现的水平上获得认同、承诺、协作。

一旦发现干系人所需要的影响力与干系人真正拥有的影响力之间存在差异，就要识别需要在项目风险登记册中加以捕获的风险，风险识别包括计划和响应，以实现必要的干系人支持水平。处理干系人风险是商业分析师和项目经理需要协作的另一个机会点。

理解干系人成功标准

成功意味着完成某件所期望、计划、尝试的事情。为了揭示一个成功的项目或动议的标准，来自每位干系人的需要都应该被启发和阐述，识别成功标准的乐趣在于成功标准是非常主观的，它对不同的人意味着不同的事情。许多企业将成功的项目或动议定义为按时、按预算、按项目范围完成。仅仅因为一个项目或动议达到了这些标准并不能保证成功，成功的定义不仅仅是时间、成本、范围这一约束三角形，成功标准还应包括质量、资源管理、有效的优先级排序、整合等因素。为了最终为干系人提供较好的满意度，商业分析师将与项目经理和团队进行协作，在项目或动议开始工作之前识别出成功标准。

预先识别成功标准将有助于整个项目团队在产品、服务、结果的创建过程中构建特征。成功标准为团队提供了奋斗的目标，以及在项目完成后衡量的关键绩效指标或验收、评估标准。要细化成功标准，请考虑以下因素。

- 说明必须满足的条款或条件：包括衡量明确规定的成功标准的能力。

- 使成功标准与愿景、商业论证和/或项目章程保持一致：有助于捕获优先级、风险、约束、能力和要达成的收益。
- 代表所有干系人的包容性：涉及关键决策者的协作工作，允许输入、讨论、谈判、接受成功标准。根据动议的规模，用干系人名单的一个子集组成一个工作组来指定成功标准是有益的。当使用该干系人名单子集时，确保工作组代表不同的干系人，并为确定成功标准提供最后期限。

理解干系人参与

在整个项目中保持干系人参与对于商业分析师、产品所有者、Scrum Master和项目经理来说都是非常具有挑战性的。另外，需要商业分析师在整个商业分析行程中一直维持干系人参与。在计划吸引干系人之前，商业分析师必须执行识别和分析工作，除识别和分析干系人外，干系人参与的另外两个方面包括：

1. 沟通：涉及两个或多个当事方，由向接收者传达信息的发送者，以及接收并解释信息和发送者意图的接收者组成。最好的沟通是双向的，需要积极的倾听技巧，在就沟通目的与干系人沟通时，需要考虑5W（谁、什么、在哪里、何时、为什么）和1H（如何）：
   - 谁需要沟通信息？是哪一部分干系人受众？
   - 谁来沟通信息？
   - 需要沟通哪些信息？
   - 需要什么级别的详细信息？
   - 与干系人沟通的最佳方法是什么？
   - 干系人的地理位置在哪里？
   - 什么时候进行沟通？
   - 为什么沟通这些信息很重要？
   - 沟通频率如何？
   - 沟通正式程度如何？

对于商业分析师、产品所有者、Scrum Master、项目经理来说，沟通是导致困难和问题的主要原因。对争取干系人所用最佳沟通方式的思考有助于推动团队迈向成功。在规划商业分析工作时，商业分析师将确定与干系人沟通和接触的正式或非正式方式。

2. **协作**：包括在参与动议的干系人和商业分析师之间建立良好的工作关系。商业分析师在与干系人共事过程中创造的环境依赖有效的沟通，以确保干系人满意。干系人商业分析工作的参与需要协作，大多数商业分析工作都涉及计划的协作，但是，随时涌现的协作仍然可能发生。在为商业分析工作规划领域干系人和解决方案干系人协作时，需要考虑：
   - 所包括的干系人。
   - 干系人特征。
   - 行程安排。
   - 频率。
   - 地理位置。
   - 协作软件或技术。
   - 针对同一地点或地理分散的干系人的最佳交付方法。
   - 干系人偏好。

表2.4 包括了需要考虑的干系人参与和协作的特征，为了有效地理解干系人，商业分析师将与项目经理协作来一起计划：
- 干系人识别。
- 干系人分析。
- 与干系人沟通。
- 与干系人协作。

表2.4 干系人参与和协作的特征

有效特征			无效特征
与干系人共事	支持这个过程	加强商业分析	不支持因素
具有真实性的潜在客户	帮助设定团队目标	使工作努力与企业战略保持一致	紧扣目的和目标
通过积极倾听来听取和展示参与度	促进目标实现	确定新想法和解决方案	加剧个人之间的竞争
移情并拥有情境智能	完成商业分析信息	基于干系人的想法和解决方案	对人员进行微观管理
承认他人	与干系人进行对话	提供示例以增进理解	剥削他人
澄清	参与团队会议	鼓励创造力	虐待他人
分享创意	开会及时	汇集并传达相关信息	利用

续表

有效特征			无效特征
与干系人共事	支持这个过程	加强商业分析	不支持因素
赞美	满足最后期限	创建文本和视觉效果以确保理解	虐待
提供建设性反馈	为干系人提供帮助	坦诚直率地面对商业分析师的工作	操纵
鼓励干系人协作的评估	公平公正地分担工作量	讨论并就任何变更达成共识	不诚实
促进透明的群体决策技术	履行承诺	让每个干系人参与	从事欺诈活动
支持干系人解决分歧	有责任心	保障干系人的参与	敲诈勒索
涉及所有干系人	朝着共同的目标前进	做出明智的风险决策	破坏他人、过程、商业分析师的工作成果
创造积极的环境	创造开放和透明	称赞与商业分析师工作努力相关的合作决策	被动攻击
避免垄断	提高敏捷性	打破壁垒	破坏与他人的关系
强化决策			缺乏后续行动
建立信任和真实性			囤积信息
自觉的			囤积资源
尊重他人			非建设性的批评
			试图控制他人
			不留后路
			隐瞒信息

计划可以包括商业分析师工作计划、干系人管理计划、沟通管理计划、干系人参与方法、干系人登记册。对于企业来说，计划名称的一致性固然很重要，但是更重要的因子是执行，本书的第 4 章包含了关于如何完成干系人计划的更多信息。

在定义了如何争取干系人及如何与干系人沟通后，将进入管理干系人的参与和沟通。随着动议的逐步完善，商业分析师需要定期获得干系人的帮助，以消除与某些干系人接触的障碍，这些干系人往往拥有商业分析师所不具备的权力和权威。商业分析师还将评估每个干系人的参与程度来拥抱达到未来状态所需要的变革。

埃弗雷·特罗杰斯（Everett Rogers）在为他的《创新传播》（*Diffusion of Innovations*）一书进行调研时，确定了以下有关变革的干系人参与的统计数据：

- 2.5%的干系人是创新者。
- 13.5%的干系人是早期采纳者。
- 34%的干系人是早期大多数者。
- 34%的干系人是后期大多数者。
- 16%的干系人是落后者。

图2.1说明了干系人对变革的最初反应。请注意，该数字中间的68%可能受到其他有影响力的干系人的积极或消极影响。

干系人参与度统计

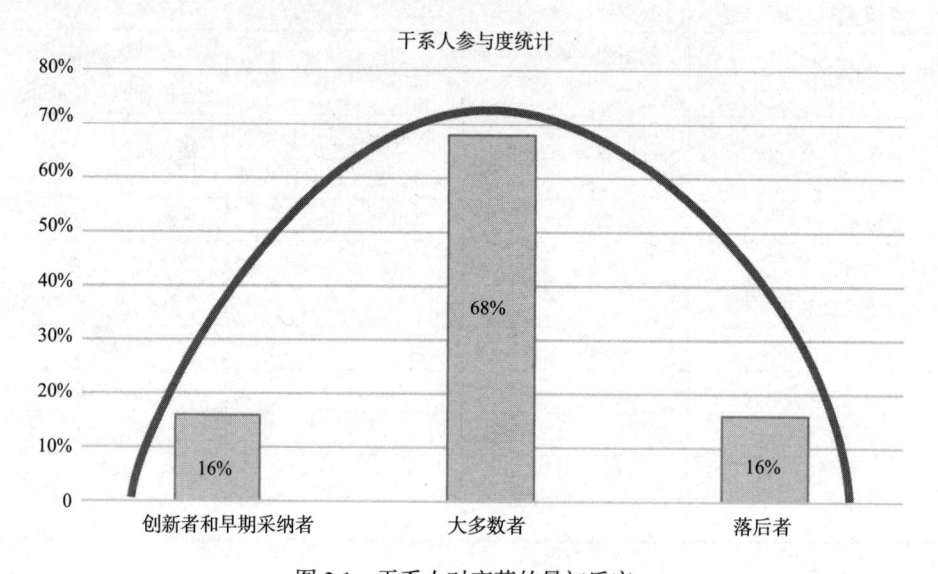

类别	百分比
创新者和早期采纳者	16%
大多数者	68%
落后者	16%

图2.1　干系人对变革的最初反应

另一种观察变革影响干系人的方法是考虑他们在变革中的角色。梅兰妮·富兰克林（Melanie Franklin）识别出以下可能性。

- 反对者：抵制变革、不关心变革实施的干系人。反对者有一些重要的需求，这些需求与有待启发的潜在风险有关。
- 指挥者：提供有关变革需求的建议和指导的干系人。指挥者还具有与潜在问题和风险相关的重要需求。
- 倡导者：积极推动与变革相关的特定需求的干系人。倡导者通常有技术建议和特定的知识来帮助你度过变革的生命周期。
- 变革代理人：完全融入变革的干系人。变革代理人最终负责确保变革活动的交付成功。

图2.2是变革所需的干系人支持水平的适配版本。PMI还识别了与干系人相关的五个变革等级。
- 不知道：不理解项目和有潜在影响的干系人。
- 抵抗：意识到且不支持变革的干系人。
- 中立：意识到既不支持也不抵制变革的干系人。
- 支持：理解并支持变革的干系人。
- 领导：意识到并积极参与可导致项目成功的变革的干系人。

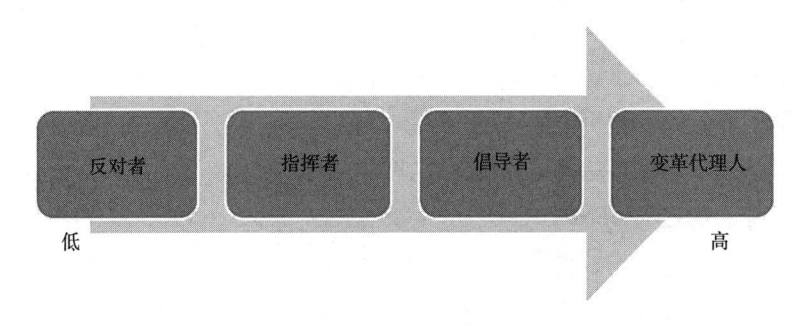

反对者　指挥者　倡导者　变革代理人
低　　　　　　　　　　　　　　高

图2.2　干系人支持水平

由于并非所有的干系人都对变革感兴趣，所以帮助干系人在整个变革过程中不断发展的一个重要战略就是发现他们的"对我来说有什么好处"。商业分析师需要调查并找到每个干系人可能的优势和劣势。有时，能够克服或管理一个被干系人所感知的劣势可能比给干系人展示动议的积极一面更重要。

沟通和协作是干系人参与的关键。积极主动的沟通及与领域干系人和解决方案干系人的密切协作将帮助商业分析师在整个动议中保持干系人的参与度。干系人的持续参与有助于减少阻力并增强对商业分析工作的支持。

平衡干系人需求

当创建干系人概要时，不是所有的干系人都有相同的需求，并且某个干系人的需求可能与其他人的需求相冲突。商业分析师的职责是使用任务、工具、技术来满足这些彼此竞争的需求。干系人需求必须与企业的使命、愿景、价值观、目的和目标保持一致。如果在保持一致过程中存在断联，则必须识别出断联的根本原因。

商业分析师努力与干系人达成共识以平衡干系人需求，共识涉及群体决策过程，该过程为干系人提供了制定决策、找到共同点、同意支持符合各方利益的决策的机会。共识包括：
- 思想的融合。
- 所有干系人都理解该决策。
- 所有人参与决策。
- 能够接受这个决策。
- 为每个人确定最佳决策。
- 能够解释为什么这个决策是最好的。

共识不包括：
- 干系人一致同意。
- 每个干系人都各得其所。
- 所有干系人都承认决策正确。
- 所有干系人都完全满意。
- 妥协。

共识决策是困难的，因为需要花时间来听取所有干系人需求，而且每个人都需积极参与这一过程。促进共识决策，需要商业分析师和有关干系人的积极倾听、解决冲突、创造性思维、开放心态。

对于干系人决策，商业分析师可能发现使用与收敛相关的措辞显得更容易。收敛意味着虽然不是每个人都同意，但每个人都参与了决策，并且每个人都将支持最终决策。

在某些情况下，与一组干系人达成共识决策可能不合适，在这些情况下，最好有其他的决策技术来维持干系人参与。在规划商业分析工作时，应考虑以下决策技术。
- 独裁型：一个人为干系人群体做出决策，有时被称为独裁型决策。
- 德尔菲：一个引导者通过干系人的匿名投票来完成一项决策。这个过程可能涉及几轮投票。
- 力场分析：通过头脑风暴的方式来决定是否做出改变。该技术在第 3 章中有进一步的描述。

- 大多数：超过 50%的干系人群体支持这一决策。
- 多元化：群体中最大的干系人做出决策，即使他们不是大多数。
- 一致意见：所有干系人都同意某一项决策。

在平衡干系人需求时所需考虑的另一个因素是风险，并非所有干系人都具有相同的风险偏好，风险偏好是干系人或组织为了获得回报而愿意接受的不确定性程度。平衡干系人和组织之间的风险偏好对于成功至关重要。

理解政治环境

平衡干系人需求还需认识到所有企业都有需要考量的内部政治。根据 PMI 的"行业脉搏"（Pulse of the Profession）深度报告《导航复杂性》（*Navigating Complexity*），35%的受访者表示，重大的政治/权威影响是项目复杂性的第三大决定性特征；57%的受访者表示，项目复杂性的主要原因是有多个干系人。

在评估干系人的权威、影响力、利益和/或权力时，制定干系人概要非常复杂，可能存在政治风险，而政治是企业环境因素的一部分。有效管理干系人的三个最重要的企业环境因素是组织文化、组织结构、政治环境。商业分析师可以通过联网来帮助理解可能影响动议的政治和文化因素，同时需要拥有强大的政治头脑，这包括认识到组织结构所产生的政治动力，并利用这些知识在商业环境中执行商业分析，其在组织结构中所处的位置具有政治影响。

开发政治敏锐性需要通过与干系人的关系和取得成果来建立影响力，如果想要继续这种信任关系，需要以道德的方式使用和管理政治，巧妙运用政治智慧获得成功。期望工作中的政治会消失的想法会给动议执行带来困难。

定义对组织环境导航的策略

为了在这种环境中有效地导航，商业分析师需要在识别干系人和确定干系人团体的优先级时创建目标标准。为了平衡干系人需求，商业分析师必须直接与他们进行沟通，培养和保持自身的政治敏锐性，并持续保持与干系人的信任关系。作为干系人分析的结果，商业分析师将制定单独的策略，与每个干系人或干系人团体进行沟通，以创建有意义的对话。

信任：游戏改变者

第 1 章探讨了成为受领域干系人和解决方案干系人信任的顾问的重要性，如果没有信任，商业分析师与参与商业分析工作的干系人之间的协作和沟通就会崩溃。

检测猜疑或怀疑

许多人把"猜疑"（Mistrust）和"怀疑"（Distrust）这两个词交替使用，根据语法学家的说法，这两个词的意思几乎相同，因为它们都指缺乏信任或不信任。

这两个词的区别在于，怀疑是基于干系人的经验或来自可靠来源的信息，例如，一个关键的干系人可能不信任商业分析师的建议，因为以前项目的商业分析信息质量很差。猜疑则是基于对某物或某干系人的普遍感觉或不安，例如，以前从未与某个商业分析师合作过的干系人可能将商业分析师视为陌生人而不信任商业分析师。

有一些具体的线索表明，商业分析师可以在工作环境中发现潜在的缺乏信任的信号，具体包括：
- "这在这里是行不通的。"
- "哦，我很抱歉，但我忘了告诉你……"
- "我们总是这样做。"
- "孩子，我真的不记得告诉你了。"
- "我现在很忙，请走开。"
- "我不可能这么说。"
- "如果它没坏，就别修它。"
- "我上周告诉你了吗？我非常抱歉，但那是错误的。"
- "我使用的工具/技术很好，谢谢。"

诗人拉尔夫·沃尔多·爱默生（Ralph Waldo Emerson）说："我们的怀疑是非常昂贵的。"（Our distrust is very expensive.）缺乏信任的原因通常可以通过反思存在信任的经历来确认。
- 变革：动议、项目、项目集和项目组合会引发变革，并非所有的干系人都赞成变革，尤其是当变革可能对他们产生负面影响时。

- 迭代商业分析工作：启发、协作、分析和共识的迭代性质可能导致干系人相信他们的工作已经浪费在另一轮工作上，他们不相信商业分析信息将完成。
- 三重约束：许多干系人都经历过项目在项目资金和/或时间用完之前，需求和目的却没有完成。

在项目环境中，缺乏信任的一些常见原因包括：

- 担心工作被淘汰或发生重大变化：业务流程改进可能导致裁减支持业务流程的员工数量来降低劳动力成本。业务流程的巨大变化会给那些喜欢以自己的方式做事的干系人带来阻力。
- 担心解决方案会阻碍/减缓流程（以改进的名义）：每当业务流程改进时，干系人都需要一段时间来适应新的工作方式，这段时间被称为学习曲线。当干系人认为他们不能像当前状态那样快速地执行未来状态时，他们就会进行抵抗。
- 担心熟悉的软件会变得不完整或不准确：技术和软件不断改进和发展，因此，软件可能变得过时和陈旧。干系人担心失去最喜欢的软件程序。
- 害怕解决方案难以学会：对业务流程的熟悉和经验让人感到舒适，对于干系人来说，业务流程变得自动化，以至于他们通常不必考虑流程中接下来要做什么。如果被要求学习一种新的或改进的工作方式，可能吓坏干系人，因为每次改变都需要从舒适状态转变为不舒适状态，然后朝着使不舒适状态变成舒适状态的方向前进。
- 害怕失去在组织中的价值/地位：干系人在组织中的地位或级别可能是其工作中最重要的方面。例如，当提高数据完整性和简化效率的解决方案将取代干系人最喜欢的电子表格时，这可能被电子表格"国王"视为他在组织中地位的降低。
- 合作不好、期望落空的历史教训：一些部门或业务单元的名声是"不能以眼还眼"。因此，内讧周期与哈特菲尔德（Hatfields）和麦考伊（McCoys）的情况非常相似。在某些情况下，干系人有拖延开始协作时间的倾向。

当缺乏信任且无法建立信任时，可能产生以下影响：

- 沟通不良。
- 不满意的领域干系人和解决方案干系人。

- 附加范围。
- 进度延误。
- 预算超支。
- 质量下降。
- 团队问题。
- 生产率低。
- 士气下降。
- 言语或身体冲突。
- 风险加剧。

与干系人协作时，还应密切注意以下信任关注点：

- 为问题提供一个字的答案。
- 略去或避免说"我"。
- 不断重复问题，听起来像在花时间想办法。
- 用类似这样的话："对你说实话……""相信我""说实话""你怎么能怀疑我？"

理解信任对商业分析工作的影响

信任经济学实际上归结为时间和金钱，简单地说，信任是一个简单而有力的公式中的游戏改变者。哥伦比亚商学院教授约翰·惠特尼（John Whitney）认为，当信任度较低时，速度减慢，成本上升，相反，当信任度较高时，速度加快，成本降低。图 2.3 显示了如何理解这个简单的信任经济学公式。

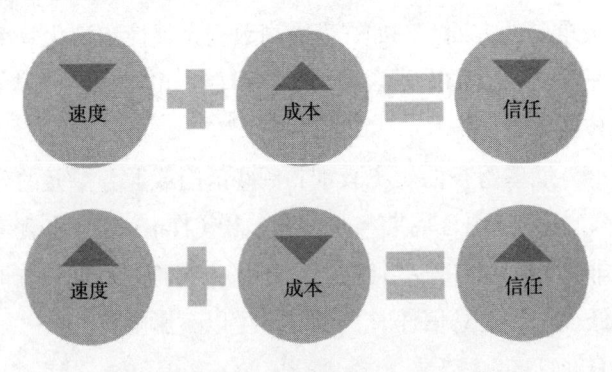

图 2.3　信任经济学公式

重要的是要考虑以下这些会增加你的工作量。
- 低信任：包括所有因猜疑和怀疑而产生的影响。
- 一贯的怀疑：部门和业务单元之间从未达成一致，可能忘记了为什么不能达成一致，但就是不愿意倾听对方的意见。

如果信任度很高，可以期望提高工作绩效，并改进沟通、协作、执行、创新、战略、关系。商业分析师应该确定自己正在帮助组织建立还是削弱信任。

将正确的战略与高执行级别相结合通常意味着对一个动议的良好结果，然而，这个等式中隐藏的乘数因子是信任或缺乏信任，这是导致许多项目陷入麻烦、失败/无法提供所需功能的隐藏原因。信任这一隐藏变量也需要与策略和执行按照如下公式进行相乘：

$$结果=（战略×执行）×信任$$

信任度越高，结果越好。表 2.5 提供了检测组织信任等级的指导。这种信任级别是真实的，会对进行商业分析工作的工作估计产生影响。

表 2.5 检测组织信任等级的指导

信任所考虑的组织方面	没有信任	超低信任度	持续的低信任度	低信任度	不产生信任因素	组织将信任视为组织资产	组织具有高度信任的外部声誉
工作环境	有毒环境	有害工作环境	大量的证明文件	组织结构错误	适合的工作场所	鼓励协作	高度协作
办公室政治	官僚主义的重复与重叠	消极政治在组织中的作用	该组织分为政治团体（盟友/敌人）	不必要的等级制度	办公室政治很少	组织专注于完成工作	跨组织组件的开放式沟通
干系人氛围	不快乐的干系人准备对抗变革	不高兴的干系人	许多不满的干系人	有些不满的干系人	良好的沟通	干系人目的统一	牢固持久的业务关系
管理风格	微观管理使员工失去自主权	员工担心犯错误会引起指责	组织过程是官僚的和多余的	需要广泛的批准流程	重要的过程和结构是一致的	有益的过程和结构	人员、流程和结构完全一致

持续的干系人分析

在一个完美的世界里,所有的干系人都会在干系人识别的第一阶段被发现,但这不是事实,商业分析师需要在整个动议过程中重复访问和更新干系人登记册或干系人名单。干系人识别和干系人分析涉及逐步精化以发现新的干系人,或者识别不再受该动议影响的干系人。持续的干系人分析涉及更新干系人的以下方面:

- 因雇用、解雇、退休、升职、平级调动等原因引起的人员流动。
- 动机和态度。
- 影响。
- 成功标准。
- 参与和协作。
- 沟通。
- 风险。

反复进行的干系人分析有助于确定适当的策略,以便与干系人进行有效沟通,降低风险,并使干系人参与整个动议。至少,商业分析师应该在每个阶段、迭代或冲刺开始时重新访问干系人分析,帮助指导关键干系人参与的战术决策,以支持项目的目的并识别干系人概要的更新。

识别和分析干系人是一个持续到工作投入结束的步骤,商业分析师需要保持干系人的兴趣、动机、参与水平,因为这在整个动议过程中可能多次发生变化。步骤1的主要目标之一是不要错过任何干系人,因为如果缺少一个(或多个)干系人,或者有未参与的干系人,会导致不完整、不准确、遗漏的需求,这反过来又将导致干系人不满意和很差的结果。

在现实生活中……

我们有许多关于因为干系人被忽视,以及那些被忽视的干系人对范围、质量和最后期限所造成的破坏性影响,有时甚至需要进行项目返工的例子。一些最常被忽视的干系人包括:

- 资源减少。
- 法律。

> - 采购。
> - 培训。
>
> 当干系人被忽视时，大多数时候商业分析师只需要记住教训而不必承担后果，但为什么非要以这么难受的方式工作呢？通过执行本章中的识别和分析活动来理解干系人，将有助于创造成功的结果。

技术

表 2.6 列出了建议使用的对理解干系人可能有用的技术。此表是根据《PMI 商业分析指南》、PMI 实践指南和《BABOK 指南》的输入进行编译的，提供了商业分析活动中所使用技术的概述。当然，在执行多个活动时可以使用其中一些技术。因此，在试图理解干系人时最常用的技术在本节中给予了详细说明。

表2.6 对理解干系人可能有用的技术

技　术		阐述商业分析信息的各个方面				商业分析视角				
	1.理解干系人	启发	协作	分析	共识	商业智能	业务流程管理	业务架构	信息技术	敏捷
业务能力分析	×			×	×		×	×	×	×
商业模式画布	×			×	×			×		
商业动机模型	×			×	×			×		
商业规则分析	×	×	×	×	×	×	×	×	×	×
协作游戏	×	×	×							
客户行程图	×	×	×	×	×			×		
文档分析	×	×		×		×	×	×		
功能分解	×			×			×	×		×
质量之家/客户之声	×	×	×	×						
访谈	×	×					×		×	
卡诺分析	×	×								×
经验教训（回顾）	×						×	×		×
思维导图	×									×

续表

技　　术	阐述商业分析信息的各个方面					商业分析视角				
	1.理解干系人	启发	协作	分析	共识	商业智能	业务流程管理	业务架构	信息技术	敏捷
观察	×	×	×			×	×	×	×	
组织建模	×			×			×	×	×	
流程分析	×	×	×	×	×		×	×	×	×
流程建模	×	×	×	×			×	×	×	
风险分析与管理	×			×			×	×	×	
干系人、干系人名单、干系人地图、人物	×	×		×		×	×	×	×	×
调查或问卷	×	×		×		×	×	×	×	

能力框架

能力框架（Capability Framework）是一个强大的工具，是一种用于识别组织中高绩效所必需的基本能力，这种技术有时被称为组织成熟度模型。组合出一种能力框架有助于组织在当前和未来状态之间执行差距分析，要使用此模板，请确定现在或将来在你的组织中哪些知识领域、过程、任务、技术是重要的（见表 2.7），例如，现在使用背景关系图（Context Diagram）可能对你的组织非常重要，将来创建实体关系图（Entity Relationship Diagram）将对你的组织非常重要。应考虑纳入能力的其他要素，框架包括商业知识、专业知识、个人技能、资格、经验、态度，以这种方式使用该技术有助于你的职业发展、培训、辅导、教练，还可以为产品创建一个功能框架，这有利于理解本书第 3 章所详述的商业环境（Business Context）。

表 2.7　商业分析能力框架

测量能力	入门级	初　级	中　级	高　级	资深级
商业分析知识领域					
商业分析过程					
商业分析任务					
商业分析技术					

组织建模（组织结构图）

组织模型是用于定义角色、责任、职权范围、沟通渠道、资源分配的框架。组织模型替执行工作的干系人将此框架与企业的战略和目的保持一致。

最常见的（不限于）组织模型是事业部/市场部、职能型、矩阵型。

- 官僚型：以价值为基础的标准化结构，用于复杂或较大规模的组织。
- 事业部/市场部：基于产品、客户群、区域、流程或项目的结构。图 2.4 展示了一个事业部/市场部的组织模型示例。
- 职能型：基于部门、执行的工作、共享的技能或专业知识的结构。图 2.5 展示了一个职能型组织模型示例。
- 矩阵型：基于功能和产品的结构。这种类型的组织模型可以进一步分为弱矩阵、平衡矩阵、强矩阵。这些类型的矩阵结构在第 3 章中有进一步的定义，图 2.6 展示了一个矩阵型组织模型示例。
- 网络型：将可以更有效或更经济地完成的业务功能外包出去的结构。
- 前官僚制：缺乏任务标准化的中央集权结构，用于小型组织。
- 团队：基于垂直或水平工作组的结构，用于开发和构建团队。
- 虚拟型：使用联盟和技术网络的结构。

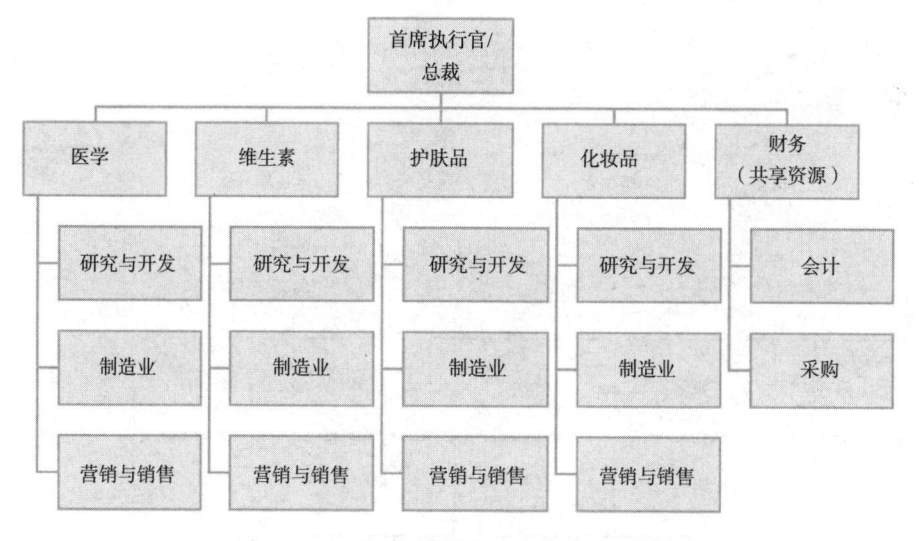

图 2.4 事业部/市场部的组织模型示例

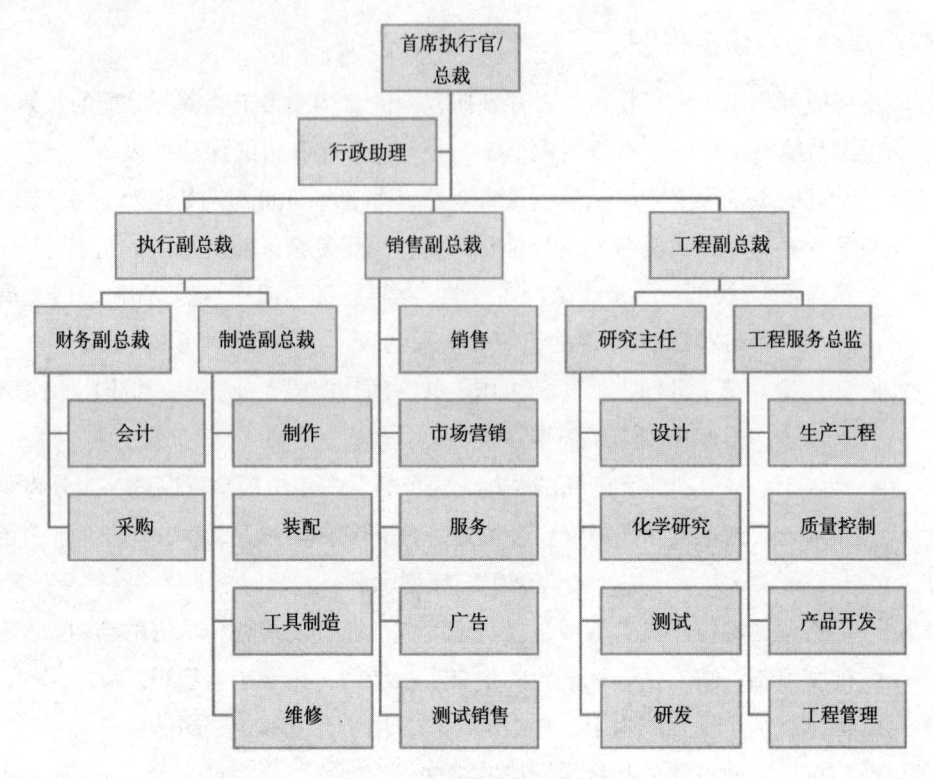

图 2.5　职能型组织模型示例

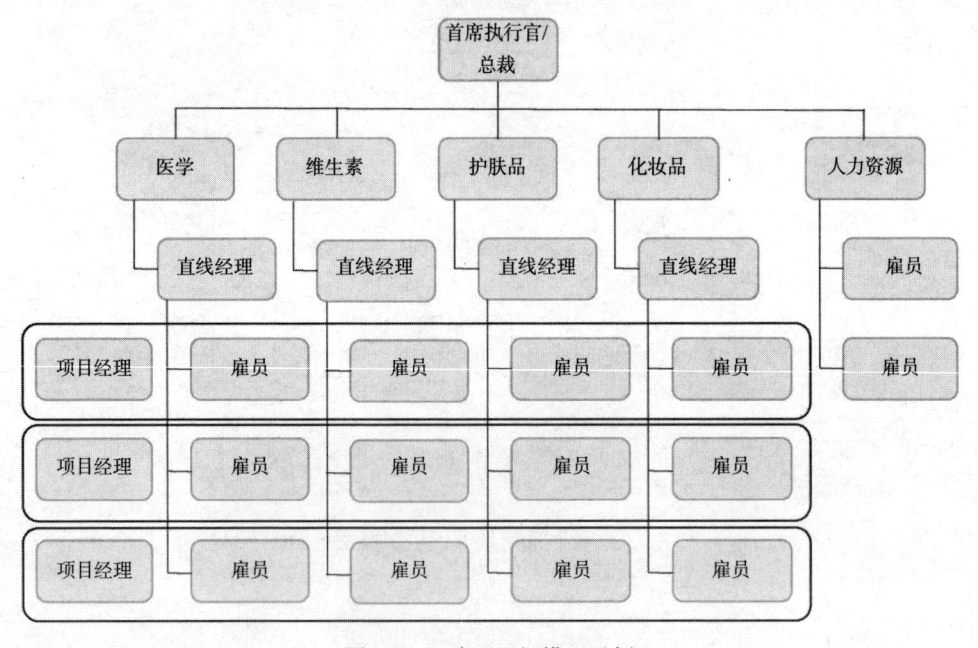

图 2.6　矩阵型组织模型示例

许多公司使用组织模型的组合来帮助协调人员和工作，使用组织模型的组合也可以降低风险，大多数商业分析师通过分析组织模型来识别干系人。

组织模型可以对所有内部干系人进行分类，但是，这种技术的一个缺点是，必须考虑组织结构的最新程度，否则可能丢失干系人，还需要认识到，一些组织模型在显示虚线报告关系方面并不有效。

干系人名单、干系人地图、人物

干系人名单可以帮助创建所有受影响和既得利益干系人的目录。通常，创建干系人名单首先从发起人处启发受影响的干系人，将干系人名单显示给已识别的干系人，然后让他们提供额外的干系人，仅向干系人显示人员名单和干系人一般信息。商业分析师使用干系人名单的长度来创建干系人或人物的类别。干系人名单是对干系人进行分类和分析的桥梁，还帮助计划与干系人交流商业分析工作的信息。表 2.8 是干系人名单示例。

表 2.8 干系人名单示例

干 系 人	职位/角色	部　　门	办公楼号	电子邮件	电话号码

一些商业分析师将干系人名单称为干系人登记册（Stakeholder Register），干系人登记册是包含干系人信息的文档。干系人登记册中的信息可能包括：

- 干系人识别。
- 干系人评估。
- 干系人分类。
- 干系人参与。
- 干系人管理策略。

干系人登记册通常比干系人名单包含更多信息，因为干系人登记册还包括干系人参与和干系人管理策略。

干系人地图用于以图形方式显示解决方案与干系人的关系，以及干系人之间的关系。在创建干系人名单之后，可以开发干系人地图或矩阵，最常见的类型包括：

- **洋葱图**：用层次图显示干系人与解决方案之间的关系。该图提供了一种简洁的方式来揭示干系人关系。最接近图中间的干系人更接近解决方案，在整个动议过程中，通常需要进行重要的沟通，最接近图中间的干系人也需要更多的干系人分析来理解他们的需求。图 2.7 提供了一个洋葱图示例。从核心的解决方案开始，洋葱图的层次通常包括：
    - 第 1 层　解决方案：正在创建的产品、服务或结果。
    - 第 2 层　解决方案交付干系人：解决方案领域干系人、项目经理和/或 Scrum Master、商业分析师和/或产品所有者。
    - 第 3 层　受影响业务领域干系人。
    - 第 4 层　业务、组织或企业干系人：与受影响领域干系人交互的干系人。
    - 第 5 层　外部干系人：业务、组织或企业外部的干系人。

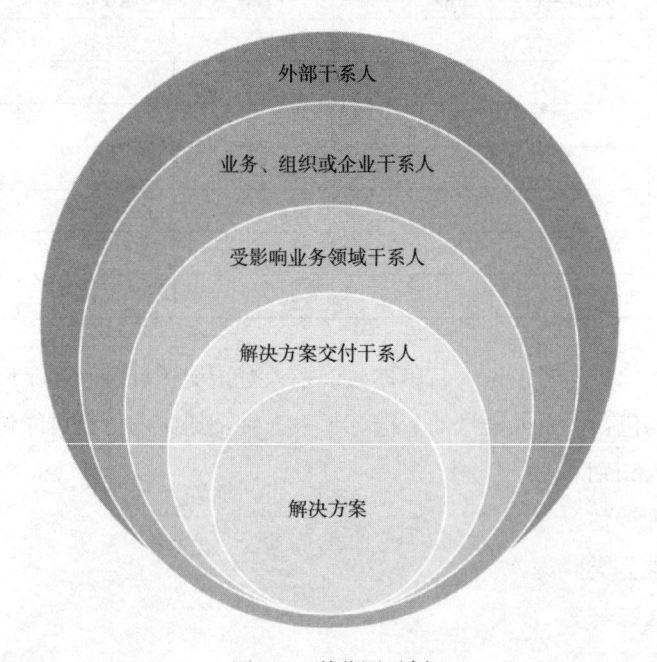

图 2.7　洋葱图示例

干系人矩阵使用映射将干系人的优先级分类到网格中,以下是创建干系人矩阵的一些常见方法:
- 影响/利益矩阵:将干系人的积极参与程度与干系人的关注程度进行比较,用于比较干系人对动议的影响和关注程度(见图 2.8)。
- 权力/冲击矩阵:将干系人的权力水平与干系人影响规划或执行过程变更的能力进行比较,用于比较干系人的能力及其对动议的关注程度(见图 2.9)。
- 权力/影响矩阵:将干系人的权力水平与干系人的积极参与程度进行比较,用于比较干系人的能力及其对动议的作用(见图 2.10)。
- 权力/利益矩阵:将干系人的权力水平与干系人的关注水平进行比较,用于比较干系人的能力和他们对某项动议的关注程度(见图 2.11)。

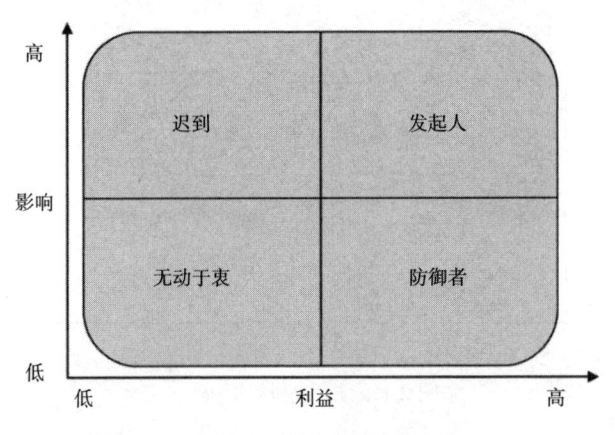

图 2.8 影响/利益矩阵

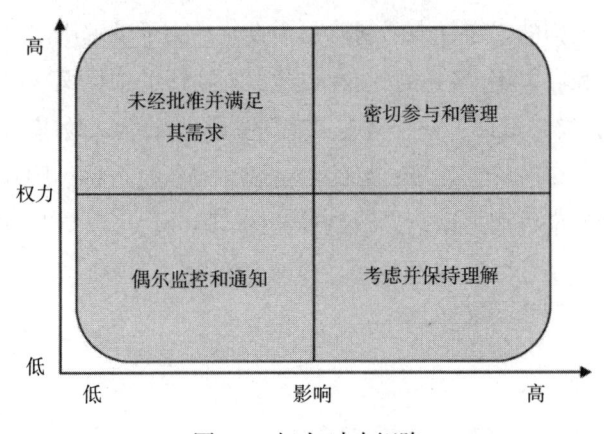

图 2.9 权力/冲击矩阵

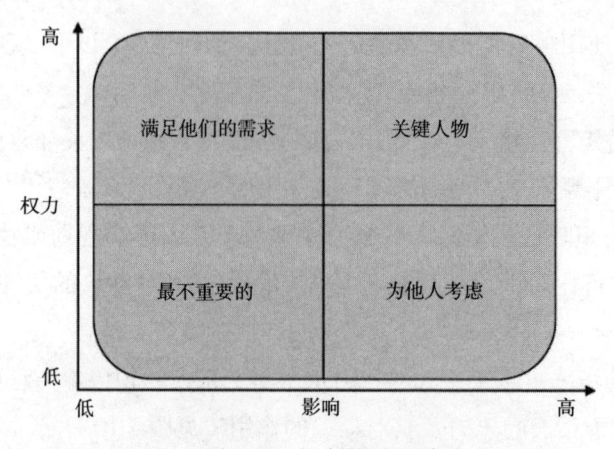

图 2.10　权力/影响矩阵

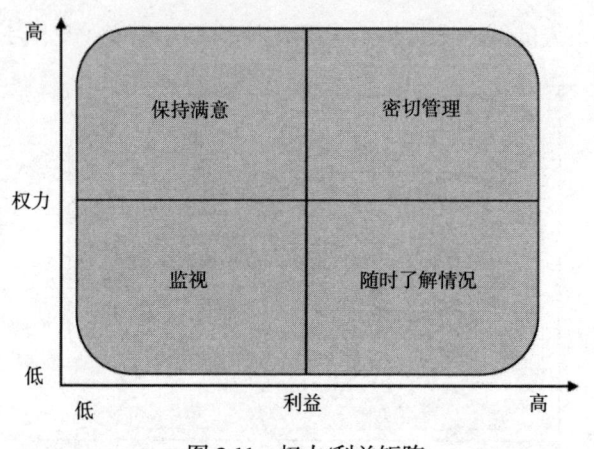

图 2.11　权力/利益矩阵

　　创建人物是为了帮助表示实际用户，即使人物是虚构的角色。干系人是真实的人，而人物是虚构的代表，为了创建一个人物，为了理解用户团体，需要进行研究。通过研究和启发用户目标，创建叙述。人物帮助项目团队识别一个人（而不是一个用户），换句话说，一个真正有需要的人。要为人物考虑的可能元素包括背景、行为、人口统计、环境、目的、需要、场景、名称、图片。

　　为不同类别的最终用户识别人物是有益的，因为这可以帮助团队专注于类似的需要、动机和场景。图 2.12 显示了一个人物示例。

第 2 章　步骤 1：理解干系人

引用：
"我们的新空间给我们带来了大量的新学生。使我的日常任务更加高效的软件系统让我有更多时间与社区交流和分享瑜伽。"

人口统计学	技术专长	个人背景
年龄：32 岁 子级：0 婚姻状况：已婚 职业：瑜伽工作室经理 在线年数：15 经常在线购物者：是的 家庭收入范围： 7.5 万~10 万美元	中程。经常使用 Microsoft Office、QuickBooks、Dreamweaver（基础）、Internet、电子邮件、社交媒体	Summer 是 MindBending Yoga（MBY）的财务主管和日常运营经理。Summer 于 2004 年开始练习瑜伽，2009 年开始教授瑜伽，2011 年与她的两个商业伙伴 Grace Sheppard 和 Gin Blossom 一起开设了 MBY。她在 2014 年结束了以前的职业生涯，出任 MBY 的日常运营经理。 暑假享受工作室的日常簿记、管理、营销和清洁。Summer 知道如果没有她，工作室是不可能运作的，为此感到自豪。她觉得新的空间很美，看到工作室中新学生和年轻人的愿景，她感到非常兴奋。Summer 感觉改造思维的瑜伽软件对保持工作室的平稳发展至关重要
需要		
• 方便客户使用的产品 • 管理计划 • 管理替代品 • 销售跟踪 • 学生保留跟踪		
动机	场景	特点
保证舱位预订	• 管理行程计划 • 登记入住 • 管理配置文件	• 课程和进度表 • 已预订班级的学生的详细信息 • 购买/出勤历史记录
创建新类	• 管理行程计划 • 行政职能报告	• 每日/类班级图表只允许在可用的时间段空间添加 • 自定义课堂描述，如老师、报名、日期、时间、价格等
能够运行每周销售和出勤报告	• 行政职能报告	• 为批量销售定制报表，销售依据，按课程、日期、星期等分类的服务和销售 • 课堂出勤和留宿报告

图 2.12　人物示例

可以创建一个客户行程图以代替或添加角色。客户行程图可以包括：

- 客户遇到的旅程的时期或阶段。
- 客户的情感体验。
- 客户在旅途中的想法和感受。
- 客户体验的接触点和痛点。

基于此信息，商业分析师可以使用客户行程图来识别可能改进客户行程的建议和想法。有关客户行程图的更多信息，请参见第 5 章。

工作分析可帮助识别和分析在组织中执行特定角色所必需的工作要求和能力。当一份工作改变或者一份新的工作被添加到组织中时，执行这项技术是有益的，如果因为动议而发生变革，请确保在过渡计划中包含这些变革。在进行工作分析时，最好与人力资源部门和各部门经理合作。

RACI 矩阵用于根据对动议至关重要的任务和可交付成果来明确干系人的角色。RACI 代表：

- 执行：为任务或可交付成果工作的干系人。
- 负责：决策者和干系人对完成任务或可交付成果负责。目标是只有一个负责任的干系人。
- 咨询：将提供有关任务或可交付成果的输入和信息的干系人。咨询的干系人通常包括主题专家，涉及双向沟通。
- 知情：经常在需要知道的基础上更新任务或可交付成果的干系人。知情的干系人从商业分析师处获得单向沟通。

RACI 矩阵有时被称为责任分配矩阵。RACI 矩阵有助于领域干系人和解决方案干系人明确期望，并有助于弥补沟通规划中的差距。你可以在整个商业分析工作中使用 RACI 矩阵。表 2.9 是一个 RACI 矩阵示例，可以使用它来确定动议或项目的角色和责任。

表 2.9 RACI 矩阵

角色 R=执行（执行工作的人） A=负责（审查或批准 R 工作的人） C=咨询（有信息能帮助 R 完成工作的人） I=知情（需要通知结果但不咨询的人）	项目组						内部干系人		
	项目经理	商业分析师	技术设计师	开发者	测试人员	实施主题专家	发起人	流程负责人	SIG
商业需求、干系人需求、解决方案需求	A	R	C	C	C	C	I	C	C
用例	A	R	C	C	C	C	I	C	C
需求核实和签核	C	R	A	A	A	A	C	C	
需求确认和签核	C	R	C	C	C	C	A	A	C

重点总结

要想成为一名优秀的商业分析师,你将采取的步骤 1 是理解干系人。你可能遇到许多类型的干系人,包括不同类型的领域干系人和解决方案干系人。领域干系人和解决方案干系人之间的联络角色包括商业分析师、项目经理、产品所有者和/或 Scrum Master。为了开始理解干系人的行程,你将首先识别商业分析工作的干系人。

一旦识别出干系人,继续你的行程去分析他们,包括考虑差异、态度、影响程度、成功标准、参与程度、需求、政治环境。在整个动议过程中,你将对信任进行建模,并努力成为领域干系人和解决方案干系人的可信任顾问。

第 3 章

步骤 2：理解商业环境

理解商业环境的最佳方式之一是，首先应了解你的组织。如果你还没有掌握你的组织和行业的基本原理，那就花时间跟踪工作中的主要干系人，进行提问、倾听和学习，把时间花在这一步骤上对你的商业分析事业是非常明智的投资。在某些组织中，这一步骤可能由专门从事战略商业分析的从业者执行，即使你自己不执行此步骤，你也需要理解商业环境，以便有效地执行商业分析工作，在这一步骤中充满了可以帮助你增强对商业环境有效理解的策略和技术。

理解企业架构方向

企业架构知识体系（Enterprise Architecture Body of Knowledge，EABOK）将企业架构（Enterprise Architecture，EA）定义为分析组织内部或组织之间的共同活动领域，在这些领域中交换信息和其他资源，以从战略、业务和技术的综合角度指导未来状态。EABOK 是 EA 社区创建的一个知识体系。

EA 描述了企业的业务流程、信息、IT、动议、人员、运营、项目，以及这些因素之间的关系。企业由一个或多个组织以及它们用来实现包含共同目标的共享战略的解决方案组成。架构描述了结构的当前状态和未来状态的设计、结构和行为，架构还包括组件以及这些组件之间的交互，这些组件是企业运营所必需的。

表 3.1 显示了五种视角和对商业环境的理解。

表 3.1 五种视角和对商业环境的理解

理解商业环境活动	商业智能（BI）	业务流程管理（BPM）	信息技术（IT）	业务架构（BArch）	敏捷
执行需要分析	• 识别需要对哪些信息进行转换、整合或增强 • 使用高层级概念的数据模型进行评估 • 确定需要哪些信息来提供及时、准确、高价值和可操作的信息，以便业务干系人能够做出明智的决策	• 分析企业价值链 • 执行影响分析以确定将受此变革影响的其他流程	• 对将受所提议想法影响的技术、系统、业务部门、业务流程或业务战略执行影响分析 • 理解将受变革影响的所有领域和方面	• 访问当前状态的组织架构图 • 考虑未来状态的组织架构图 • 通过确定实现未来状态组织架构图所需的过渡状态来评估影响	• 确定目标和愿景 • 确定商业需要 • 确定项目可行性 • 可以是非正式的或正式的
定义问题/机会	• 使用高层级概念的数据模型来评估问题和机会 • 商业论证和/或项目章程 • 通过记录商业需要定义高层级范围	• 评估原有价值链和当前绩效指标 • 确定期望的价值链和目标绩效指标 • 根据流程所有者的商业需要确定创建商业论证和/或项目章程	• 定义企业的高层级当前状态 • 描述拟议的高层级未来状态 • 创建商业论证和项目章程 • 通过记录商业需要定义高层级范围的 • 评估产品范围的高层级风险	• 制定组织变革战略的路线图 • 分析市场条件、竞争和定位 • 确定过渡状态所需的成本、机会和工作	• 定义产品愿景 • 创建商业论证目章程 • 可以是非正式的或正式的

续表

活动	商业智能（BI）	业务流程管理（BPM）	信息技术（IT）	业务架构（BArch）	敏 捷
理解商业环境活动	• 现有基础设施的可用性 • 正式的（计划的）活动 • 定义和使用（需要）的一致性 • 高层战略决策 • 变革发起人：受影响的最高级别角色	• 需要改进哪些流程 • 对流程的端到端的交付进行价值评估 • 结果 • 外部需要/情况 • 渐进明细	• 需要和愿景 • 商业需求 • IT 系统变革 • 持续改进 • 维修 • 项目 • 组织价值 • 变革对理解多米诺应的影响 • 变革发起人：业务发起人或 IT 部门	• 战略问题 • 支持持续的业务转型 • 战略与业务架构的一致与协调 • 所需的变革 • 可能模棱两可 • 变革发起人：高级管理层，企业主 • 基于里程碑的初步计划 • 完成的战略标准 • 变革发起人：熟悉敏捷理念的发起人	• 制定路线图 • 高层级的视野/范围 • 主题 • 价值 • 商业需要
启发商业分析信息					
分析商业分析信息	• 基础设施能力（他们做什么） • 正式文件	• 多个职能部门、客户和干系人 • 价值和结果如何与战略目标联系起来 • 企业价值链 • 正式的（加权排序）	• 单系统或多系统 • 软硬件 • 构建、购买或租赁 • 分析 • 集成 • 待实现价值 • 正式理由	• 可以使用多系统 • 计划和执行策略 • IT 和非 IT • 外力和内力 • 不断扩大、纠正或改善业务架构 • 可以创建路线图以专注于竞争	• 产品协调和战略融资 1. 持续改进 2. 持续变革 3. 最高价值 • 非正式的（或相同级别的正式）

续表

理解商业环境活动	商业智能（BI）	业务流程管理（BPM）	信息技术（IT）	业务架构（BArch）	敏 捷
理解商业活动	• 满足干系人新出现的信息需要和企业优先事项的一系列交付选项	• 正式或非正式的 • 对改进最佳流程的影响 • 持续改进	• 正式的 • 业务发起人或IT部门满足需要的最佳解决方案方法 • 战略商业分析师/业务架构师向战术商业分析师移交的可能性 • 关注做的原因而不是关注做什么	• 可以包括整个企业的视图 • 其他业务架构师	• 非正式的（或相同级别的正式） • 双向的持续反馈 • 准时制（Just in time, JIT） • 持续价值交付
协作商业分析信息					
达成共识	• 正式的 • 目标：提高业务绩效和业务信息的最佳解决方案	• 改善工作运营绩效的最佳解决方案 • 确定BPM框架 • 正式的多于非正式的	• 正式签核 • 建造、购买或租赁 • 如果变革不是关键任务，业务部门可以将其视为干扰或成本 • 需要的稳定性 • 商业论证（正式的）	• 正式的 • 能够使战略目标和战术需求保持一致 • 企业级 • 高管层或监管层决策和动议执行支持 • 指导委员会、咨询小组 • 需要在工作上达成一致才能实施业务架构动议	• 非正式的 • JIT调整 • 高层级的愿景范围和路线图 • 变革发起人支持这一努力，并警告人们要预期变革所带来的中断并接受变革 • 实现商业目的

第3章 步骤2：理解商业环境

组织中的 EA 是一个概念蓝图，有助于识别解决方案的环境需求。结构和流程由组织的 EA 组成。EA 还通过查看当前状态来定义环境所需的平台或属性，以实现未来状态目标。第 1 章中所定义的业务架构是 EA 的一个组成部分。为了成功，组织需要集成业务架构和 EA，以帮助组织一起使用信息和技术来创建创新的商业解决方案。业务架构和 EA 相分离的组织在这两个领域都将失败。能力成熟度模型集成（Capability Maturity Model Integration，CMMI）成熟度级别较高的组织支持将业务架构整合为 EA 的一部分。需要考虑的 EA 变革包括：

- 结构或工艺升级。
- 信息系统或技术创新。
- 业务流程集成和/或标准化。
- 有关服务质量的商业信息改进。

表 1.9 对这些顶级 EA 框架进行了识别。

EA 通过向关键领域干系人和解决方案干系人提供有关如何调整组织过程资产以实现所需商业成果的建议来提供价值。EA 对组织的优势包括：

- 增强对市场需求和变化条件的适应性。
- 丰富了组织结构的设计和重新设计，特别是在企业变革、合并或收购期间。
- 增强决策和工作优先级。
- 增进组织过程资产的使用。
- 员工流动率下降。
- 改进和标准化业务流程。
- 提高业务流程的有效性。
- 减少业务流程中的重复工作。
- 减少官僚主义。
- 简化程度提高。
- 为领域干系人和解决方案干系人改进协作和沟通。
- 加强项目范围界定。
- 丰富的商业分析工作、解决方案设计、解决方案开发和解决方案质量。
- 降低实施和运营成本。
- 改进系统的互操作性。
- 增加数据访问以确保遵守法规。

- 降低业务风险。
- 为干系人和/或股东增值。

EA 中出现了三种思想流派,包括:

1. 企业 IT 设计:用于在解决方案和商业需要之间取得更高的一致性。对于这一思想流派,EA 的目的是指导规划和设计企业的 IT/信息系统能力,以满足所需的商业需要。
2. 企业集成:用于实现企业各个领域(不同的业务单元或部门)之间的更高的一致性,从而将战略和执行联系起来。对于这个思想流派,架构建议和决策涉及企业的所有领域。
3. 企业生态适应:用于促进创新,保持企业可持续发展的学习能力。通过对企业和环境的分析,提出改进和创新的建议。

有趣的是,大多数企业都将这三种流派在 EA 上的各个方面结合在一起。表 3.2 包括三种理想 EA 类型的附加信息。这些不同的 EA 思想流派对执行 EA 的目的、范围、成就、技能和责任都有影响。无论组织使用何种类型的思想流派,商业分析师通过创建和更新以下模型为 EA 创造价值:

- 业务展示。
- 业务运营描述。
- 代表业务和组织结构。

一些组织重视商业分析并为商业分析师提供适当的支持,当这些 EA 系统起作用时,它们使商业分析成为一种愉快和高兴的体验;当这些 EA 系统失败时,商业分析感觉就像一场无法取胜的持续战斗。对于陷入困境的组织,通过更好的组织结构、文化与风格、沟通和系统,有助于让干系人参与进来进行商业分析。

表 3.2　EA 的三大思想流派

	企业 IT 设计	企业集成	企业生态适应
座右铭	EA 是业务域和解决方案域之间的黏合剂	EA 是企业战略与战略执行之间的纽带	EA 是企业实现创新和可持续发展的途径
目标和兴趣	EA 促进企业战略 维持 IT 规划 降低成本 启用业务域	EA 实施企业战略 保持企业一致性	EA 促进企业创新和适应 保持企业一致性 激发系统和企业环境的共同进化

续表

	企业 IT 设计	企业集成	企业生态适应
原则、价值和假设	采取还原主义（机械论）立场 不质疑业务战略 设计独立的组织环境组件 不要担心非 IT 概念	采取包容性（系统性）立场 不质疑业务战略和目标 管理环境 共同设计所有组织概念	采取包容性（系统性）立场 系统与企业环境的协同进化 可以改变环境 共同设计所有组织概念
技能	技术知识 工程技术	系统思维 小群体的引导 协作	系统思维 环境思维系统 大群体的引导 协作
挑战	说服企业接受设计方案	理解组织系统动力学 在整个组织内进行整体协作 鼓励干系人进行系统思考并接受根本性的变革	以有意义的方式培育信息 鼓励干系人进行系统思考和对环境中的系统进行根本性的变革 在整个组织内进行整体协作
洞察力	允许设计强大而复杂的技术解决方案 允许模型和规划场景的概念设计	允许设计综合解决方案 通过消除官僚主义和悖论提高组织效率	允许环境中的系统协同进化和企业一致性 允许组织的创造力和可持续性
约束	可以为整个组织创建不可行的解决方案 实施的障碍 限制解决方案的验收 可以创建无法支持企业战略的解决方案	能够创建无法支持企业战略的解决方案 要求干系人从还原主义（机械论）立场转向包容性（系统性）立场	制定战略和管理取决于组织的先决条件

改编自詹姆斯·拉帕姆（James Lapalme）《关于企业架构的三个学派》（*Three Schools of Thought on Enterprise Architecture*）。

组织结构

组织结构极大地影响了商业分析工作在企业内部的执行方式。业务结构包括：

- 职能型：每个员工都有一个明确的上级，属于某个专业部门或业务部门（如人力资源、财务、营销、会计、质量保证等）的层级组织。在职能型组织结构中，每个部门执行项目或独立于其他部门主动工作。此结构中的项目经理对项目团队成员的权限很少或没有权限，并且可用资源有限。在这个结构中，团队成员在项目或动议中的工作是兼职的，这些方面可能对商业分析师形成挑战。
- 矩阵型：在不同程度上融合职能型和项目型特征的组织。与职能型组织结构类似，员工属于部门。在矩阵型组织结构中，从不同的职能领域选择员工，以创建由项目经理监督的跨职能项目团队。矩阵型组织对混合商业分析师提出了挑战。矩阵型组织结构有三种类型。
    - 弱矩阵：组织融合了比项目型特征更多的职能型特征。在项目经理眼中，这种结构的独有特点是更加协调和快速。作为催交员，项目经理没有能力做出或执行决策。作为项目协调员，项目经理具有一定的权力、决策权和有限的资源可用性。团队成员在项目或动议中的工作是兼职的。
    - 平衡矩阵：兼具职能型特征和项目型特征的平衡混合组织。项目经理具有低到中等的权限和低到中等的资源可用性。在这个结构中，团队成员在项目中的工作是兼职的。
    - 强矩阵：组织融合了比职能型特征更多的项目型特征。项目经理的权限级别和资源可用性从中到高。在这个结构中，团队成员在项目中的工作是全职的。
- 项目型：大多数工作都是以动议或项目的形式来进行组织和完成的组织。项目经理有很大的权力，因为团队成员直接向项目经理汇报或提供支持服务。团队成员在项目或动议中的工作是全职的。
- 复合型：根据需要，涉及职能型、矩阵型和项目型组织结构的组织。例如，一个职能型组织可以从多个职能领域吸引团队成员来从事一个关键项目，并赋予项目经理对该项目资源和该项目的完全管理权限，或者一个组织可能由职能部门来管理自己的小项目。理解与商业分析和项目管理相关的组织结构有助于你成为一名成功的商业分析师。

组织文化与风格

理解企业的政治、规范、价值观对于实现成功的商业分析结果至关重要，每个企业都有自己的文化和风格。要理解文化和风格，你需要掌握组织的：

- 使命：描述组织目的的声明。
- 愿景：组织目标和远见的陈述，作为路线图来改变和发展组织的战略。
- 价值观：组织所共有的核心信念和理想。大多数组织都确定了 5~6 个核心价值观（如创新、诚信、公平、全球参与、企业责任等）。
- 目的（Goal）：计划的成果或期望的结果（根据当前环境和预计未来状态的战略评估）。业务目的可以从一年持续到多年，并且是可度量的目标。动议目的（Initiative Goal）时间跨度将在几周到几年之间变化。
- 目标（Objective）：实现与目标相关的量化结果的具体方法。业务目标是短期的，通常持续不到一年，是推动目标完成的行动。如表 3.3 所示，动议、项目和项目集的目标是使用 SMART 原则编写的。
- 指导原则：无论使命、愿景、价值观、目的或人员如何变化，指导原则都将为引导组织在其整个生命周期内做出所有决策提供规则和想法。
- 期望：对未来结果的强烈信念。

表 3.3　SMART 原则

S	具体的	清晰、简洁和可观察的结果
M	可测量的	可测试和可测量的结果
A	可实现的/一致同意的/可达到的/可转让的	有专门资源的现实结果
R	相关的/现实的/合理的	结果与组织的使命、愿景、战略相一致
T	有时间限制的/及时的	结果与符合商业需要的特定时间框架相关联

根据 PMI 白皮书《商业分析：领导组织取得更好的结果》，商业分析工作与组织战略计划高度一致的组织取得成功的战略实施成果的可能性是不成熟组织的两倍。商业分析的成功还取决于是否熟悉：

- 组织政策、方法和程序。
- 规则、政策和法规。
- 领导和权威观念。
- 奖励和激励员工的系统。
- 典型工作时间和职业道德。
- 组织的风险偏好。

组织和干系人的风险偏好对于理解商业环境非常重要，如第 2 章所述，你需要充分理解哪些干系人在组织中行使权力，这些干系人可以影响你的声誉，所以明智行事至关重要。

组织沟通

成功的商业分析还依赖于有效的组织沟通结构，随着许多组织已经发展成全球化组织或正处于向全球化发展的过程中，沟通需求变得更加复杂，全球化组织更依赖于电子通信模式，组织沟通能力将影响商业分析工作的执行方式。有效的沟通包括对组织中每位成员口头、非口头、书面和积极倾听的技巧，后续章节将包含更深入的信息，供你在整个商业分析工作中执行与规划和商业分析信息沟通相关的操作。

组织系统

成熟的组织拥有可用于商业分析工作的过程、程序和系统，这有助于你避免在每次执行商业分析时都必须重新定义过程、程序和系统。这些资产可包括商业分析模板、正式和非正式的计划、历史信息、经验教训，以及标准流程和程序。如果你所在的组织没有定义这些过程、程序和系统，本书将帮助你识别组织系统，以便你考虑开发。

组织准备度

最后，对你来说，检查组织是否准备好进行变革并能够持续变革是非常重要的。组织准备度评估用于确定组织是否准备接受与解决方案相关联的变革，并且能够有效地使用解决方案。此评估也有助于确定解决方案所实现的价值。

组织准备度的一部分将包括创建变革策略，以帮助干系人从当前状态过渡到期望的未来状态，组织准备度还有助于找到过渡需求。期望的未来状态将包括实现未来状态所需的能力，但不会描述解决方案。此时的未来状态由商业目的和通过商业分析工作实现商业价值所必需的目标所定义。商业价值是对组织的可量化收益，可以是有形的、无形的或两者的结合。未来状态的商业目的和目标需要与在本章前面已定义过的当前状态的组织目的和目标保持一致。此变革策略包括准备度、商业论证、战略一致性、机会成本。组织准备度与本节前面描述的组织文化和风格紧密相连。

过渡准备度评估检查组织与未来状态合作或使用未来状态能力的能力和兴趣，该评估包括需要列入风险登记册的风险分析和风险应对，还包括来自组织准备度评估的信息。该分析将揭示第 1 章中所定义的过渡需求。帮助组织从当前状态过渡到未来状态的策略包括：

- 一次性发布未来状态。
- 分阶段发布具有目标区域的未来状态。
- 当前状态和未来状态的时间框共存，具有特定的未来状态过渡。
- 当前状态和未来状态永久共存。

如果制订了策略和计划来指导干系人完成变革，过渡工作将更加顺利，此计划需要与商业分析沟通计划相结合。在商业分析工作的需要评估期间，需要开始实施过渡计划（及参与帮助实施的干系人）。除了启发来自领域干系人的过渡计划信息，对解决方案领域和特殊利益集团的启发也很重要。随着该动议的逐步完善，过渡计划将继续得到完善。

企业架构组件

大多数企业架构师直接向首席信息官（Chief Information Official，CIO）或 IT 经理汇报业务，同时，他们还必须关注业务发展和业务变化。企业架构师执行的工作可以分为如下五个组件：业务组件、信息组件、应用程序组件、技术组件、安全组件。

- 业务组件：包括组织日常使用的必要流程和标准。组织每天使用的各种工具和技术在本章的"技术"部分中进行了描述和定义。
- 信息组件：包括组织运营的必要数据（如数据库、电子表格、文件、图像等）。
- 应用程序组件：包括组织使用的标准和过程之间的必要交互。
- 技术组件：包括组织使用的必要硬件、软件、操作系统、网络解决方案和编程。
- 安全组件：包括对系统信息问题的必要预防。安全组件的预防可能包括未经授权的访问、泄露、中断、修改等。

尽管有人批评企业架构并预测其将在 2010 年之前结束，但企业架构目前仍在使用中。度量一个组织的企业架构的价值是困难的，因为度量其收益可能需要数年的时间，而且企业架构可扩展到多个动议、项目、项目集。每个组织都需要与企业架构项目集的干系人建立服务级别的协议，以确定相关的输出、结果或度量标准。度量考虑基于度量成本、企业架构目的、企业架构范围、组织成熟度和目的。表3.4 包括组织在评估企业架构有效性时所讨论和考虑的价值度量。这些因素通常与在下一节中所描述的组织业务驱动因素一致。

表3.4 评估企业架构有效性时所讨论和考虑的价值度量

企业架构产品度量	IT 结果度量	其他成果度量
质量措施	IT 成本降低	灵活性和敏捷性
完整度	实施	上市时间
货币水平	运营	与战略一致
及时性	维护	架构治理
准确度	增强	审核数量
一致性	整合	审查工作水平
有用性度量	IT 实施时间缩短	推荐数量
有效性	功能	成本规避
客户满意度	增强功能	机会利用
利用水平	IT 质量改进	
可用性	实施	
工件的效力	运营	
过程的影响	维护	
成本/数量度量	增强	
生产数量	整合	
生产企业架构产品的成本	IT 风险降低	
过程效率	风险	
	IT 复杂性降低	
	系统数量	
	冗余系统	

改编自斯图尔特·莱斯利（Stuart Lesley）和尼尔·埃夫罗姆（Neil Efrom）所著的《在机构内定义企业架构价值的方法》(*An Approach to Defining Enterprise Architecture Value Within an Agency*)

理解组织的业务驱动因素

业务驱动因素（Business Driver）是条件、流程或资源，对组织继续发展以获得成功至关重要,每个组织都识别了对成功至关重要的特定业务驱动因素,并描述了组织控制范围内的业务驱动因素。法规或经济条件是不在组织控制范围内的外部业务驱动因素的例子,尽管有些业务驱动因素可能不在组织的控制范围内,但识别对组织有风险的风险仍然很重要。风险是指不确定的事件或状态,以及尚未发生的事情。当风险确实发生时,风险的结果对任何项目目标都可能是积极的或消极的。许多文化和组织选择通过增强积极的或机会主义的结果,而不是减少威胁即风险的负面效果来应对风险。最大化对组织有影响的关键业务驱动因素是成功的输入。在识别关键业务驱动因素时,组织应考虑以下因素:

- 能够量化或度量业务驱动因素。
- 与标准或标杆比较的能力。
- 行动的可想象性。
- 经营业绩指标。
- 展示业务进展的潜力。

业务驱动因素帮助组织实现商业目标。由于每个组织都有不同的目标,因此没有两个组织会以相同的方式识别业务驱动因素。

经常被识别出的业务驱动因素

业务驱动因素引导组织确定要完成的项目或动议,根据白皮书《商业分析:领导组织取得更好的结果》,与低成熟度组织相比,高成熟度组织在所有关键组织成功指标上均实现了高于平均水平的绩效。图 3.1 突出了关键组织成功指标的差异。

业务驱动因素:客户满意度/客户影响

客户是业务驱动因素成功的最重要组成部分,从公共的到私人的,从营利的到非营利的每个组织都有客户。专注于客户是一种战略差异化,每个企业都可以通过掌握客户关系来确保成功,管理客户关系意味着为客户提供一流的服务、领域支持、高效服务。为客户提供战略价值至关重要,企业在提供战略价值时所考虑的因素包括:

- 建立客户忠诚度。
- 降低客户获取成本。

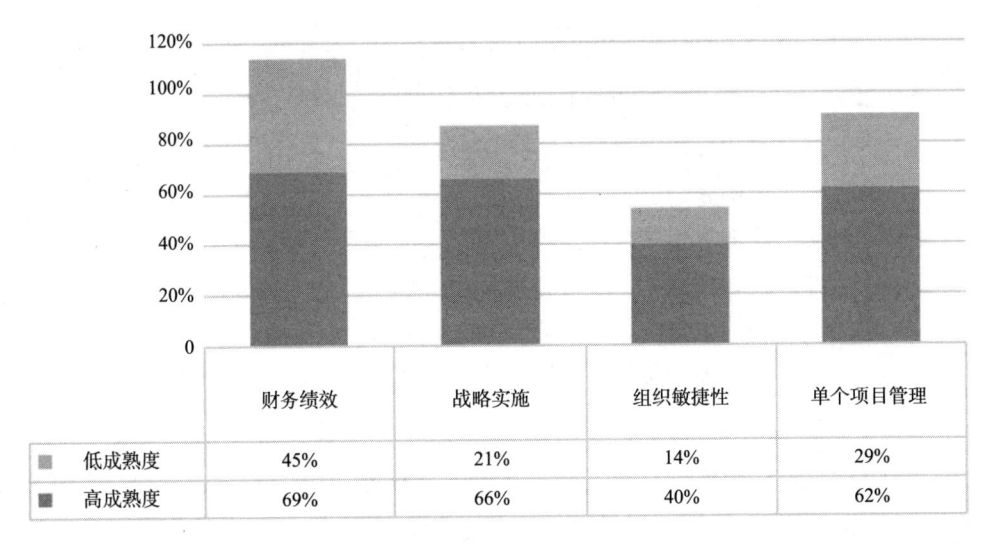

	财务绩效	战略实施	组织敏捷性	单个项目管理
低成熟度	45%	21%	14%	29%
高成熟度	69%	66%	40%	62%

图 3.1 关键组织成功指标的差异

- 降低营销成本。
- 提高客户响应能力。
- 提高客户满意度。
- 提高保留率。
- 提高竞争优势。
- 提高形象和声誉。

关心客户不仅仅意味着让客户满意，关心客户需要管理客户关系。客户关系管理跨越企业内所有部门和/或业务单元，为了有效地进行客户关系管理，企业将重点放在：

- 创造从客户和客户数据中学习的机会。
- 识别客户关系管理趋势。
- 建立全方位的企业客户管理。
- 理解客户需要。

客户影响（Customer Impact）这一业务驱动因素需要与企业的使命、愿景、价值观保持一致。帮助支持企业使命、愿景、价值观的客户影响因素包括：

- 准确度。客户的问题或困难通过以下方式处理：
    - 正确的事务处理。
    - 精确确认。

这些准确度因素可以由员工或客户完成。
- 轻松。客户的问题或困难由以下人员管理：
  - 通过所有沟通渠道提供一致的信息。
  - 提供持续的客户服务。
  - 为客户服务提供多种沟通渠道。
  - 在业务流程模型中，当需要转换时提供沟通传达。
- 灵活性。客户的问题或困难由以下人员管理：
  - 提供专业的客户支持。
  - 提供 24×7×365 的客户服务。
  - 按客户细分提供服务。
- 质量。客户的问题或困难由以下人员管理：
  - 预测客户需求。
  - 根据客户需要提供服务。
  - 根据需要修改客户服务。
  - 通过基于知识的基础设施（无论是由公司员工还是由客户直接执行）执行准确的事务处理和确认。
  - 提供增值行动。
  - 合格的客户联系人。
  - 理解客户的历史并根据客户的偏好提供价值。
- 速度。处理客户的问题：
  - 任何类型的客户联系的快速响应时间和可忽略的等待时间。
  - 为客户提供直观的自助界面。
  - 业务流程模型中的最小移交。
  - 高优先级或高价值客户的优先级。

没有客户，企业就不可能存在，每个企业都需要确定哪些客户影响要素是支持企业动议战略所必需的。管理客户影响对成功创造收入机会至关重要。

业务驱动因素：货币

货币（Currency）是贸易的基础，用来交换商品和服务，货币通常以硬币或纸币的形式被接受。货币作为业务驱动因素可以被视为创造收入、数据、成本降低、时间、声誉风险。正如每个国家都需要决定自己的货币一样，每个企业也都需要决定哪种货币将推动其业务发展。创造收入是企业用来推销和销售其产品和/或服务以获得收入的过程，它与整体利润不一样，创造收入是指企业在一定期间内收取的全部款项，净利润率是通过从产生的收入中减去所有费用来计算的，如果不减去所有费用，利润率将被歪曲。

员工、实物资产和商品供应是影响企业创造收入的支出。创造收入会影响企业的税收、政府报告、保险需求。

与进行线索开发（Lead Generation）相比，创造收入（Revenue Generation）是更快进行商业构建的有效方法。以下要素可以帮助企业提高收入：

- 通过循环或联合方式增加可预测收入。
- 协调销售和营销团队，为双方安排基于收入的奖励。
- 通过与客户会面并根据客户需求进行快速调整来预测市场趋势的方向。
- 制定入站营销策略，关注当前的营销渠道。
- 通过专注于早期更新来教育和满足客户。
- 确定理想的目标客户，并只关注那些目标客户。
- 提供产品的免费或基础版本，以创建内置销售线索和病毒式营销。
- 从提供最新数据定期更新的供应商处获取目标数据列表。

创造收入涉及整个企业，而不仅仅涉及销售和营销部门。有效的企业创造了一种在企业最高级别得到支持的创造收入战略。他们建造结构及维持创造收入战略和整个组织的流程，共同执行该战略。这个过程包括识别要实现的最佳实践、使用度量标准来度量有效性。

数据或信息正迅速成为新的收入驱动力。根据 Capgemini 研发和 EMC 共同赞助的一份报告，大多数接受调查的企业高管都表示，数据对企业的价值与当前的产品和服务一样高。

大数据正在造成组织中的重大混乱，包括不断变化的业务边界、来自邻近行业的新行业竞争对手，以及初创企业的竞争。能够有效地收集、管理和分析数据的组织将引领和繁荣当今的经济。采用大数据将涉及创建组织变革战略和评估企业对变革的准备度。大数据涉及在制定战略决策时同时查看内部和外部数据。使用大数据的组织正在创造战略优势，以提高生产力、增加收入和设计新的业务线，其挑战在于开发系统来实时影响事件的发生。

其他货币业务驱动因素包括：

- 降低成本。在不损害产品质量或不产生任何负面影响的情况下，识别、定位和消除不合理的业务支出，以增加利润的过程。作为货币业务驱动因素的一个要素，降低成本以改进运营效率、提高组织利润。降低成本的策略各不相同，但当竞争加剧和/或价格是重要的市场差异时，策略变得至关重要。大多数组织使用行业标杆来确定降低成本的因素，降低成本的好处包括减少浪费、增强竞争能力、提高生产力和利润，以及更有效地管理资源。降低成本计划与创造收入策略结合使用，是企业维持影响货币业务驱动利润的有效方法。
- 节约时间。时间是有限的资源，是地球上最宝贵的商品。组织通过以下方式实现时间价值。
  - 周期时间：从过程开始到结束所花费的总时间。周期时间还可以度量功能、作业或任务从开始到结束的完成情况。周期时间包括处理时间（运行时间）、等待时间和中断。由于客户能感觉到周期时间，所以它与客户满意度有直接的关系。标识非增值活动、冗余和浪费可减少或消除这些活动，以缩短周期时间。
  - 项目时间管理：及时管理和完成项目所需的过程。这些过程包括进度计划、活动定义、活动排序、活动资源估算、活动持续时间估计、进度开发和进度控制。项目时间管理过程将受到第 1 章中已定义的所选定商业分析视角的影响。
  - 上市时间（Time to Market，TTM）：从构思一个想法到在市场上可以购买到它所需的时间。TTM 对于竞争性组织非常重要；同时，该度量也可用于评估产品开发。敏捷视角经常被用来改进产品开发的 TTM。

对周期时间、项目时间管理、上市时间进行改进有助于提高利润、增加市场份额和降低成本。
- 声誉风险。涉及损害企业地位的货币。这种损害通常是由于质量、道德、安全或安全问题造成的。声誉风险可能造成以下伤害：
  - 刑事或民事指控、诉讼和/或召回。
  - 关系（供应商、广告商或商业伙伴）和股东价值损害。
  - 干系人或客户信任损害。
  - 员工士气低落，负面宣传。

- 运营成本、资金成本或监管成本增加，收入损失。

声誉风险发生在企业不满足某些客户或干系人的期望之时，当一个组织管理不善，或未能履行承诺时，就可能导致声誉风险。客户或员工在互联网和社交媒体上发布的帖子可能作为导火索而损害组织的声誉。组织通过危机管理团队为声誉风险发生的可能性做适当准备。

业务驱动因素：法规遵从性

遵从性（Compliance）是指遵守并符合规则、指南、规范、政策、标准或法律，遵从性的目标是确保公司遵守相关的政策法规和行业法规。选择项目的法规遵从性业务驱动因素对于组织来说通常是强制性的，而其他业务驱动因素是可选的。

国际组织和监管机构有强制执行的遵从性要求。不同的国家也有具体的遵从性要求。

SIG 包括第 2 章中定义的遵从性干系人。这些干系人帮助识别符合遵从性要求的关键需求，在动议开始之前及整个生命周期中，争取 SIG 是必不可少的，SIG 有助于识别与当前状态相关的商业规则、政策、程序和与角色职责相关的遵从性法规，SIG 还为未来的状态揭示了新的法律法规，这些遵从性要求常常超过其他的干系人需要。

随着组织规模的扩大或国际业务扩张，在这之前本来不适用的新的遵从性要求将浮出水面。对于组织来说，满足额外的法规遵从性要求可能是太昂贵或太危险的。随着企业扩展其产品线，也可能暴露出额外的法规遵从性要求，而这些要求可能不值得企业为之付出代价。在评估和选择供应商时也需要注意，以确保他们符合所有与动议有关的相关标准。

结合 SWOT（Strengths，Weaknesses，Opportunities，Threats）分析使用的 PESTLE（Political，Economic，Social，Technological，Legal，Environmental）分析有助于识别相关的遵从性要求和风险。根据遵从性标准进行标杆对照和执行能力分析也是确保遵从性的有效技术。为了证明项目的遵从性，组织会使用需求文档和质量管理计划。为了证明整体遵从性，组织进行审计并跟踪遵从性数据，以便进行报告，不遵守相关政府法规和行业法规可能受到严厉的处罚或罚款，不遵从的组织能感受到声誉风险的影响和对其市场地位的损害。

业务驱动因素：市场定位

市场定位（Market Position）的目标是获得明确的、在客户眼中与众不同的优势地位。竞争性组织努力工作以影响客户对他们的产品、服务或品牌的感受。此业务驱动因素的类别涉及以下定位：

- 收益：描述产品或服务将为客户做什么。这一类别比功能更强大，因为它传达了为什么是产品或服务将帮助客户，而不是功能将为客户做什么。
- 类解除关联：引入不同于旧的现有产品的新产品。这一类别并不像其他类别那样普遍使用，并且存在客户对产品感到厌倦并转向下一个新产品或品牌的风险。
- 竞争性：与竞争对手的组织进行隐性或显性比较。隐性比较是潜台词式或嵌入在沟通交流中的。显性比较包括：
    - 以直接竞争对手为目标，从与市场领导者的产品比较中吸引客户。
    - 把较小公司描绘成"弱者"，以吸引客户相信小公司更努力。

差异化和创造价值是竞争定位的关键。忽视差异化的组织最终会花费更多的营销资金来吸引客户，因为它们最终会在价格上竞争。

- 特性：为客户提供价值的独特品质或特点。提供产品和/或服务的组织通常使用这一类别。
- 混合方法：组合这些市场地位类别的任何一部分。较小的组织和企业家使用混合方法来最小化单独的营销费用。
- 使用：解释如何使用产品或演示如何使用产品。可以利用情绪定位的组织将有助于影响客户。
- 用户类别：暴露原型或名人以显示所使用的产品。仅当客户可以识别用户类别时，此类别才有效。

市场定位策略受以下因素影响。

- 客户部门：具有类似需要的潜在客户的细分市场。与客户的沟通是必要的，组织可以通过倾听客户的需要来理解问题并抓住机遇。按组、类别或人物划分潜在客户有助于以客户部门为目标，以及对每个细分市场进行营销。
- 生命周期阶段：产品的介绍阶段、成长阶段、成熟阶段或衰退阶段。
- 概况：组织的规模、竞争对手、地位和发展。为了识别概况，组织将市场规模、主要竞争对手和竞争对手的定位作为标杆。

- SWOT 分析：对优势、劣势、机会、威胁的评估。
- 价值交付：组织如何产生收益和价值。

组织最能控制的战略是价值交付。交付价值的三重约束可以通过缩写 COP 记住：

- 客户亲密度（Customer Intimacy）：最佳解决方案和服务，质量。
- 卓越运营（Operational Excellence）：最低价格，便宜。
- 产品领先（Product Leadership）：最综合的产品，最好的。

图 3.2 显示了交付价值三重约束的三取二概念。一个组织可以提供最佳的产品和服务、最低价格的产品和服务，或者最综合的产品和服务，但是同时向客户提供这三种类型的产品和服务是非常困难的。

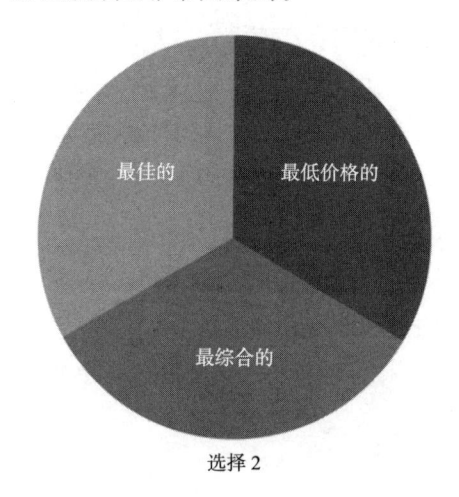

图 3.2　交付价值的三重约束

在进行标杆对照和市场分析之后，组织可以发现竞争中的弱点，然后有针对性地将重点放在长期战略目的上加以利用。具有较高商业分析成熟度的组织比具有较低商业分析成熟度的组织具有竞争优势。

业务驱动因素：需要分析/需要评估

需要分析（Needs Analysis）也被称为需要评估（Needs Assessment），可帮助我们理解组织的目的、目标、问题和机会。此业务驱动因素包括对当前状态的评估，以及分析内部和外部组织环境以实现所需的未来状态。执行需要分析的目的是通过差距分析识别商业需要，以确保干系人的满意，需要分析工作通常先于动议、项目或项目集的任何工作。它的完成可以作为本章后面描述的商业论证的输入。需要分析和商业论证中的信息是开发项目章程、范围定义和需求分析过程的输入。需要分析可用于任何领域和所有视角。根据《商业分析：领导组织取得更好的结果》一书，商业分析师31%的时间都花在了执行需要评估工作上。

跳过需要分析可能导致失败，因为最终的解决方案可能无法满足业务需要，而只是解决了问题的症状或干系人所想要的。商业需要和想要之间是有区别的，在战略上解决问题或获得机会时，商业需要是必需的，而想要是可选的，可以是现在所需或者将来所需。商业需要是变革的驱动力。

在执行需要分析时，重点是理解客户的需要。有许多方法可以用来识别需要，许多组织使用的方法是焦点小组、社交媒体、咨询委员会、客户小组、市场调查、低保真原型制作、研讨会。关键客户或潜在客户的意见有助于识别当前的趋势和有用的见解。你需要考虑对以下干系人进行需要分析：

- 启动方或责任方（发起人）。
- 从任何改进中有收益的人。
- 金融解决方案收益的支持者。
- 解决方案的用户。
- 工作或角色将发生变化的干系人。
- 监管者或其他可能限制解决方案的人。
- 解决方案的实施者。
- 解决方案的支持者。

由于以下这些战略需要，项目被授权向前推进。

- 客户请求：客户所特别要求的产品、服务、结果。例如，邮轮公司建设一个新的港口，以方便在加勒比地区有更多的邮轮通航。
- 环境考虑：检查对自然和生态系统的正面和负面影响。例如，政府组织在城市公园种植本地的草种，以尽量减少除草、割草和浇水。
- 法律要求：为合法履行或正当行为而设定的条件。例如，制药公司为一种新药制定适当监测和所用剂量的指导方针。
- 市场需求：市场上产品或服务的总需求。例如，为了响应法律要求，汽车公司修复在追尾事故中表现不佳的汽车座椅。
- 战略机遇/商业需求：基于其对干系人的重要性而有意采取的前瞻性行动。

零售商允许客户在线购买以增加收入。
- 社会需要：与特定社会群体或其活动和习俗有关的问题或机会。例如，非营利组织保护霍克斯比勒海龟的筑巢海滩，使海龟能够充分繁衍和生活。
- 技术进步：对工程、机器、机械或自动化的进一步改进或发展。例如，IT组织将人工智能集成到现有的体系结构和应用程序中。

需要分析的结果将有助于：
- 检测是否存在需要解决的问题或战略机遇。
- 获得足够的信息来理解情况。
- 进行高层级的启发和分析，以理解情况的背景。

需要分析还可以发现（潜在的）需要行动、结果和成果的问题。问题解决方案动议或项目通常是强制性的（例如，降低成本行动、知识/专业知识的潜在损失）。

机会是一种有利的环境，它为进步或提高提供了可能性，机会创造了以前所不曾有的空缺和前景。机会可以由现有客户或组织发现，如果在需要分析过程中发现了机会，应采取每一项行动来进一步提高积极成果。这些可以体现在改善客户服务、提高质量和/或效率或新产品设计方面。战略机会动议或项目是组织决策，不是强制性的。

在执行需要分析时，你将挖掘数据和信息以评估问题或战略机会。为确保充分理解情况，你将：
- 在缺乏内部数据时进行标杆对照。
- 评估内部数据（如适用）。
- 执行帕累托分析和趋势分析，以评估和构建数据。
- 调整数据大小以确定情况的严重性。

在需要分析这一过程中，你还需要运用高层级的启发式技巧。文档分析和访谈的启发式技巧在本章的"技巧"一节中进行描述，其余的启发式技巧在第5章中进行描述。需要分析的文档将取决于你选择的视角或项目生命周期。

情况说明

与商业问题或战略机遇相关的信息可以放在一个简短的、高层级的文档中。根据组织和视角的不同，此文档可以被称为问题说明、问题定位说明、情况说明（Situation Statement）或远景。本文件的格式包括：
- 问题或机会是……

- 具有……的效果。
- 受到了……影响。
- 一个成功的解决方案是……

跳过对情况说明的非正式或正式批准是有风险的，因为如果情况说明不充分，那你可能需要及时对其进行改进，你将利用推动、谈判和决策技能来创建情况说明。情况说明的创建可以包括在正式的商业论证中，情况说明和商业论证是项目章程的输入，情况说明有助于识别组织的大胆的大目标（Big, Hairy, Audacious Goals, BHAG）。需要将该目标分解为需求和设计。这项工作是在项目开始之前完成的。

> **在现实生活中……**
>
> 在一家制造企业工作时，我预见到了一个与组织中的高层领导者退休后没有人填补其空缺相关的问题。情况声明如下：
>
> 我们组织面临的问题是：30%~50%的高级管理人员在未来3~5年内有资格退休，其后果是因领导能力不足，我们的工厂将出现生产力损失、错误和缺陷增加、人员流动、士气下降。成功的解决方案包括识别和发展退休人员的继任者。
>
> 我得到了干系人对这个情况说明的批准，这样我就可以确保该声明正确定义了情况，然后我开始分析组织的高层级当前状态，我对当前状态和未来状态之间的差距分析表明，需要制定继任者项目集。我还对其他行业和内部进行了外部标杆对照，对母公司所拥有的其他工厂进行标杆对照，以确定最佳衡量该动议绩效的实践和方法，这就导致了可行性分析。

可行性分析

对通过解决方案备选项来解决问题或抓住机会的可行性进行分析，包括：

- **约束**：确定对解决方案的限制或限定。这些约束可能与业务或技术相关。
- **假设**：发现被认为是真实的、实际存在的或确定的影响，但由于未来未知而未被证实。当假设被证明是错误的，就需要对商业需要进行额外的分析。
- **依赖性**：认识到对其他系统或其他项目的依赖性。约束、假设和依赖性是需要在高层级上识别的风险。

- 运营：识别所提议的解决方案是否适合商业需要。
- 技术/系统：检测技术和技能是否存在，或者是否可以获得它们来支持解决方案。
- 成本有效性：确定提供解决方案收益的成本和价值的初始和高层级估算。
- 时间：确认解决方案是否能够在动议的时间限制内交付。
- 产品风险：分析对成功交付解决方案有积极或消极影响的不确定事件或条件。
- 文化：识别组织成功交付解决方案所需的变革的准备度。
- 可支持性：评估解决方案的持续维护和运营成本。
- 价值：评估一段时间内的商业价值和商业价值变化。
- 确认：评审难度和成本，以确认解决方案是否满足商业需要。

在确定解决方案的可行性时，商业分析师与架构师和/或设计师协作是非常有益的。作为执行可行性分析的结果，你将推荐最好的解决方案，帮助分析哪种解决方案是最好的选择，加权排序系统或决策表可以帮助你完成这一过程。如果没有可行的解决方案符合商业需要，商业分析师可能建议不要采取任何措施，可以将排名排序（Rank Ordering）与成本收益分析（Cost-Benefit Analysis，CBA）结合使用，帮助你客观地推荐解决方案来满足商业需要。你推荐的正式程度将取决于组织文化，可能需要被记录在可行性文档包之中，通常你的建议将由具有决策权的主管或干系人进行审查。

成本收益分析

成本收益分析是一种系统方法，用于评估项目将提供的预测价值，并与相关费用进行比较。收益和成本在成本收益分析期间比在可行性分析期间更为详细，在这一时点的收益和成本估算变成粗略的数量级（Rough Order of Magnitude，ROM）估算。如表3.5所示，ROM估算的准确度范围可能从预算不足的25%到预算超出的75%（方差高达100%）。预算估算通常在对所要完成的工作进行规划的早期阶段使用，这就是在估算精度方面仍然存在相当大的差异的原因。当团队成员在计划活动或任务将花费多长时间时，可以提供一个确定估算，但仍然包括由于不确定性而产生的差异。当商业论证被批准并且项目被启动时，使用ROM估算。

表 3.5 ROM 估算的准确度范围

估算	差异
数量级	−25%~75%
预算估算	−10%~25%
确定估算	−5%~10%

每个组织都会确定执行成本收益分析所使用的财务评估标准，商业分析师应该与财务分析师或财务代表商讨成本收益分析工作，并与项目经理协商在准备 ROM 估算方面的专业知识。

财务评估方法有多种选择，这里列出的四种方法在组织中最常用。

- 投资回收期（Payback Period，PBP）：收回项目投资所需的时间，通常以月或年表示。
- 投资回报率（Reture on Investment，ROI）：初始项目投资回报率的百分比。
- 内部收益率（Internal Rate of Return，IRR）：项目投资的预计年收益率，包括初始成本和持续成本。
- 净现值（Net Present Value，NPV）：项目预期收益的未来价值，以投资时这些收益的价值表示。

应采用上述一种或多种财务评估方法做出可推荐的有效决策。成本收益分析期间所识别出的预期收益是在动议、项目或项目集结束时对解决方案进行评估的投入。在确定项目、项目集或动议的预期价值时，本节中描述的战略规划和业务驱动因素通常会引导出在下一节中进行描述的商业论证。

理解商业论证

商业论证（Business Case）用于识别为什么将问题或机会视为商业分析工作投入。高度成熟的组织通过开发商业论证来获得商业分析工作的成功。商业论证可以通过书面文档、演示文稿、口头推理来获得。它识别了成功的根本原因或贡献者，并同时封装了可量化和不可量化的项目特征来确定它是否值得所需的投资。

商业分析师与发起人、项目组合经理、项目集经理密切合作，创建商业论证，同时考虑此时所涉及的其他干系人的需要。如果项目经理的人选已确定，那么商业分析师和项目经理将进行协作以创建更充分的商业论证。如果这项工作投入获得批准,商业分析师和项目经理将协同确保商业论证被准确地转换为项目章程或其他类型的文档。构建商业论证的过程包括以下步骤:

1. 识别并理解问题或机会。
2. 对问题的根本原因或机会的理由进行研究。
3. 集体讨论潜在的解决方案和实施方法,并识别每个解决方案的优缺点。
4. 确定与业务驱动因素的一致性。
5. 编写商业论证(文档将根据所使用的项目生命周期或视角而有所不同)。
6. 向主要干系人介绍商业论证。

当收益大于成本时,商业论证往往得到批准。这一批准意味着关键的干系人相信商业论证证明了建议的行动方案是正当的,并且愿意向前推进。

商业论证的正式性取决于组织的文化,因为并非所有的问题或机会都需要一个正式的、有文档记录的商业论证。适应型方法或使用敏捷视角的方法通常要创建足够的商业论证文档来开始商业分析工作,并使用渐进明细来完成商业论证。

正式的商业论证提供了完整建议所需的必要信息和组件,并包括以下模板元素。

- 背景:推动这种需要的业务驱动因素。
- 问题/机会(需要评估):对所要采取行动的商业需要的描述。
- 收益/期望结果:所识别出的对组织和干系人的积极影响。
- 情况分析:目的和目标的评估、问题的根本原因或机会的主要贡献者、相关数据、所需能力与现有能力的对比、差距分析、风险。
- 成本:预期支出的 ROM 估算。
- 建议:每种可行方案的可行性分析结果,包括拒绝或建议方案的理由。建议还包括备选解决方案的等级顺序和所推荐方案的成本收益分析。
- 评价:衡量动议、项目或项目集的收益实现计划。该计划包括代表干系人价值的指标或关键绩效指标。
- 执行摘要:商业论证中最重要的要点的简明概要。
- 附录:支持性信息,如可行性分析、成本收益分析、评价、表格和/或图表。

一个结构良好的商业论证提供了以下收益:

- 得到充分理解的业务需要和经批准的 IT 解决方案。

- 所推荐选项的价值和优先级。
- 明智的决策。
- 积极的收益实现措施。
- 帮助团队成功地开始动议、项目、项目集,并作为团队的参考点。
- 使项目范围清晰明确。
- 支持团队以防止范围蔓延、返工、质量问题、成本超支、时间超支和延迟。
- 如果商业论证得到批准,则确定过渡需求。

商业论证需要克服的挑战包括:
- 未能提供足够的详细信息或足够的信息。
- 贴现相关数据。
- 产生错误的推论。
- 主观撰写。
- 在资金投入后放弃更新商业论证。
- 拒绝重新审视与成本和收益相关的假设。

建议在动议的整个生命周期中不断重新审视商业论证,以确保解决方案能够满足商业需要,并且所有的工作投入仍然是合理的,在每次的重新审视期间,可以决定推迟或终止工作,如果商业需要已变更,可能需要更新正式记录的商业论证。

并非所有项目都需要正式记录的商业论证和项目章程,特别是对于较小的组织或使用适应型方法的组织,正式的商业论证通常在高度规范或大型的组织中使用。适用于所有组织及其组件的商业论证的思维过程也可以通过演示或口头对话以非正式的方式表示。

通过检查高层级风险、复杂性级别,以及可能影响解决方案结果的法规,理解问题或机会的商业环境将有助于你确定如何在适当的生命周期中计划商业分析工作。表 3.6 包含了你应该考虑的复杂性因素,以便适当地扩展商业分析工作。此技术有助于为第 5 章中所描述的商业分析工作提供初始产品范围。

表 3.6 复杂性因素

更少的结构	复杂性因素	更多的结构
影响不大	受影响的干系人数量	众多影响
小	变更金额	大

续表

更少的结构	复杂性因素	更多的结构
小	产品范围大小（要求）	大
短	进度	长
小	预算	大
低	质量	高
小（5人以下）	团队资源数量	大型（超过10名团队成员）
集中办公	团队结构	地理分布
简单，直接	沟通	复杂，困难
低	风险等级	高
无或有限	采购	多或重要
简单	干系人参与	复杂
低	商业分析容忍度	高
灵活的	时间、成本和范围的三重约束	固定的
低	估计确定性	高
很少	法规	很多

技术

表3.7列出了在试图理解商业环境时可能有用的建议技术，此表是根据《PMI 商业分析指南》、PMI 实践指南和 IIBA《BABOK 指南》的输入编制的。此交叉引用表是表1.14的节选列表，它提供了跨商业分析活动使用的技术的概述。本节将详细介绍业务战略任务中最常用的技术。

平衡计分卡

平衡计分卡（Balanced Scorecard，BSC）在战略上用于商业模型、组织结构或业务流程的绩效管理，罗伯特·卡普兰博士和大卫·诺顿博士被认为是发明了这一技术名称的人，尽管这个概念在20世纪早期就已经存在。《哈佛商业评论》的编辑们认为，在过去的75年中，这种技术是最具影响力的商业理念之一，因为超过50%的大公司都采用这种方法。平衡计分卡通过增加战略非财务绩效指标来比较财务指标，以实现对企业的平衡看法。BSC 通过考虑以下四个方面来创建企业的均衡视角。

表 3.7 可能有用的建议技术

技术	阐述商业分析信息的几个方面					商业分析视角				
	2. 理解商业环境	启发	协作	分析	共识	商业智能	业务流程管理	业务架构	信息技术	敏捷
平衡计分卡	×	×	×	×	×	×	×	×		
标杆对照和市场分析	×	×		×		×	×	×		
业务能力分析	×			×	×		×	×	×	×
商业论证	×	×	×	×	×					
商业模式画布	×			×	×			×		
商业动机模型	×			×	×			×		
业务流程架构	×			×	×		×			
商业规则分析	×	×	×	×	×	×	×	×	×	×
商业价值定义	×	×	×	×	×					
协作游戏	×	×	×					×	×	×
数据建模	×	×	×	×	×	×	×	×	×	
决策分析	×	×	×	×	×	×	×	×	×	
文档分析	×	×		×		×	×	×	×	
估计	×	×	×	×	×	×	×	×	×	×
财务分析/财务评估技术	×			×						
功能分解	×			×		×	×	×	×	×
差距分析	×	×	×	×						
术语表	×						×		×	
质量之家/客户之声	×	×	×	×	×		×			
访谈	×	×					×	×	×	
卡诺分析	×	×	×	×	×					×
经验教训（回顾）	×						×	×		×
指标和关键绩效指标	×			×	×	×	×	×	×	×
组织建模	×			×			×	×		
流程分析	×	×	×	×	×		×	×	×	×
流程建模	×	×	×	×	×		×	×	×	×
产品组合矩阵	×	×	×	×	×					
项目组合分析	×			×				×		
目的对准模型	×			×	×					×
风险分析与管理	×			×	×	×	×	×		
路线图	×									
根本原因分析	×	×	×	×		×	×	×		
范围建模	×			×	×		×	×	×	
干系人、干系人名单、干系人地图或人物	×	×	×	×	×		×	×	×	×
调查或问卷	×	×		×			×	×	×	
SWOT 分析	×			×			×	×	×	

1. **学习与成长视角**：通过员工培训、持续学习和企业文化，关注个人和企业的自我提升。学习和成长是知识型组织成功的关键基础。学习需要辅导者、导师、沟通和技术工具。用于衡量学习和成长的指标有助于指导在何处使用培训基金的决策。

2. **业务流程视角**：关注支持组织使命的内部业务流程。用于衡量内部业务流程的指标包括业务运营的有效性、效率、适应性，以及组织的产品和服务如何满足客户需要。
3. 客户视角：关注客户是否满意。用于衡量客户视角的指标包括客户类型（按盈利能力）、产品或服务的客户满意度、质量期望和整体客户体验。
4. 财务视角：关注提高绩效和实现组织战略所需的货币因素。用于衡量财务状况的指标包括收入、盈利能力、绩效、成长和价值。

一旦定义好，所有这四个指标就会被定期地分析，以便管理层能够专注于持续改进并进行相应调整以提高组织的绩效。图 3.3 是 BSC 的修改版本。表 3.8 是一个可以用来分析 BSC 技术四个指标的模板。

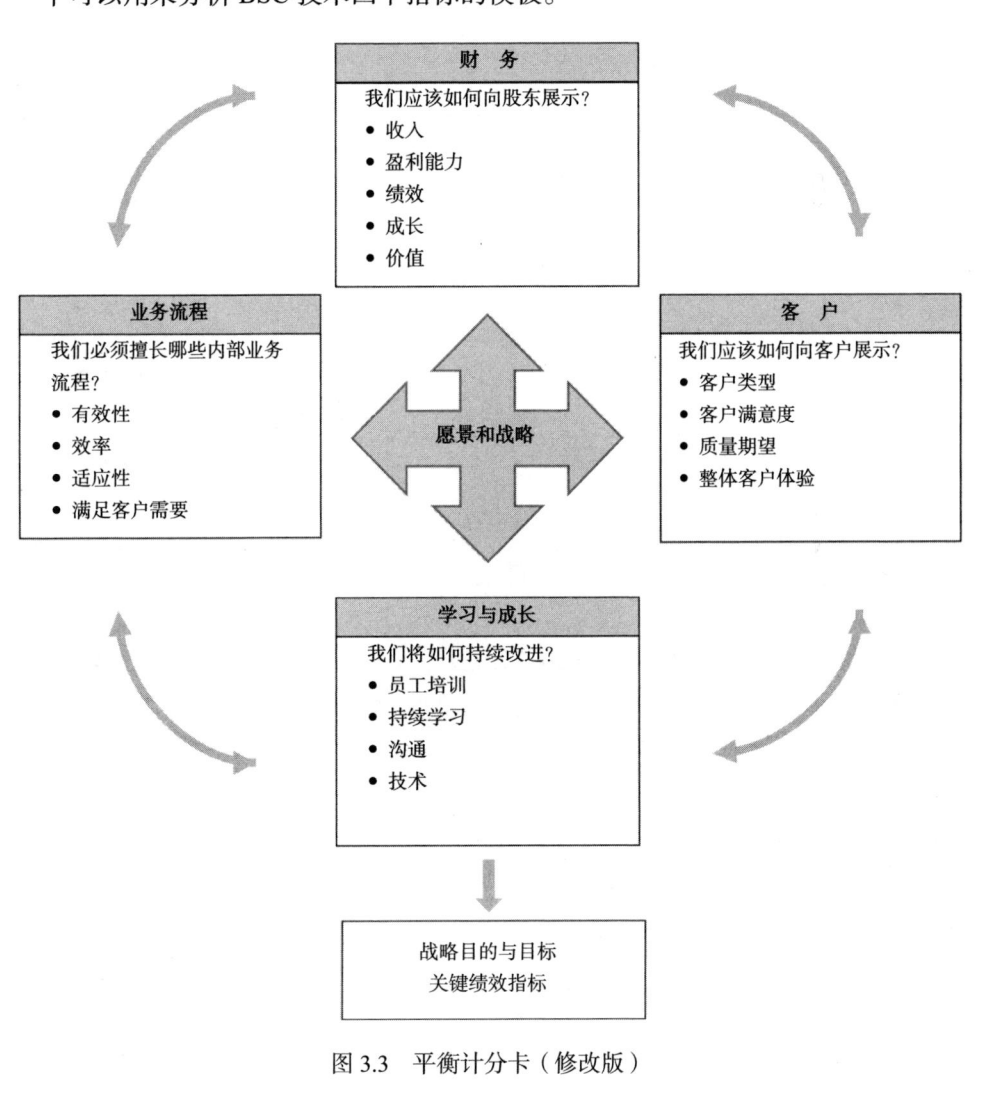

财务
我们应该如何向股东展示？
- 收入
- 盈利能力
- 绩效
- 成长
- 价值

业务流程
我们必须擅长哪些内部业务流程？
- 有效性
- 效率
- 适应性
- 满足客户需要

愿景和战略

客户
我们应该如何向客户展示？
- 客户类型
- 客户满意度
- 质量期望
- 整体客户体验

学习与成长
我们将如何持续改进？
- 员工培训
- 持续学习
- 沟通
- 技术

战略目的与目标
关键绩效指标

图 3.3　平衡计分卡（修改版）

表 3.8 平衡计分卡模板

度　　量	月目标	月　　份	开始至今目标	开始至今
财　　务				
收入				
盈利能力				
绩效				
成长				
价值				
客　　户				
客户类型				
客户满意度				
质量期望				
整体客户体验				
业务流程				
有效性				
效率				
适应性				
满足客户需要				
学习与成长				
员工培训				
持续学习				
沟通				
技术				

标杆对照和市场分析

标杆对照（Benchmarking）是将一个组织或其运营与领先的同行组织进行比较的过程，比较度量可以包括成本、时间、质量、过程、服务、决策、有效性、满意度及其他对组织来说重要的度量。标杆对照的目的是识别其他组织如何实现绩效，识别组织中哪些方面需要改进，并使用这些结果来实际改进绩效。

执行标杆对照的过程包括：

1. 确定要研究的领域、流程或属性。
2. 选择和定义度量。
3. 锁定行业领导者的关键组织。
4. 收集待研究领域的内部/外部标杆数据和关键绩效指标。
5. 针对业务流程的关键成功因素和关键绩效指标提出问题。
6. 安排对一流组织的访问。
7. 评估数据并进行差距分析。
8. 分析造成差距的根本原因。
9. 确定改进目标。
10. 制定实施最佳实践的建议。
11. 沟通目的。
12. 实施改进目标和测量结果。
13. 报告改进结果。
14. 重复这个过程。

以下技巧在考虑何时使用标杆对照技术时也非常有益：

- 研究执行相同类型工作的竞争对手。
- 研究非直接竞争对手。
- 考察世界级公司。
- 回顾行业协会标杆研究。
- 对专门从事所在行业的公司进行研究。
- 研究公共文件，包括客户报告。
- 为访问一流公司创建问题列表。

在现实生活中……

20世纪90年代末，当我为一家制造商工作时，我们决定以摩托罗拉六西格玛最佳实践作为标杆对照对象。我们安排了一天的参观，并提前准备了我们的问题清单。因为我们与摩托罗拉不是直接竞争对手，所以在访问期间我们能够看到并学习摩托罗拉六西格玛的一些最佳实践。我们将这些最佳实践中的一些带回我们的工厂，并创建了建议改进的商业论证，从而使我们工厂在制造工艺方面有了显著的改进。

> 对另一家制造商，我们正在采购其软件，要求该供应商提供一份客户名单，名单上的这些客户将提供参考和建议。名单上的一个客户恰好在离我们工厂两小时车程的地方。我们决定参观他们的设施，并实时查看他们对所建议系统的使用情况。这种体验非常宝贵，因为我们看到的不仅仅是销售代表的 PowerPoint 演示，该组织还向我们提供了为满足我们工厂的运营需要而要对软件进行更新的特性列表。最后，供应商为我们添加了这些软件特性，而且除原始报价外并没有任何额外成本。

市场分析是通过评估市场的当前状态和未来状态来研究特定市场的吸引力和动态。在进行市场分析时，组织通常使用市场细分将广泛的目标市场划分为客户、业务或地理的子集。市场分析的目的是获得竞争优势。表 3.9 列出了在进行市场分析时所需考虑的需求。

表 3.9　进行市场分析时所需考虑的需求

市场分析评价需求
行业成本结构
分销渠道
市场增长率
关键成功因素和细节
市场盈利能力
指标和关键绩效指标
市场规模
趋势

市场分析（Market Analysis）通常与 SWOT 分析结合使用，以指出市场中的机会和威胁。市场分析为你分析问题或机会提供了宝贵的可用于需要评估的信息。市场分析背后的任务和目的如表 3.10 所示。

表 3.10　市场分析背后的任务和目的

任　　务	目　　的
1. 识别客户	理解客户偏好
2. 识别机会	增加干系人的价值

续表

任 务	目 的
3. 识别和检查竞争对手	理解竞争对手的运营
4. 识别市场趋势	理解市场的当前状态和未来状态
5. 预测组织发展	
6. 估计潜在盈利能力	
7. 定义商业策略	理解组织目标
8. 收集市场数据	识别市场的当前状态
9. 使用现有组织数据和信息	识别组织的当前状态
10. 审查趋势数据并确定下一步的市场策略	确定市场战略

当部门或业务线以不同方式完成类似工作时，可以在内部执行标杆对照，同时从外部进行标杆对照有助于防止短视，执行外部标杆对照和市场分析有助于组织促进持续改进、暴露弱点，并找到新的工作方式。因为这项技术既耗时又昂贵，所以对定义分析要非常小心，否则你的结果可能产生误导。

竞争（竞争者）分析

竞争分析（Competitive Analysis）包括分析你所在组织竞争对手的优势和劣势，然后评价你所在组织与竞争对手的比较情况。竞争对手的优势往往会暴露出你所在组织的威胁或劣势，比较你所在组织与竞争对手之间的差距还可以发现满足被忽略或忽视的客户需要的机会，从而为组织提供竞争优势。竞争分析有益于执行进攻性和防御性战略规划，是市场分析的一个组成部分。

业务能力分析

业务能力分析（Business Capability Analysis）刻画了企业或其一部分可成就的内容。业务架构的核心是描述企业能干什么的业务能力。业务能力分析并不关注工作是如何完成的、谁完成工作、在哪里执行工作，业务能力分析关注的重点是企业正在做什么。

识别业务能力很难，如下这些建议将帮助你开发能力地图。
- 确保能力描述的是正在做的事情，而不是描述谁、如何、在哪里去做：绩效管理是一种能力，因为它描述了正在做的事情。向员工发送电子邮件，告知他们该填写绩效管理表了，这不是一种能力，因为它描述的是一种已经完成的能力。
- 验证一种能力是否有一个确定的结果：与干系人的沟通没有一个明确定义的结果，因此沟通不是一种能力。需求沟通能力将确保干系人在整个商业分析工作中持续收到足够的需求信息。这种能力将具有特定的更低层级的能力。
- 对能力而不是对过程进行检查：过程通过定义谁正在执行活动，以及何时执行活动来描述在活动序列中正在执行的工作。
- 确认每个能力都有明确的定义：对于绩效管理能力，需要定义绩效和管理，以便在整个企业中有一致的视角。
- 核实每个能力都有独特的意图：需求启发与需求管理是不同的能力，因为启发不同于管理，并且每个需求启发都需要一组不同的需求能力。
- 确认每个能力都是基于商业视角的：能力不必非得马上被自动化，最好先将系统讨论放在一边，直到能力地图成熟，可以考虑使用价值流图（Value Stream Map，VSM）或 IT 资产图。

执行业务能力分析的过程包括：

1. 发现和识别商业活动中的业务能力：从高层级的功能组开始，将这些组分解为创建父子关系的活动。
2. 发现和识别企业成功所必需的业务能力：这些业务能力可能包括对企业战略至关重要的业务驱动因素，并根据商业需要进行优先级排序。
3. 评估与成本、绩效和限制相关的业务能力状况：确定哪些条件需要改进，根据价值对这些条件进行评分和排序。
4. 评估与业务能力相关的风险：此评估包括与更改或不更改业务能力相关的风险。
5. 根据向企业交付价值所需的最小子集对业务能力进行排名和优先级排序。
   在进行业务能力分析时，需要考虑以下优先级：
   - 高商业价值/高绩效差距/低风险=运营。
   - 高商业价值/低绩效差距和/或高风险=投资。
   - 低商业价值/高绩效差距/低风险=优化。
   - 低商业价值/低绩效差距/高风险=消除。

你还可以创建一种能力图（Capability Map）——热图（Heat Map）来表示战

略价值、绩效差距和风险（见图 3.4）。在这个热图示例中，边界表示战略价值，点表示风险，矩形中的阴影表示绩效差距。例如，展示广告能力具有战略价值、绩效适当，并且具有一定的风险。

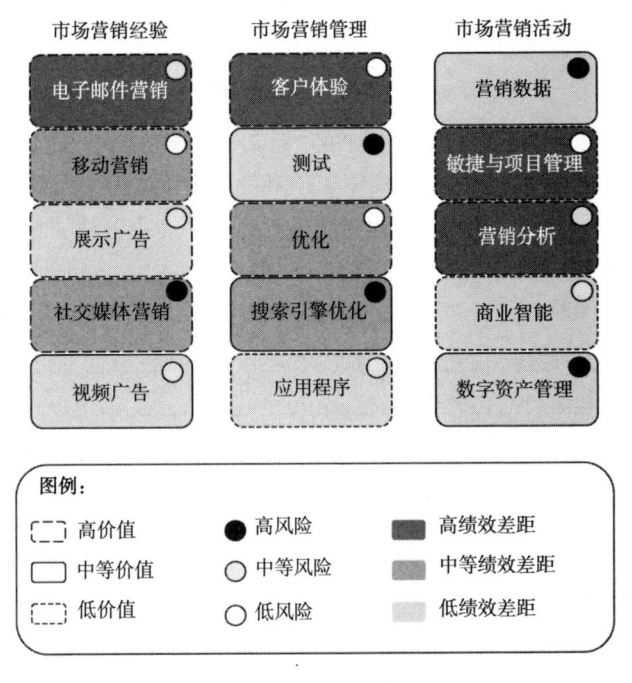

图 3.4　热图示例

业务能力分析是有助于设置动议范围的技术之一。分析能力的另一种方法是创建一个解决方案能力矩阵，它允许你同时展示能力和解决方案组件。此矩阵指明解决方案组件是否支持每个特性（见表 3.11）。以下步骤将帮助你创建解决方案能力矩阵：

1. 识别能力（左列）。
2. 在表的顶行中标识解决方案组件。
3. 在能力和解决方案组件之间的交叉点放置×。

你还可以添加时间来显示将交付哪个迭代、版本、软件发布或阶段性解决方案组件。

业务能力分析的收益包括：

- 商业价值和开发工作之间的清晰关联。
- 在整个业务范围内保持稳定的理解和沟通。

- 协调商业动议和企业战略。
- 要求的明确性和可测试性。
- 平衡技术风险和商业风险。
- 渐进明细。

表 3.11 解决方案能力矩阵

能　力	解决方案组件 A	解决方案组件 B	解决方案组件 C	解决方案组件 D	解决方案组件 E	解决方案组件 N
综合信用卡处理/授权	×					
支持多种投标书（现金、万事达卡、VISA、支票、商店联名信用卡、礼品卡）				×		
允许用户定义的投标		×				
允许对发票进行拆分投标功能					×	
按 SKU 搜索项目			×			
能力 N						

商业模式画布

商业模式画布（Business Model Canvas）是用于开发新商业模式或记录现有商业模式的战略工具。这种可视化模型通过阐明可能的权衡来帮助企业协调商业活动。商业模式画布包括以下九个构建块。

- 关键合作伙伴：与采购商和供应商建立联盟和买卖关系，以支持企业存在劣势和威胁的领域。关键合作伙伴是企业基础设施的一部分，允许组织通过关注其核心业务活动来降低风险。建立合资企业或战略联盟（无论是在竞争对手之间还是非竞争对手之间）是关键合作伙伴关系的典型例子。
- 关键活动：企业为其价值主张所执行的最重要活动。关键活动是企业基础设施的一部分。
- 关键资源：为客户创造价值主张所必需的资产。关键资源是企业基础设施的一部分，是维持和支持组织所必需的。关键资源可能包括人员、财务、实物或知识产权。关键资源服务于客户细分市场，还可以将企业的产品、服务或结果交付给客户。

- 价值主张：企业为满足客户需求而提供的产品、服务和结果的集合。它可以包括企业与其竞争对手相比的优势。价值主张可以通过以下方式表示：
  - 定量方式：价格和效率。
  - 定性方式：客户体验和结果。

  价值主张要素的示例包括可访问性、品牌、便利性、成本降低、定制、设计、性能、价格、新颖性、风险降低、状态、可用性。
- 客户关系：通过建立联系的方式与客户建立关联关系。企业要想蓬勃发展，就必须决定与客户所要建立的关联类型。
  - 自动化服务：在企业和客户之间存在间接关联的地方，根据客户的个人偏好为其提供更个性化的服务。许多企业通过根据客户购买的商品对额外的追加销售商品提出建议来提供这类服务。
  - 共同创建：一种由客户对企业产品、服务或结果直接输入最终结果的关联。
  - 社区：与一组不同客户的关联，允许客户和企业之间直接交互。创建一个社区平台允许不同客户之间共享知识和解决问题。
  - 个人协助：企业员工和客户之间存在直接互动的关联。这种类型的服务可以在销售之前、销售期间、销售之后或三者的组合中提供。
  - 专门的个人帮助：一个由销售代表负责管理特定客户群体的问题和需求的协会。这种服务是最贴心、最彻底、最实际的个人协助。
  - 自助服务：企业和客户之间存在间接交互的关联。在这种关系中，客户使用企业提供的工具来轻松有效地帮助自己。
- 渠道：企业向目标客户提供其价值主张的手段。企业的目标是以经济、高效和快速的方式交付价值。渠道示例包括：
  - 实体店（店面）。
  - 主要经销商。
  - 合作伙伴渠道。
  - 技术（网站、社交媒体等）。
  - 以上渠道的组合。
- 客户细分：由企业确定为哪个客户部门提供服务。商业模式画布根据客户细分的属性和需要来确定客户细分。执行此分类有助于确保交付企业所选择客户组类型的战略。客户细分包括：
- ◆ **分散**：服务于多个具有多样化特征和需要的客户细分。
- ◆ **大众市场**：服务于所有类型的潜在客户，不考虑客户细分。
- ◆ **多边平台**：为相互依赖的客户细分提供服务。这类客户细分的一个例子是金融服务公司，它向银行提供技术，同时为使用该技术的银行客户提供服务。
- ◆ **利基市场**：为有特殊需求和特点的客户提供服务。
- ◆ **细分**：服务基于年龄、性别、收入、地点等的客户细分的子集。

- **成本结构**：企业成本中最重要的关键资源和活动。这些成本可能包括：
  - ◆ **固定成本**：不变的成本（如租金、保险费、工资、贷款支付等）。
  - ◆ **可变成本**：根据活动水平波动的成本（如佣金、计件工作的工资、材料等）。
  - ◆ **规模经济**：随着商品的生产或订购数量而降低成本（例如，流水线制造、批量采购材料、以低于竞争对手的利率借入资金等）。
  - ◆ **范围经济**：通过增加不同商品的生产数量来降低总生产成本（例如，一列既运送乘客又运送货物的单列火车，而不是一列运送乘客和另一列运送货物的火车，范围经济下的联合生产降低了总投入成本）。
  - ◆ 企业将根据这些商业模式来构建成本结构：
    - ■ **成本驱动**：通过不提供额外服务将所有成本降至最低。提供这种商业模式的企业类型包括航空、汽车、健身房、酒店或超市。
    - ■ **价值驱动**：通过减少对成本的关注，使提供给客户的产品、服务或结果的价值最大化。提供这种商业模式的企业类型包括汽车制造商、时装设计师、豪华手表制造商等。
- **收入流**：企业从其客户细分中获得收入的方式。收入流的类型包括广告、资产销售和经纪、租赁、借贷、许可、租用、订阅或使用费。

在从许多干系人那里获取和分析信息时，打印商业模式画布的放大版非常有用。你还可以添加便签，或者在擦写板（或虚拟白板）上创建它，以便干系人之间进行有效的协作。图 3.5 为商业模式画布示例。

关键合作伙伴： 我们的关键合作伙伴是谁？ 我们的关键供应商是谁？ 我们从合作伙伴那里获得哪些关键资源？ 我们的合作伙伴执行哪些关键活动？	关键活动： 我们的价值主张需要哪些关键活动？ 我们的销售渠道有哪些？	价值主张： 我们能为客户带来什么价值？ 我们在帮助客户解决哪种问题？ 我们为每类细分客户提供什么样的产品和服务？ 我们满足哪些客户需求？	客户关系： 我们的每个客户细分希望我们与他们之间建立并维持什么样的关系？ 哪些关系已经建立？ 它们如何与我们的其他商业模式集成？	客户细分： 我们为谁创造价值？ 谁是我们最重要的客户？
	关键资源： 我们的价值主张需要哪些关键资源？ 我们的销售渠道有哪些？ 客户关系有哪些？ 收入来源有哪些？		渠道： 我们的客户细分希望通过哪些渠道获得服务？ 我们现在怎么联系他们？ 我们的渠道是如何整合的？ 哪种效果最好？ 哪些是最具成本收益的？	
成本结构： 我们的商业模式中最重要的固定成本是什么？ 哪些关键资源最贵？ 哪些关键活动最贵？			收入流： 我们的客户真正愿意为哪些价值买单？ 他们现在付多少款？ 他们现在是怎么付款的？ 他们愿意怎么付款？ 每个收入流为总收入贡献了多少？	

图 3.5 商业模式画布示例

商业动机模型

商业动机模型（Business Motivation Model，BMM）用于通过考虑如下这些因素来规范企业或商业的动机：目的、影响者、任务、政策、规则、战略、战术和愿景。在企业架构中，BMM 是一种结构和框架，用于高效地建立、沟通和管理商业计划。BMM 用于识别制订商业计划的激励因素，识别和定义商业计划要素，并规定激励因素与商业计划要素之间的相互关系。

商业动机模型的要素包括：

- 终极目标：企业想要实现什么（而不是如何实现）。
- 手段：企业如何实现终极目标。
- 指令：约束或管理可用手段的商业规则或商业策略。

- 影响者：中立的元素，通过使用其手段或实现其终极目标，可以使业务产生变化。
- 评估：评估影响企业实现其终极目标或使用手段能力的影响因素。

商业动机模型将帮助你封装来自各种干系人的商业需求，以证明他们的需要、识别企业正在努力实现的、确定企业计划如何实现它，以及如何评估结果。图 3.6 为商业动机模型的示例模板。

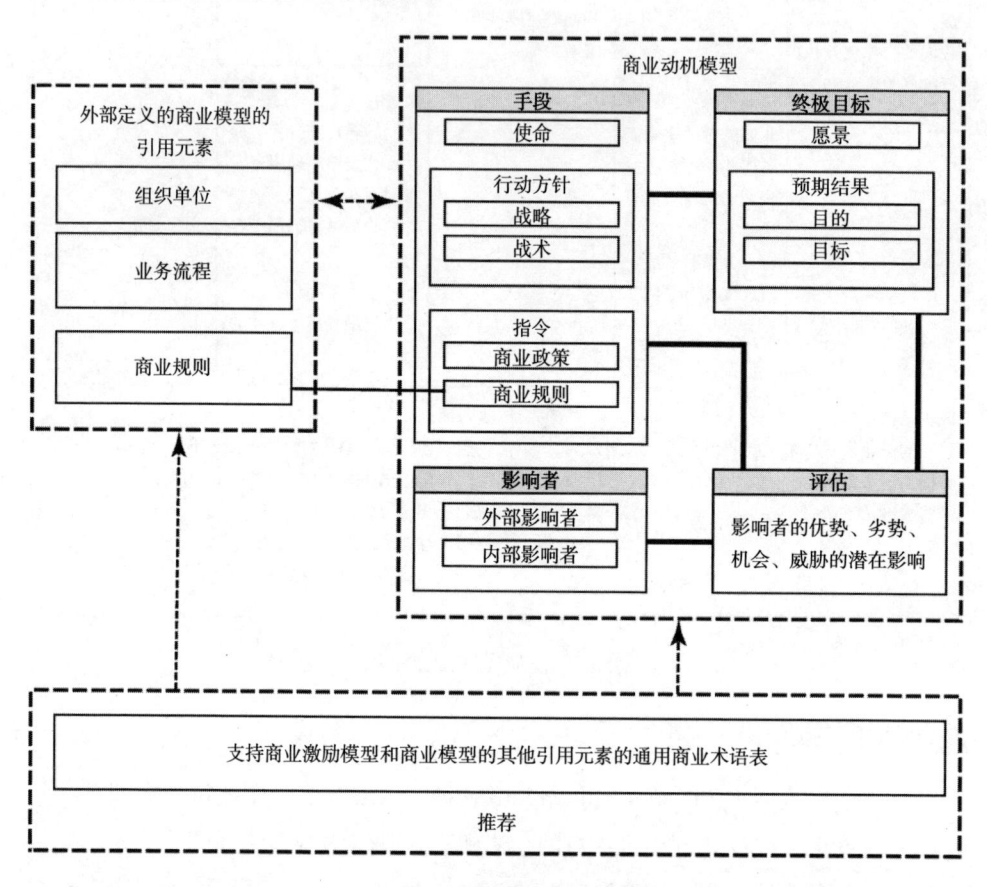

图 3.6　商业动机模型的示例模板

商业价值定义

商业价值定义（Business Value Definition）是用于商业估价的标准价值度量。它可以帮助你通过分析商业需要来确定什么是有价值的，并包含有形和无形组件在内的全部商业价值。当一个项目或动议被请求进行商业分析时，识别将获得的商业价值对于成功至关重要，否则，项目就可能无法交付业务所重视的产品、服务或结果。

当与业务战略相一致时，项目为业务提供了价值。战略目标的实现可包括：

- 先进技术。
- 避免或降低成本。
- 培养员工。
- 提高服务和收入。
- 改善环境，满足社会需要。
- 提高客户满意度。
- 满足监管、合规或法律义务。

商业价值可以表示为一系列收益。"我们的专利培训流程将为你的公司节省资金"是一份写得不好的商业价值声明。一个更有效的商业价值声明是："我们的专利培训流程已经被证明可以每年为与我们合作的每家公司节省 50 万美元。"

如果项目的启动是因为它显示了足够的商业价值，那么需要在整个商业分析工作中显示对该商业价值的澄清。表达商业价值是与干系人持续合作的承诺，以逐步阐述商业价值并确保理解。

特性注入

适应型团队发现特性注入（Feature Injection）技术有助于确定有价值的特性，可使用这种技术聚焦具有最高价值的特性来提高干系人的满意度。该技术遵循三个步骤：

1. 通过创建价值模型来寻找价值。价值模型定义商业价值，可以与目的一致性模型或商业价值定义技术相结合来使用。
2. 注入将启用步骤 1 中的商业价值的特性。不是从系统输入开始，而是从提供商业价值的系统输出开始。执行此操作步骤，使用场景或其他建模技术，从而创建主逻辑。
3. 通过识别步骤 2 中的模型偏差来找出示例。这一步有助于对主逻辑和例外情况的变化进行建模；这将为商业提供价值。

决策分析

决策分析（Decision Analysis）是一个正式的过程，用于分析不确定的问题或机会以获得可为商业提供价值的替代结果。为了做出判断以产生结果，决策分析包括评估选择和备选方案。一旦你对这个问题或机会有了几个可能的解决方案，就应该选择最好的解决方案。最好的解决方案可能是显而易见的，如果不是，那么仔细考虑选择最佳解决方案所使用的标准非常重要。使用诸如决策矩阵、决策树分析、力场分析、冲击分析、风险分析、权衡等技术可以帮助你和干系人确定最佳替代方案。

决策矩阵

决策矩阵（Decision Matrix）是一种通过检查具有或不具有加权排序的备选方案来进行决策的技术，当你有好几种可供选择的选项和许多不同的因素需要考虑时，决策矩阵的作用是特别强大的，在没有明确和明显的首选方案的情况下，这是一种很好的几乎可以用于任何重要决策的技术。使用决策矩阵意味着当其他人可能难以做出决策时，你可以自信而理性地做出决策。已完成的关于简单决策矩阵和加权决策矩阵的例子包含在第 7 章的技术部分，表 3.12 显示了一个决策矩阵模板。

表 3.12 决策矩阵模板

过程	影响	实施	当前状态	价值
加权				
选项 1				
选项 2				
选项 3				
选项 4				
…				

决策树分析

决策树分析（Decision Tree Analysis）是一种通过分析多个不确定性来源来确定首选结果的技术，用于帮助在多个可能的备选方案之间进行选择。决策树分析的收益包括评估可能的替代方案、调查这些替代方案的可能结果，并识别与每个可能的替代方案相关的风险和回报。决策树分析是在解决问题或选择战略机遇时，用于选择替代方法的一种比较难的技术。

决策树由一个小正方形方框代表所需做出的决策，从该方框中为每个可能的解决方案引出线条，每条线的末尾由圆圈表示不确定结果、正方形表示附加决策，线条和形状上的注释则代表决策背景。在决策树中，正方形代表决策，圆圈代表不确定的结果，可以使用以下过程评估决策树：

1. 为每个可能的结果分配现金价值或分数。
2. 估计每个结果的概率。
3. 计算有助于你做出决策的值。
4. 记录每个决策行中每个选项的成本。
5. 从你已经计算的结果值中减去成本，这表示该决策收益的值。

图 3.7 是一个简单的决策树示例，它描述的组织决策是构建还是购买产品。表 3.13 显示了对图 3.7 中每个选项的财务影响所做的计算，通过应用决策树分析技术，你可以看到最好的选择是构建新产品。

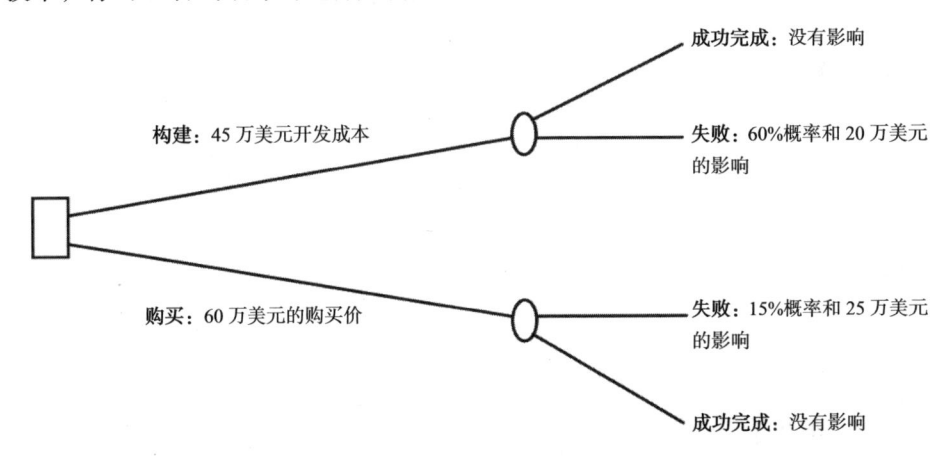

图 3.7 决策树示例

表 3.13 决策树分析的财务影响

构建	60%×200 000 美元+450 000 美元=570 000 美元
购买	15%×250 000 美元+600 000 美元=637 500 美元

力场分析

力场分析（Force Field Analysis）用于检查所有支持和反对决策的力量。它用于帮助你加强支持决策的力量，减少反对决策的影响，权衡力场因素的重要性，并决定项目是否值得实施，这项技术也被用来确定项目的可行性。你需要对这样一个事实很敏感：如果必须对干系人进行改变，他们可能不合作，在这种情况下，你应该考虑将影响分析与力场分析结合使用。图 3.8 说明了一个决策是否升级为整个公司的信息收集过程的力场分析,以 1~5 的分值用于执行力场分析,其中 1 分表示支持或阻碍变革的力量弱,5 分表示支持或阻碍变革的力量强,2 分为中低,3 分为中,4 分为中强。在这个例子中,支持变革的力量强于阻碍变革的力量,并允许组织做出有教育意义的决策来追求变革,并承认要注意阻碍变革的因素,表 3.14 是力场分析模板。

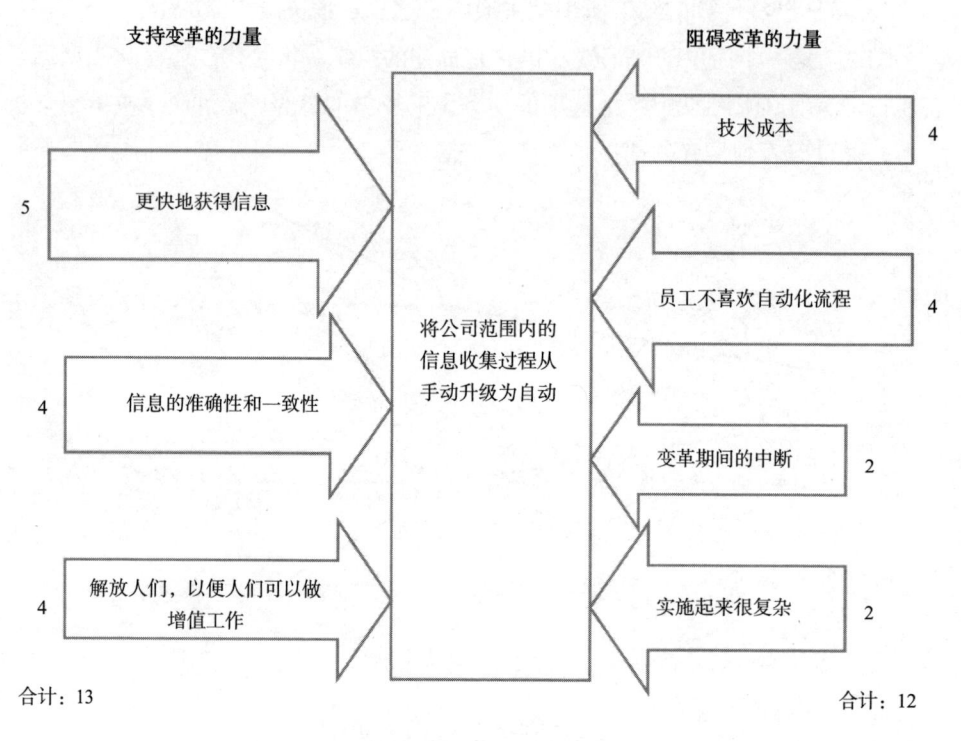

支持变革的力量		阻碍变革的力量	
更快地获得信息	5	技术成本	4
信息的准确性和一致性	4	员工不喜欢自动化流程	4
解放人们,以便人们可以做增值工作	4	变革期间的中断	2
		实施起来很复杂	2
合计: 13		合计: 12	

中间:将公司范围内的信息收集过程从手动升级为自动

图 3.8　力场分析图

表 3.14　力场分析模板

支持变革的力量	得分(1~5)		阻碍变革的力量	得分(1~5)
		变革建议		

续表

支持变革的力量	得分（1~5）		阻碍变革的力量	得分（1~5）
合计			合计	

冲击分析

冲击分析（Impact Analysis）用于揭示变革或决策的不可预见的负面影响，很少有企业进行冲击分析，而未进行冲击分析是许多项目以失败告终的原因之一。冲击分析表可以帮助你直观地识别变革或决策的负面影响或后果，此技术还帮助你管理可能出现的任何严重问题（模板见表 3.15）。冲击分析也可以与本节前面描述的力场分析结合使用。

表 3.15 冲击分析模板

影响人们的变革或决策	变革或决策的原因	受影响的领域或部门	受影响的职务	问题和风险
识别需要发生的变革或决策	说明变革或决策的重要性	识别受影响的部门或业务领域	识别受变革或决策影响的职务	列出变革或决策的问题和风险

风险分析与管理

风险分析与管理包括识别可能对商业价值产生负面影响的不确定性领域，并评估这些不确定性，以制定应对风险的策略，有时很难识别风险，更不用说做好应对准备了，在备选方案之间进行决策时涉及风险，风险分析可以帮助你做出有效的决策。

权衡

权衡包括识别由于多个相互冲突的目标而有必要进行交换或调整的领域。当有多个重要目标时，这种类型的决策分析技术是有益的。进行权衡的策略包括：

- 消除被主导的备选方案：消除任何较差的选项。在根据目标评估时，如果一个备选方案等于或差于另一个备选方案，则另一个备选方案占主导地位，因此应消除较差的备选方案。
- 以相似的比例对结果进行排序：使用比例缩放方法或李克特量表。例如，最好的结果是 5 分，最差的结果是 1 分，所有其他结果的评分都在 1 到 5 之间，如 2=中等偏差；3=中等，4=中等偏好，你还可以为结果分配权重，并将其与决策树或决策矩阵结合使用。

其他决策分析技术包括利弊分析、比较分析、层次分析法、完全—不完全不—完全不，以及基于计算机的模拟或算法，如蒙特卡罗方法。

文档分析

文档分析（Document Analysis）是一种启发式技术，用于检查作为组织过程资产或企业一部分的现有和可用的材料。这是一种获得商业分析工作大局观并获得干系人信任的有益技术。在文档分析过程中执行的研究将帮助你识别拟向干系人提问的适当问题，此外，这项技术还展示了如何与干系人建立融洽关系，特别是与当前状态相关的关系。文档分析可以在整个动议过程中执行，本书商业分析的全部七个步骤都要考虑它。

文档分析将涉及对收集的材料所进行的研究，并且有多种类型的文档要考虑。你的选择将取决于所使用的视角以及你在图 1.17 中的商业分析行程图上的位置。除了汇集材料和进行研究，文档分析还将帮助你确认启发商业分析信息的结果。表 3.16 包含不同的组织过程资产和文档类型，供你在执行文档分析时考虑。请记住，有些文档可能不存在或在你的组织中不可用。

文档分析过程包括：

1. 准备：识别那些适合的并且与积累、研究和/或确认相关的材料。
2. 执行：检查材料的主题和冲突，以及当前和未来状态之间的差距。
3. 记录：记录研究和检查材料的结果。
4. 确认：与干系人确认你的发现，以确保理解。

在执行文档分析时，应确保材料是最新的并且与商业分析工作相关。这项技术可能耗时且难以执行，结合数据挖掘技术进行文档分析是克服现有信息复杂性的一种方法。当没有材料可供你检查时，会出现文档分析的另一个缺点，即有时知识只存在于人们的头脑中，而没在任何地方被记录下来。

表 3.16　需要分析的文档类型

文档类型	
会计、成本和财务信息	市场营销研究
主要干系人的背景信息	指标和关键绩效指标
以往研究、报告、备忘录和投诉的背景信息	使命宣言
标杆数据观察和访问说明	商业规则组织结构图
备忘单或临时解决方案文档	工作区的物理布局
公司备忘录	政策手册
当前状态文档	以前的需求文档
客户调查	问题报告/困难日志/问题日志
循环时间数据	程序手册
员工离职、离职面谈、加班（包括潜在原因）的数据	流程模型
员工名单	处理时间数据
使用的设备	法规
文件、日志和记录	报告
干系人在系统中使用的表格和报告	正在使用的软件、硬件和信息系统
术语汇编	便签
行业指南或标准	战略和商业计划
观察过程中的访谈笔记	员工和/或客户提出的改进建议
工作和方法说明	技术文件
工作帮助	培训文件和材料
工作描述和职能职责说明	用户和系统文档
各种职务名称	过程演练
包含客户投诉或赞美的信件	工作条件
强制性程序	

财务分析/财务评估技术

财务分析（Financial Analysis）用于对企业、投资、解决方案或者解决方案方法的可行性、稳定性和盈利能力进行评估，本章前面介绍了财务评估方法。

你可以使用财务分析来推荐解决方案以满足商业需要，但是，需要在整个动议中执行财务分析，以确保变革能够带来价值。你可以在干系人的帮助下执行多种类型的财务分析，这些类型包括：

- 成本收益分析：一种用来评估一个动议将提供的预测价值，并与相关费用进行比较的系统性方法。解决方案的预测价值和费用通常包括动议中需要重新考虑的假设。

- 变革成本：构建或获取解决方案以及从当前状态过渡到未来状态所需的预期财务支出。
- 贴现率：现值计算中用来评价潜在投资或解决方案的假定利率。由于不可预见的风险，企业可能对短期投资使用标准贴现率，或对长期决策使用更大的贴现率。
- 内部收益率：项目投资的预计年收益率，包括初始成本和持续成本。高内部收益率优先于低内部收益率。这种财务评估方法假设流入现金以内部收益率进行再投资。对于要选择的项目，其预期内部收益率需要超过特定的公司规定的内部收益率。
- 净现值：一种计算方法，将今天的投资额与按规定收益率贴现的未来投资现金收入的现值进行比较（所有未来资产在初始投资时的价值）。除政府授权的动议外，一个项目需要一个正的净现值，净现值有助于确定动议的经济合理性。
- 投资回收期：收回项目投资所需的时间，通常以月或年表示。由于总会有一定的风险，首选较短的投资回收期。投资回收期有利于项目间的比较，但它是最不合理的财务评价方法。
- 投资回报率：初始项目投资的回报率。投资回报率是一个广泛使用的指标，计算方法是将预计净收益除以初始项目成本，再乘以 100，这种财务评估方法忽略了项目的持续成本。
- 总拥有成本（Total Cost of Ownership，TCO）：获得、使用和维护解决方案所需的财务支出之和。
- 价值实现：商业、投资或解决方案的计划价值或累积价值。

客观评估财务分析结果至关重要，如有必要，需要在项目进行过程中重新评价投资或解决方案的财务影响以降低风险。向干系人提供财务分析时，充分解释假设和估算是很重要的，并非所有的成本和收益都可以定量评价，因此在某些情况下，你需要评价如何通过本章前面描述的定性方法来衡量这些成本和收益。

访谈

访谈（Interview）是一种系统化的方式，通过向干系人提出相关问题、澄清信息、记录响应和确认信息来启发需求。访谈既可以在个人或一组干系人之中进行，也可以当面或远程进行，面对面访谈使你能够观察到干系人在回答问题时所流露出的非言语交流。访谈是一种很好的技术，可用于确认通过其他启发技术所发现的额外信息。

访谈可以是结构化的或非结构化的，表 3.17 包括结构化和非结构化访谈的特征。在结构化的访谈中，你将在访谈前准备好问题，根据干系人的不同，应该提前发送主题或问题，请注意，如果提前发送了所有问题，被访谈者就有可能通过电子邮件提前回答你所提出的这些问题，而这与访谈的目的相违背。在非结构化的访谈中，你不会提前准备好所有的问题，相反，你需要先识别一个主题或目标，再根据你从讨论中发现的内容来指导访谈流程。

表 3.17 结构化和非结构化访谈的特征

特 征	结构化的	非结构化的
计划时间	高	低
干系人的时间承诺量	中	高（潜在的）
商业分析师所需的经验和培训	高	低
自发反应的程度	低	高
目标的复杂性和覆盖范围	高	高
问题的复杂性和覆盖范围	高	低到中
干系人响应的可靠性和准确性	中到高	低到中
干系人的理解	高	低到中
商业分析师控制访谈的能力	高	低
访谈回复与结果分析	中	困难

每次与一个人进行访谈可能很耗费时间，因此，有选择地识别所要访谈的干系人是有益的。在商业分析工作中，你应该首先考虑对发起人进行访谈，访谈发起人将有助于你从他的角度理解商业环境。此外，通过发起人、项目经理或 Scrum Master、产品所有者和其他干系人来识别其他受访者，访谈可以在整个动议过程中进行，本书所提及的全部七个商业分析步骤都要考虑它。

项目组合分析

项目组合分析（Project Portfolio Analysis）用于对项目集组件、项目、项目组合、子项目组合、动议和运营的组成部分进行建模，以提供企业内战略目标的整体视图。项目组合分析的目的是确保：

- 与战略目标保持一致。
- 对合适项目和动议的优先级排序。
- 对实现商业价值所需的合适项目或动议进行绩效优化和实施。
- 资源配置充分高效。
- 适当的治理管理。

项目组合分析涉及战略分析，你需要确保你所从事的项目和动议符合企业的战略目标，如果有偏离，重要的是把任何问题都暴露出来，当战略目标改变时，这也会影响当前的动议，你所从事的动议是实现组织战略和目标的方法。项目组合分析对于识别高层级风险、融资、优先级排序，以及其他关键的战略目标很重要，执行这类分析对于维持企业和保持竞争优势至关重要。图1.15描述了项目组合、项目集、项目、动议之间的关系。

目的建模

执行项目组合分析的另一个选择是创建目的（Goal）或商业目标模型，该模型可以识别并帮助解决成本、绩效、灵活性、安全性和其他商业目的之间的权衡。当一个组织正在考虑新的项目集或项目，并且需要在项目组合中优先考虑解决方案时，创建这个模型是有益的。

根本原因分析

根本原因分析（Root Cause Analysis）是一种流行且经常使用的技术，它有助于回答问题最初为什么会发生。此技术提供对已识别问题（缺陷、风险或差异）的结构化检查，以理解其潜在原因并解决它们。

你有没有因病去看医生，医生给你开了处方，后来才发现处方不起作用？可能是因为医生治疗了这些症状而不是问题的根源。同样的事情也会在项目失控时发生，如果你只修复表面上的症状，问题肯定会再次发生，这将导致你对其反复修复。

根本原因分析有助于识别问题的根源，并使用一组特定的步骤以及相关的工具来查找主要原因。使用以下系统化的方法执行根本原因分析：

1. 识别问题说明。

2. 执行数据收集以确定问题的性质、大小、位置和时间。
3. 找出导致问题的原因。
4. 定义防止或最小化问题再次发生的措施。

这些步骤通常是已促进活动和研究活动的组合，根本原因分析通常采用反应式或主动式模式，当问题存在时使用反应式模式，而主动式模式用于识别潜在（未来）问题。根本原因分析研究了主要原因类型：人员（人为错误、缺乏培训）、物理（设备故障、设施不良）和组织（流程设计错误、结构不良）。

当遇到一个严重问题时，在你开始考虑解决方案之前，花时间去探索所有可能导致问题发生的原因，这样，你可以在第一次就完全解决问题，而不仅仅是解决其中的一部分问题（问题会再度出现）。

机会分析

机会分析（Opportunity Analysis）包括评估潜在机会的主要组成部分，并确定产品的可行性变更以实现这些机会，机会分析可能需要与市场分析一起进行。

有许多根本原因分析和机会分析工具对你有所帮助，但是后续各节中所识别的四个工具是商业分析师最常用的。

五问法

五问法（5 Whys）是一个简单的问题解决技巧，帮助你快速找到问题的根源。简单地就问题问"为什么？"是你工具箱中最好的工具之一。根本原因通常是通过多次问"为什么？"被发现的，多次通常意味着五次。考虑商业分析师和业务干系人之间的以下讨论：

干系人的问题声明："用来纪念我们最重要的捐助者的雕像正被解体。"

1. 第一个原因：
   a. 商业分析师："为什么雕像会解体？"
   b. 干系人："因为我们在雕像上使用粗化学品。"
2. 第二个原因：
   a. 商业分析师："你为什么使用粗化学品？"
   b. 干系人："清理鸽子的粪便。"
3. 第三个原因：
   a. 商业分析师："为什么鸽子粪便这么多？"

b. 干系人："雕像周围有很多鸽子。鸽子喜欢吃蜘蛛和虫子。"
4. 第四个原因：
   a. 商业分析师："为什么有这么多蜘蛛和虫子？"
   b. 干系人："蜘蛛吃小昆虫，雕像周围有大量的小昆虫和虫子。"
5. 第五个原因：
   a. 商业分析师："为什么塑像周围有这么多的小昆虫和虫子？"
   b. 干系人："小昆虫和虫子被黄昏时雕像上的灯光所吸引。"

这个问题的根本原因是雕像周围灯光的定时开关，现在，随着对雕像解体的根本原因的清楚理解，可以探索一个商业论证来验证黄昏后开灯是否有助于解决问题。如你所见，从这个例子中，第一个为什么的答案将提示另一个为什么，第二个为什么的答案将提示下一个为什么，依次类推，这项技术被称为"五问法"，并不意味着你必须问五次为什么。你可能需要问为什么超过或少于五次，图 3.9 提供了一个示例模板来帮助你执行"五问法"技术。请记住，如果五问法不能触发一个直观的答案，你可能需要应用根本原因分析的其他技术，五问法可以结合根本原因分析的下一个技术因果图来一起使用。

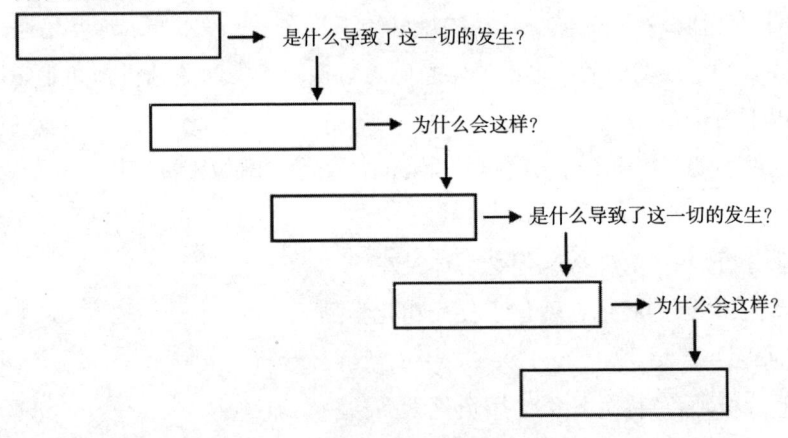

图 3.9 五问法模板

因果图（石川图或鱼骨图）

因果图（Cause and Effect Diagram）也被称为石川图（Ishikawa Diagram），但最流行的名字可能是鱼骨图（Fishbone Diagram）。它是一种用于根本原因分析的图表技术，用于识别和组织所观察到问题的可能潜在原因。因果图是 20 世纪 60 年代质量管理先驱石川馨（Kaoru Ishikawa）教授设计的，该技术随后发表在 1990 年出版的《质量控制导论》（*Introduction to Quality Control*）一书中。因果图映射了可能的因果关系，绘制此图的步骤如下：

1. 在图顶部（鱼的头部）的一个框中捕获正在讨论的问题。
2. 在纸或白板上从该框引出一条线（鱼的脊柱）。
3. 从脊柱上引出对角线来表示问题的潜在原因（鱼鳍）。这些类别通常包括人员、流程、工具和策略。
4. 绘制更细的线（第三级）以表示更深的原因。
5. 集思广益，讨论问题的类别和潜在原因，并将其记录在适当的类别下。
6. 通过进一步分析来分析头脑风暴的结果，以验证原因，最好使用数据。
7. 集体讨论实际原因的潜在解决方案。

与团队一起创建因果图的一个有用方法是头脑风暴，并将问题的所有可能原因写在便签上，然后，你可以在图上将类似的原因组合在一起，这种方法有时被称为额外卡片因果图，由日本持续改进专家福田荣治博士（Dr. Ryuji Fukuda）开发。图 3.10 显示了试图确定航班延误根本原因的因果图，在头脑风暴中要仔细包括所有可能的原因，例如，在图中添加环境原因可以增加恶劣天气和其他环境条件。

关联图

关联图（Interrelationship Diagram）显示了不同的问题之间是如何相互关联的，它有助于识别哪些导致问题以及哪些是其他行动的结果。这是一个对带有许多移动部件的复杂问题进行可视化的有用方法，图 3.11 给出了航班延误的关联图示例，开发此过程的步骤包括：

1. 最好以问题的形式促进或提出问题说明：在你的视觉空间顶部写下问题说明（在白板、图表纸、虚拟白板上等）。

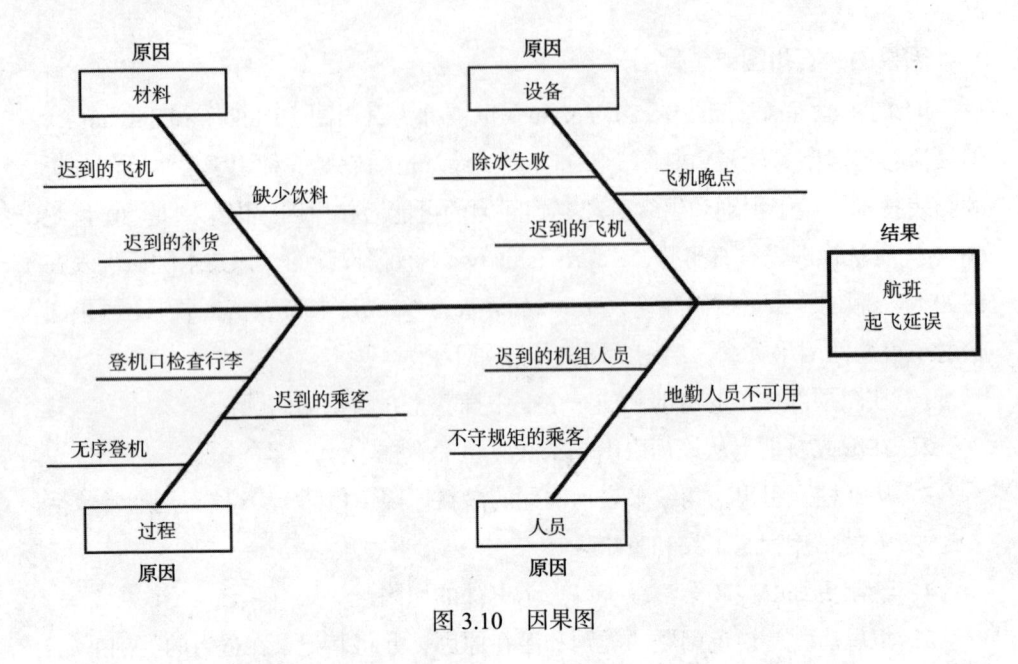

```
         原因                      原因
         材料                      设备

  迟到的飞机            除冰失败         飞机晚点
                                                     结果
          缺少饮料
                          迟到的飞机                  航班
          迟到的补货                                  起飞延误

  登机口检查行李         迟到的机组人员
                                      地勤人员不可用
               迟到的乘客
   无序登机            不守规矩的乘客

         过程                      人员
         原因                      原因
```

图 3.10 因果图

2. 促进头脑风暴的任何问题、想法、理由、原因等：捕捉每个条目在视觉空间中的位置，当在物理环境中工作时，便笺纸更适合移动或重新书写。

3. 连接条目：选择任何要开始的条目，并将其与其他条目进行比较，确定两者之间是否有联系，如果有则确定其原因和影响，并使用指向因果关系的箭头显示关系。

4. 连接强度：如果一个条目对另一个条目有特别强的影响，用颜色更深的箭头，如果是弱关系，请使用虚线。

5. 通过计算每个条目前后的箭头数进行分析：箭头数较多的条目是重要原因，大量的箭头表示重要的结果和衡量成功的候选条目。

请注意，在图 3.11 中，迟到的乘客和地勤人员不可用都有相同数量的输入，这似乎使得这两个输入对于识别最重要的结果是相等的。但是，迟到的乘客有很弱的输入信号，因此团队应将注意力首先集中在地勤人员不可用上，也许当一场风暴在航空公司的枢纽位置酝酿时，受风暴影响而机场地勤人员不可用的情况可能增加，字母 O 代表问题起因的输出数量，字母 I 代表问题结果的输入数量。关联图也用于质量控制，以显示导致预期结果变化的因素之间的逻辑和因果关系。

图 3.11　关联图

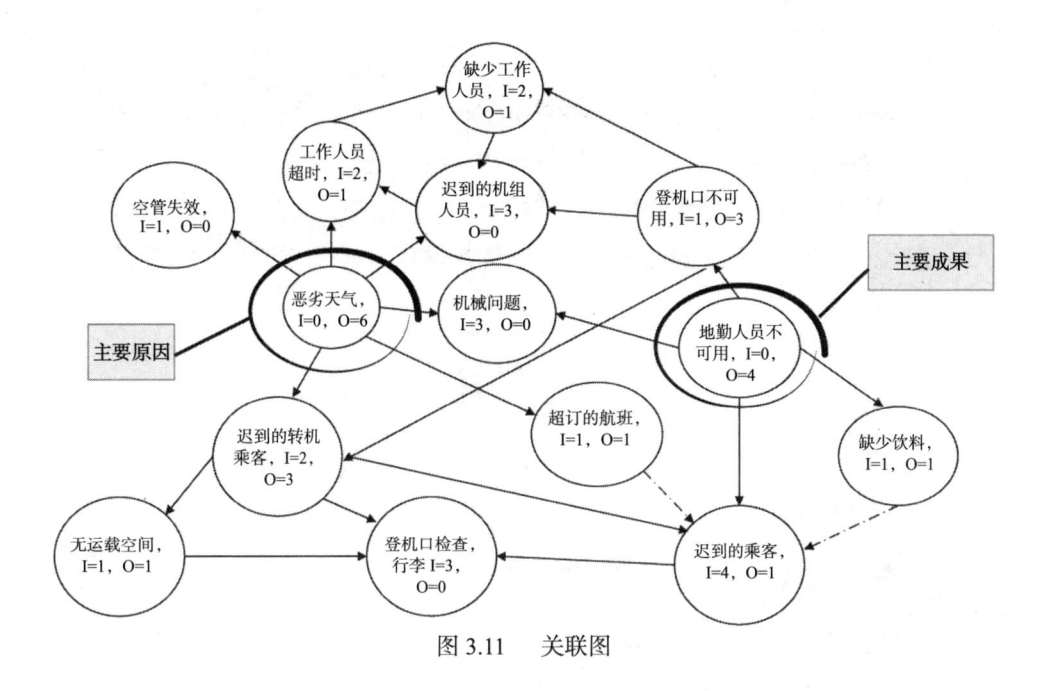

帕累托图

帕累托图（Pareto Diagram）是一种按缺陷发生频率进行排序的直方图。帕累托图的目的是在众多因素中凸显出最显著的缺陷。对于根本原因分析，通常使用帕累托图来表示最常见的缺陷源、最常见的缺陷类型、客户投诉的最常见原因或其他质量问题。为了克服这些问题，你首先应该关注那些拥有最多缺陷（或被称为显著的少数缺陷）的柱条。通常关照显著的少数缺陷会消除众多琐碎的事情。

帕累托图是以帕累托定律（Pareto's Law）的发现者维弗雷多·帕累托（Vilfredo Pareto）的名字命名的，该定律认为，少数原因通常会产生大多数问题，该定律通常被称为 80/20 法则，其中 80%的问题是由 20%的原因造成的。以下是创建帕累托图的步骤：

1. 识别要分组事件的类别。
2. 确定如何按频率、数量、成本、时间等来衡量事件。
3. 确定测量的时间段，例如工作周期/轮班、日、周等。
4. 每次在类别发生时，通过在检查表上记录来收集数据，或者如果已经存在，你可以挖掘数据。
5. 对每类测量进行小计。
6. 使用与步骤 1 中不同类别数相等的分割线绘制水平轴。

7. 确定测量的适当比例，最大值等于步骤 5 中的小计，这个比例记录在图表的纵轴上。将最高柱条放在图的最左边，然后将第二高的柱条放在该最高条的右边，然后继续此过程，直到把问题从大到小画出来。

大多数电子表格程序都提供了创建帕累托图的功能，或者你可以使用上述步骤手工绘制图表。图 3.12 提供了航班延误的帕累托图示例，帕累托图与关联图一起使用，有助于首先解决地勤人员不可用这一问题。

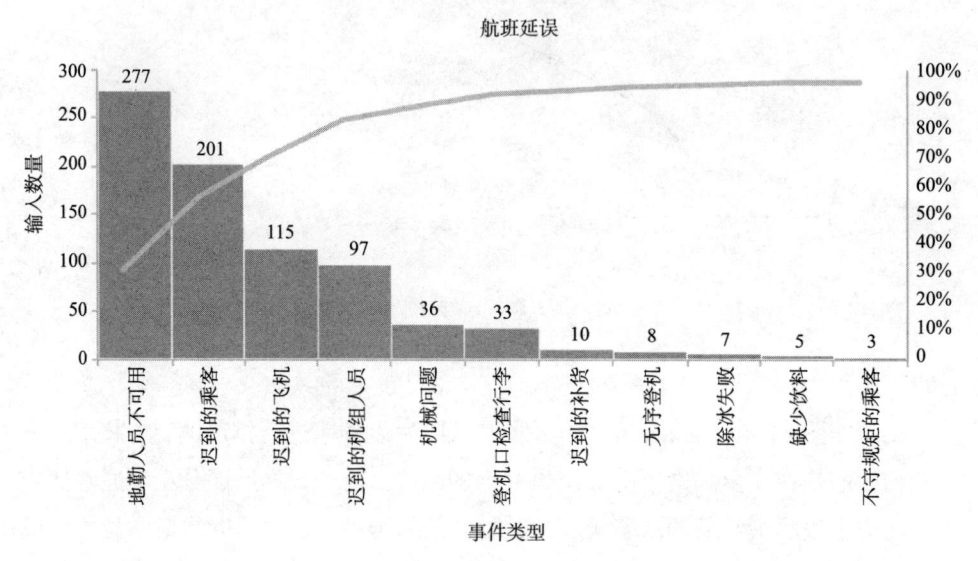

图 3.12 航班延误的帕累托图示例

路线图

路线图是可以在许多情况下应用的技术的通用术语。路线图通常包括一个将向干系人交付战略目标和价值的长期规划周期。产品路线图经常应用于敏捷视角，同样也可以应用于其他视角。产品路线图包括由主题所识别的高层级范围，还显示了贯穿整个冲刺或迭代的高层级版本发布计划（见图 3.13），此信息构成了产品路线图的基础，并作为发布版本计划的指南。路线图是根据组织的变革战略制定的，可能随着时间的推移而演变，路线图定义了过渡状态以帮助确保实现价值，并使组织在整个变革阶段保持竞争力。在创建产品路线图时，应考虑咨询项目组合经理和/或项目经理，毕竟，为动议提供资金的企业主需要能够在这个路线图中看到动议的短期和长期视图，而不是通过对产品未完项进行排序来确定需要填充的剩余部分。

图 3.13 产品路线图

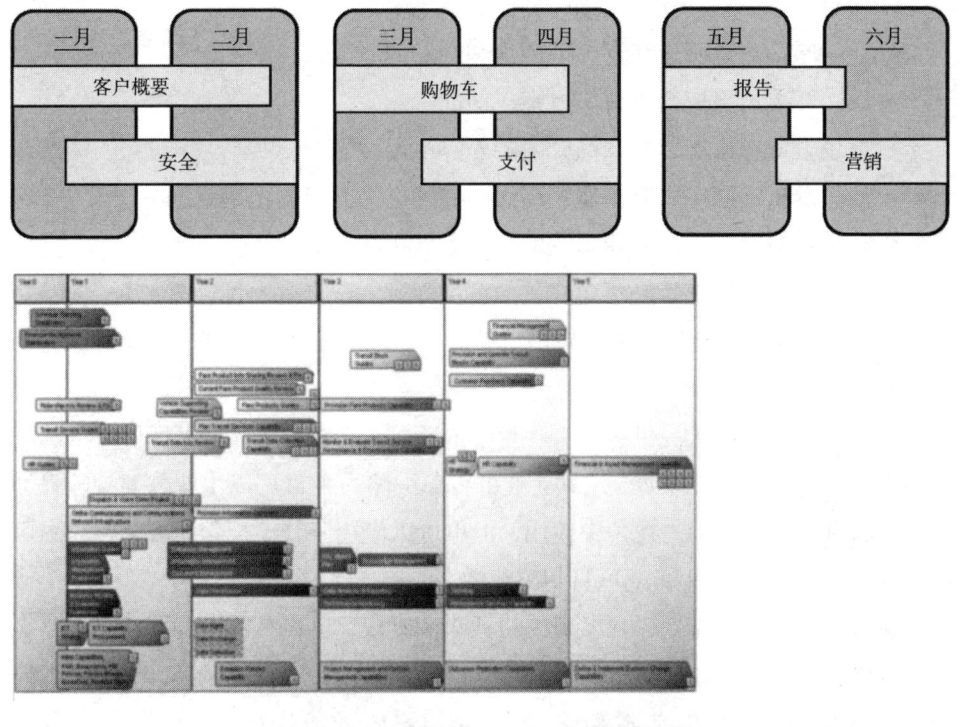

产品路线图通常与业务能力分析技术结合使用。产品路线图还可以包括初始架构,并通过创建它来帮助确定项目的结束时间。你还可以使用产品路线图在发现新的工作项时帮助管理范围以确保一致性并提供价值。

产品路线图包括以下要素:
- 战略信息:显示对组织战略的支持。
- 项目组合:定义产品与项目组合,以及与该项目组合内其他产品的关系。
- 项目集:定义产品与项目集及该项目集内其他产品的关系。
- 动议:定义与此产品相关的正在考虑的项目和正在开发的项目的概述

信息。
- 产品愿景：说明正在开发的内容和开发的原因。
- 成功标准：确定衡量解决方案成功的指标。
- 市场力量：说明影响产品开发的外部市场力量。
- 产品发布：确定具有主题或高级功能的产品发布的预期时间框架。
- 特性：精确定位产品将提供的与产品发布相关的功能。
- 时间线：为交付特性集建立预期窗口。

在执行供应商分析时，可以使用路线图来制定用于产品定制执行和特性交付规划的条款。

战略路线图可用于提供组织对项目集或项目组合中的项目和动议的愿景（见图 3.14）。战略路线图有助于定义企业的变革战略，并且可以由业务架构师来创建，它们通常在业务架构视角中使用，但也可以应用于其他视角。战略路线图可以包括项目组合路线图和/或项目集路线图。

项目组合路线图有助于揭示可交付成果和动议之间的依赖关系，项目集路线图用于确定项目或动议的高层级时间线、战略、收益和里程碑。通过对路线图的跟踪来对需求进行监控，以确保它们满足项目集和/或项目组合的需要，项目集管理办公室也可以利用投资路线图来确保总体上符合目标。

PMI 确定了两种类型的路线图：项目集路线图和项目组合路线图，它提供了项目组合的战略优先级和组件的可跟踪的远景，这个路线图是辨识动议和可交付成果之间的依赖关系的初始基础，它提供了定义解决方案需求和设计定义的背景。

从业务流程管理的视角来看，有两种类型的以数据驱动的结构化路线图可供使用，接下来将讨论它们。

DMADV

DMADV 用于开发新流程或改进现有流程（见图 3.15），它通常应用于六西格玛，但也可应用于其他地方。以下是 DMADV 的部分组件：

- 定义（Define）：确定客户、客户对产品或服务的需求、客户期望、项目边界，以及通过映射流程来改进的流程。
- 测量（Measure）：制订数据收集计划，收集数据以发现缺陷并确定度量标准，并将结果与客户需要进行比较。

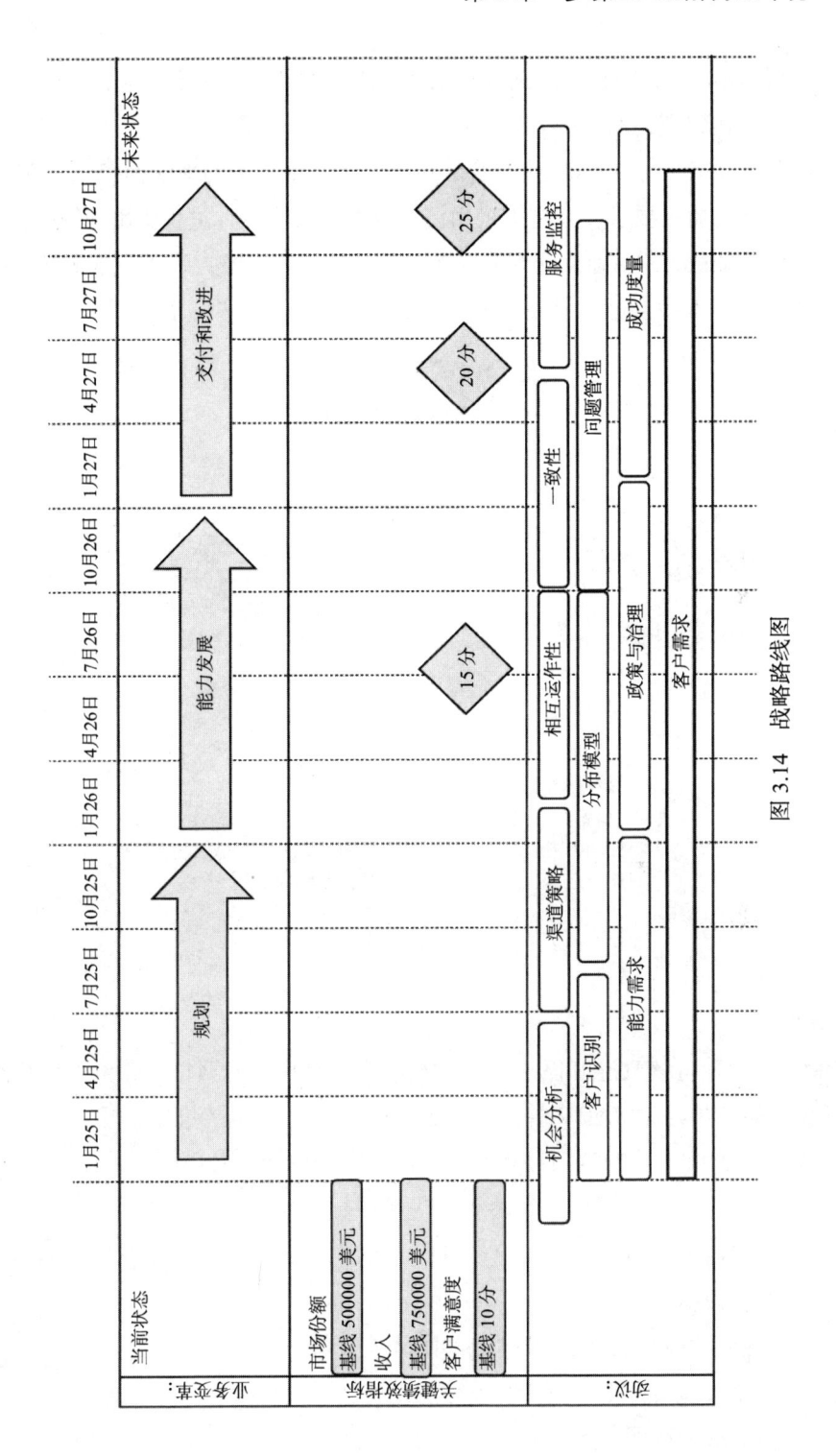

图 3.14 战略路线图

- 分析（Analyze）：识别当前和未来状态之间的差距，确定改进机会的优先级，并找到变化源。
- 设计（Design）：设计一个符合客户规范和质量水平的新流程/产品，满足六西格玛质量要求，并考虑采用模拟技术以防止设计过程中出现缺陷。
- 确认（Validate）：确认开发的设计是否满足目标需要，确认质量水平，将产品/流程移交给永久业主，确保控制，应用持续改进，部署改进。

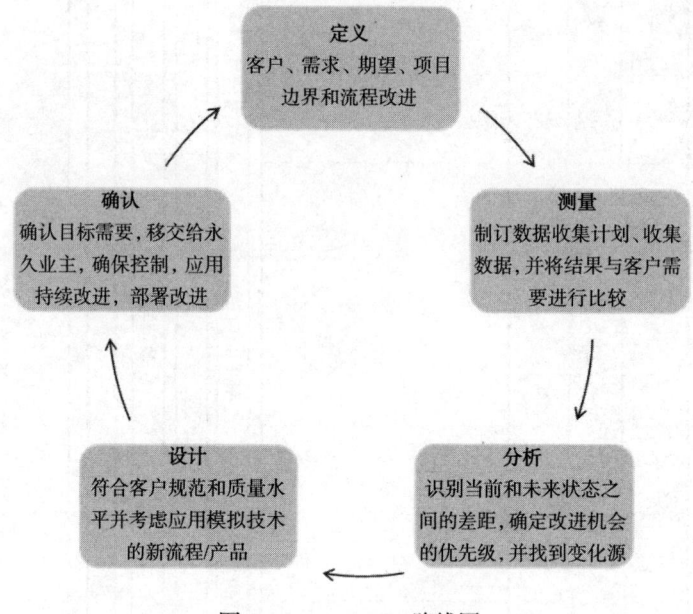

图 3.15　DMADV 路线图

DMAIC

DMAIC 用于持续改进流程（见图 3.16），它也常用于六西格玛并可以在其他地方使用。前三步与 DMADV 的前三步非常相似。

- 定义（Define）：确定项目目标和客户需要，包括定义：
  - 客户。
  - 客户需求（客户之声和业务声音）。
  - 问题说明。
  - 资源、发起人、流程负责人和团队成员。
  - 动议或项目计划、范围和关键里程碑。
  - 高层级流程图。

第 3 章 步骤 2：理解商业环境

```
        定义
   确定项目目标和客户
        需求
   ↑              ↓
控制                测量
监控流程绩效       确定当前绩效以量化
                      问题
   ↑              ↓
   改进            分析
通过消除缺陷来改进   检查缺陷/问题并找出
   流程              根本原因
```

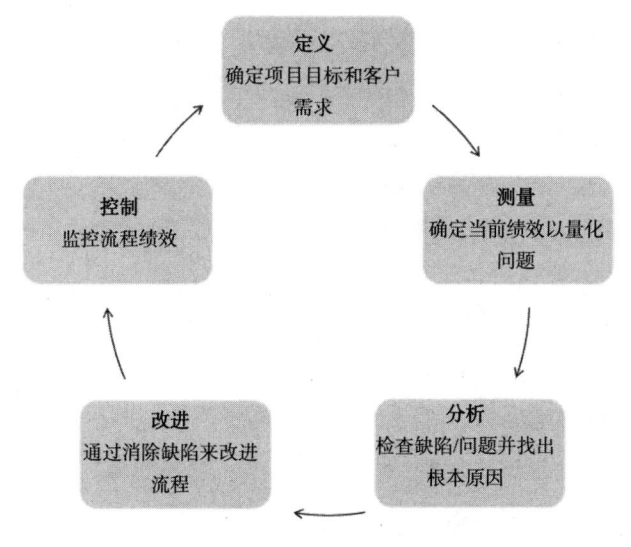

图 3.16　DMAIC 路线图

可以使用商业论证、项目章程和研讨会来帮助定义问题。

- 测量（Measure）：确定当前绩效以量化问题，包括：
  - 定义缺陷和度量。
  - 创建详细的流程图。
  - 确定数据收集计划。
  - 确认测量系统。
  - 收集数据。
  - 建立流程能力和西格玛基线。
  - 寻求速胜。

流程模型和价值流映射是可以用来帮助度量问题的技术。

- 分析（Analyze）：检查缺陷/问题并找出根本原因，包括：
  - 定义绩效目标。
  - 确定流程图的增值或非增值步骤。
  - 识别变化源。
  - 查明根本原因并对其进行优先级排序。

帕累托图、因果图和财务分析是帮助分析问题的技术。

- 改进（Improve）：通过消除缺陷来改进流程，包括：
  - 执行实验设计。

- 制定评估标准以选择最佳的潜在解决方案。
- 规定公差。
- 分析故障模式。
- 指导先期试验并确认改进。
- 对潜在的解决方案进行修正。
- 优化改进。

风险分析和决策分析是可以用来改进流程的技术。

- 控制（Control）：监控流程绩效，包括：
  - 确认监控系统。
  - 实施统计过程控制。
  - 根据需要进行调整。
  - 制定程序和标准。
  - 将流程移交给流程所有者。
  - 确认效益和成本节约。
  - 通过沟通结果、完成必要的文档、庆祝成果来结束项目。

DMADV 更注重创建流程，通过第一次正确地执行它来预防问题，并且 DMADV 项目通常需要很长的持续时间来支持长期的商业需要和战略；DMAIC 更注重纠正现有流程，减少变化，DMAIC 项目通常更短。控制图、运行图和流程能力是可以用来监控这些流程的工具。

产品愿景

路线图技术的一个子集是为产品或产品发布执行产品愿景（Product Visioning）。产品愿景是以合作的方式与干系人一起完成的，通常采用合作游戏技术。产品愿景技术通常生成一个愿景语句、一个框中的产品、情况说明或商业论证中的一个部分。

SWOT 分析

SWOT 分析是一种可以用来识别组织或更广泛商业环境的优势、劣势、机会和威胁的技术。你可以用它来帮助你分析企业战略、目的、目标和商业需要。将这些信息应用于与干系人的讨论是很有价值的。当试图理解业务环境时，SWOT

分析是战略性的，而且是高层级的，但是它也可以用来识别整个商业分析工作投入中的详细信息并缓解问题。

在进行 SWOT 分析时，检查内部优势和内部劣势，以及外部机会和外部威胁。SWOT 的一个更详细的定义是：

- 优势：组织为解决问题或抓住战略机遇而保留的当前内部机会。
- 劣势：组织当前的内部弱点，需要考虑这些弱点才能成功改进。
- 机会：解决问题或抓住战略机遇的潜在外部前景。
- 威胁：当前和潜在的外部压力，可能阻止组织成功交付商业需要。

进行 SWOT 分析的收益包括：

- 对组织向前发展的最佳选择进行分类。
- 与干系人交流发现。
- 评价组织的当前状态。
- 利用优势，通过新战略帮助组织。
- 对劣势进行分类并识别成功的潜在阻力。
- 制订克服和减轻阻力的计划。
- 确定组织改进和成功衡量的机会。
- 制订计划以克服组织未解决的威胁。
- 对商业需要和新确定的需要进行渐进式阐述。
- 找到过渡需求。

你将通过比较四个象限来进行 SWOT 分析，例如，你将寻找以下差距：

- 优势和劣势。
- 劣势和机会。
- 机会和威胁。
- 机会和优势。
- 劣势和威胁。
- 优势和威胁。

SWOT 分析可以与其他几种技术结合使用，包括表格比对，以及将在下面描述的 CATWOE 分析和 PESTLE 分析。SWOT 分析最常用于组织或项目中（见图 3.17）。作者还使用 SWOT 分析来识别职业提升和发展。

SWOT 分析图

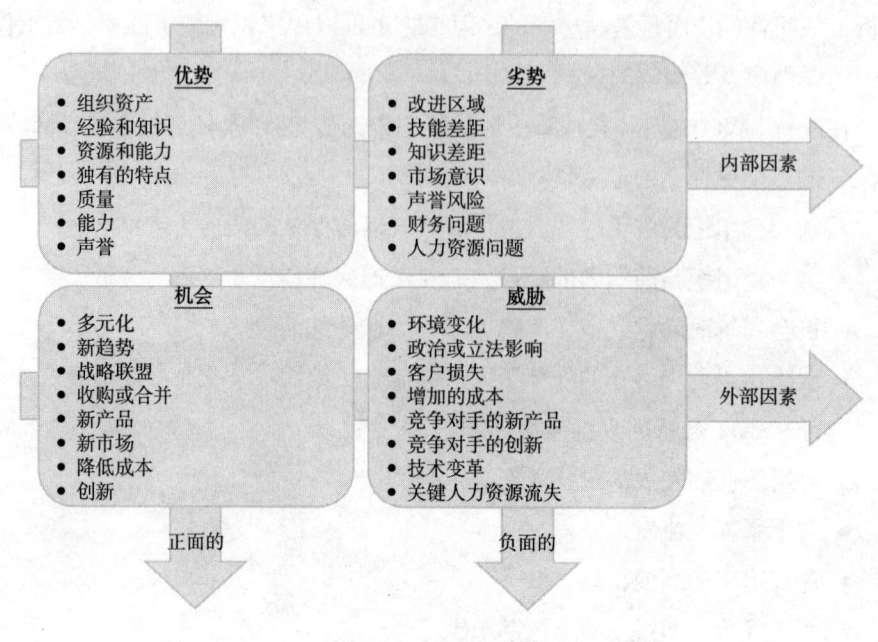

优势
- 组织资产
- 经验和知识
- 资源和能力
- 独有的特点
- 质量
- 能力
- 声誉

劣势
- 改进区域
- 技能差距
- 知识差距
- 市场意识
- 声誉风险
- 财务问题
- 人力资源问题

机会
- 多元化
- 新趋势
- 战略联盟
- 收购或合并
- 新产品
- 新市场
- 降低成本
- 创新

威胁
- 环境变化
- 政治或立法影响
- 客户损失
- 增加的成本
- 竞争对手的新产品
- 竞争对手的创新
- 技术变革
- 关键人力资源流失

内部因素 / 外部因素 / 正面的 / 负面的

图 3.17 SWOT 分析

CATWOE 分析

CATWOE 分析是一种战略规划工具，用于评估与系统问题和解决方案相关的内部和外部因素，该分析在干系人的需求和期望发生冲突时对你尤其有益。构成 CATWOE 分析的六个领域包括：

- 客户（Customers）：当系统发生变化时识别受益或受损的客户。业务流程是为客户而存在的。
- 参与者（Actors）：与系统交互并执行特定角色的流程工作者。参与者是指那些参与并影响变化的人。
- 转换（Transformation）：流程或系统更改的结果。转换包括检查对系统的输入、过程和输出的更改。
- 世界观（World View）：证明过程或系统的转换是正当的。这一步是 CATWOE 分析中最关键的一步，因为它分析了每个干系人与被调查过程的相关性和与结果相关的独特世界观。世界观研究全局性和更广泛的影响。
- 所有者（Owner）：有权对流程或系统进行更改、终止动议或批准流程（或系统）更改的人员。所有者通常被称为流程所有者或发起人。

- 环境约束（Environment Constraint）：检查系统工作的外部限制，如果对过程或系统进行更改，这些外部限制可能产生影响。

进行 CATWOE 分析的过程包括：

1. 确定哪些客户将受到流程或系统更改的影响，并确定每个客户将如何受到变更的影响。
2. 确定现在和将来有哪些参与者（流程工作者）与流程或系统交互。
3. 检查与系统输入、过程和输出相关的更改。
4. 为每个客户或参与者确定全局视图的流程或系统的转换。
5. 检查外部环境约束，这些约束可能限制流程或系统在进行更改时的工作方式。
6. 与所有者一起审查 CATWOE 分析，以便他们为你提供指导。

以下是关于公路扩建动议的 CATWOE 分析的简要示例。

- 客户：驾驶员和高速公路维护人员将受到变化的影响。
- 参与者：交通管理者、规划者、环保主义者、设计师和将影响变化的公路建筑承包商。
- 转换：公路由两条车道扩建为四条车道。
- 世界观：获得路权的业主和将评估影响的环境保护主义者。业主和环保团体可能反对扩建公路，而司机可能欢迎扩建公路。
- 所有者：交通官员和市政当局。
- 环境约束：对噪声和空气质量、考古学、建筑史、生物学、土地利用和社会学的影响将影响动议方法。

进行 CTAWOE 分析的目的是为不同的干系人提供讨论机会、讨论所调查系统的需要、假设、位置和完整性。当有多个视角需要对可能性进行更全面的审查时，执行 CATWOE 分析是有益的。

PESTLE 分析

PESTLE 分析是一种战略规划工具，用于评估当前的环境因素和可能的变化。它把你带到组织以外的市场环境中。这种类型的分析有助于确定其有利于组织未来发展的原因。构成 PESTLE 分析的六个领域包括：

- 政治（Political）：评估内部因素（态度、信仰、想法和意见）和干系人无法控制的外部因素（社会不稳定、法律、立法、改革、法规、稳定和税收）。

- 经济（Economic）：评估内部或微观经济事件（财务方法和可行性）和外部或宏观经济事件（竞争、客户信心、生活成本、信贷和融资可用性、经济增长、经济政策、禁运、汇率、通货膨胀、利率、税收、失业或工资）。
- 社会（Social）：评估社区、文化、人口变化、期望、健康、收入分配、劳动力、生活方式、规范、职业、人群或人口的优劣势。
- 技术（Technological）：评估障碍、可行性和可持续性（发展、国际影响、移动开发、新创新或技术变革），并考虑技术是否过时。
- 法律（Legal）：评估与竞争法规、就业、出口、健康与安全条例、进口、行业法规、配额、资源或税收相关的法律法规。
- 环境（Environmental）：评估生态和自然区域的地面污染、地面条件、自然灾害、保护、法规、温度和水源。环境因素会影响经济和社会领域，并被确定为 PESTLE 分析的一部分。

执行 PESTLE 分析的过程包括：

1. 与主题专家就影响项目的领域进行头脑风暴，并记录调查结果。头脑风暴的结果可以显示在思维导图或矩阵上。
2. 根据时间、类型和动态识别六个 PESTLE 领域中每个事件的影响。
3. 按关键性、重要性或价值对事件影响进行优先级排序。

表 3.18 是一个 PESTLE 模板，你可以使用它来执行 PESTLE 分析技术。除了战略规划，PESTLE 分析还可用于商业规划、营销规划、组织规划和产品开发，PESTLE 分析是 SWOT 分析的一个很好的补充。

表 3.18　PESTLE 模板

领　　域	对业务的影响	领　　域	对业务的影响
政治		技术	
态度		发展	
信仰		国际影响	
想法		移动开发	
意见		新创新	
社会不稳定		过时技术	
法律		技术变革	
立法			

续表

领　　域	对业务的影响	领　　域	对业务的影响
政治		技术	
改革			
法规			
稳定			
税收			
经济		法律	
财务方法		竞争规则	
可行性		就业	
竞争		出口	
客户信心		健康与安全条例	
生活成本		进口	
信贷和融资可用性		行业法规	
经济增长		配额	
经济政策		资源	
禁运		税收	
汇率			
通货膨胀利率			
市场			
衰退			
税收			
失业			
社会		环境	
社区		地面污染	
文化		地面条件	
人口变动		自然灾害	
期望		保护	
时尚		法规	
健康		温度	
收入分配		水源	
劳动力			
生活方式			
规范			
职业			

续表

领　　域	对业务的影响	领　　域	对业务的影响
社会		环境	
人群			
人口			

SOAR 分析

在实践中，一些组织认为 SWOT 分析过于强调与劣势和威胁相关的负面方面，而 SOAR 是一种专注于组织的积极战略规划的技术。SOAR 是优势、机会、抱负、结果的缩写：

- 优势（Strengths）：组织现有的内部力量和资产。
- 机会（Opportunities）：通过分析其他组织发现的预期结果和前景。
- 抱负（Aspirations）：实现预期未来战略成果的创新和战术理念。
- 结果（Results）：衡量成果，努力持续改进。

SOAR 分析的核心是建立优势、采取行动和实现目标。当 SWOT 分析对四个象限进行比较时，SOAR 分析则建立在每个区域上（见图 3.18）。

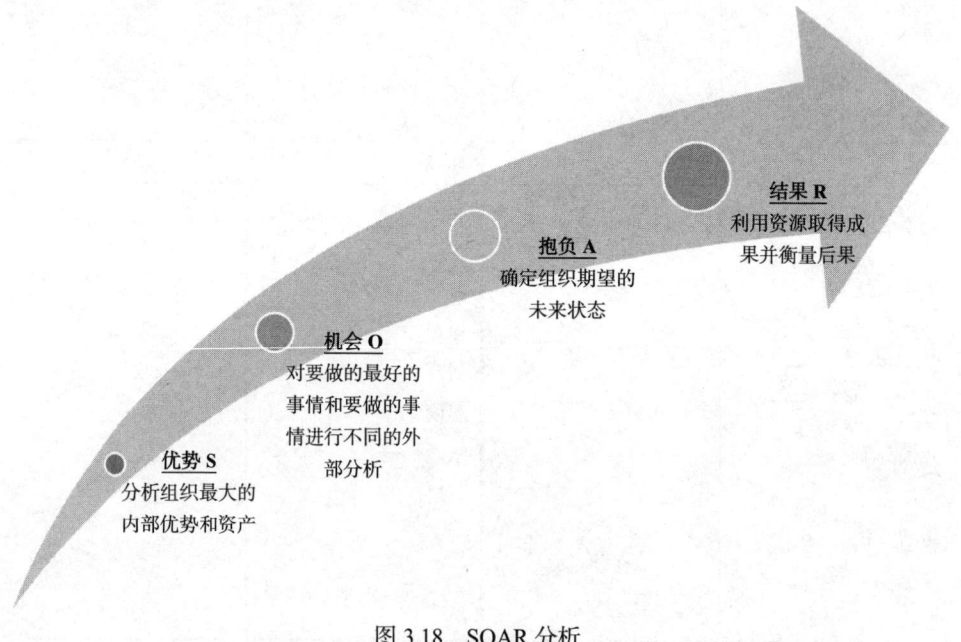

结果 R
利用资源取得成果并衡量后果

抱负 A
确定组织期望的未来状态

机会 O
对要做的最好的事情和要做的事情进行不同的外部分析

优势 S
分析组织最大的内部优势和资产

图 3.18　SOAR 分析

重点总结

理解商业环境背景首先要综合理解企业架构方向，商业的企业架构是一个概念蓝图，有助于识别解决方案的环境需求，它就像黑夜中的灯塔。分析组织结构、文化和风格、沟通和系统将有助于指导你完成企业架构。

每个组织都有自己的业务驱动因素蓝图，其中可能包括客户影响、货币、遵从性、市场地位、需要分析、可行性分析或成本收益分析。业务驱动因素帮助组织实现总体战略和商业目标。

商业论证识别把问题或机会视为项目或动议的原因；用于识别成功的根本原因或贡献者；帮助决策者决策项目是否值得投资（财务分析）；对商业需要、商业价值，以及这些价值如何连接到组织战略进行定义。

第 4 章

步骤 3：规划商业分析工作

通常，商业分析师并不以其高明的计划能力而为人所知，毕竟组织的目标是尽快提出解决方案需求，这样，所谓的实际工作就可以开始了。商业分析师可能被内部规定了完成商业分析信息规范的具体日期，该规范可以是正式的文档，如商业需求文档（Business Requirements Document，BRD）、能力图、路线图、产品未完项、范围定义文档等。商业分析信息格式的确定基于：

- 项目类型。
- SDLC 方法。
- 商业分析方法。
- 商业分析视角。
- 干系人偏好。
- 组织政策。
- 商业分析师偏好。

在任何情况下，解决方案细化的里程碑度量都指的是商业分析信息规范的交付，无论其是正式的、非正式的、重量级的还是轻量级的。许多商业分析师都知道存在推动规范实现的冲突或缺口，但都认为后续有时间来纠正它。这里提醒一下商业分析师的经理：请小心，避免激励错误的行为（超完整性交付）。当商业分析师被分配了一项商业分析工作后，立即开始进行一对一访谈，然后将这些结果打包给负责具体实施的主题专家，如此这般，商业分析工作就神奇地完成了（主题专家只是接受了任务）。当然，这种工作方式是项目失败的一个重要原因。对于下游干系人，如变更经理、配置经理、解决方案架构师、开发人员、数据库管理员、信息架构师、可用性分析师、培训师、测试人员和组织变革顾问，均被提供了不正确和不完整的信息，并且可能需要重新修改输出。那么，这样的修改成本到底是多少呢？图 4.1 基于巴里·博姆（Barry Boehm）、莱芬格威尔（Leffingwell）和威德瑞格（Widrig）的研究，显示了相对的维修成本，将其与重新编写所需的预估代码数量结合起来可以发现，当商业分析工作没有得到适当的规划和执行时，竟产生了如此令人震惊的浪费（见图 4.2）。变革动议失败的根本原因可以归结为缺乏对商业分析工作的规划，以及急于交付某些或任何可开始启动的事情。

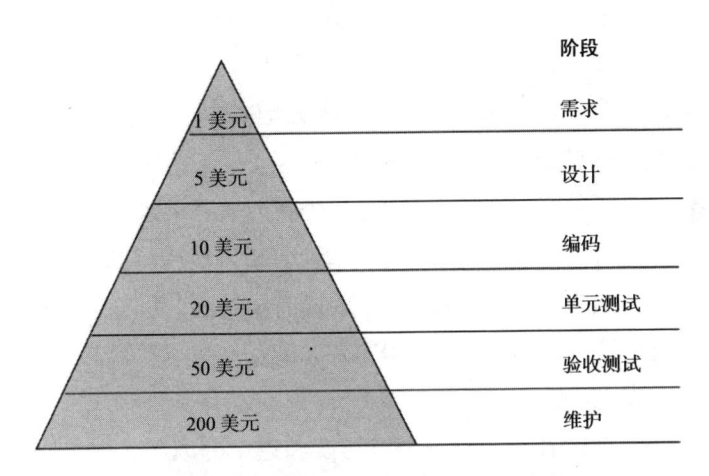

金字塔图（从上到下）：
- 1 美元 — 需求
- 5 美元 — 设计
- 10 美元 — 编码
- 20 美元 — 单元测试
- 50 美元 — 验收测试
- 200 美元 — 维护

阶段

图 4.1　需求错误在不同项目阶段的成本

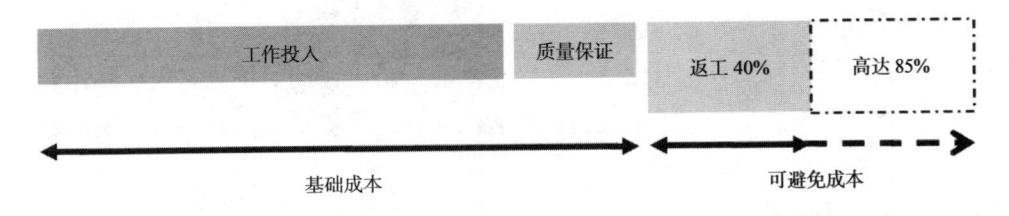

工作投入　｜　质量保证　｜　返工 40%　｜　高达 85%

基础成本　　　　　　　　　　　可避免成本

图 4.2　估算的返工成本

从商业分析规划中可获得的收益包括：

- 提供清晰的商业分析方法和范围。有了这一既定的标准，商业分析师可以更清楚地预测、识别和报告商业分析方法和范围的完备性。
- 制定商业分析干系人参与协议，包括商业分析信息的沟通方式和干系人预期的沟通频率。

- 建立预期时间的承诺。
  - 商业分析师。当干系人理解商业分析师正在完成的工作时，则对分配商业分析时间的阻力较小。如果干系人能够看到工作正在完成，他们就不太可能过度干涉商业分析师的工作。
  - 干系人。导致项目失败的主要原因是缺乏用户输入。通过获得干系人对商业分析沟通计划的批准，商业分析师可以确保干系人理解项目成功所需的工作投入水平及商业分析工作的意图。
- 允许决定商业分析状态。由于商业分析具有迭代的性质，当被问到工作需要多长时间或完成需求规范需要多长时间时，许多商业分析师都会不予回答。有了商业分析计划，商业分析师就能够跟踪计划，并提供影响分析，以便在不可预见的事件发生时重新进行规划。
- 构建商业分析可交付成果。商业分析师将向所有干系人提供一份可以预期的商业分析可交付成果列表。每位商业分析师所使用的方法可能不同，干系人可能不熟悉新的可交付成果，因此需要商业分析师提供相应的培训以理解新的格式（例如，关于"瀑布式"干系人如何理解迭代开发的用例方法论的会议）。
- 加速解决方案的开发。根据需求错误和返工的成本，如果一次就能识别正确的需求，那么在需求上花费更多的时间实际上可以加快解决方案的交付。
- 提供了谈判工具。管理层总是希望商业分析工作能更快地完成。该计划将为讨论满足更紧迫的交付时间表的各种选项提供支持。一些选项可能包括：
  - 增加资源。
  - 缩小范围。
  - 及时提供商业分析信息。

切合实际的计划可能：
- 提高商业分析师的可信度。
  - 为组织增强战斗力。商业分析师通常具有高度的组织性，但如果不使用规划工具来设定商业分析工作的预期，商业分析师可能在困境中显得缺乏组织性，无法提供有效的需求。如果一个人不停下来规划工作，那就像骑着一辆静止不动的自行车,虽然他可以尽可能快地踩踏板,但只会原地不动——无法取得任何进展。
  ◆ 充分利用干系人的可用时间来制订计划。与干系人的每次接触都有一个明确的目的,这将减少任何不必要的、没有成效的会议。
- 在商业分析计划中获得效率。商业分析在本质上是迭代的,干系人参与其中,然后对这些信息进行审查或分析,从而产生更多的问题来重新开始循环,目标是尽可能减少定义商业分析信息所需的周期数。对商业分析工作进行全面规划的商业分析师更可能选择启发技术和启发时机来提供更多的合作机会,这将使商业分析工作更加有效。
- 提供更准确的估算。在越来越多的组织中,商业分析估算被用于估算项目的 ROM 估算值。当 8%~15%的项目成本和时间用于商业分析工作时,项目就已经成功了。根据《混乱报告》(*Chaos Report*),事实上,只有 3.7%的项目成本和时间用于商业分析工作,如果同时考虑失败项目的情况,这一数字并不令人惊讶。在使用成本收益分析来构建一个动议的商业环境和理由时,我们的估算能有多准确?
- 增加变革动议成功的可能性。这是制订切实可行的商业分析计划的最令人信服的收益。在商业分析计划已被制订、传达和批准的情况下,干系人将对所要完成的工作进行评估,并且不太可能做出代价高昂的假设。

考虑到现实商业分析计划的价值,商业分析师和项目经理应该组成统一的团队来支持项目的成功。商业分析师应该利用这个机会来与项目经理协作,以确保对最高效的解决方案交付所需的业务驱动因素、干系人期望、商业分析工作有共同的理解。项目经理将把商业分析规划作为整体项目规划的一个组成部分,或者将其作为项目工作分解结构(Work Breakdown Structure,WBS)的商业分析部分。尽管这只是项目规划的一个组件,但大多数其他组件都依赖商业分析信息的交付(见表 4.1)。因此,项目经理和商业分析师在商业分析工作和时间表上达成一致是至关重要的。

表 4.1 规划商业分析工作的五个方面

规划商业分析工作活动	商业智能（BI）	业务流程管理（BPM）	信息技术（IT）	业务架构（BArch）	敏捷
确定商业分析方法	干系人和商业分析师对商业智能动议的专业知识水平可能对商业分析方法产生影响	由于初始阶段和迭代过程中的信息是有限的，以及业务流程管理的迭代性，商业分析方法可能是适应型的。业务流程管理框架的存在可能对商业分析方法产生影响	IT 项目的商业分析方法可能是适应型的或预测型的，也可能与项目方法不同	对域元素的理解通常是在预测型方法中定义的。组织域可能有多个域，这些域需要使用预测型方法进行多次迭代	确保所有干系人理解，将及时对敏捷动议进行详细的商业分析。如果商业分析师以预测型方式进行商业分析，就会出现返工，因此商业分析是适应型的
规划商业分析工作	范围建模是确定商业智能动议的相关设计还是重新建立）的关键组件。商业智能解决方案通常提供一些标准化的框架、工具和技术，可以帮助定义需求和构建解决方案模型	计划以过程为中心的方式聚焦于启发和协作，从而拖延自动化对话。随着获得更多信息，迭代地规划商业分析工作。业务流程管理动议通常涉及持续改进，当忽略对持续监控的规划时，这种改进往往会失败	定义良好的商业分析计划集成到整个项目计划中，为商业分析师提供了定义和安排商业分析活动以优化解决方案成功的机会。各组织可能制定了规划商业分析师工作的标准	业务架构框架用于记录架构观点，但在填写框架之前，必须理解以下组织方面： • 战略和方向 • 运营模式 • 价值主张 • 当前能力 • 增长计划 • 治理和规划过程 • 文化与环境 • 变革能力	商业分析师在动议开始时创建一个初始的商业分析计划以提供范围，详细的分析计划推迟到商业分析工作开始前完成。商业分析师主动涉入、参与并受影响的干系人协作

续表

规划商业分析工作活动	商业智能（BI）	业务流程管理（BPM）	信息技术（IT）	业务架构（BArch）	敏　捷
商业分析信息治理	商业智能解决方案通常将多个数据源集成到由干系人使用的单一来源，其需求冲突和重叠会产生冲突和冗余。考虑准备如何处理这些情况	业务流程管理框架可能有助于定义商业分析信息治理，没有特别的变化	组织可能有管理商业分析信息的标准	定义需要对准实现业务战略和成果的项目选择过程，决定组织中使用的框架和模型	对书面文件的重视程度较低，对于商业分析、信息治理敏捷框架提供了信息雷达，如用故事映射（Story Mapping）来指导方向，确定范围，并将变更引入产品未完项，规划中提供了未完项管理。在实施后，一些组织可能需要详细文档，在此计划中定义本过程
规划商业分析沟通计划	为多个领域的干系人准备商业分析路径，不仅要传达状态，还要传达干系人与定商业智能的信息。对于商业智能项目来说，重申对商业智能框架的追求，该框架提供了超越短期运营收益的长期战略价值	干系人可能需要通过商业分析沟通计划中的社会化来获得指导，理解采取以流程为中心的方法改进业务流程的不同之处。借此机会强调其绝不仅是流程自动化	干系人对IT动议的态度和需求可能发生变化，因此规划中需重新访问同商业分析沟通计划以适应这些变化	业务架构观点，旨在提供一个整体的见解。商业分析沟通计划旨在提供这种业务架构无形资产的透明度和价值	通常，沟通不那么正式，需要快捷的反应和决策。如果敏捷方法对该组织来说是新的，商业分析师将通过此商业分析沟通计划与干系人交流此方法

启发、协作、分析的迭代性

在开始一个变革动议的商业分析计划之前，应该认识到商业分析工作的迭代性质。根据亚里士多德的名言："你知道得越多，问题就越多。"(The more you know, the more you know you don't know.)因此，分析系统的策略是从高层级分解到中层级，最后从当前状态（现在）和未来状态（将来）分解到低层级。在各层级达成明确共识后，对下一个层级进行探索和阐述。如果没有这种分解，大局观就无法达成一致，随之而来的是许多不安和误解。当然，随着较低层级的阐述，可能确定假设不正确或存在依赖关系，这将需要重复以前层级的迭代。图 4.3 描述了从高到中到低层级分解的启发、协作、分析的迭代性质。在这些层级中，图 4.4 进一步阐述了协作、启发、分析商业分析信息的活动。

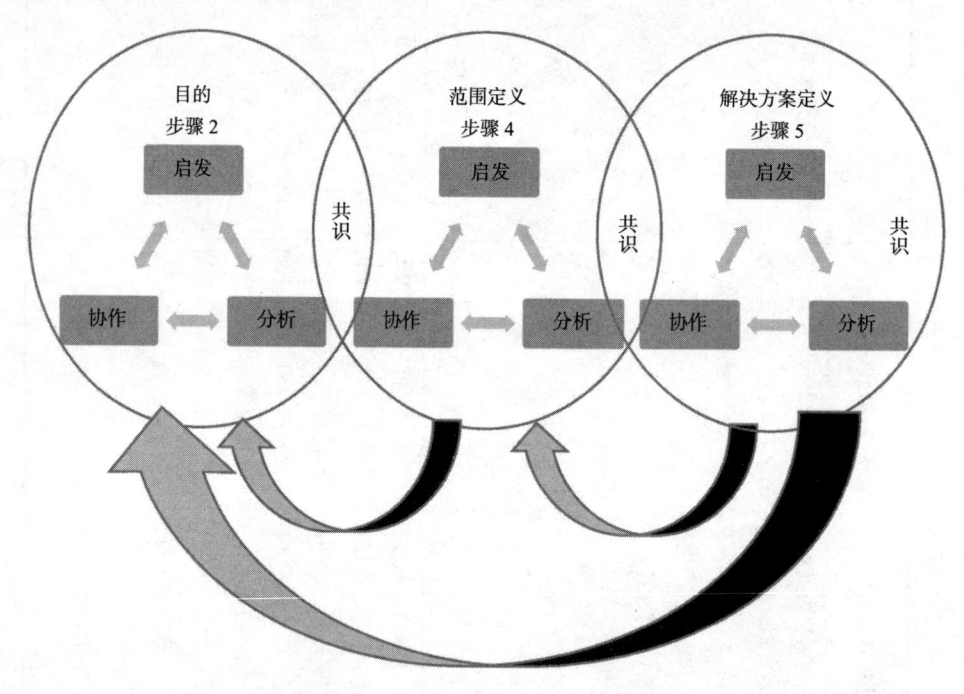

图 4.3 对启发、协作、分析的分解

第 4 章 步骤 3：规划商业分析工作

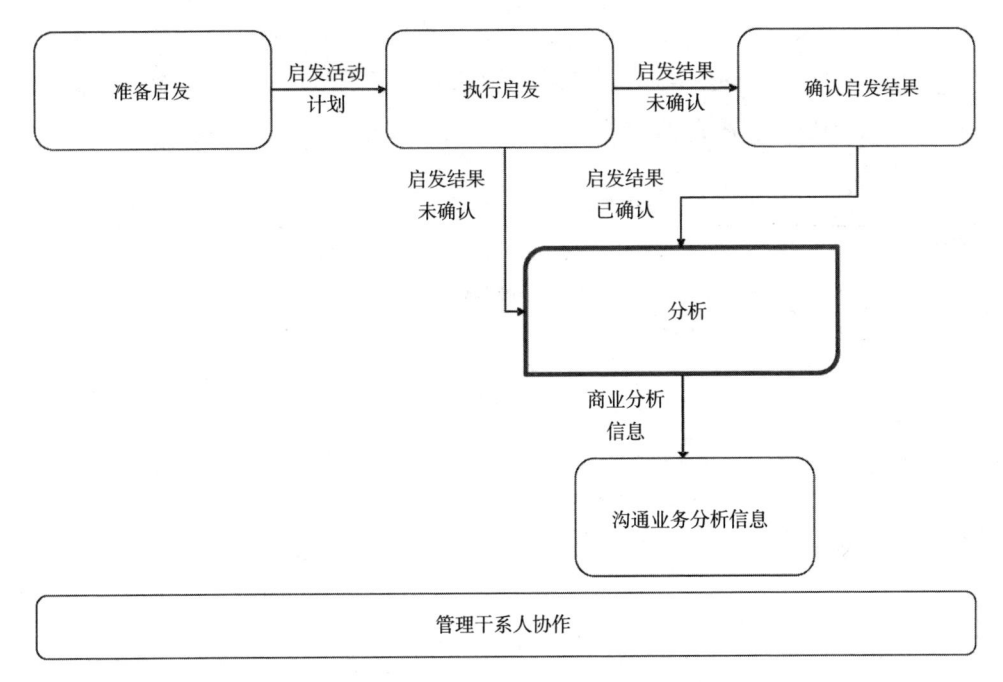

图 4.4 启发、协作、分析任务

从哪里开始规划

在前两个步骤［步骤 1：理解干系人（第 2 章）和步骤 2：理解商业环境（第 3 章）］中，详细介绍了如何对干系人和组织运营背景的清晰理解。应该认识到，在开始商业分析计划工作之前，这两个步骤已经完成得很好，至少已经到了商业分析师认为它们已经完全完成的程度。随着商业分析师理解得更多以及干系人社区发生变化，干系人分析将在整个过程中重新进行，许多组织驱动因素都会发生变化，因此，商业分析师监控商业环境以确保变革动议之间的相关性。考虑一下，随着数码相机越来越成为标准，照片打印越来越少，柯达有多少变革动议已经过时？

在最初的干系人分析和构建对商业环境的理解之后，商业分析工作的下一个影响因素是商业分析方法。该方法包括流程、规则、指导方针、启发式方法和根据特定商业环境执行商业分析所使用的活动。商业分析方法将规定一种预测型方法（Predictive Approach）和一种适应型方法（Adaptive Approach），或在大多数情况下两者之间的某种混合［有时称为迭代型方法（Iterative Approach）］（见表4.2）。商业分析方法将指导应执行哪些商业分析活动、活动的时间安排、可交付成果的类型和形式、优先级排序的方法，以及需求变更的方法。

表 4.2　商业分析方法影响

预测型方法
- 专注于最小化前期不确定性，并确保在实施开始前已完整定义解决方案
- 最大限度地控制和最小化风险
- 在以下情况下首选：
  - 需求可以在实施前定义
  - 错误实施的风险高得令人无法接受
- 当管理干系人的互动具有重大挑战性时
- 授权批准对选定干系人和项目发起人的要求
- 典型的瀑布方法

下表总结了预测型方法如何影响项目：

影　　响	预测型方法
商业分析工作的时间安排	在项目开始时启发、分析、记录、核实和沟通需求
所需交付物的形式/细节	通常需要非常正式和详细的文档
变更管理	寻求最小化变更并定义严格的变更控制过程
与干系人沟通	依赖正式的、书面的、预定义的沟通格式进行需求沟通/签署。项目档案文件/历史记录已定义

迭代型方法
- 总体解决方案最初被分解为不同的项目
- 项目工作是按顺序执行的，或者项目阶段有一些重叠
- 首选时间：
  - 解决方案将逐步添加特性
  - 现有解决方案的改进
- 对选定的干系人和项目发起人授予批准权限
- 通常需要在严格的时限内获得批准
- 解决方案通常是通过许多小型瀑布项目交付来实现的

续表

下表总结了迭代型方法如何影响商业分析工作：

影　响	迭代型方法
商业分析工作的时间安排	高层级商业分析工作是预先执行的，然后为每个小瀑布定义解决方案级别的需求和设计
所需交付物的形式/细节	通常需要非常正式和详细的文档
变更管理	寻求最小化变更并定义严格的变更控制过程。随着变化的发生，高层级解决方案的方向被回顾
与干系人沟通	依赖正式的、书面的、预定义的沟通格式进行需求沟通/签署。工程档案文件/历史记录已定义

适应型方法

- 专注于在解决方案的短迭代中快速交付商业价值
- 要求接受整体解决方案的更高程度的不确定性
- 首选时间：
  - ◆ 探索性地寻找最佳解决方案
  - ◆ 现有解决方案的增量改进
- 批准权通常授予一个积极参与该过程的个人；其他人可以被告知
- 通常需要在严格的时限内获得批准
- 典型的敏捷方法和持续改进项目

下表总结了适应型方法如何影响项目：

影　响	适应型方法
商业分析工作的时间安排	在项目开始时制定高层次的需求。最高优先级的项目首先符合解决方案需求细化的条件
所需交付物的形式/细节	有利于通过团队互动来定义需求，并获得工作解决方案的反馈。根据需要确定其他文件
变更管理	接受变更作为项目的正常操作过程，并允许根据优先级和发布迭代确定所要合并的变更
与干系人沟通	非正式沟通优先于更正式的书面沟通。文档通常在实施之后完成

此时请回顾第 1 章中所介绍的 SDLC 范围。商业分析师是否只遵循项目经理和/或解决方案团队为商业分析方法选择的项目生命周期？让我们看一个团队，这个团队希望预先获得所有商业分析信息，但是将使用适应型 SDLC 在敏捷框架中

交付。商业分析师应考虑是采用预测型方法还是采用迭代型或适应型方法，这种情况在寻求从预测型 SDLC 转移到更具迭代型或适应型的 SDLC 的组织和团队中是很典型的。在这个场景中，团队要求商业分析方法是预测型的，解决方案开发是适应型的。根据动议的规模和复杂性，当团队构建迭代时，通常会导致商业分析信息的重述和重新访问，随着时间的推移可能有更详细的变化发生，这等于所有人都在浪费精力。

商业分析师应考虑以下因素以确定最佳商业分析方法。

- 干系人：沟通商业分析意图是确保干系人参与的关键，因此，在选择商业分析方法时，必须考虑以下干系人：
  - 关键干系人：可能偏好商业分析参与活动，尤其是：
    - 干系人参与程度。
    - 决策方法。
    - 优先级排序法。
    - 批准方法。
    - 商业分析信息结构，包括工具、可跟踪性、格式、维护、存储。
    - 沟通工具、沟通频率、详细程度。

    如果商业分析师偏离了上述关键干系人的偏好，那么与这些干系人的沟通至关重要，商业分析师将被要求为偏差提供理由，切记该理由是基于对这个关键干系人听众的价值而陈述的。
  - 地理和文化因素：其对适应型商业分析方法尤其重要。适应型方法依赖实时沟通，当干系人由于地理上的分散而不容易接触，并且由于文化差异，谈话的实质内容在细微的误解中丢失时，实时沟通就很难实现。
  - 干系人的数量：干系人的数量越多，商业分析工作就越复杂。迭代型和适应型方法提供解决方案的分解，允许将重点放在更窄的解决方案切片上，这可能减少每次所需要考虑的干系人数量。
  - 干系人在传达其需求时的经验水平：预测型方法首先依赖获得正确的商业分析信息，并期望将任何变化最小化，这就要求干系人能够有效地沟通他们的需要。另外，适应型方法依赖单一的联系点（通常是产品所有者）来传达所有干系人的需求，如果所有干系人都缺乏为各自需要进行沟通的经验，那么可能有多个分解点。

- ◆ 干系人对变革的态度：商业分析师作为变革代理应该考虑商业分析工作对干系人的影响。在许多情况下，项目会启动、停止，然后再次启动，相同的干系人也会参与另一轮的努力，以实现同样的改变。也许选择了商业分析方法后可能提供更好的干系人参与经验。
- ◆ 干系人分配的时间量：当商业分析活动根据所采用的商业分析方法变化时，必须考虑干系人的期望和带宽。
- 资源：在许多解决方案外包的组织中，商业分析师应考虑组织维护解决方案所需的解决方案理解水平。当组织经历高营业额的情况时，对解决方案理解进行同等思考是很重要的。在哪里记录解决方案理解？在这些场景中考虑商业分析方法时，商业分析师可能使用适应型方法标记轻量级文档，文档可能类似于预测型方法，但在构建和测试解决方案之后进行开发。另一个所要考虑的资源因素是所分配的商业分析师的经验水平。商业分析师的经验水平考虑了对以下方面的理解：
  - ◆ 域。
  - ◆ 商业分析最佳实践。
  - ◆ 商业分析方法。
- 组织标准：这些标准规定了如何在组织中处理变革动议，这些指令可以是强制性的，作为指导方针提出，或者简单地按照项目的方式社会化。商业分析工作方向是整个组织标准的子集，当考虑商业分析方法时，确定差异意味着接受的标准。特别关注以下方面：
  - ◆ 商业分析交付所需的详细程度或正式程度。
  - ◆ 商业分析交付成果所需的签核手续。
  - ◆ 任何预选的框架、方法、工具和/或组织政策及实践所施加的技术。
  - ◆ 组织的文化规范。
  - ◆ 不确定性和风险公差。
  - ◆ 竞争格局和上市时间考虑。
  - ◆ 组织必须遵守的法规级别。
- 动议或项目特征：商业分析师将根据项目特征改变商业分析方法，以下是一些将影响商业分析方法的组件：总体规模、总体复杂性、商业分析视角、风险水平、时间表等。

规划商业分析工作活动

在为解决方案开发而考虑商业分析参与时,商业分析师主导一些工作,而在其他时候则支持其他人的工作,所有这些工作都在商业分析计划中加以说明,作者将该工作计划分为以下几类:

1. 启发与协作。
2. 范围分析。
3. 解决方案需求分析和设计定义。
4. 解决方案评价。
5. 范围管理。

在制订商业分析计划时,商业分析师将根据所涉及的干系人、所选择的商业分析方法、项目特征来确定所要使用的技术及何时使用这些技术。

启发与协作

无论涉及何种商业分析视角、项目类型、生命周期,商业分析都需要信息。商业分析师考虑所使用的技术,以便启发信息并允许进行商业分析信息的协作。商业分析师面临着获取大量信息的挑战,同时受到分析工作时间紧、干系人可用性和业务专业知识限制,以及组织施加的季节性约束的限制。以下信息将有助于你的规划。

- 需要什么信息:回答问题、定义问题/机会或解决问题/机会需要什么?
- 在哪里可以找到这些信息:这些信息是否可以在文档中或谁的头脑中派生出来?
- 如何获得信息:哪些技术是合适的?
- 何时是进行启发的最佳时机:干系人活动是否有顺序或被考虑?

商业分析师通过研究、协作活动、实验获取信息。协作可能有机地增长和/或通过非正式或正式的商业分析信息审查。常用的启发与协作技术如表 1.14 所示,规划启发与协作活动对于确保识别出活动的最佳顺序至关重要,表 4.3 描述了商业分析计划模板的启发与协作部分。商业分析师所面临的挑战是确定从哪里入手,以下是对启发式活动进行优先级排序的建议指南:

- 重要的商业价值特征。
- 更大的风险。
- 项目不确定性。
- 接口依赖项。
- 第三方资源依赖关系。
- 有限的关键资源。

表 4.3 商业分析计划模板的启发与协作部分

活 动	出现次数	时间单位（小时）	总 行 项	总分类时间
启发与协作：准备、执行、确认、沟通和管理干系人				
研究技术				
标杆对照和市场分析		4		
商业规则分析		2		
数据挖掘		3		
文档分析		4		
接口分析		4		
实验技术				
原型制作		12		
观察结果		6		
基于协作的技术				
头脑风暴		6		
概念建模		4		
协作游戏		6		
数据建模		4		
焦点小组		12		
访谈		4		
经验教训		4		
思维导图		4		
流程分析		4		
流程建模		4		
调查/问卷		12		
需求研讨会		72		

随着启发与协作计划的创建，商业分析师将制订一个与所有干系人共享的商业分析沟通计划，建立项目成功所需的干系人参与水平，表 4.4 描述了商业分析沟通计划的模板，该模板还将包括干系人所预期的核实和确认活动。但是，一些商业分析师仅生成正式或非正式的启发计划/方法。同样，这将是商业分析师与项目经理的又一协作点，特别是为干系人的参与设定期望值。实际上，商业分析沟通计划可能是整个项目沟通计划的一个子集，所有干系人必须支持项目成功所需的沟通水平。制订该商业分析沟通计划的收益包括：

- 明确用来定义问题、定义所需内容、建议解决方案所需的信息。
- 干系人时间的优化。
- 启发与协作活动产生的高价值成果。
- 设定干系人对其时间承诺的期望。
- 预测获取信息所需的工作投入。

表 4.4 商业分析沟通计划的模板

谁（目标受众）	什么（目标受众需要的信息）	何时		如何（方法或渠道）	由谁（谁提供）
		时间安排	频率		

当然，在未考虑商业分析工作输出的情况下，不需要构建启发与协作计划，如图 4.5 所示，通过确定用于以下目的的任务和技术，分析工作可能被计划：

- 定义可能的解决方案（步骤 4：设置动议范围），从而定义商业需求和干系人需求。
- 澄清解决方案（步骤 5：开发解决方案需求和设计定义）。
- 确保解决方案满足干系人的目标（步骤 7：评估解决方案）。商业分析师可以只为这些步骤中的一个或多个进行规划，称为商业分析的范围。

设置动议范围：
- 开发商业需求，然后是干系人需求

分析解决方案：
- 制定解决方案需求，然后设计定义

评估解决方案：
- 开发过渡需求和组织准备

潜在的　　　　　　　　　　　　　实际的

第 4 步　设置动议范围　　　第 5 步　开发解决方案需求和设计定义　　　第 7 步　评估解决方案

图 4.5　商业分析范围

范围分析

范围定义由变革动议的商业需求和干系人需求组成，通过这些需求，清晰地定义了为什么需要变革以及对解决方案将是什么样的中层级理解。表 1.14 显示了在执行商业分析七个步骤时所使用的技术，详细描述了商业分析信息的各个方面，以及商业分析视角。商业分析师运用这一工具确定步骤 4：设置动议范围（第 5 章）在项目视角分析方面最适合使用的技术。请记住，此表并不代表所有可能使用的技术，但是，它提供了一个极好的起点。请注意，随着商业分析工作计划的这一部分的阐述，商业分析师可能重新访问该分析计划的启发与协作部分，并插入启发、协作和共识点。

解决方案需求分析和设计定义

对解决方案需求分析和设计定义的规划要求商业分析师考虑如何分解范围，以提供对解决方案必须是什么的清晰和简洁定义，其目的是向负责核实和确认商业分析信息的所有干系人提供其所需的质量。解决方案团队将核实商业分析信息是否适合其用途，这意味着商业分析信息是可测试的并且是可以构建的。业务干

系人将确认商业分析信息是否正确,这需要将范围分解为适当的级别。需要注意:
- 何时及如何创建商业分析信息模型,包括所要使用的模板/工具及任何修改。
- 当定义和精确描述发生时,以及在每个启发与协作迭代中的深度。
- 用来详细说明验收标准的时间、内容、方式的方法。

表 1.14 帮助商业分析师确定了在执行步骤 5(见第 6 章)时在项目视角分析方面最适合使用的技术。表 4.5 描述了在上面所提到的商业分析三个方面中的任何一个方面规划需求分析的模板。此模板结合了这些商业分析信息的范围,因为在步骤 4 中用于发现商业需求和干系人需求的技术通常也用于对步骤 5 中解决方案需求和设计定义的分解。例如,在战略分析中识别出一组新的监管商业规则,随后详细介绍这些规则。在这两个方面,商业规则分析都将被用作一种技术,必须根据分析的需求类型调整工作级别。请注意,随着商业分析工作计划这一部分的阐述,商业分析师可能重新访问该分析计划的启发与协作部分,并插入启发、协作和共识点。

表 4.5 规划需求分析与设计定义模板

活　动	发生次数	时间单位（小时）	总 行 项	总分类时间
需求分析和设计定义:定义需求架构、核实和确认需求、定义设计选项(推荐解决方案),并分析潜在价值。考虑过渡需求开发				
建立需求架构		5		
规范和模型需求				
人员和角色建模技术				
• 组织建模		8		
• 角色和权限矩阵		12		
• 干系人名单、干系人地图或人物角色		12		
基本原理建模技术				
• 决策建模		3		
• 范围建模		8		
• 商业模式画布		8		
• 根本原因分析		4		
• 商业规则分析		5		

续表

活 动	发生次数	时间单位（小时）	总 行 项	总分类时间
活动流建模技术				
• 事件响应表		4		
• 流程建模		6		
• 用例		6		
• 用户故事		1		
能力建模技术				
• 业务能力分析		6		
• 功能分解		4		
• 原型制作		6		
数据和信息建模技术				
• 数据建模		4		
• 数据字典和术语表		4		
• 数据流图		3		
• 术语表		4		
• 状态图		6		
• 接口分析		4		
非功能性需求分析		6		
编制需求和设计文件				
• 产品路线图		6		
• 愿景文件		6		
• 产品订单		8		
• 商业需求文档		8		
• 软件/系统需求规范		8		
• 供应商选择文件		8		
• 为提取包开发的模型		1		
核实和确认迭代评审				
需求核实		2		
需求确认		2		

续表

活　动	发生次数	时间单位（小时）	总行项	总分类时间
需求的优先级排序				
优先级排序会话——技术				
MoSCoW（必须有，应该有，可以有，会/不会有）		3		
投票		3		
时间窗/预算		3		
验收评定标准		3		

解决方案评价

解决方案评价任务支持收益实现，并且可能在变革启动之前、评价当前价值之时或在实施解决方案之后发生，商业分析计划的这一部分经常被忽略。商业分析师的参与是为解决方案团队提供支持，确定所构建的解决方案对业务的影响，并开发过渡需求。在预测型 SDLC 中，以往甚至没有考虑过商业分析师的参与，因为需求规范应该保持稳定和完善。这种理想的情况从未真正发生过，因为总是有问题需要被回答、解决方案价值需要被确定。今天，公认的方法是规划这些商业分析解决方案评价活动，并与所有干系人会面。在适应型 SDLC 中，促进验收标准这一任务被视为整个商业分析计划中的解决方案评价组件。

为了理解所构建的解决方案将在多大程度上实现所预期的收益，商业分析师应该通过启发和分析来确定诸如何时、由谁，以及以何种成本这些所必须回答的问题。必须理解随着学习的深入，计划可能进行相应调整，计划将包括确定以下内容：

- 应进行时间点的解决方案评价，这可能发生在解决方案组件的开发过程中、在解决方案发布之前、在解决方案发布后不久，并以长期的时间点间隔来规划持续改进。
- 确定如何量化解决方案并跟踪到实现预期收益的指标。
- 将用于衡量解决方案评估结果的成本、及时性和质量的技术。
- 以有意义的方式汇编结果。
- 各种干系人社区的沟通工具，寻求提供适当的解决方案评估结果的深度和形式。

各干系人对解决方案评价活动和度量有不同的视角,商业分析师必须确保干系人在规划解决方案评价商业分析活动时参与其中,可以想象项目团队、发起人、业务主管、合规/法律和运营领域对解决方案成功的不同定义。使用表 1.14 中提供的信息,商业分析师确定在执行步骤 7(第 8 章)时在项目视角分析方面最适合使用的技术,表 4.6 描述了商业分析计划模板的解决方案评价部分。请注意,随着商业分析工作计划的这一部分的阐述,商业分析师可能重新访问此分析计划的启发与协作部分,并插入引出、协作和共识点。

表 4.6 商业分析计划模板的解决方案评价部分

出现次数	时间单位（小时）	总行项	总分类时间	活动
解决方案评价：衡量解决方案绩效、分析绩效度量、评估解决方案限制、评估企业限制,并建议提高解决方案价值的行动				
评估解决方案的局限性,并建议提高解决方案价值的行动				
参与评估解决方案选项		2		
参与将需求分配给解决方案组件/迭代		2		
评估企业限制				
文化评估		4		
运营或技术评估		4		
干系人影响分析		4		
度量解决方案绩效并分析绩效度量				
参加测试用例评审		2		
地址测试查询/缺陷解决		6		
参加设计评审		2		
解决发展问题		6		
变更请求影响分析		2		
复杂的实施支持		12		

范围管理

为了保持干系人对商业分析信息的共识,商业分析师创建了一个管理此信息的计划。俗话说,改变是不可避免的,这非常适用于重新审视问题或分析新问题所需时间的演变,无论这些是问题还是机遇,一旦实施解决方案,商业分析信息管理就不会结束。在解决方案的整个生命周期中,如果管理得当,这些信息将继续提供价值。在规划此管理时，需要考虑两个关键的计划组件：商业分析信息管理和商业分析信息治理。在商业分析计划的编译和传达过程中，商业分析师和项目经理一起工作，这有助于确保项目经理所维护的整体项目沟通和项目管理计划得到支持。商业分析信息管理和治理可能是整个项目计划的一个子集，当然，商业分析计划的其他组件也会受商业分析方法的影响，但没有一个组件比商业分析信息管理和治理更受影响。表 4.2 提供了商业分析方法中的生命周期管理指南。

商业分析信息管理计划中的商业分析信息管理组件定义了存储和访问商业分析信息的方法。此商业分析信息管理需要识别：

- 包含需求分类模式的商业分析信息组织（见第 1 章的需求分解和图 1.14）。
- 所需的商业分析信息的详细级别和格式。这包括干系人就质量需求所商定的有效需求的特征列表（见表 4.7）。

表 4.7　有效需求的特征列表

有效需求特征及设计定义
❑ 可核实的：不含糊的或一般的。需求或设计可通过四种方法之一进行核实：检查、分析、演示、测试。验证实现的可接受级别取决于需求或设计
❑ 明确的：解释只有一个。语句中使用的语言不会让读者对预期的描述性或数值产生任何疑问
❑ 一致性：不矛盾或不重复其他需求。在所有需求中，相同的术语用于相同的项目。此外，商业分析信息与干系人需求保持一致
❑ 简明扼要：表述简单明了
❑ 必要的：产品或过程的基本能力、物理特性或质量因素。如果删除，将存在产品或过程的其他能力无法满足的缺陷。无任何无关或不必要的信息
❑ 可行（可实现）的：可通过一个或多个开发的系统概念以合理的成本、进度和商定的风险实现。至少被认为是可行的，足以通过实验或原型进一步研究
❑ 摘要（无须实施）：说明需要什么，而不是如何满足需求。需求声明不反映设计或实现方法
❑ 独立（完整）的：不需要进一步放大
❑ 清晰的：应避免使用含糊或一般的明确术语
❑ 自动：能自主理解其他需求或设计。商业分析信息是独立的
❑ 完整的：包含足够的信息，以指导基于商业分析方法、视角和生命周期的关键点来进一步工作
❑ 优先级排序：根据重要性和价值对所有其他需求进行排序或分组
❑ 可跟踪的：在需求（包括目的、目标、商业需求、干系人需求、解决方案需求、过渡需求）、解决方案组件、视觉效果、商业规则之间跟踪商业分析信息，其他工作产品和设计定义则跟踪至其他需求、解决方案组件、其他工作产品

- 商业分析信息和解决方案相关文档（例如，需求级别和类型、设计定义、测试用例、技术设计、屏幕设计、培训文档、帮助文件等）之间适当大小的可跟踪性结构。通常被忽视的是可跟踪性带来的收益，包括降低需求缺失或需求镀金的风险，以及在变更管理过程中提高透明度。
- 跨动议或企业范围的可重复使用性。
- 商业分析信息将被存储，以包括使用任何专门的需求管理工具。
- 谁将拥有对商业分析信息的访问权限及每个用户组所需的访问权限。
- 必须维护的商业分析信息（通常称为需求属性）的特征。表 4.8 描述了一些常用的商业分析信息特征。应该考虑用于跟踪属性的值。例如，状态需求属性的有效值是定义、阐述、提议、核实、确认、优先化、延迟、取消、实施。

表 4.8 常用的商业分析信息特征

商业分析信息特征
☐ 唯一标识符：在理想情况下，系统生成永不重复使用的需求标识
☐ 作者：这个属性可以被工具跟踪，但是如果不可以，这个属性需要对后来发现的不明确的需求提供澄清参考
☐ 所有权：表示发布到目标环境后的业务所有者。如果需要权衡或谈判，也提供咨询指导
☐ 来源：提供谁有权定义需求，随后，必须咨询需求变更的来源，并在必要时提供有关需求的更多信息或证明需求的合理性
☐ 成本：实施、维护和/或由他人承担的相关货币金额
☐ 稳定性：表示需求的成熟度，如果需求足够牢固并可以开始工作，则向实施主题专家发出信号，这提供了需求成熟度的指标
☐ 紧急性：表示何时需要此需求
☐ 优先级：表示有助于分析重点、解决方案选择和分配的相对重要性
☐ 资源分配：有助于确定制定需求所需的资源。这可能包括商业分析师、域主题专家、实施主题专家等
☐ 版本号：有助于跟踪需求变更
☐ 复杂性：表示实现的难度（你可以使用诸如接口数量、过程复杂性或资源数量等度量）
☐ 状态：表示需求的完成状态。考虑使用定义、详细说明、建议、核实、确认、优先级排序、推迟、取消或实现的值
☐ 注释：提供的信息不是需求，旨在谨慎使用

商业分析信息管理计划的商业分析信息治理组件还定义了决策过程，其包括

审查结构、优先级、初始批准和变更控制过程。在规划商业分析信息治理方法时，商业分析师识别：
- 商业分析信息优先级和批准技术（如何）、职责（谁）和频率（何时）。商业分析沟通计划将在非正式和正式的协作中纳入具体内容，并及时达成共识。
- 处理动议变革的过程。即使乐观的商业分析师也会认为变革不太可能，但现实情况是变革的发生是不可避免的，发生变革时最好已做好准备。考虑以下两个管理变革的组成部分。
  - 变革申请表的定义，其章节可能包括但不限于：
    - 每个受影响区域的成本和时间估计。
    - 表示与动议一致的收益及此变革将增加的商业价值。商业价值可以是定性的或定量的，但很可能跟踪至财务收益。
    - 能够导致变革被拒绝的、已被识别的与动议、组织、解决方案相关的风险。
    - 优先说明变革和其他因素的相对重要性，如组织目标、遵从性和监管环境及干系人的需求。
    - 基于前面章节分析的行动方向。变革请求可能有多个行动方向，为决策者提供其他行动选择。
  - 描述变革建议书过程的干系人角色：
    - 启动变革建议书。
    - 参与变革讨论。
    - 分析变革建议书。
    - 批准变革建议书。
    - 记录此变革。
    - 沟通此变革。

商业分析师使用表1.14中所提供的工具来确定在执行步骤5中项目视角分析方面最适合使用的技术。同样，请注意，随着商业分析工作计划中这一部分的详细说明，商业分析师可能重新访问此范围管理计划的启发与协作部分，并在商业分析管理计划中插入评审指南。

这个商业分析信息管理计划是一个很好的候选计划，可以在未来的动议中重复使用，并根据干系人、项目特征和商业分析方法的变化进行简单的调整。表 4.9 描述了商业分析信息管理计划模板。

表 4.9　商业分析信息管理计划模板

需求管理组件		描　　述	位　　置	是否已建立？
存储库		存储库描述		
可跟踪性架构		可跟踪性架构描述		
需求属性		描　　述	字　段　值	
	唯一标识符：在理想情况下，系统生成永不重复使用的需求标识			
	作者：这个属性可以被工具跟踪，但是如果不可以，这个属性需要对后来发现的不明确的需求提供澄清参考			
	所有权：表示发布到目标环境后的业务所有者，提供有关需要权衡还是协商的咨询对象的指导			
	来源：提供谁有权定义需求，随后，必须咨询需求变更的来源，并在必要时提供有关需求的更多信息或证明需求的合理性			
	成本：实施、维护和/或由他人承担的相关货币金额			
	稳定性：表示需求的成熟度，如果需求足够牢固并可以开始工作，则向实施主题专家发出信号，这提供了需求成熟度的指标			
	紧急性：指示何时需要此需求			
	优先级：表示帮助分析重点、解决方案选择和分配的相对重要性			
	资源分配：有助于确定制定需求所需的资源。这可能包括商业分析师、域主题专家、实施主题专家等			
	版本号：有助于跟踪需求变更			
	复杂性：表示实施的难度（你可以使用诸如接口数量、过程复杂性或资源数量等度量）			
	状态：表示需求的完成状态。考虑使用定义、详细说明、建议核实、确认、优先级排序、推迟、取消或实现的值			
	注释：提供的信息不是需求，旨在谨慎使用			
需求管理组件		描　　述	位　　置	是否已建立？
需求优先级排序流程		需求优先级排序流程描述		
变更管理流程		变更管理流程描述		
		变更请求说明		
		参考干系人对变更请求授权、影响分析和变更授权的责任		

证明商业分析工作的合理性

当向项目负责人（如项目发起人、产品所有者和项目经理）介绍动议时，商业分析师将面临被要求缩短执行商业分析工作时间的挑战。商业分析师必须准备好证明所计划的每一个要素的必要性，然后确保决策者来承担从计划中删除任何要素的风险。现在，接受更长时间的信息精化并不总是意味着延长解决方案交付日期。事实上，精明的解决方案团队很可能已经为错误需求的纠正预留了所期望的时间，如果通过有效的商业分析减少需求错误，则可以更快地交付。商业分析师可以与领导探讨其他选择，包括：

- 商业分析信息的增量交付，即使在预测型生命周期项目上。
- 投入更多商业分析资源。
- 调整启发式技巧，与干系人进行更多的协作活动，减少一对一访谈引起的一些迭代启发。

另一个可能被质疑的因素是与每个任务相关的工作投入，在制定和交付评估时，还需要清楚地传达约束和假设，这是一个与项目经理协作以确保动议成功的机会。

在现实生活中……

以交互商业分析方法处理多版本、多年的变革项目，商业分析信息精化的持续时间通常是在显微镜下进行的，并每3~6个月就要压缩一次，以确保测试功能的完整性。大约有50个商业分析师和业务架构师正在处理这个多达600人的问题项目。我们（如一小部分商业分析师）基于参数估算制订了商业分析计划。当我们第一次开发时，我们对我们的估算有大约70%的置信度。这为我们提供了一个谈判依据，我们可以说明我们作为商业分析师所做的实际工作及影响项目成功的时间、风险和依赖性。当我们将估算值与实际值进行比较时，我们改进了任务的参数设置，并能够以大约90%的置信水平估算所分析的每个级别。这为项目领导提供了对商业分析工作更准确的估算。有了对这个计划的定义，与领导的对话就更基于事实了。

商业分析评估

花些时间评估商业分析工作有效性有助于你认识到需要改进的机会。在传统意义上，商业分析师在预测型/迭代型生命周期结束时或对适应型生命周期进行回顾时参加经验教训会议，以寻求对商业分析工作的反馈。这些会议的重点通常是开发和测试解决方案，参与者对商业分析的记忆有点模糊，我们建议更实时地评估你所做工作的有效性。最好的改进方法是真诚地寻求反馈、进行调整和尝试新技术。并非所有的技术在所有情况下都会成功，但你将开始识别运用何种技术及何时这样做。考虑重新访问商业分析计划组件，以适应更现实的计划，因为你可以监控你的绩效，并找到更有效地利用你和你的干系人时间的方法。以下是你可能渴望理解的一些问题：

- 是否计划了足够的时间来开展商业分析活动？
- 是否在适当的时间识别了所有干系人并充分参与？
- 与干系人一起使用的技术是否有效？
- 启发、协作和分析活动是否有效？
- 当需求发生变化时，需求是否遗漏了，或者这真的是一个没有人能够预见的变化？
- 是否存在与商业分析工作失败直接相关的产品缺陷？

如果你以商业分析师的经理的身份阅读本文，你可能问："我如何评估我的商业分析师的绩效？"许多讨论围绕着这个主题展开，因为许多评估都是主观的。例如，如果你根据需求缺陷的数量来评估绩效，那么即使有合理的理由变更需求，商业分析师也将抵制对需求的变更，更好的判断方法是在整个项目生命周期中降低需求的波动性。考虑在评估中使用以下可能指标的组合（包括但不限于）：

- 在启发和分析工作初始投入之后的不稳定需求百分比。
- 在生命周期的各个阶段，不同状态（例如，已提议、已批准、进行中、已完成、已推迟、已拒绝、已取消、已实施）下的需求百分比。
- 干系人对商业分析活动表示不满或关注的评论数。
- 与干系人社会化的商业分析计划水平和总体干系人反馈。
- 能够满足商业分析交付的交付日期。
- 使用商定的商业分析信息模板和/或需求管理工具。
- 由需求缺陷引起的所有缺陷的百分比。
- 错过的商业目标数。
- 获得需求核实和确认的平均时间。

- 能够按预期的问题解决日期解决问题。
- 能够在同行评审期间发现商业分析信息的潜在问题。

你可能认为商业分析评估主要适用于预测型生命周期，在该生命周期中，在进入项目生命周期的下一阶段之前，所有需求都必须是完美的；然而，在适应型生命周期内所开发的解决方案同样受到低效商业分析工作的影响。解决方案开发团队依赖准确的商业分析信息对即将到来的迭代进行评估。例如，考虑一个用户故事，当分配所估计的工作投入时，这个故事在冲刺计划期间被团队讨论并似乎已被理解，而对用户情景的广泛变更将阻止完成和接受此用户故事，现在想象一下，这种情况将在未来的冲刺中反复发生。独立于商业分析方法（预测型或适应型），商业分析评估提供了一个反映商业分析的执行情况并识别需要改进的领域的机会。

技术

表 4.10 显示了所建议使用的商业分析师在规划商业分析工作和精化商业分析信息管理时从不同的商业分析视角可能发现的有用技术。此表是根据《PMI 商业分析指南》和 IIBA《BABOK 指南》的输入编译的，这是表 1.14 的过滤列表。当然，在执行多个活动时可以使用一些技术。因此，本节将详细描述规划任务中最常用的这些技术。

表 4.10 规划商业分析工作技术

技术	3. 规划商业分析工作	阐述商业分析信息的各个方面				商业分析视角				
		启发	协作	分析	共识	商业智能	业务流程管理	业务架构	信息技术	敏捷
头脑风暴	×	×	×	×		×	×	×	×	×
文档分析	×	×		×		×	×	×	×	
估算	×	×	×	×	×	×	×	×	×	×
财务分析/估值技术	×									
功能分解	×			×		×	×	×	×	
访谈	×									
条目跟踪	×			×	×	×	×	×	×	

续表

技　　术	3.规划商业分析工作	启发	协作	分析	共识	商业智能	业务流程管理	业务架构	信息技术	敏捷
经验教训（回顾）	×						×	×		×
指标和关键绩效指标	×			×	×	×	×	×	×	×
思维导图	×	×	×							×
流程建模	×	×	×	×	×		×	×	×	×
项目组合分析	×			×				×		
风险分析和管理	×			×	×	×	×	×		

估算

本章已阐述了商业分析师的价值是估算自身的工作投入而非仅仅规定一个完成日期。那么，商业分析师会怎么做呢？估算是渐进的，在设定产品愿景和项目范围之前，对商业分析工作的早期估算没有如同后期解决方案需求和设计定义那样准确，这对于商业分析师和项目经理而言是一个很好的协作机会，并可以设定现实的干系人期望值。常用的估算方法包括：

- 自上而下：在层次分解中从高层级检查组件。
- 自下而上：使用层次分解的最低层级元素详细检查工作，估算单个成本或工作量，然后汇总所有元素以提供总体估算。
- 专家判断：在历史信息的指导下，该方法可以提供基于以前类似商业分析工作的持续时间估算。考虑到估算可以用来确保项目阶段遵循适当的标准而结束，这在执行步骤 6 和步骤 7 时尤其适用。此类专业知识可由任何具有专业教育、知识、技能、经验或培训的团体或个人提供。
- 参数估算：使用变量之间的关系来计算成本或工期。重要的是，组织使用自己的历史数据来校准参数化模型，因为属性值反映了其员工的技能和能力，以及用于完成工作的流程。
- ROM：一种高级估算法，通常基于有限的信息而可能有很宽的置信区间。
- 滚动波（Rolling Wave）：在整个动议过程中重复估算，为动议的其余部分外推的近期活动（如工作的迭代）提供详细的估算。
- 德尔菲法：使用专家判断和历史数据的结合。这一过程有几个不同之处，但都包括个别估算与专家分享估算，并进行几轮估算，直到达成共识。通常使用三个估算值的平均值。
- 计划评审技术（Program Evaluation and Review Technique，PERT）：每个组件评估都有三个值：乐观值（O）代表最佳情况，悲观值（P）代表最坏情况，还有最可能值（M）。然后对这三个值进行加权平均计算出一个值：$(O+P+4M)/6$。

风险分析与管理

当然，由于商业分析师参与了各项动议，最初可能有一种自然的乐观情绪，即所有方面（干系人的参与、有效的假设、既定的优先事项、可以找到的解决方案等）都将采取直线路径，以有效的商业分析工作来促使动议成功。然而，这种情况很少发生，实际上总是存在可能对动议产生负面影响的不确定性，以及可能对动议产生积极影响的不可预见的机会。请牢记这种风险分析和管理技术不仅在商业分析中被用于对商业分析信息的分析而且被用于项目管理中。商业分析师和项目经理应该就此进行协作，因为如果项目经理认为商业分析风险适度，那么商业分析风险最后就可能成为项目级风险。这种风险分析和管理技术允许：

- 不确定性的识别。
- 分析影响。
- 发生的可能性。
- 制订应对这些风险的计划。

这种风险分析和管理技术在所有跨商业分析活动中都非常有用，当然，在前两章的干系人分析和产品愿景识别过程中，已经识别出风险并将其纳入这些规划任务之中。风险管理是一项持续的活动，需要与受影响的干系人进行持续的沟通和协作，以帮助监控已识别的风险并管理可能发生的任何新风险。在适应型生命周期中，使用风险燃尽图（Risk Burndown Chart）来作为 Scrum Master 在整个迭代过程中传达项目风险状态的信息雷达的做法非常普遍。在理想情况下，随着迭代的进行，风险敞口会降低。

商业分析师需要跟踪这些商业分析风险，表 4.11 提供了一个模板示例。考虑使用以下所有或部分组件。

表 4.11　风险跟踪模板示例

唯一标识符	已识别风险	后果	影响	可能性	风险等级	风险处理方式	计划风险应对	风险所有者	风险发生时所采取的行动	剩余风险 影响	剩余风险 可能性	剩余风险 风险等级
1	如果员工不采用时间报告和管理系统……	……那么，报告工作时间的投入是不准确的。这个组织将无法理解真正的工作投入	高	中	6	减轻	与所有员工沟通各自的价值。建立实施后使用的审计程序	发起人	先发制人，高管为每个小组提供个性化的沟通以启动工作	高	低	3
2	如果干系人参与启发和协作的程度很低……	……那么解决方案很可能无法满足他们的需求	高（剩余风险）	中	6	减轻	未满足的任何干系人参与都将升级到项目经理和项目发起人以对这种情况进行补救。商业分析师将提供干系人参与期望及期望的干系人特征	商业分析师	先发制人，商业分析师确保干系人对干系人参与计划的批准	高（剩余风险）	低	3
3	如果新雇用的员工没有获得时间报告和管理系统的访问权……	……那么，工作时间可能无法及时报告	低	中	2	接受	无	人力资源		低（剩余风险）	中	2

- 唯一标识符：此元素允许在单一级别上分析风险，然后跟踪产品的生命周期。每个风险都由这个唯一的标识符所跟踪，不应该为该动议重复使用或重新编号，否则，商业分析师无法将风险跟踪到其他商业分析信息。
- 已识别风险：该要素是对不确定条件（风险）的描述。风险可能是一次发生、多次发生，甚至一次都不发生。
- 记录日期：此元素标识风险被识别的日期。
- 状态：此元素标识风险的状态。建议包括开放、进行中、关闭。
- 后果：此元素描述了风险发生时的结果。一个风险可能产生若干必须考虑的后果。
- 影响：此元素描述了此风险的影响级别。任何风险的影响都可以用成本、持续时间、产品范围、解决方案质量或干系人同意的任何其他因素（如声誉、遵从性或社会责任）来描述。这些因素可能被加权以确定影响程度。发生的可能性可以用概率表示，也可以用低、中或高等表示。
- 可能性：此元素表示该风险实现的预期概率。发生的可能性可以用概率表示，也可以用低、中或高等表示。
- 风险等级（暴露）：这一因素通常是影响和可能性的函数。通常，将影响水平和可能性相乘以确定风险水平。例如，当使用"低""中""高"时，可以将其加权为"低=1""中=2""高=3"。如果风险有中和高的可能性，风险等级为 6（2×3）。
- 风险处理方式：这一要素代表所商定的风险发生时的行动过程。可考虑采用以下标准风险处理方法之一来解决风险：
    - 负面风险（威胁）处理：
        - 升级：当项目范围之外或超出项目经理权限的威胁出现时。
        - 避免：要么消除风险源，要么调整计划以确保风险不会发生。
        - 转移：处理风险的责任转移给第三方或与其共担。
        - 减轻：采取措施降低风险发生的概率或风险确实发生时可能产生的负面后果。
        - 接受：决定不对此风险采取任何措施。如果确实发生了风险，将在发生时制订解决方案。
    - 正面风险（机会）处理：
        - 升级：当项目团队和/或发起人同意某个机会超出项目范围或超出项目经理权限时。
        - 利用：采取行动确保机会发生或实现。
        - 增强/增加：决定承担更多风险以寻求机会。在这种情况下，采取措施增加风险发生的可能性。
        - 分享：与第三方分配机会的部分所有权。
        - 接受：抓住机会，但不要积极追求。
- 风险触发器：此元素标识风险即将发生或已经发生的任何迹象。

- 计划风险应对：此元素表示风险发生时的计划响应。
- 风险所有者：该要素指定一个人负责监控风险，并根据可能影响风险的任何变化确保风险登记册保持最新。
- 风险发生时所采取的行动：此元素记录发生风险时采取的实际行动及所有更新。
- 风险响应所有者：此元素标识负责执行风险响应的人员。
- 剩余风险：这些子要素定义了对风险采取行动后的剩余风险水平。随着风险的解决，剩余的风险（理论上）应该继续减少。
  - 影响（见前面的解释）。
  - 可能性（见前面的解释）。
  - 风险等级（见前面的解释）。

重点总结

我们的商业分析流程的步骤3要求商业分析师理解适合动议的商业分析任务以及完成这些任务的最佳技术，很可能随着知识的增长，对动议的理解会越来越多。以下是关于重要的商业分析规划这一步骤的一些要点：

- 确保干系人理解和商业环境输入足以规划商业分析范围（Spectrum）。
- 所选的商业分析方法（无论是预测型的还是适应型的）将影响任务、技术，以及商业分析信息如何被管理。商业分析方法影响所有干系人，因为他们参与和使用商业分析信息，因此，在阐述商业分析计划工作的其余部分之前，商业分析方法必须得到关键干系人的批准。
- 商业分析工作计划定义用于完成商业分析工作的任务和技术。这项工作将包括在多个层次上的启发、协作、分析（范围定义、解决方案需求和设计定义，以及过渡需求）、共识，以及对成功实施变革动议的支持。
- 商业分析师依赖干系人的参与来完成其工作。与其他组织角色不同，商业分析师不是个人贡献者，干系人参与被用于沟通并由干系人批准，这实质上是对商业分析工作计划的批准。
- 商业分析信息管理计划为商业分析信息的治理和物理上的管理提供了方向。随着商业分析师开始分析商业分析信息，该计划为文档提供了明确的方向，并为初始批准和变更提供了角色和责任。

第 5 章

步骤 4：设置动议范围

在对组织的干系人、商业环境、分析动议范围的计划有了清晰的理解后，商业分析师就可以进入设置动议范围这一步骤了。在本章中，将为你提供一些指导，以帮助干系人定义为什么需要该动议，以及该动议将提供什么内容（在中高层级）。根据经验，我发现业务干系人在给予解决方案团队一个非常宽泛和模棱两可的定义的同时，却期望解决方案团队对预期回报的动议时间和成本做出坚定的承诺。这是否让人觉得疑惑：绝大多数动议如果被交付，就会被延迟、超出预算，而且不能满足用户的需要？表 5.1 为设置动议范围的五个视角。

> **在现实生活中……**
>
> 我参加了一个历时多年的项目集：为一家国际公司交付一个已多次反复的全球文档管理解决方案。该项目集的恢复工作已经在一个由外部顾问/承包商组成的小组中运行了六个月，我被请进来为该企业的商业现成解决方案提供商业分析。假设我们拥有所有的范围并准备好进入解决方案级别的需求，在熟悉现有范围文档的三天时间内，我开发了范围模型，以帮助解决悬而未决的问题，通过这些模型，研讨会可以对用户期望有一个清晰的理解，包括预期的收益、障碍、接口、功能块，以及系统必须具备的通用质量。这种理解很关键，因为其所实现的业务干系人的商誉是无价的。他们惊讶于所投资的技术用在了理解他们的需要上，而不仅仅是让他们自行去使用文档管理包。

表 5.1 设置动议范围的五个视角

设置动议范围的活动	商业智能	业务流程管理	信息技术	业务架构	敏捷

启发商业分析信息	• 其他视角考虑了变革的跨职能影响
	• 在处理信息时加强干系人参与期望的透明度对启发至关重要
		• 关注企业价值链中的流程
		• 一个流程可能涉及多个职能部门，这些职能部门必须理解彼此的需要和关注点
			• 强大的领域干系人和解决方案干系人至少参与一个活动
			• 跨职能
			• 使干系人按现状、未来状态、输入输出和块划分的差距参与
			• 对信息技术的业务认知可能是：
			  ◦ 它的变革被视为分散注意力或降低商业成本
			  ◦ 对业务有负面影响
				• 很难让干系人参与到界定业务架构范围所需的层面上
				• 不熟悉的术语，如能力
				• 抵制标准化能力
				• 干系人的参与对成功至关重要
				• 通过业务架构开发价值声明获得认可
				• 市场和组织方向的不可预测变化
					• 是宽度而不是深度
					• 制定高层级的范围和愿景
					• 首次活动至少涉及产品所有者、受影响的主题专家和团队
					• 为最初的活动做准备的非正式会议
					• 动议方向的迭代确认

分析商业分析信息	• 主流的建模工具集中在以概念数据为中心的模型使用上
	• 识别出与现有基础设施组件的接口
	• 在范围界定过程中，可能发现其他设备选方案，以便使用商业智能能力/输出进行修复或替换
		• 每个流程所贡献的价值
		• 建立高层级价值绩效衡量指标
			• 范围文档包括：
			  ◦ 干系人需求
			  ◦ 不确定性
			  ◦ 供应商、生产稳定性、可扩展性等风险
				• 现状
				• 过渡阶段
				• 地平线状态（Horizon State）
				• 预测变化
				• 跟踪组织目的所要求的能力
					• 既定的愿景范围因敏捷风格而异
					• 史诗故事
					• 特征
					• 能力
					• 用户故事
					• 可视化张贴或电子捕获

续表

设置动议范围的活动	商业智能	业务流程管理	信息技术	业务架构	敏 捷
协作商业分析信息	• 跨职能协议 • 抵制规范化信息 • 信息仓库的保护性质 • 跨职能促进活动	• 流程变革的关键相信者 • 干系人参与合作	• 审查现实预期 • 是什么而不是怎么样 • 除外责任	• 商定的分解框架	• 交互开发的概念范围模型 • 初始事件期间的协议
达成共识	拒绝接受企业标准。"其他人都可以,但我保留了我的同一个数据存储"	• 按增值进行优先级排序 • 管理发起人对用户接受变革的期望,并在启动前进行沟通	• 范围简洁一致;通常是视觉上的回忆 • 文件可以是正式的或非正式的 • 格式将根据SDLC和商业分析方法有所不同	• 行政支持 • 高级管理层决策权	• 首次活动结束时的庆祝活动 • 它直到结束时才结束,但这是我们目前所知道的

什么是范围

首先，需要对范围的定义进行澄清，IIBA 和 PMI 都同意范围所定义的是总体愿景的边界，范围还包括一个为该总体愿景的一部分而准备的、可通过临时努力交付的一系列时间框架和所分配的资源。

PMI 将范围分为两类：
- 产品范围：定义描述产品、服务、结果的特性和功能。
- 项目范围：定义为交付满足这些特定特性和功能的产品、服务、结果而执行的工作。

IIBA 也将范围分为两类：
- 解决方案范围：定义解决方案必须提供的一组用来满足商业需要的功能。
- 项目范围：定义为交付满足定义的特性和功能的产品、服务、结果而执行的工作。

图 5.1 显示了用于表示产品/解决方案范围（接下来，这将被称为产品范围）的一个类比，即 Joe、Mary 和 Ted 想要从家中打包的所有物品条目（表示需求），这些物品除厨房水槽以外基本上都是周末出游所需要的。尽管 Ted 建议拿走厨房水槽，但他们还是同意把厨房水槽排除在外，因为它移动起来太困难了，而且所去之处可能有水槽，所以水槽就放在家里（不包括在总体愿景内）。然后，识别基本条目（车上的黑色条目）来显示项目范围。在下一次行程中，可能包括最初从产品范围中所排除在外的附加条目和/或从初始项目范围中所删除的条目，从而为每个附加项目范围的基本需求提供开发模式。

关于范围的责任经常存在混淆，项目经理负责管理项目范围，而商业分析师负责管理产品范围，这提供了商业分析师和项目经理之间的协作点，因为需求是从产品范围跟踪到项目范围的。从商业分析的视角来看，产品范围内的需求永远不会太晚；但是对于项目范围来说，需求则可能因为太晚而无法考虑。

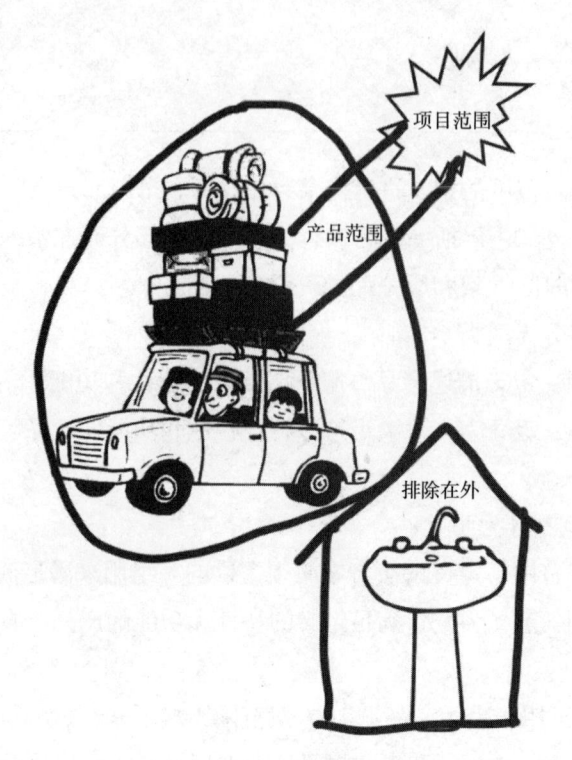

图 5.1　产品范围显示

先聚焦为什么，再聚焦是什么

第 3 章以开发将资源分配给一项动议的理由结束,决策机构审查竞争性动议,并确定资助对象和时间,一旦该动议作为一项即将到来的优先事项得到资助,商业分析师将完善该动议的范围定义。在一个完美的世界中，最初的理由将如第 3 章所述的那样完整；然而，在许多情况下，商业分析师被提供的是一个缺乏清晰范围的项目请求，并且可能侧重于解决方案（是什么和如何）而不是问为什么。在开始分析干系人级别的需求之前，商业分析师可能需要参与第 3 章中所定义的一些需求分析任务，随着范围定义的开发，每个要素都将被跟踪到一个优先的需要列表中，该需要列表是该动议预期所要实现的。

制定对成功的度量

当然，可能提到增加收入或客户满意度，但商业分析师需要确保识别出收入金额和客户满意度的特定领域。此外，他必须清楚地说明如何对成功进行度量。如果还没有对成功的度量，请回顾第 3 章需求分析部分。在实施之后，没有什么比业务所有者要求对不容易识别的绩效进行度量更糟糕的了。很难让解决方案团队知道度量的重要性，信息将被记录下来，并且可以更容易地被访问，但更重要的是，可能还有另一个未被发掘的目的，并且解决方案在业务所有者眼中没有达到目的，例如，假设应用程序因不再受到支持而必须升级。商业分析师在被分配到这个项目时问了很多关于如何改进对成功进行度量的问题；然而，这些响应只是为了使用当前存在的功能和质量来实现升级。快进到实施后的六个月，业务所有者要求提供升级后由于发货延迟而处理的退款百分比与实施前所处理的退款百分比。首先，在过去或目前，该组织没有将发货延迟作为退款处理的原因，其次，企业的这个需求，即使从未通知过商业分析师，业务所有者也希望减少发货延迟。很多时候，业务所有者认为替换或修改现有的解决方案可以解决所有问题，然而，仅仅升级一个系统或应用程序通常是不够的，商业分析师必须找到一种方法来发现潜在需求，并确定当满足时将实现干系人需求的 SMART 目标。

块状化（Chunkify）动议

在为一项动议提供资源后，有一个阶段来开发对该动议范围的理解，在适应型方法的 Scrum 中，这通常被称为 Sprint Zero，而在预测型方法中，这有时被称为初始阶段。在此阶段，商业分析师开始了解该动议的规模。从前，面包盒（或面包箱）是用来保存自制面包的，这些储存容器通常为 30 厘米×15 厘米×15 厘米。"它比面包盒大吗？"当试图猜测某个惊喜对象可能是什么时，面包盒仍被使用。在问了更多的问题，并明确了采取行动的原因之后，商业分析师将制订一个计划来确定这个行动是否比一个众所周知的面包盒更大。通过调查，商业分析师可以发现最初未在所需强调的理由中所识别出的组件，例如，该动议可能被确定为技术解决方案；但是，可能缺少接口、信息结构和过程受到影响或企业架构中没有反映出的新方向，当添加这些组件时，它们中的任何一个都可能不适合初始的面包盒，或者，我们现在无法盖上面包盒盖，这就破坏了拥有面包盒的目的，所以现在的问题变成了：我们如何分析面包盒的大小呢？

在最高层级是什么

所有商业分析视角和解决方案方法都认识到与所讨论的系统进行交互的参与者或实体通过交换信息来可视化这一需要。这种可视化可以采用概念背景图、SIPOC（Supplier，Input，Process，Output，Consumer，SIPOC）图、IGOE 图等形式。在此早期，商业建模只在高层级表现业务，此建模不提供有关所有输入、输出、商业规则、属性、运营状态的详细信息，因此，这只是设置场景的一种方法。通过以图形/可视格式，此模型将用作快速合并不同商业观点、保持干系人专注于识别范围和提出正确问题的工具。这种方法允许将讨论中的系统视为一个黑盒，以识别哪些信息进入盒中，哪些信息流出盒中，而忽略盒中的内容，这就在需要构建的内容和利用哪些参与者获取信息之间画出清晰的范围，或者依赖所讨论的系统来获取信息。

> **在现实生活中……**
>
> 很多时候，商业分析课的参与者都感叹这一高层级范围识别听起来不错，但是，他们没有时间执行这个分析。商业分析师和解决方案团队面临快速交付的压力，无论是在预测型还是适应型方法中工作。我总是回答："你没有足够的空间跳过这一高层级分析，因为这将成为范围定义的关键点。"有一次在 4 天的商业分析培训课程的最后一天，一名学员不得不回去参加一个他主导的几小时会议。他在第一天就告诉了我这一点，我整个星期都鼓励他考虑使用一种技巧或方法，这种技巧或方法在他的会议上和课堂上讨论和练习过，令人惊讶的是，他在一个多小时后回到了课堂上。休息时，我问他参与者是否没有参加，或者是否出了什么问题？他说他用背景图表讨论解决方案的范围，由于每个人都对视觉进行了强化，45 分钟内就定义了范围，并提出一些后续问题。他期望这将是许多会议中实现清晰、高级别范围定义的第一步。如果没有这种技术，这种详细的分析很可能偏离轨道。

在中层级是什么

在上一节讨论的系统中，最简单的方法之一是面向目的（功能）的分解。这涉及集中于最终用户，并在与所讨论的系统接触时识别他们的目的。在讨论中层级数据、规则、非功能方面之前所需要的功能时，领域干系人通常感觉最舒服，精明的商业分析师将使用用例、用户故事或高层级流程模型等技术来破解高层级内容，并启发所讨论系统所需的分解。通过这一目标识别，商业分析师正在促进对范围内功能的协作和共识。

如果使用用例，目标识别通常在用例图上可视化。用例被描述为一个椭圆形，常用动名词来命名用例。为了清楚地定义每个用例的边界，建议在用例图中附带一个简短的用例清单。范围定义中包含的简短清单包含以下一个或多个条目（图5.2 中所建议的模板）：

- 用例简介：对用例职责的简短描述。此描述提供了用例必须解决的关键成功和失败。在开发 COTS 解决方案的需求时，用例简介是一个很好的工具，可用于建议请求（Request for Proposal，RFP）、报价请求（Request for Quotation，RFQ）或信息请求（Request for Information，RFI）。
- 用例叙述：作为对充分阐述的用例的预热，通常标识以下组件：
  - 用例名称和标识符。
  - 简短描述。
  - 前提条件。
  - 岗位条件。
  - 主要成功场景。
- 使用叙述：主要参与者的情景示例，被确定为一个角色，参与成功完成他们的目标。使用叙述描绘了使用该系统的人员的画面，它为实施主题专家提供了洞察力。

如果将用户故事用于目标识别，则用户故事格式通常如图 5.3 所示。在这一节，用户故事被称为史诗（Epics）或特性（Features）。商业分析师可以举办用户故事研讨会，其中：

- 通过让参与者关注不同的用户角色，可以编写尽可能多的用户故事。
- 所有的故事都可以与参与者一起回顾，参与者可以要求任何澄清，如果需要，可以将重复的故事归纳为一个故事（但是要跟踪有多少重复的故事，因为这可能表示一个优先权），并且这些故事可以被形象地呈现出来。
- 用户故事可以通过结合而成为主题。
- 参与者希望命名这些主题，并将其余的用户故事分配给这些主题。
- 用户故事可以按主题进行审查，因为参与者可能在这种背景下考虑其他用户故事。

- 可能鼓励参与者写更多的用户故事，并在返回日常工作时将其转发。

用例简介

用例简介	
此用例负责允许\<primary actor\>执行以下操作：	
系统将确保：	

用例叙述

用例叙述	
用例名称和ID	
简短描述	
前提条件	
岗位条件	
主要成功场景	1.

使用叙述

用段落的形式来描述一个人物需要成功完成他们目标的虚拟路径。

图 5.2　用例清单模板

作为\<user role/persona\>，

我需要\<behavior/feature\>，

因此，\<business value\>。

用户故事示例

我需要更新我的信用卡信息，

这样我的定期付款就可以结清了。

图 5.3　用户故事格式

使用功能性发现的任何技术，商业分析师都会探测相关的中层级理解。
- 数据：通常有 5~7 个对该动议感兴趣的大型业务对象（概念）。概念模型或关联图可以用来启发这些信息。这些业务对象之间存在重要的概念关系，需要进行标识，并且可以对其进行数据建模。通过开发或重新访问数据模型促进业务干系人，不仅可以识别用户需要的信息，还可以识别商业能够衡量成功的信息。通常，临近实施时商业分析师会被要求提供不可用的信息，也许在解决方案需求启发时，实施主题专家对于提供信息会有一个更好的解决方案。

  这些大型业务对象中的一个或两个将具有足够有趣的生命，这样描述对象生命中的重要状态以及哪些事件将对象从一种状态过渡到另一种状态是有益的，这些状态可以通过状态图或状态表建模。业务干系人通常担心他们的重要业务对象在经历一些重要的过渡之前会达到其最终状态，例如，担心在认证结束前关闭抵押贷款，状态建模演示贷款达到关闭状态的唯一方法是处于已通过认证状态。不仅业务干系人因这些担心得到解决而更踏实，商业分析师也将有一个商定的术语表来讨论这些重要的状态以启发和阐述未来的需求。
- 规则：有一些规则块将应用于功能块。商业分析师试图在不深入解决方案需求所要求详细阐述深度的情况下发现这些规则块，理解将要应用的规则类型有助于理解所需面包盒的大小。商业分析师将考虑询问以下方面的问题：
  - 定义性的规则：这种类型的规则是基于事实的。这些规则规定如何派生、推断、计算和定义系统的信息。
  - 行为性的规则：支配着日常的商业活动。这些规则规定行为人执行任务、采取行动、使用实践、遵循程序这些行为的义务或禁止。
  - 遵从性的规则：可以是定义性的或行为性的。
- 非功能性需求分析：检查解决方案需求，该解决方案定义了功能性需求必须执行的程度，它指定了可以用来在功能性需求背景中判断系统操作的标准。定义范围时可以不精确，因此，范围定义中可能存在非功能性需求，表明系统用户友好、快速、始终可用、符合本地化标准等。商业分析师将设定这些需求足以满足范围定义，并将这些非功能性需求的期望知会实施主题专家以满足该解决方案所需的稳健性。但是，在下一个阶段，将讨论如何表示可测试解决方案级别的非功能性需求。

存在的挑战是在不太详细的情况下获取足够的信息，对于较小的动议，在第6章深入讨论解决方案需求细节之前，请考虑以下三个关于功能的主题领域的任何中层级更改：数据、规则、非功能性需求。本章的技术部分将提供有关上述技术的更多信息以及其他的实践。

解决方案干系人影响和范围定义

在通常情况下，变革动议是在没有解决方案干系人参与的情况下得到资助的，与普遍的看法相反，解决方案干系人对如何实现解决方案进行高层级决策，而商业分析师将确保解决方案干系人参与到步骤2中的正当理由论证输入以及对范围定义的相应影响中。解决方案干系人在范围定义过程中的参与是至关重要的，原因如下：

- 技术约束：组织的现有技术可能对解决方案的设计施加约束（强制性的信息技术架构标准、硬件和软件平台、开发语言、资源利用等）。
- 技术机会：解决方案干系人可能知道现有的内部资产以实现部分或全部解决方案组件。组织的其他领域也有可能从这些新的或改变的能力中获益。
- 实施规划：实施计划允许项目的干系人在项目开始之前就考虑到关键组件，从而节省时间、能源、资金。通过在项目开始之前详细说明所有关键步骤，干系人可以预期原来只能通过实际遇到才能想到的因素，并提前识别潜在的问题和挑战。这使得解决方案干系人在面临挑战时处于主动而非被动的模式。
- 培训：培训专业人员可能能够洞察成功实施所需的培训水平。
- 部署计划：解决方案干系人（尤其是项目管理人员）可以洞察组织即将发生的可能影响此产品和项目范围部署的变更计划。

我们绝不暗示解决方案干系人将控制如何满足商业需要的所有事项，或者可以否决该商业需要，然而，通过参与对动议范围的识别，解决方案干系人将对生存活力提供输入，并开发其范围履行路径。在本次商业分析行程中，解决方案干系人可能提出解决方案所需考虑的事项，导致业务干系人重新访问以下内容：

- 价值主张：在吸引解决方案干系人的过程中，发现以下任何一种情况，都可能对价值主张产生积极或消极的影响：
    - 评估外部影响时所发现的外部机会。
    - 新合作方的未知优势。
    - 新技术或新知识。
    - 强制采用变革组件。
- 组织结构：组织结构和文化的要素可能需要改变以支持未来的状态。描述变革动议组件可以提供对潜在冲突、影响、限制的洞察。
- 预算和时间限制：随着解决方案干系人对干系人需求的更多理解，初始成本和时间元素可能已发生变化。
- 资源技能、需要和分配：根据对干系人需求的理解，可以识别出对增加现有资源、增加能力、开发新资源的需要。考虑用于构建和维护解决方案的资源。
- 业务干系人参与：考虑重新设置对一个成功变革动议而言所需的干系人参与期望。
- 监管限制：政策是解决方案约束的常见来源，商业政策可能要求在特定的批准级别、获得批准的过程，以及所建议的解决方案的必要标准下，可以实施哪些解决方案。在某些情况下，对于现有政策的改变，可能发现其他不需要考虑的解决方案。

就范围定义达成共识

随着范围定义过程中对其原因（商业需求）名单的优先级排序，商业分析师将范围定义与这些战略目标相关联，如果高层级和中层级范围定义中的任何元素没有能够跟踪至动议目的的履行，则该元素将被删除或需要重新评估以包括范围元素。由于对名单进行了优先级排序并跟踪了范围元素，所以最重要的范围元素可以很容易地显示出来，例如，如果对现有客户保留的优先级高于吸引新客户，那么识别客户忠诚度的促销等级高于吸引新客户的促销等级。

一旦具备这种思维方式，即使在设置初始范围时，也可以为以后在开发动议生命周期中所发生的范围变更奠定基础，这不是范围变更是否发生的问题，而是范围变更何时发生的问题。如果没有这一优先方向，实施主题专家可能选择先构建低优先级的功能，以一个时间表最不灵活的动议为例，实施主题专家遇到了意想不到的挑战，发现自己把时间用完了。商业分析师被要求促进与业务部门的讨论以从范围中删除功能，然而任何已经构建的功能都不能被删除，因此，企业可能找到一组有限的高优先级功能，从中进行选择性删除。然后，接着讨论为什么主题专家会首先构建这些低优先级元素，尽管这些干系人声称在范围定义期间所有功能都同等重要。更多关于管理变革的讨论可以参见第 7 章。

商业分析师负责确保所有各方都同意该动议的范围和（如果适用）每个迭代的内容。这样的协议代表了每个干系人的需要并且这些需要可以在解决方案中共存。随着组织向整个企业范围内的整体解决方案迈进，而不是向特定用户社区提供单一目的的解决方案，业务干系人将被要求变得更加灵活。将范围定义保持在高层级和中层级将允许干系人群体识别他们的需要，但目前还没有。如果范围是由来自解决方案团队和领域干系人的代表在一个适当的协作环境中开发出来的，那么在这一过程中范围已通过非正式协议进行了社会化。

根据动议的正式程度，可能有一个正式的范围定义。在不太正式的环境中，范围工件可能是挂在团队房间墙上的手绘图表，预测型方法（也就是瀑布式）趋向于更正式，并且随着方法向适应型方法（也就是敏捷）的转变，范围定义趋向于更不正式。请记住，范围定义中的可视化程度越高，就越可能达成范围共识。一些信息以书面形式传达是为了确保文本保持在最低限度。在任何情况下，商业分析师必须在继续进行解决方案需求和设计定义之前（目前）确认接受范围。毕竟，如果不能就动议范围达成一致，详细需求和设计定义就没有机会达到目标要求，因为目标尚未被定义。

在现实生活中……

我们遇到过这样的情况：业务干系人难以理解超出范围的概念，帮助克服这一问题的最佳例子是询问他们是否购买过某产品，该产品说明电池不包括在包装箱中。典型的回答是"是的"。然后我们问制造商为什么在产品上标注这一点，典型的回答是："所以人们知道要买电池。"此时，我们通过分享，增加了这一回答，制造商设定了电池超出范围的期望，对于产品，如果想要电池，你需要额外支付费用，这类似于设置项目的产品范围。我们希望建立对将提供的内容的期望，以及对产品范围内不提供的内容的期望。为产品范围建立边界有助于确保我们实现商业价值，这样，如果期望发生变化，我们可以讨论重新协商三重约束的各个方面。

技术

表 5.2 描述了所建议使用的在商业分析师设置动议范围时可能有用的技术。此表是根据《PMI 商业分析指南》和 IIBA《BABOK 指南》的输入编译的，是表 1.14 的筛选列表。当然，在执行多个活动时可以使用其中的一些技术。因此，对在设置动议范围任务期间最常用的技术在本节中进行了详细说明。

头脑风暴

头脑风暴这个词是 1939 年亚历克斯·奥斯本（Alex Osborn）创造的，当时他对自己的员工无法为广告活动单独开发创意而感到沮丧，于是奥斯本开始为小组会议提供便利。在小组会议中，员工提出的想法的数量和质量急剧增加，这项技术被用来收集想法。从商业分析的背景来看，通常寻求的想法包括干系人的识别、用户目标、问题的解决方案、约束、问题的根本原因、实现目标的新方法、风险、新颖的解决方案，例如，必须保留对想法的一些批评，并且要有疯狂的想法。考虑使用以下部分或全部基本规则成功进行头脑风暴会议：

- 把你的头衔留在门口：避免可能限制整体参与的政治紧张。会议的目标是从所有受邀参与会议的人那里收集意见，而不仅仅是听取领导人的意见。
- 在头脑风暴中避免讨论想法：如果讨论在本次会议的范围内，那么将在会议结束时留出时间进行想法澄清和决策。
- 每人一次发言：主持人为发表意见设定节奏。一些头脑风暴管理技术包括：
  - 主持人描述为捕捉所贡献的想法，填补空白。如听到最后一句话后，主持人问："接下来是什么？"

表 5.2　步骤 4　设置动议范围技术对照

技术	4.设置动议范围	阐述商业分析信息的各个方面				商业分析视角				
		启发	协作	分析	共识	商业智能	业务流程管理	业务架构	信息技术	敏捷
验收和评价标准	×	×	×	×	×	×	×	×	×	×
平衡计分卡	×	×	×	×		×	×	×		
标杆对照和市场分析	×	×		×		×	×	×		
头脑风暴	×	×	×	×		×		×	×	×
业务能力分析	×			×	×			×		
商业论证	×	×		×						
商业模式画布	×									
商业动机模型	×							×		
业务流程架构	×			×	×		×			
商业价值定义	×	×								
协作游戏	×	×	×					×	×	×
概念建模	×	×	×	×						×
客户行程图	×	×	×	×	×			×		
数据建模	×	×	×	×		×	×	×	×	
决策分析	×	×	×	×		×	×	×	×	
文档分析	×	×		×						
估算	×			×						
财务分析/估值技术	×			×						
焦点小组	×	×		×		×	×	×	×	
功能分解	×			×		×	×	×	×	×
差距分析	×	×		×						
术语表	×			×		×		×	×	
质量屋/客户之声	×	×	×	×		×				
输入、引导、输出、使能器	×			×		×	×			
接口分析	×	×		×		×		×	×	×
访谈	×					×		×	×	
条目跟踪	×							×	×	
改善活动	×	×	×	×		×				
卡诺分析	×	×		×						×
指标和关键绩效指标	×			×	×		×	×	×	×
思维导图	×	×	×	×		×	×	×	×	×
非功能性需求分析	×			×		×	×	×	×	
组织建模	×			×		×	×	×		
优先级排序	×			×	×	×	×	×	×	×
流程分析	×	×		×		×	×	×	×	×
流程建模	×	×	×	×		×	×	×	×	
产品组合矩阵	×			×						
项目组合分析	×			×						
原型制作	×	×		×	×	×	×	×	×	×
目标对准模型	×			×	×					×
相对估算	×									
风险分析与管理	×			×		×	×	×	×	
角色和权限矩阵	×			×		×	×	×		
根本原因分析	×	×	×	×		×	×			
范围建模	×									×
干系人、干系人名单、干系人地图或人物	×	×	×	×	×	×	×	×	×	×
状态建模	×			×		×		×	×	
调查或问卷	×	×		×		×		×	×	
SWOT 分析	×			×				×		
约束理论思维过程	×	×	×	×			×			
供应商评估	×			×	×	×		×	×	
研讨会	×	×	×	×	×	×	×	×	×	×

- 主持人说："多人依次做出贡献，首先是玛丽，然后是托德，最后是乔希。"
- 当边聊（Side Conversation）发生时，主持人会提醒那些与小组分享边聊的人。

有许多头脑风暴的变体，但所有的变体都有图 5.4 中描述的组成部分，遵循这些时间框指导方针将有助于确保：

- 时间框 1：
  - 本次会议只关注头脑风暴主题；在时间框 3 中，将对想法进行相关审查。
  - 当参与者在产生想法之前设定优先级排序标准时，确保无偏见的优先级排序。
- 时间框 2：
  - 管理者的时间是为个人思想分配的，这就为所有参与者提供了公平的竞争环境。
  - 适当引导，欢迎所有想法（即使不在会议范围内，也需将其写下来），由于时间框 3 将提供澄清和范围界定的时间，因此不允许辩论。
  - 快速清晰地记录所有想法。
- 时间框 3：
  - 在确定优先级之前，留出时间讨论和审查时间框 2 中捕获的想法；变体可能允许将类似的想法分组到类别或主题中，这可能激发其他想法。
  - 参与者期望受到控制，因为此技术的可交付成果是一个优先考虑的想法名单，以便在没有参与者优先考虑的情况下进行进一步分析，因此人们认为记录的所有内容都被考虑在内是有风险的。

图 5.4 提供了基于一小时头脑风暴的每个时间框的建议持续时间。主持人应记住，由于产生想法增多，参与者群体越大，每个时间框所需的时间就越多。理想的参与者是 8~12 名背景和经验各不相同的主题专家，在适当的帮助下，头脑风暴可以是有趣的、富有成效的和引人入胜的。

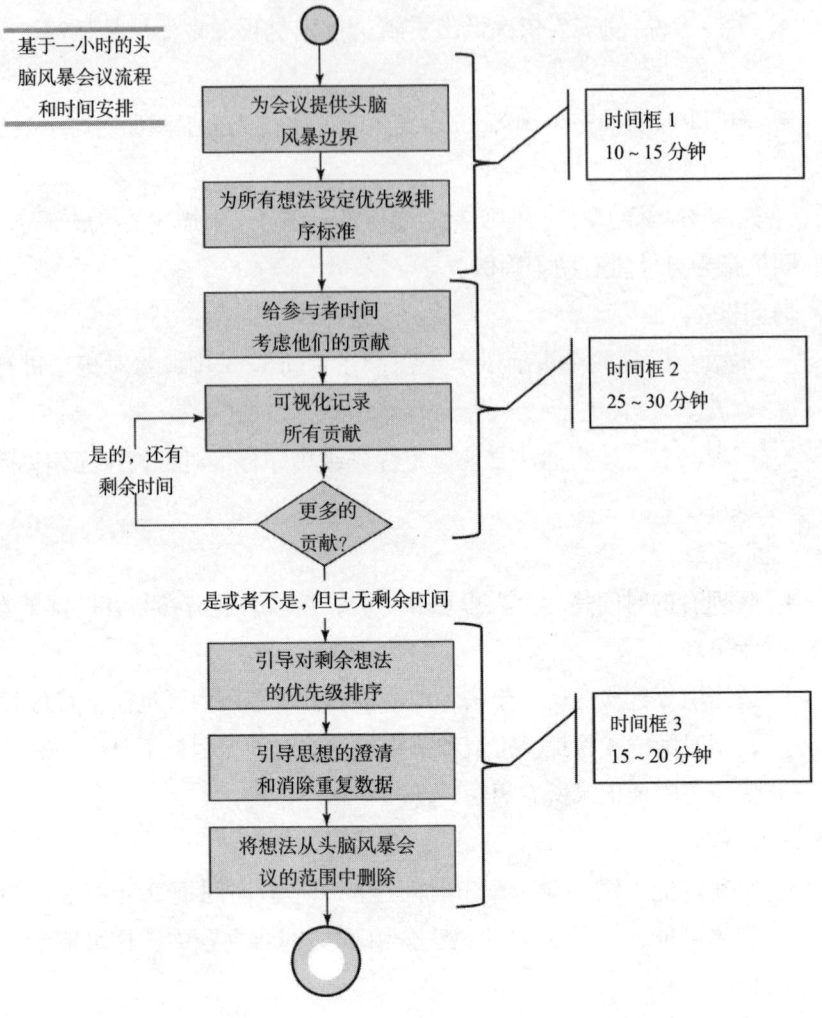

图 5.4　基于一小时的头脑风暴会议流程和时间安排

> **在现实生活中……**
>
> 　　为制订一个组织的纵向强化客户信息的解决方案，我们需要了解这些跨功能用户社区的高层级和中层级需求。该动议旨在简化客户创建和客户如何改变自己的信息，为企业提供对客户的统一理解。在这一层面上，我们希望共同理解所有人的需求，以及他们的需求在哪里和为什么不同，为了实现这一共同理解，我们需要在一个会议中至少包括 36 个干系人，让他们能够听到并理解所有人的需求。我们决定利用一种称为旋转木马的头脑风暴的变体，一般头脑风

暴通常仅限于 12 名参与者，而旋转木马技术将一个大组分成多个小组，每个小组都关注一个特定的主题，记录提出想法的时间，然后旋转到下一个主题，这使得所有个体都可以为每个主题做出贡献。

准备工作包括一些干系人访谈和用户观察，在分解管理客户信息的需求功能上，我们开发了六个功能组，并根据我们的理解定义每个功能组，我们使用活动挂图架设立了六个工作站，并将参与者分成六个跨职能小组，每个小组不仅包括来自不同部门的代表，还包括来自解决方案干系人小组的参与者，在挂图架的一侧，我们贴了一张幻灯片的副本，还有一张幻灯片详细说明参与者应该头脑风暴的信息类型。下面是我们在本练习中使用的头脑风暴主题列表：

- 功能性需求。
- 报告需求。
- 数据需求。
- 技能类型需求。
- 业务指标。
- 问题。
- 接口需求。
- 假设。
- 系统需求。

五小时的会议包括：

- 接地（Grounding）：30 分钟。

  ◆ 介绍。

  ◆ 客户模块定义（功能分组），当我们理解和调查到任何变化时；在转盘站所捕获到的任何变化。
    - 客户设置。
    - 客户维护。
    - 主动的客户关系管理。
    - 反应式客户关系管理。
    - 内部知识管理。
    - 客户数据管理和分析。

  ◆ 传送带活动描述。

- 形成跨职能组（预先分配）。
- 拿一支独特的彩色笔，在传送带上选取一个起点，这是常驻地。
- 与小组成员一起在你的常驻地集体讨论下列主题（介绍信息类型以作为创意生成器）。
    - 功能性需求。
    - 报告需求。
    - 数据需求。
    - 技能类型需求。
    - 业务指标。
    - 问题。
    - 接口需求。
    - 假设。
    - 系统需求。
- 根据主持人的指示，顺时针旋转到每个站点。
- 一起阅读所有已写的内容和评论，使用自己的颜色进行评论。
- 通过添加你的想法进行扩展并转到下一站，当主持人指示你这样做时。
- 当你经过六个工作站后回家时，总结内容到一个干净的活动挂图上。
- 选择所在群的演示者。
- 介绍客户管理职能部门的需求。

- 转盘活动（2.5 小时，包括 15 分钟的休息时间）。
    - 旋转 1：30 分钟。
    - 旋转 2：15 分钟。
    - 旋转 3：15 分钟。
    - 休息：15 分钟。
    - 旋转 4：15 分钟。
    - 旋转 5：15 分钟。
    - 旋转 6：15 分钟。
- 午休：45 分钟。

- 每组到站总结：30 分钟。
- 向寻求高、中层级需求共识的大群体反馈：1 小时（每组有 10 分钟的时间向听众陈述并寻求意见）。

通过这种头脑风暴技巧的变化，我们让人们倾听，并就集中化客户信息解决方案的需求和价值进行协作，这样我们就有了产品范围定义，这种技术也可以用于经验教训课程。

业务流程架构

对于想寻求以流程为中心的方法的管理者而言，业务流程架构能够全面理解为干系人提供价值的流程。有许多框架可以用来系统地处理这种分析，这些框架包括定义主要活动的各个方面，这些主要活动为组织的客户提供价值，然后为主要活动提供支持活动。框架包括：

- 波特价值链。
- 工业业务流程框架。
    - 美国生产力和质量中心的过程分类框架。
    - 增强的电信运营图。
    - 供应链运营参考模型。
- 供应商模型。
    - 埃森哲服务线业务流程参考模型。
    - IBM 组件商业模型。
    - 信息框架。
- 专用框架。
    - 信息技术基础设施库（Information Technology Infrastructure Library，ITIL）。
    - 信息和相关技术（Control Objectives for Information and Related Technology，COBIT）框架的控制目标由国际信息系统审计协会（Information Systems Audit and Control Association，ISACA）为 IT 管理和 IT 治理而创建。

这种自上而下的视图提供了对流程建模的超拱（over-arching）控制，更重要的是有助于将效率低下的流程与优先级排序的组织战略联系起来，综上所述：如果没有适当的业务流程架构，业务只看到树木而看不到森林，这可能清除了森林中的错误位置的可能。

商业价值建模

商业价值建模（Business Value Modeling）由解决方案投资和解决方案持续支持所带来的最常见的商业成果组成，识别出与财务报表组成部分相联系的指标，这使组织能够模拟解决方案投资和持续支持对财务报告的影响。

协作游戏

根据斯图尔特·布朗博士（Dr. Stuart Brown）和美国国家游戏研究所（National Institute for Play）的研究，游戏可以点亮你的大脑、改善你的情绪，并将你与世界联系起来。游戏是我们的适应性、灵活性和社会学习所必需的生存动力。游戏有助于我们融入社会，培养抑制不必要的欲望和调节情绪的能力。如何利用游戏来作为启发和协作工具呢？因为如果我们能使这些任务具有趣味性，干系人的参与度可以得到加强。《BABOK 指南》第 3 版第一个将协作游戏视为普遍接受的技术。商业分析师将发现许多不同的游戏来实现不同的结果。以下列表中所包括的游戏在卢克·霍曼（Luke Hohmann）的《游戏：通过协作创造突破性的产品》（Games: Creating Breakthrough Products through Collaboration）一书中有进一步的阐述，并在《PMI 商业分析指南》和《BABOK 指南》中有所阐述。

- 20/20 愿景：一些潜在的产品特性出现在一组无序排列的卡片上，每张卡片都有一个功能，主持人将第一张卡片正面朝上贴在墙上，并将剩余的每张卡片一次一张地展示给参与者，询问卡片上的特性与墙上的特性相比哪个更重要，没有两个特性可以同等重要。
- 亲和力地图/亲和力图：参与者在便签上写下特性，把它们贴在墙上，然后以某种方式显示相似的其他特性。用于帮助识别相关或类似的特性或主题。
- 购买特性：参与者看到一个建议的产品特性列表，以及与每个特性相关的成本（表示为开发工作或街道级别的定价），每个参与者都会购买一个理想的特性，参与者也可能聚集资源来购买那些过于昂贵而个人无法购买的特性。
- 鱼缸：参与者分为两组，一组参与者谈论一个话题，而另一组则认真倾听并记录他们的观察结果，用于识别隐藏的假设或观点。
- 修剪产品树：在白板上绘制一棵非常大的树（表示系统或产品）。粗枝代表系统中的主要特性区域。树的边缘即它最外层的分支表示产品当前版本中可用的特性。参与者在几张形状像树叶的索引卡上写下新特性，然后将这些特性（树叶）贴在树上，揭示哪些分支（产品特性）对客户未来的改进很重要。
- 快船：在白板或白纸上画一条船。船上的锚阻止它在水中快速移动。船代表一个产品或系统，锚是参与者不喜欢的特性，锚点越低，特性越弱。快船识别问题产品方面，允许以非正面的方法来引出这些负面信息。这种方法的一个变体是积极旋转的帆船，其中帆（产品积极影响）是由干系人确定的，这将允许帆船在水面上更快地移动。

概念建模

概念模型被用来组织一致和彻底地交流某个领域的知识所需的业务术语表，概念模型中所包含的词汇与数据模型相比要丰富得多，因为它比数据模型更适合知识密集和决策密集的领域。概念模型通常以图形方式呈现来支持基本概念、连接、类目、分级、角色。概念模型的建立为建立简洁的商业规则说明、其他解决方案需求、复杂的决策表打下了坚实的基础。

概念模型的要素包括：
- 名词：领域的基本概念，通常被认为是 givens。
- 动词：名词的基本结构联系。这些动词可以暗示用于推理、派生或计算的商业规则。
- 其他连接：定义名词概念的语义（丰富意义），如类目、分级、角色、整体或部分连接。

概念模型的目的是支持自然语言语句的表达并消除歧义，概念模型不是旨在统一、编码、简化数据，而是识别数据类别。关联图提供了一种将信息分为类目和子类目的格式，与依赖设计的数据模型相比，概念建模方法对领域干系人更为友好。

客户行程图

客户行程图描述了客户与组织或解决方案以及服务或组织内的各个干系人

的各种接触点的故事，从最初的接触到过程参与，再到长期的关系。没有一个标准的模型可以用来描述这个故事，但它很可能是某种有时间限制的信息图表，图1.17为商业分析师提供了行程图。无论是哪种形式，目标都是让组织更多地理解他们的客户，使之成为组织业务架构的关键组件。客户行程图也有助于：

- 识别客户与组织的关键交互。
- 清楚地理解客户的来源以及他们试图实现的目标。
- 明确客户体验中出现脱节或痛苦的差距和要点，具体差距：
  - 当客户从一个设备移动到另一个设备时。
  - 在客户可能感到沮丧的部门中。
  - 在一些渠道中，例如，从社交媒体网站到组织网站的体验可能更好。
- 确保客户对每个接触点的感受、动机和问题在组织的思维中都是最重要的。
- 对手机、社交媒体、网络如何改变客户行为进行演示，这可能突出整个组织应该去适应的需求。

要构建客户行程图，首先要理解客户，组织可能拥有可以挖掘客户信息的数据，例如网站分析，商业分析师应谨慎进行，并确认根据数据分析得出的假设。例如，数据可能显示客户执行了多次单击，并在页面上花费了大量时间，商业分析师可能据此推断这是一个快乐客户的标志，而事实上，此时正是客户困惑之时。另一种理解客户的方法是越来越接近客户或干系人的声音，他们每天都会使用调查、焦点小组、访谈或分享客户体验的研讨会等技术与客户打交道，接下来，开始使用统计信息和轶事信息，通过与组织的交互，重点关注客户的需求，绘制行程图。最重要的是，尽可能简单地保持这一点，其重点是映射最高级别的交互。

人物加客户行程映射是一个很好的方法，可以开始理解行程、跨动议的范围、激发干系人和解决方案级别需求的灵感，以及有助于确定设计的用户故事发现。

焦点小组

这项技术用来启发定性信息，在这些信息中，预选的参与者将被问及他们对产品、服务、概念、广告、想法或包装的看法、观点。焦点小组在互动环境中进行，参与者可以自由交谈，这些问题通常由一位专业的焦点小组主持人提出，他以讨论指南的形式准备了脚本。通常，这种方法用来启发无偏见的信息以及参与者基于公正反馈的时间获得的报酬，雇用专业的焦点小组组织来主持、安排后勤工作、提供主持人需要支付的资金，商业分析师需要证明投资焦点小组的必要性和明确目标。商业分析师很可能为主持人提供指导，讨论指南构建问题，帮助确保实现目标。和其他启发技术一样，如何准备是关键，以下内容为焦点小组的使用提供指导。

- 准备：
    - 招募参与者。
    - 指派主持人和录音员。
    - 创建讨论指南。
    - 保留站点和服务（物理或远程）。
- 行为：
    - 主持人遵循讨论指南，确保达到目标。
    - 为参与者提供自由流动的氛围。
- 文件：
    - 识别和分析主题。
    - 生成趋势分析报告。
    - 下一步建议。

表 5.3 提供了焦点小组质量检查表。

表 5.3 焦点小组质量检查表

展开会话
❑ 审查、修改和商定议程
❑ 参与者期望检查
❑ 理解角色和责任
❑ 会话按计划展开
❑ 准备茶点和材料
主持会话
❑ 核签已完成议程项以显示进度
❑ 行为已管理
❑ 茶点已补充
❑ 讲义已分发
❑ 在开始前都已理解和解释每项活动

续表

☐ 已显示文档
☐ 已征求反馈
☐ 以讨论为中心，尽量减少偏离
☐ 已最小化中断
☐ 已解决的和寄存的开放性问题
结束会话
☐ 审查议程和总结结果
☐ 检查期望值
☐ 审查的问题
☐ 会话按时完成
☐ 进行质量评估
会议汇报
☐ 已被理解和已商定的目的和目标
☐ 议程准备好并有效
☐ 每个人都参与进来，并有机会影响结果
☐ 互动技巧很专业
☐ 安排日程的时间
☐ 目标和完成的目标
☐ 参与者感到满意

功能分解

功能分解技术被用来将一个整体分解成可以降低复杂性和不确定性的组件，例如打扫房子，如果我们把它分解，在某种程度上，预测完成度更容易些。对一个问题的功能分解有很多种方法，房子清洁可以按房间进行分解，然后按每个房间所要执行的任务进一步分解；或者按任务进行分解，例如，打扫整个房子的灰尘，用吸尘器打扫整个房子，等等。

功能、特性、效果和/或组件的分离有助于降低分析的复杂性，这允许一次只关注一个组件以发现子组件，拥有这些子组件将有助于对每个子组件进行缩放、跟踪、测量。功能分解还可以评估与其他组件相关的每个子组件的成功。分解的深度将根据组件和目标的性质而变化。在步骤 4 中，商业分析师可以进行三个层次的深度分解；然后在步骤 5 中，将重点放在其中一个子组件上进一步分解。

考虑使用此技术来满足以下目标。
- 测量和管理：隔离有助于整体解决方案结果的因素或识别重要的度量和指标。并非所有可以衡量的东西都重要。
- 设计：通过分解和隔离设计组件来简化设计问题。
- 分析：研究子组件与其他组件隔离时的基本特性和行为。
- 估算和预测：分解成更小的部分、执行估算和预测，然后汇总成总体估算和时间线来减少不确定性。
- 重复使用：创建一个可重复使用的解决方案构建块（例如用户身份验证函数），为各种进程提供特定的功能。
- 优化：检测或缓解可能增加功能成本或降低质量水平的瓶颈。
- 替换：确定在不影响整个系统的情况下，轻松替换解决方案组件或功能的特定实现的可行性。
- 封装：将子组件组合成一个组件。

对分解目标的理解将驱动正在使用的流程、需要分解的内容、分解方法，以及需要分解的深度。分解的主题可以包括多种组件，其中一些组件如下所述。
- 商业成果：可能由事件或行动所产生的基于事务的度量支持的可观察成果或业务绩效变化。成果可以是对收入、利润、支出、服务量或生产量的影响。
- 要完成的工作：这个分解（称为工作分解结构）将工作分成阶段、里程碑、工作活动、任务、工作项和可交付成果。
- 业务流程：为了度量、管理、优化或重复使用流程或其组件而识别必要的活动。
- 功能：实现优化或分阶段实施。
- 特征：确定产品范围。
- 业务部门：从解决方案中推断设计决策，对原始解决方案创建过程中涉及的过程理解很少或不理解。
- 解决方案组件：为设计、实现或更改而启用组件隔离。
- 活动：为实现、修改、优化、测量和评估活动提供隔离。
- 产品和服务：设计、实施和改进产品和服务。
- 决策：通过识别解决方案的输入、基础模型、依赖性结果来启用、改进或支持解决方案。

功能分解描述因主题而异，商业分析师可以使用文本、列表、图形表示的组合、各种各样的图表技术来表示功能分解，包括：

- 树形图：表示组件的层次分解，以自上而下的方式进行。
- 特性模型：在一个页面上表示树形/层次结构中的所有特性，描述与解决方案或产品相关的特性分组和级别。
- 嵌套图：说明分解结果之间的部分到整体之间的层次结构关系，采用自下而上的方法。
- 用例图：表示从参与者目标关联进行的分解，目标由与参与者关联的用例表示，任何子功能用例都由与用户目标用例的关联表示。
- 流程图：以顺序的方式描述流程或功能分解的结果。
- 状态转换图：解释对象在其复合状态中的行为。
- 因果图：详细描述有助于产生复杂结果或现象的事件、条件、活动和效果。
- 决策树：详细说明复杂决策的结构及其潜在结果。
- 思维导图：表示分类处理信息。
- 组件图：描述组件如何关联以形成更大的组件和/或软件系统。许多工具将用自下而上的方法提供这种视图。
- 决策模型和符号：用于分析业务逻辑和情有可原的情况。

> **在现实生活中……**
>
> 为抵押贷款行业的政府赞助实体开展大规模项目时，我们的步骤之一是分解对企业前端向主要贷款人（向借款人提供抵押贷款的金融机构）提供按揭贷款支持的功能。以黄色便笺的研讨会方式进行，12名参与者通过功能分解来推动。第一步是将商业的这一部分（获得贷款并在其生命周期内为贷款提供服务）划分为我们所决定的四个领域，小组被分配到四个领域，并进一步分解他们所分配的领域，再聚到一起，我们为理解项目集的广度建立了一个功能分解。这个图被称为黄色方框图，深入项目集两年后，有人要了一份黄色方框图，他解释说他不清楚我们在哪里，需要重新接地，功能分解有助于看清大局，然后及时进行深潜。图5.5是项目集所使用的简化图示。

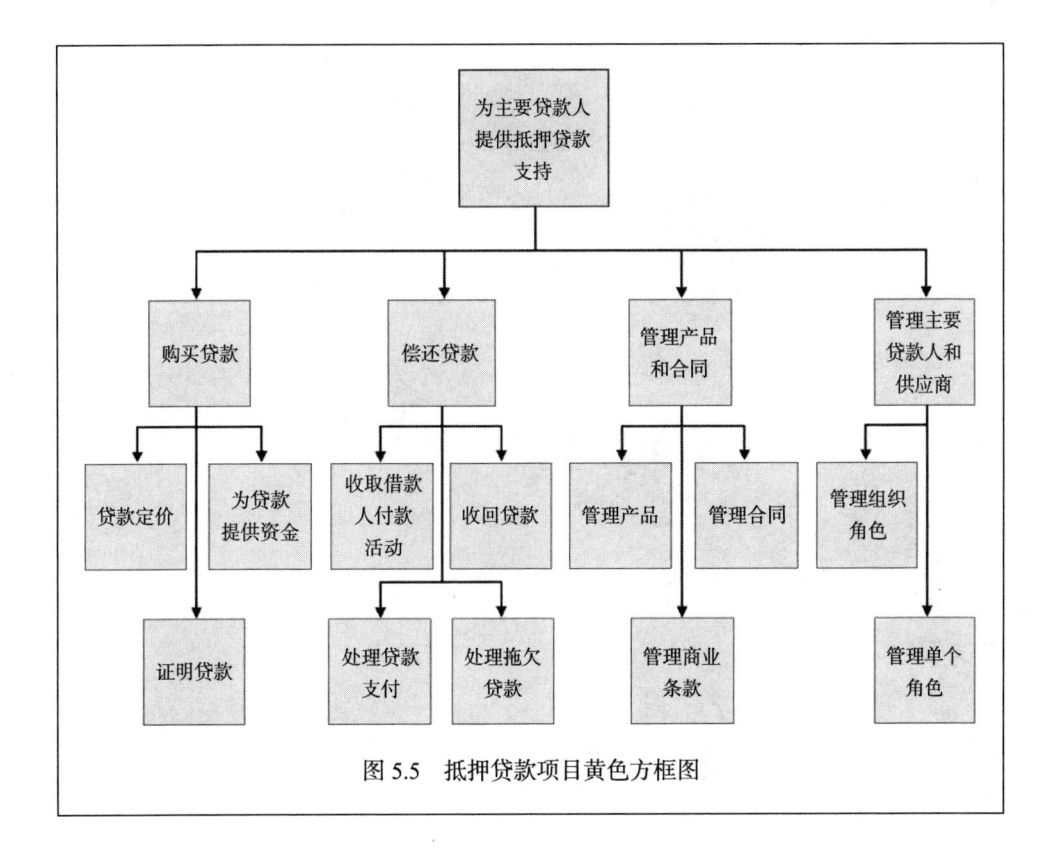

```
                为主要贷款人
                提供抵押贷款
                    支持
    ┌───────────┬───────────┴───────────┬───────────┐
  购买贷款      偿还贷款            管理产品          管理主要
                                      和合同        贷款人和
                                                    供应商
  ┌──┴──┐    ┌──┴──┐              ┌──┴──┐          │
贷款定价 为贷款  收取借款 收回贷款    管理产品 管理合同    管理组织
        提供资金 人付款                                角色
                活动
   │        ┌──┴──┐                   │              │
 证明贷款  处理贷款 处理拖欠          管理商业         管理单个
          支付    贷款               条款            角色

                图 5.5  抵押贷款项目黄色方框图
```

差距分析

　　差距分析技术提供了当前状态与未来状态的比较，这种比较以缺失能力（有时称为特性或功能）的形式提供对差距的识别，这些差距阻碍企业满足需求或目标。差距分析包括确定、记录、批准预期未来状态和当前能力之间的差异，重点领域将有所不同，可能包括以下一项或多项：流程、职能、业务线、组织结构、能力、知识、技能及技术基础设施。在采用持续改进方法开展商业活动的组织中，执行差距分析是一项持续可重复的工作，使用差距分析的持续改进步骤如图 5.6 所示。

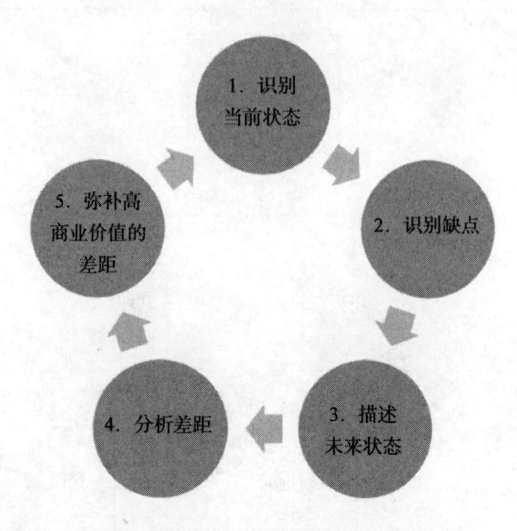

图 5.6 使用差距分析的持续改进步骤

术语表

此技术的目的是定义与域相关的术语,包括短语、单词和首字母缩略词。在通常情况下,干系人会使用一个具有多种含义的词;另外,他们也会使用具有相同含义的多个词。为了实现干系人的沟通和协作,领域术语需要精确,术语表是对这些重要术语进行定义的文档。商业分析师在促进跨职能小组达成同一个单词同一个意思方面将受到挑战,如果干系人不能达成完全一致,那么提出一个别名可能有帮助。企业可能有企业术语表、项目组合术语表和/或项目集术语表,如果是这种情况,那么商业分析师应该努力遵守企业的术语表。解决方案术语表始于动议并将在整个解决方案的生命周期中得到持续增强。

> **在现实生活中……**
>
> 在讨论贷款产品的会议上,讨论到贷款价值比率,随后的讨论显示,一些干系人只相信金融机构的贷款风险,如果没有明确的定义,这可能破坏整个解决方案,为了解决这个潜在的误解,我们创建了如下两个术语:贷款价值比率(LTV Ratio)和总贷款价值(Total Loan to Value,TLTV)比率。然后可以适当地使用这些规则来定义影响这些重要信息的商业规则。

质量屋与客户之声

这些技术使用矩阵来描述客户的需求和产品特性与组织的能力,并可用于开发未来状态下的能力。这两项技术都源于商业分析的业务流程视角。为了强调这些矩阵的重要性,对矩阵的简短描述和可视化进行解释:

- 质量屋:这种房屋形状的可视化(见图 5.7)技术描述了:
  - 优先干系人需求以矩阵形式与设计特征所示图例相关联。
  - 具有技术能力的设计特征,采用基于所示图例的矩阵格式。
  - 干系人需求与竞争对手标杆对照的排名。
  - 设计特性与竞争对手技术标杆对照的排名。

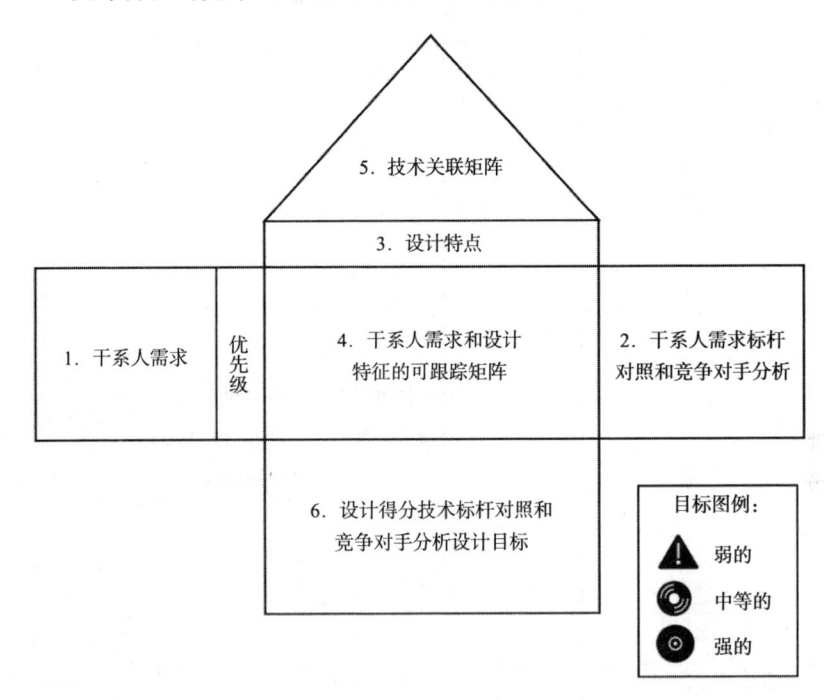

图 5.7 质量屋模板

- 客户之声(Voice of Customer,VOC):在执行干系人参与来构建这些矩阵之前,涉及一些启发技术(例如观察、访谈、研讨会、文档分析,以及用于理解当前状态和使用情况的任何其他技术)。调查结果记录在案或在一个矩阵中启发 [表 5.4 中列出了各种烘衣纸(Dryer Sheets)使用情况的样本结果],接下来是陈述客户存在的情况以及这种情况下所显示的现象(通常是负面的），然后以积极的方式重新表述，以推导获得需要，最后这些需要可以被干系人赋予优先级排序。表 5.5 延续了烘衣纸示例，在这种情况下，干系人考虑女裁缝的需要的优先级最低，洗衣店客户的需要优先级最高，然后，可以针对最高优先级的需要进行头脑风暴。

表 5.4　VOC 文件描述

烘衣纸用户							
客户是谁？	他们在使用烘衣纸时做了什么或没做什么？	他们什么时候做的？	他们在哪里做的？	他们为什么这么做？	他们是怎么做到的？	当前的解决方案是什么？
洗衣房	洗衣服	一天中的任何时间，可能每周	洗衣区（不同）	有干净的衣服和亚麻布	打开储物柜，并在装入湿衣服之前或之后将烘衣纸放入其中之一	在可回收的开放区域，烘衣纸存储在靠近洗衣区的柜子中
自助洗衣店	洗衣服	在自助洗衣店的时间，可能每周	在自助洗衣店	有干净的衣服和亚麻布，把客户不想在家里洗的脏衣服洗干净	在自助洗衣店买一些，因为又一次忘记带了；无论是哪种情况，在湿衣服装好之前或之后，都要把烘衣纸放进烘干机里	烘衣纸箱有可回收的开放区域，存放在靠近洗衣房处
房屋清洁工	清洁卫生洁具	每周的家务时间	在浴室和厨房	清除钙质沉积物并擦亮卫生洁具	用过的烘衣纸用来擦除在淋浴头和水龙头上的沉积物	知道用过的烘衣纸是最好的，所以在烘干机前放一堆衣服。完成清洁工作；洗完衣服后（太累了），所以下个星期可以把固定设施擦亮

续表

烘衣纸用户						
客户是谁?	他们在使用烘衣纸时做了什么或没做什么?	他们什么时候做的?	他们在哪里做的?	他们为什么这么做?	他们是怎么做到的?	当前的解决方案是什么?
洗碗工	省下一个有烤焦物的锅	饭后,通常在晚上	厨房	清洗锅,避免买新锅	在锅里装满温水,把一张新的烘衣纸平放在上面浸泡一夜。第二天早上,锅中黏附的烤焦物要么浮起来,要么松动到可以用力刮掉	试着擦锅,但没有用,然后记住技巧。从洗衣区回收用过的烘衣纸
女裁缝	手工缝制	穿针时	缝纫室或房子里的任何房间	避免线结（和挫折）	将针穿过烘衣纸	线头在女裁缝想起这妙招前会打结几次。不得不去洗衣区取回烘衣纸和重新穿针

表 5.5 对 VOC 需要推导的描述

烘衣纸的使用		
情景	VOC（客户之声）	重申客户需要
洗衣店把湿衣服装上了	我不记得在把湿的衣服放进去之前是否放了烘衣纸	我能分辨出烘衣纸是否在烘干机里
洗衣店客户衣服洗完了	该死,我又忘了带烘衣纸了	有人提醒我带烘衣纸;我可以买烘衣纸;有人给了我烘衣纸
家庭清洁工已经清洗了瓷制浴缸,准备清洗浴室设备	昨天洗衣服时又把烘衣纸都扔掉了	有一个地方可以存放我用过的烘衣纸,在清洁卫生洁具时很方便
洗碗工正在擦洗锅中的烤焦物	我的手是湿的,我需要去拿烘衣纸,所以这个平底锅只需要浸泡	手头上有新的烘衣纸,可以用来清洗粘在锅上的烤焦物

续表

烘衣纸的使用

情　景	VOC（客户之声）	重申客户需要
女裁缝正在卧室里缝窗帘	我觉得用整张烘衣纸来完成这项任务太浪费了	有针线用的小烘衣纸
女裁缝正在卧室里缝制窗帘	我得从地板上起来拿一张烘衣纸。每次坐下来之前，你会以为我会记得	我有特殊烘衣纸和缝纫用品

输入、指南、输出、使能器（IGOE）

此原理图通过列出流程的输入和输出、用于通知流程执行的指南，以及流程所需的支持工具和信息来描述流程的背景。图5.8描绘了一个用于洗衣服的IGOE图的示例。这是一种行之有效的技术，可以更好地理解流程，确保组织不会错过改进机会。IGOE的组成部分解释如下：

- 输入（Input）：被转换或消耗的东西。
- 指南（Guide）：描述流程发生的人、时间或方式的内容。指南往往是商业政策、法规、验收标准、绩效标准、程序、经验或文化规范。
- 输出（Outputs）：由于过程而改变输入的结果。
- 使能器（Enablers）：将输入转换为输出所需的资源或资产，这些资源或资产往往是流程使用的人员、系统、工具和设施。

改善活动

Kaizen是日文持续改进的意思。在商业公司，改善（Kaizen）是指持续改进所有职能的活动，包括所有员工，从C级主管到装配线工人，它还适用于采购和物流等跨组织边界进入供应链的外部流程。改善活动是一种技术，可用于：

- 将流程的操作员、管理者和所有者（领域干系人）放在一个位置。
- 记录和分析现有流程。
- 制定改进的流程。
- 确保来自所有领域干系人的改进的流程认可。

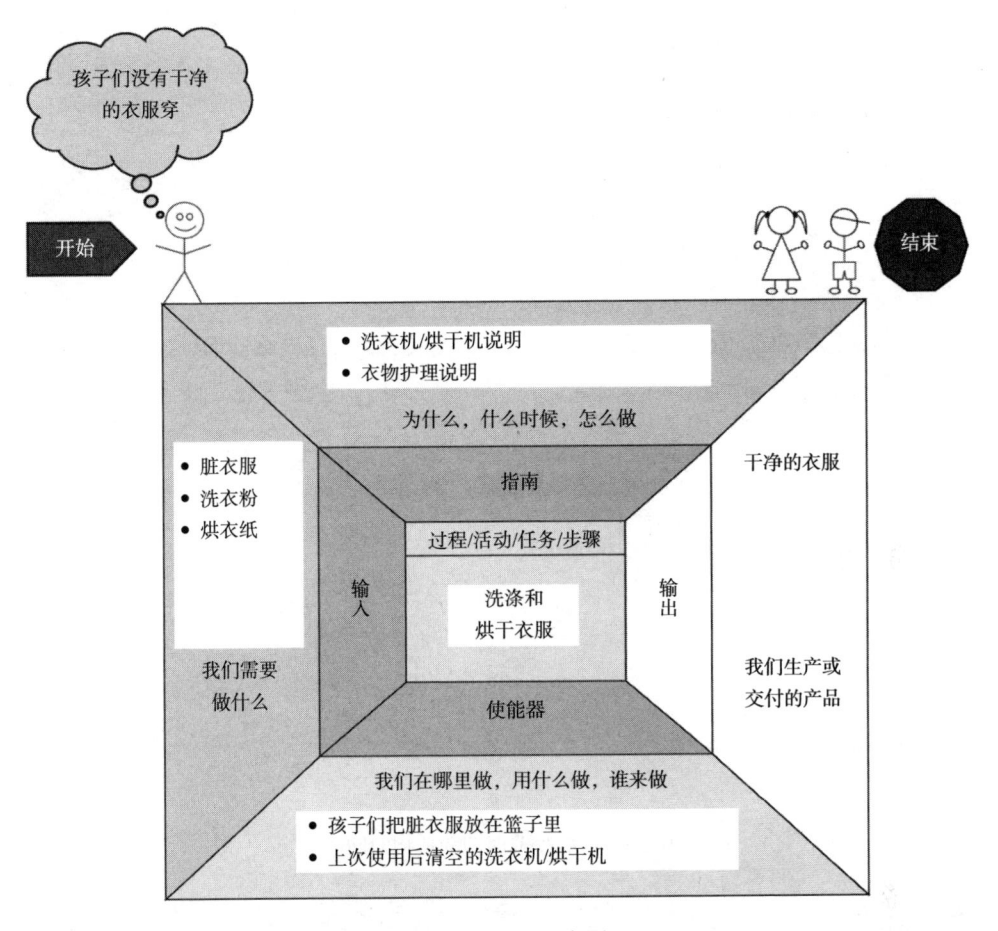

图 5.8 IGOE 示意图

改善活动是一个离散的持续改进项目，具有确定的起点和终点，通常在一周内完成，图 5.9 描述了计划、执行和后续活动的时间线。改善活动通常与六西格玛结合使用，作为快速改进流程的有效方法，在一个特定的活动或子流程中，通过这种集中、快速的发现来改进价值交付，对于使组织相信六西格玛作为一种整体改善方法的收益也很有用。当改善活动是整体改善策略的一部分时，改善活动是最有效的，这意味着它们与策略部署、日常管理、关键绩效指标紧密相连。

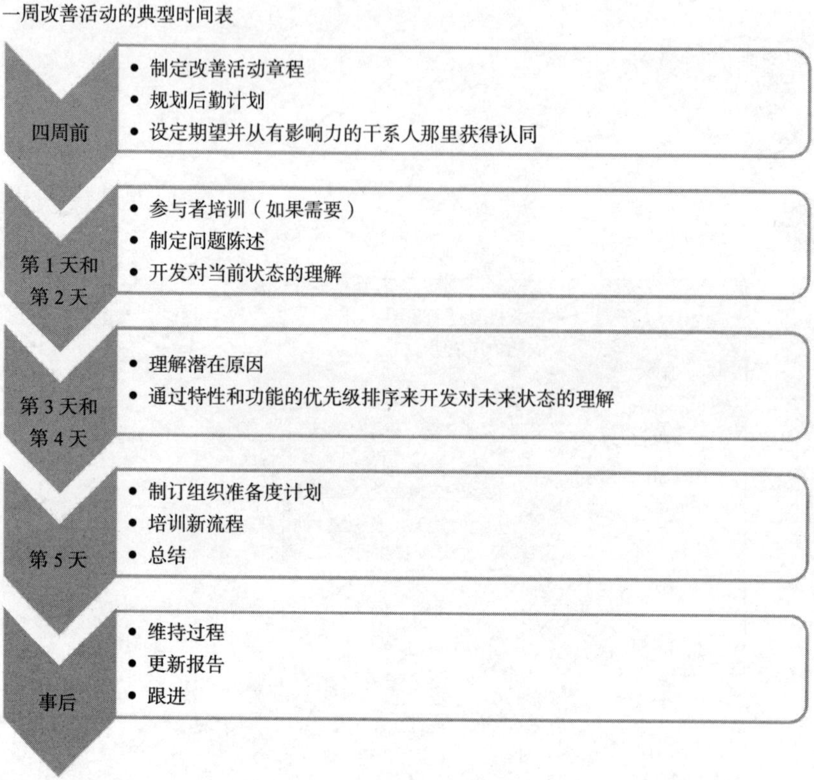

一周改善活动的典型时间表

四周前	• 制定改善活动章程 • 规划后勤计划 • 设定期望并从有影响力的干系人那里获得认同
第1天和第2天	• 参与者培训（如果需要） • 制定问题陈述 • 开发对当前状态的理解
第3天和第4天	• 理解潜在原因 • 通过特性和功能的优先级排序来开发对未来状态的理解
第5天	• 制订组织准备度计划 • 培训新流程 • 总结
事后	• 维持过程 • 更新报告 • 跟进

图 5.9　一周改善活动的典型时间表

卡诺分析

日本的卡诺（Kano）教授在 20 世纪 80 年代提出了产品开发和客户满意度的理论。卡诺模型将客户偏好分为五类、客户需求分为三类。读者可能在模型上发现一些细微的变化；请随意利用适合动议的需要和偏好，以下定义的偏好和需要有一些重叠。

- 客户需要：
    - 基本需要：客户期望一定程度的功能和质量来满足他们的需要。例如，服装的预期质量与支付的价格是一致的。如果花 50 多美元买一条裙子，我希望这条裙子有衬里。
    - 业绩需要：除基本需要外，生产者还可以提供附加的增值项目。例如，如果捆绑多个服务，有线电视提供商可以免费提供额外的频道。
    - 附赠需要：除基本的和业绩的需要外，产品还提供客户不知道自己想要的品质；但是，一旦提供，客户就会抢走它们。随着客户对其产生期望，附赠需要很快成为基本需要。例如，买家可能不需要加热方向盘，甚至不知道已经有此功能，但是在享受了这个新功能之后，买方就会一直想要它。

- 客户偏好受以下因素影响：
  - 有吸引力的质量：当客户收到产品时，通过一个意想不到的特性让其满意。如果缺少有吸引力的质量，客户也不会不满意，因为这种质量本来就不是其所预期的。
  - 一维质量：当产品以这种质量交付时，客户是满意的；但是，如果质量不存在，客户是不满意的。例如，一家餐馆提供的优惠是正餐半价，而开胃菜不打折，客户就会觉得被欺骗了。
  - 必需的质量：产品应该包含该质量；如果该质量缺失，就会导致不满意。例如，在去上班的路上开车经过一家咖啡店取咖啡时，咖啡杯盖不上，客户就会不满意，认为产品是有缺陷的，这种偏好与客户基本需要有关。
  - 无差异质量：当产品包含或打算包含客户不能定义为好或坏的质量时，称为无差异质量。例如，采用何种方式印刷信用卡对信用卡持有人没有任何影响。
  - 反向质量：当产品被"改进"时，如果产品的质量和性能被广告所提升，则不一定会导致客户满意度的提高，至少不会立即提高。客户是不同的，新的特性可能使一些不需要的客户感到恼火。例如，"升级"软件，它增加了特性，但改变了用户界面体验。

卡诺分析有助于敏捷团队理解：
- 哪些产品特性、特点或质量将被证明在市场中存在显著差异，并有助于推动客户满意度，因为它们非常重要，或者因为它们的缺失将导致客户强烈的不满。
- 哪些产品在市场上将是独一无二的。
- 在将产品投放市场之前，哪些特性最重要。

卡诺分析可以用图形或表格描述。如图 5.10 所示，该图对两个轴上的单个产品特征进行评级：

- X 轴表示在产品中实现功能的程度。
- Y 轴表示在 X 轴上的任何点上都会产生的客户满意度水平。

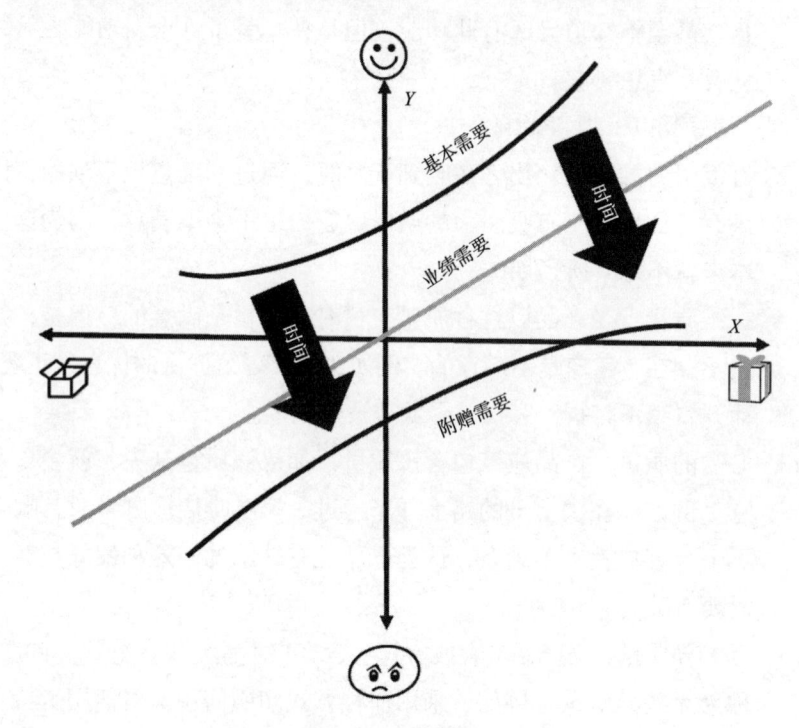

图 5.10　卡诺分析

　　根据结果，产品特性应该归为三类客户需要之一：基本需要、业绩需要、附赠需要。这种方法最适用于将要再售的消费品或商品，因为它侧重于确定鼓励广泛使用或采用产品的需求。

　　卡诺分析的表格格式允许商业分析师推动和评估影响客户的多种质量。表中的行表示正在进行分析的质量，列表示客户段。每个单元中记录的是根据客户需要类别对每个质量进行评估的商定评估（见表 5.6）。基于此，业务部门可以根据客户细分目标确定要关注的质量。

表 5.6　卡诺分析

航空旅行质量	商务旅客	度假旅行者	家庭旅行者
腿部伸展空间	P	E	B
干净的卫生间	P	E	B
可选择的优质食品	E	E	不适用

续表

航空旅行质量	商务旅客	度假旅行者	家庭旅行者
精选的优质葡萄酒	E	E	不适用
免费小吃	B	P	B
毯子和枕头	E	E	B
电源插座	P	E	E
Wi-Fi	B	E	P
免费视频节目	N/A	E	P

注：B=基本需要；
P=业绩需要；
E=附赠需要。

思维导图

思维导图技术旨在以主题形式呈现头脑风暴，与描述顺序过程的其他绘图技术不同，思维导图的目的是捕捉思想、想法和信息，以类似于我们的思维处理主题信息，通过清晰地表达新的和现有的关联来实现创造性的问题解决。商业分析师可以将此技术用作与干系人的协作工具，或单独用于：

- 对复杂的概念或问题产生想法。
- 在问题的各个方面激发创造性和批判性思维。
- 呈现合并视图。
- 决策援助。
- 准备并发表演讲。

目前，还没有制作思维导图的标准，但是商业分析师会发现可以使用许多思维导图软件应用程序，也可以简单地在纸上绘制，目标是集中于一个中心主题，然后从中心主题中分出分支主题。主题通常写在头脑风暴空间中心的圆圈内，每个分支主题都使用不同的颜色，分支由从中心主题到主题圆再到副标题圆的一条线表示，越最接近中心主题分支越粗，随着副标题从主题圈中分支得更远而变细。图 5.11 描述了一种思维导图。

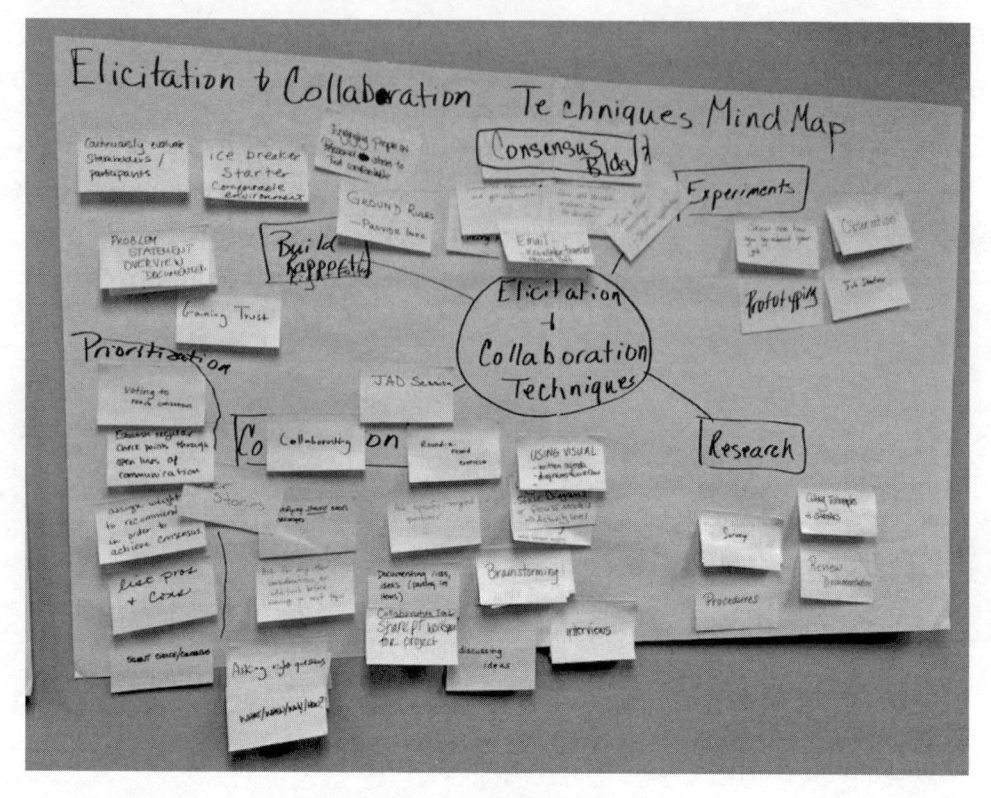

图 5.11　思维导图示例

流程分析

使用流程分析技术的目的是，评估一个流程的效率和有效性，并识别增加价值的变革机会。流程是组织用来实现目标的系统，流程是通过定义输入、输出和一组用于创造价值的步骤来阐述的。经理（从行政人员到直线经理）需要理解其业务流程的工作情况，商业分析师可以通过分析当前流程来主导流程分析，在流程分析中，商业分析师分析和阐述以下内容：

- 流程的组织价值定义。
- 流程与组织目标和战略的一致性。
- 流程的现有质量水平（功能性、高效性、有效性、可重复性、可测量性、控制性、使用性等）和所需质量水平。

接下来，商业分析师将当前状态与期望的未来状态进行比较，这可以称为差距分析。随着差距被识别，很容易提出改变流程的建议；然而，有时这就像玩"打鼹鼠嘉年华"游戏，当一只鼹鼠被击倒时，另一只鼹鼠会从洞里冒出来，商业分析师应该执行根本原因分析，以确保解决方案能够填补正确的空白，并且能够进行测量，以确保解决方案继续提供价值。

在沟通结果后，管理层可以变革决策，以改进现有流程或补充新流程。在任何情况下，改进的流程都可以帮助公司节省时间、降低成本，或为客户创造更理想的产品。对于投资于持续流程改进的组织，商业分析师持续评估改进流程，图5.12 描述了建议的持续流程改进。

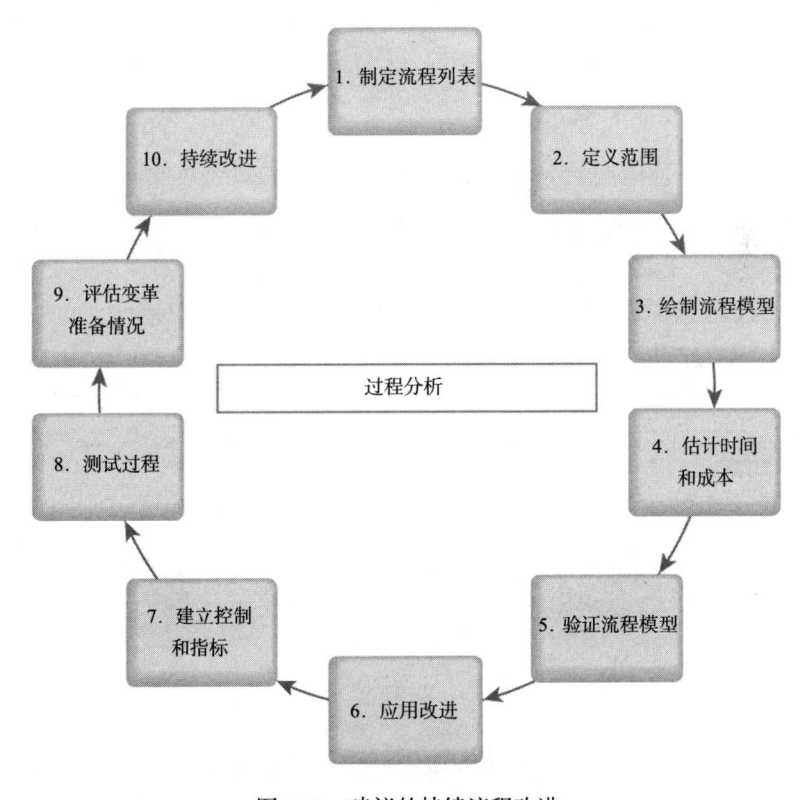

```
                    1. 制定流程列表
        10. 持续改进                 2. 定义范围

      9. 评估变革                         3. 绘制流程模型
         准备情况
                        过程分析
      8. 测试过程                         4. 估计时间
                                          和成本

        7. 建立控制                  5. 验证流程模型
           和指标
                    6. 应用改进
```

图 5.12　建议的持续流程改进

当然，有许多流程分析和改进框架、方法论和方法可供商业分析师进行进一步研究和采用。商业分析师可以采用以下方法来帮助流程分析工作：

- 供应商、输入、过程、输出、客户（SIPOC）：源于六西格玛方法论的流程分析工具，提供过程的简单概述。对于干系人来说，它是一个强大的协作工具，可以参与有关问题、机会、差距、根本原因、选项和备选方案的讨论，而不会迷失在细节中。创建 SIPOC 的步骤如下：

1. 为 S-I-P-O-C 准备带有标题的工作区。
2. 命名流程。
3. 确定关键步骤（连续流程中的 4~5 个步骤）。
4. 识别在流程中的输出。
5. 识别接收输出的客户。
6. 识别流程中提供输出所需的输入。
7. 识别提供输入的供应商。
8. 就流程概述达成合作协议。

图 5.13 为一个 SIPOC 图示例，它还可以使用许多变体。在第 6 章中讨论流程建模的每个关键步骤时允许对其进行进一步分解。

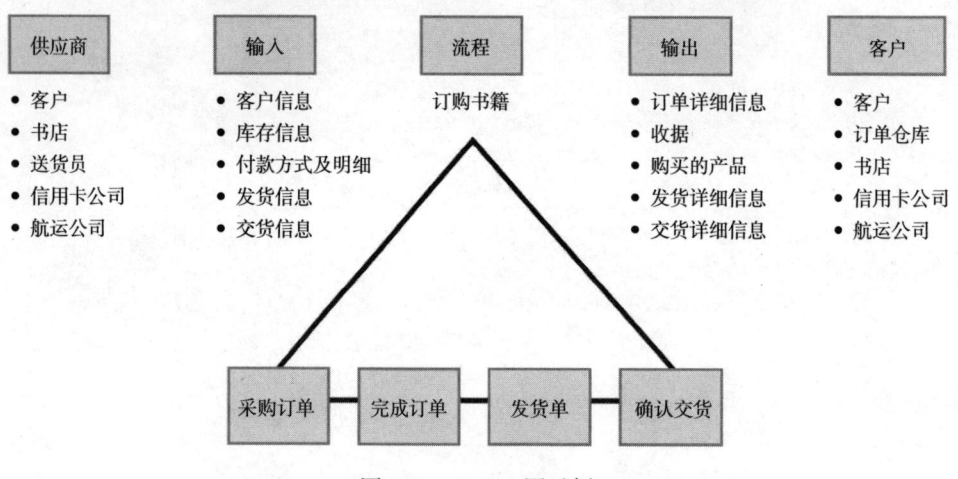

供应商	输入	流程	输出	客户
• 客户 • 书店 • 送货员 • 信用卡公司 • 航运公司	• 客户信息 • 库存信息 • 付款方式及明细 • 发货信息 • 交货信息	订购书籍	• 订单详细信息 • 收据 • 购买的产品 • 发货详细信息 • 交货详细信息	• 客户 • 订单仓库 • 书店 • 信用卡公司 • 航运公司

采购订单 — 完成订单 — 发货单 — 确认交货

图 5.13　SIPOC 图示例

- 价值流映射：源于精益方法的流程分析工具，在六西格玛中也采用了该分析工具，它首先寻求识别价值，然后在流程向下流动时映射流程，分析当前状态以清除废物并识别增值步骤。以下是构建价值流图（Value Stream Map，VSM）的一般准则：

1. 准备。
   - 聘用一个跨职能团队。
   - 将对流程有深入理解的域主题专家分配为 VSM 所有者。
   - 设置 VSM 的作用域并标识要跟踪的流程值。
2. 开发当前状态的 VSM。

- 观察或模拟从末端开始反向工作的流程。
- 开发当前状态的 VSM，包括信息流、流程中的移交、等待时间及每个步骤的时间和成本估算。
- 在分析之前，由域主题专家验证当前状态的 VSM。
3. 分析当前状态。
- 识别增值步骤。
- 识别非增值步骤。
- 识别非增值步骤的根本原因，以确定是否可以删除。
4. 创建未来状态。
- 开发未来状态的 VSM 以清除废物。
- 为改进动议提供目标状态。

VSM 以正式或非正式的方式提供了一个端到端过程的单页描述。随着目标状态 VSM 逐渐成为焦点，使用标准符号有助于实现最佳沟通。

- 流程模拟：流程模拟技术的目标是为正在分析的流程确定最佳条件，使系统属性发生异常变化以发现可接受的有效流程，优化问题并用迭代法求解。一个模型的流程和一组随机变量允许对一个流程的多个变量进行评估，并对其在实际条件下的绩效进行评估。

目的一致性模型

目的一致性模型（Purpose Alignment Model）的目标是在客户和商业价值的背景下评估想法。这种技术最常用于敏捷动议，以帮助构建问题框架并使决策更加明显。该模型是一个二乘二的图，纵轴表示组织市场中的市场差异水平，横轴表示组织功能的影响或任务关键性。然后将模型分为四个象限以反映想法的影响（特性、产品、服务）（见图 5.14）。

- 差异象限：在市场差异轴上被认为是高的，在关键任务轴上被认为是高的想法被放在这个象限中，组织应该准备投资于差异象限的想法。考虑一家快餐店，它有一条单独的通道，用于通过快餐移动应用程序启动和支付订单。有效地完成订单的功能是关键任务，是与其他竞争对手的市场差异。
- 均等象限：在关键任务方面被认为很高，但在市场差异方面很低的想法被放在这个象限中，如果没有这些想法，组织就不可能继续下去。考虑一下那些可能没有银行账户的快餐店员工。企业可能需要通过其他方法补偿员工。

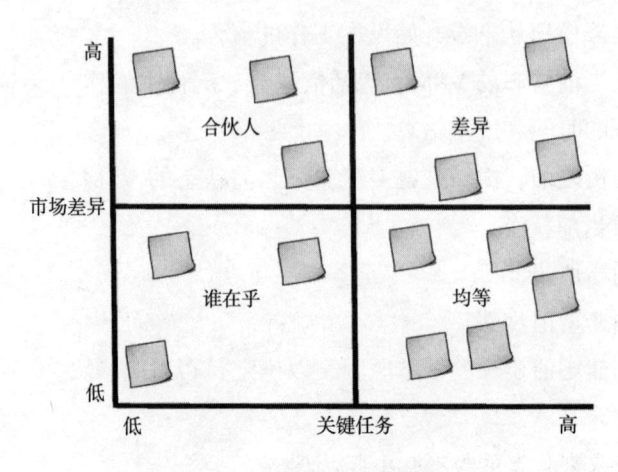

图 5.14 目的一致性模型

- 合伙人象限：被视为市场差异因素高，但组织关键任务低的想法被放在这个象限中。例如，一家快餐公司认为有奖竞赛可以增加销售额；然而，举办竞赛并不是一项核心能力。组织可以与一个拥有竞赛促销活动的组织合作，以此来利用这一理念。
- 谁在乎象限：这些想法不会增加价值，也不会有助于关键任务的组织能力，这些想法显然是被淘汰的对象（例如，一家每周一次在农贸市场经营的快餐公司）。

这不是一个优先级排序工具，而是用来制定战术和战略决策的框架。使用目的一致性模型，业务部门可以更好地确定均等校验项是先用于关键任务，还是先用于市场差异，反之亦然。

范围建模

范围模型用于构建和组织为变革、控制、解决方案或需要进行分析而包含的目的、目标、特性和功能的边界。变化是不可避免的，但是有一个清晰、简洁和一致同意的范围模型可对变化进行识别。时间最好花在决定如何处理所提议的范围变更上，而不是花在争论该提议是不是变更上。范围建模可以采用多种形式，并且可以使用文本、图表和/或矩阵的组合来编译范围定义。商业分析师将为每个动议确定在其范围定义中所要使用的工具，当商业分析师驱动最高层级是什么和中层级是什么时提到了一些范围界定工具，则范围建模技术将反映并添加一些其他常用工具，在任何情况下，完整的范围定义将决定什么在范围内，什么不在范围内。如果产品范围是在阶段或迭代中实现的，那么每个阶段或迭代都会对项目范围进行描述。

商业分析师面临如何将范围模型保持在正确的水平的挑战，正确的水平被定义为在范围定义阶段避免分析瘫痪的同时，有意义地减少不确定性。那么，商业分析师想要定义什么呢？以下问题提供了一些见解：

- 将创建或修改哪些业务流程？
- 将添加、更改、优化或重新分配哪些商业功能？
- 将创建哪些新功能？
- 是否存在需要利用或更改的现有功能？
- 必须应对哪些内部或外部事件？
- 是否有需要支持的情况？
- 技术组件是否被更改或更换？
- 我们是否希望获得（生产、提供、获取）信息资产？
- 变革会影响哪些干系人（内部或外部代理）或组织角色？
- 哪些组织或组织单位（部门、团队、小组）会受到变革的影响？
- 变革需要哪些系统、组件、工具和/或实物资产？

可考虑使用表 5.2 中所引用的工具来模拟对前面问题的响应。下面的小节列出了一些用于范围建模的附加工具。

背景关系图

背景关系图反映了参与者（有时称为实体）和正在设计的系统之间的数据流，这是一个高层级数据流图，将在第 6 章中进一步讨论。简单地说，任何流入或流出正在设计中的系统的数据都在范围内，任何不与正在设计的系统接口的数据都在范围外。设计中的系统在图中被描绘成一个中心圆，而参与者被描绘成正方形。数据流显示为每行上都带有数据的方向线。图 5.15 是航空公司机组排班系统的背景关系图。请注意，该系统正在向记账系统传递有关机组飞行时间的信息，但它不在工资单处理范围内，因为这将是从记账系统到机组成员的数据流。背景关系图的一个变体是生态系统图，它反映了商业系统的逻辑交互，而不是物理系统交互。生态系统图通常反映出潜在的依赖性，而不仅仅是那些与设计中的系统交互的参与者，包括上游和下游系统交互。

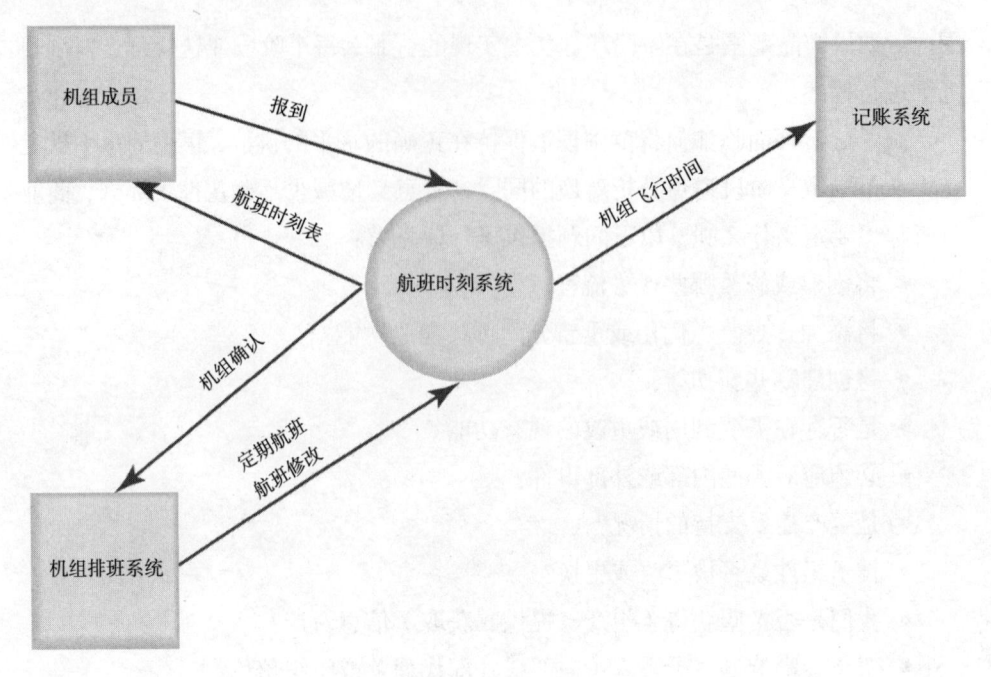

图 5.15 背景关系图

用例图

用例图（Use Case Diagram）是对产品范围的可视化，描述了与解决方案交互的参与者与之交互的用例，以及用例之间的关系。统一建模语言（Unified Modeling Language，UML）是用于描述用例图的标准符号，参与者被描绘成棍形人物，主要参与者通常被描绘在左边，支持参与者在右边。从主要参与者到用例的关联表示他们想要实现什么目标。与支持参与者的关联表明需要参与来结束用例的场景，用例被描绘为椭圆形，用例名称以动名词表示，子功能用例不被视为参与者的目标，而是跨两个或多个用例的共享功能。图 5.16 为一个描述两个子功能用例的 ATM 用例图示例，在这个例子中，已经为登录和检索 ATM 卡建模了两个子功能用例，对于登录用例，所有用户目标用例（提取现金和转账）必须始终包括登录，登录被视为包含子功能用例，但是，只有在某些情况下，才需要检索 ATM 卡功能。

例如，只有当 ATM 持卡人在没有取卡的情况下离开，或者可能在登录过程中的最大尝试次数内未通过身份验证时，才启动检索 ATM 卡功能，边界以矩形表示。在本例中，余额和转账超出了此版本发布的范围。在指出迭代或项目边界的情况下，用例图是表示某种产品路线图的一种方法。

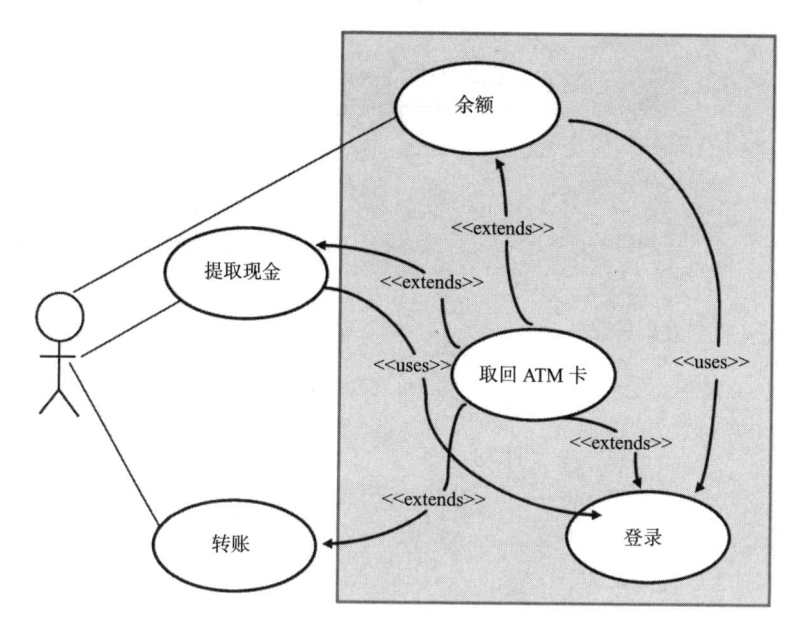

图 5.16　ATM 用例图示例

故事映射

故事映射（Story Mapping）是杰夫·巴顿（Jeff Patton）为敏捷实践引入的一种实践，旨在提供一种更结构化的版本发布计划方法。此技术提供了一种协作方式来开发产品未完项（该未完项通常从一开始就贴在解决方案开发团队房间的墙上），并持续构建它，以确保最终解决方案作为一个具有凝聚力的产品聚集在一起。故事映射可以提供从大型特性集（有时是特性层级，最低限度可销售的特性或史诗）到详细的用户故事和任务。图 5.17 描述了二维连续体结构，以显示时间连续体之上产品关键方面的序列和优先分组，以及时间连续体之下详细的优先用户故事。在这个故事图中，时间连续体上面的特性代表了产品的一个准系统，但也是可用的版本，通过下面的时间连续体工作，可以用额外的功能充实产品。

使用此技术的目标之一是避免在增量交付中可能遇到的早期故障（例如，当产品发布时包含高商业价值功能，但解决方案不可用，因为这些高商业价值特性依赖已被延迟到未来版本的低价值特性）。故事映射有助于建立共享的干系人理解、识别差距、划分故事及发现相互依赖性，对于一个敏捷团队来说，它有助于执行更好的相对大小调整，对于赞助商、产品所有者和 Scrum Master 来说，此技术可以帮助进行版本发布计划活动。

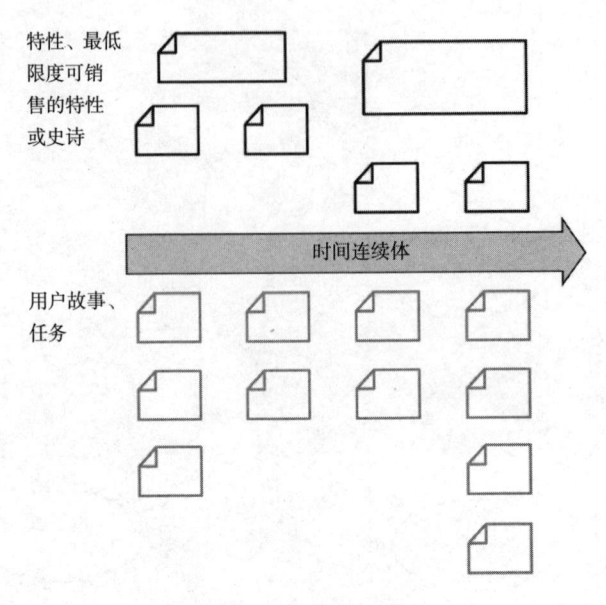

图 5.17　故事映射

调查或问卷调查

调查或问卷调查技术提供了一种结构化的方法，可以在相对较短的时间内从一组不容易接触到的人员那里获取商业分析信息，特别是有关客户、工作实践、产品和态度的信息。通常，调查被认为是分发给目标受众的预先准备好的问题，受访者可以在自己的时间回答问题，其他形式也可能包括通过电话或面谈。

在开发一个调查时，有10个最佳实践（在这里概述）：

1. 在提出问题之前先理解目标。为调查而开发的每个问题都应该牢记目标。

2. 开发介绍，包括参与者的时间承诺。然后，参与者可以在他们的日历上安排响应时间，知道调查需要多长时间，在引言中解释调查的目标。如果受访者能够看到完成调查的原因，他们更有可能跟进调查。

3. 为受访者提供一个表示"不知道"或"不适用"的选项。在分析调查时，商业分析师不必猜测跳过的意图，也不必猜测参与者是否忽略了问题。

4. 准备清晰、简洁的问题和答案。当问题和答案都包含否定词时，它们可能变得模棱两可。此外，一个问题中的多个问题有时被称为双筒问题，可能使受访者感到困惑。

5. 确保响应能够推动可操作的决策。如果受访者的回答对行动过程没有影响，则不包括此问题，所有问题必须针对所述目标。

6. 准备调查，使其看起来简短（可能具有可扩展功能）。这项技术最大的缺点之一是响应率低，所以最好让调查轻松快速地完成（不超过 5 或 10 分钟）。这意味着要限制调查项的数量，并将其按讲述故事的顺序排列。

7. 在分发该调查前测试你的调查，以确保理解性、完成时间和问题的有效性。如果对问题的回答都是一样的，那么调查制作者可能对这个问题有偏见；如果问题的回答是不可理解的，那么这个问题很可能是模棱两可的。在计划中留出时间进行修改。

8. 分发该调查前进行概念分析。通过这种概念分析，当响应开始到达时，商业分析师将创建各种模板来记录响应，并可以更快地为动议领导者提供新的主题。

9. 使用调查结果作为响应者的激励。引言应包括所述的调查目的，以便响应者理解为什么他们的参与很重要，以及他们在得出结论时可以得到什么。

10. 考虑抽样调查受众（>500 个）。特别是对于一些或所有问题允许开放式回答的定性调查，商业分析师将面临及时评估 500 多个回答的挑战，如果使用抽样，则可以确保从所有参与者类别收到适当的陈述。理解目标群体的背景，包括环境和特定术语，写问题时使用此信息。如果背景存在显著差异，则可能有助于在准备阶段将一个大组分为较小且均匀的组，然后产生适合每个小组背景的调查变化。

调查中有如下两类问题：

- 封闭式问题：要求被调查者从可用回答中进行选择，已包括预定义的回答列表，如"是/否"回答、多项选择、排名/顺序决定或需要协议级别的声明，当响应范围已被很好理解而每个响应类别的强度待定时，这是有用的。与开放式问题相比，封闭式问题的回答更容易分析，因为它们可以与数值系数联系在一起。

- 开放式问题：被调查者可以根据自己的期望自由回答问题——这在问题已知但被调查者对问题的回答未知时有用。对开放式问题的回答可能比对封闭式问题的回答所得到的回答更详细，范围更广；然而，开放式问题更难量化和总结，因为它们通常包括定性的而不是定量的语言。

在任何情况下，在选择使用封闭式、开放式或混合两种类型的调查问题时都应予以考虑。把调查问题写清楚、简洁、明确、公正是困难的，制定调查问题时，请记住以下指导原则：

- 简明扼要：用最短的方式提问，但不要失去目的。
- 客观：
  - 避免引导性问题。
  - 避免提问过多。
  - 避免内置假设。
- 简单：用词和短语。
- 具体：避免泛泛性、复杂性和未定义的概念。

调查可能产生其他方法所不容易获得的见解和意见，调查可以匿名，但是匿名调查使商业分析师无法提出后续问题。

规划和促进研讨会

研讨会是一种允许干系人就预先定义的目标进行协作的技术。商业分析师考虑了干系人应该实时协作以利用研讨会技术的所有实例，可以举办研讨会进行规划、为产品或特性生成新的想法、界定范围、启发需求、建模、达成共识、审查商业分析信息或这些任务的任何组合。研讨会可分为以下类型：

- 规划研讨会：在计划一个动议时，经常在敏捷视角中使用。它发生在迭代开始之前和更详细的讨论会之前，这些讨论会将重点放在迭代期间要完成的工作上。
- 需求研讨会：当一组选定的干系人被帮助定义和/或细化需求，然后达成共识时使用。
- 促进研讨会：由有经验的主持人引导，用于将跨职能小组聚集在一起，集中讨论主题、问题、产品需求、团队建设、决策、设计和范围界定。

科学家卡珀斯·琼斯（Capers Jones）从 IT 的角度对研讨会进行了研究，他的研究结论是，在举办研讨会时：

- 范围蔓延从 80% 降低到 10%。
- 早期阶段的交付速度增加了 30%~40%。
- 在项目时间和精力上节省了 5%~15%。

有了这些文档化的改进，使用研讨会来设置动议范围无疑是一种关键的开发技术，另一个有时被忽视的关键收益是，由于延长了干系人在一起的时间以及协作的性质，可以通过这种技术建立和培养信任关系。这些收益最终促进了干系人的共识增加。

对研讨会进行规划是关键，一般的经验法则是花大约两倍的时间规划研讨会的预期持续时间。以下是规划研讨会的关键组件：

- 使商业赞助协议达到目的和期望的结果，因为研讨会可能跨越多天，需要大量的资源投入。
- 确定关键干系人和主题专家，他们愿意提供相关的观点输入和意见，听取其他意见，并毫无偏见地讨论问题。考虑到商业分析师可能具有主题专业知识，所以应该是研讨会的参与者。
- 确定谁将担任以下研讨会角色：
    - 发起人：通常不是研讨会的参与者，但对研讨会的结果负有最终责任。建议由发起人启动研讨会，强调支持和目的。
    - 主持人：最好是一个中立、有经验的人，他将为研讨会建立专业和客观的基调，介绍目标和议程，执行时间安排和基本规则，以确保活动集中在目标和期望的结果上。此人将能够做出决策，参与冲突解决，并提供安全的环境，让所有参与者都能听到。
    - 抄写员：以研讨会之前确定的格式记录研讨会结果，并跟踪在研讨会期间延迟的条目或问题。考虑使用白板抄写员和/或电子抄写员，如果一次运行多个分组会议，则需要在主会议室会议中向其他分组会议汇报。
    - 计时员：可以用来记录每个议程项所花费的时间，并以非突兀的方式与主持人沟通。
    - 参与者：确保参与者具备适当的领域知识和决策能力组合，以实现研讨会目标。
- 制定议程并确保主要干系人同意。
- 确定将使用哪些促进技术来实现目标。考虑使用头脑风暴或协作游戏来收集创意，并可能创建鱼骨图进行根本原因分析。
- 确定如何捕获输出，并确保抄写员熟练使用所选工具和技术。
- 安排会议日程，提前邀请参与者，以确保他们提前预留时间。安排房间、后勤和设备，然后准备好会议辅助设备和需要的餐饮。
- 提前发送议程和其他材料，供与会者准备用，提高研讨会效率，并启动研讨会质量输出。
- 如果需要，与参与者进行研讨会前访谈，确保每个参与者都准备好进行协作。

在进行研讨会时，考虑到参与者到达时，可能有许多与个人和工作相关的问题困扰他们，需要一些时间来适应研讨会，会议通常以目的和预期结果的陈述开始。如前所述，当由发起人进行时，这可能对参与者的参与产生非常大的影响，可以由主持人来完成。然后给参与者一个有趣的任务或者问他们关于自己的问题（有时被称为破冰者），让他们准备好一起工作，由于参与者将一起工作，因此应制定基本规则并由参与者商定。一些建议的基本规则包括：

- 参与。
- 准时（到达、休息、午餐、解散）。
- 专注而不多任务。
- 每人一次发言机会。
- 倾听以便理解。
- 没有边聊（Side Conversation），讨论与整个团队相关的事情。
- 把头衔留在门前。
- 讨论结束后，一旦达成一致意见，就不要再追根究底。
- 如果在 X 分钟内未得出结论，则将保留非主题项目（不在议程上）。
- 攻击思想，而不是攻击人。

参与者已经安顿下来，准备好参与本次研讨会将采用的规划技术。主持人将熟练地引导参与者参与各项活动，以实现研讨会目标并产生研讨会可交付成果。

重点总结

当人们谈论范围时，他们立刻想到的是时间和成本，时间和成本是项目经理所负责监控范围的输出，确定范围则是一个不同的练习，范围形成了对产品范围和项目范围中所包含或排除的内容的共同理解。考虑以下范围定义的关键点：

- 确保所有干系人对项目和产品范围的术语有共同的理解。识别现在必须和可以做什么与将来要做什么并进行比较，可以为解决方案级别的分析提供大的视角和集中的领域。
- 确认问题和价值观对于动议的合理性是否清晰。不明白为什么，就会错误交付。
- 分解需要交付的内容，从对讨论的系统和提供输入或接收输出的参与者的高层级理解开始。
- 下一个分解层是打开讨论中的系统，并确定系统中哪些进程将启用输入和输出流。
- 干系人参与这些关键点，为范围定义的启发和协作提供工具。
- 在进入下一步之前，确保范围一致，以启发并详细说明解决方案需求和设计定义。

在大多数动议中，定义范围是一个被忽视的领域，然而，它是制订进度计划、预算、资源计划的基础。一旦范围出错了，其他的一切都会出错，花时间让干系人参与范围定义，确保对范围有共同的理解，迫使企业通过动议进行思考。使用几种技术来可视化和启发干系人对范围的一致性，最后，除非你得到正确的范围，否则项目将永远不会被有效控制，范围蔓延很可能导致项目失败。

第 6 章

步骤 5：开发解决方案需求和设计定义

在这一步骤中，我们最终将准备好把商业分析信息定义为这样一个细节级别，即可以借此构建解决方案，测试人员也可以测试它以确保其满足干系人需要。作为参与这一步骤的先决条件，商业分析师必须至少对动议的范围定义和此分析阶段的计划达成一致。步骤 4 中的范围定义包括对包含商业需求和干系人需求在内的商业分析信息的高层级和中层级理解，此时，商业分析师已经准备好将范围定义分解为解决方案需求，然后最终设计定义。图 6.1 表示了商业分析工作的分解和迭代性质，并强调了本章所阐述的是低层级。

商业分析师正进入分析阶段，第 1 章中所讨论的 SDLC 方法，包括预测型、迭代型、以及适应型在内的所有 SDLC 方法都对分析阶段进行了描述。当然，具体的任务、技术、可交付成果将根据商业分析方法、SDLC 方法、商业分析视角（见表 6.1）、项目类型、干系人偏好这五个维度的不同而有所不同。无论采用何种方法或视角，商业分析师都应考虑使用图形、表格、结构化文本的组合来分析这些信息，这些图形、表格、结构化文本将有助于识别差距，并为干系人提供可理解的商业分析信息以供澄清、证实、优先级排序、核实和确认。

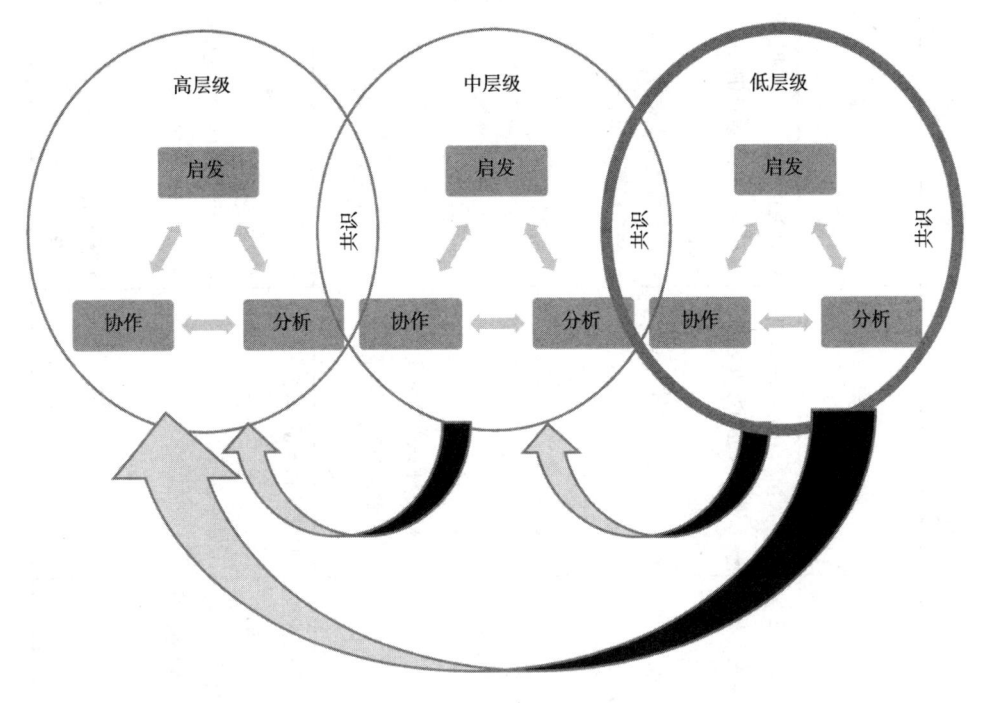

图 6.1　启发、协作、分析分解

将范围定义分解为有效解决方案需求

随着开始将范围定义分解为解决方案需求，参与领域主题专业知识的干系人应该从管理层转移到更接近解决方案的诸如最终用户这样的干系人。由于范围已明确定义，管理层更可能将主题专业知识和批准责任委托给执行流程的人员，当将不精确的商业需求和干系人需求分解成低层次的、清晰的商业分析信息时，商业分析师需要与对该领域有第一手知识的主题专家合作。商业分析师可以向管理层保证，如果任何不可预见的细节导致范围变更，或者如果所做的假设被发现是不真实的，干系人将通过变更控制过程被告知。有许多原因导致管理层对发布详细的解决方案需求和设计定义的控制犹豫不决。

- 管理层担心失去控制：微观管理者最担心失去控制，随着范围被明确定义和管理层与指定的领域主题专家沟通，这种恐惧可以减少。商业分析师应就商业分析提出定期的状态更新步骤以帮助缓解管理层的这种担忧，商业分析师和项目经理共同工作将动议状态通知给管理层。

表 6.1 五个视角下的需求开发和设计定义

	商业智能	业务流程管理	信息技术	业务架构	敏 捷
开发解决方案需求和设计定义活动	• 大量使用文档分析和界面分析 • 非功能性对话： 　• 数据质量 　• 数据延迟 　• 查询性能	• 活动详细信息 • 确定保留、删除、添加或更改原有系统的内容 • 流程工人 • 流程负责人 • 正式的	• 促进领域主题专家和实施主题专家的实施 • 调查研究 • 跨职能的	• 多视角来弥补差距和理解 • 与干系人进行相互理解沟通 • 主要干系人群体： 　◆ 高级领导层 　◆ 经理 　◆ PMO 　◆ 产品所有者 　◆ 项目经理 　◆ 各种商业分析师 　◆ 解决方案架构师 　◆ IT 人员	• 有关功能性、非功能性和验收标准、设计细节 • JIT • 信息协同启发事件 • 产品所有所有和最终用户
启发商业分析信息	• 如何访问信息： 　• 自助服务 　• 数据分析工具 　• 数据表示工具			BHAGs 和干系人需求	
分析商业分析信息	• 模型证明，例如，报告模型 • 新的商业智能输出 • 可能开发工具逆向发票的现有结构	• 持续改进 • 过程变更的影响 • 在考虑技术或工作程序之前，分析和改进流程的活动 • 因果关系 • 对组织、人员技术的影响 • 确保一致性和目标	• 确保商业需求和干系人需求的可跟踪性 • 各种文件格式		• 与目标一致 • 不断变化的需求 • 改变导致影响的优先事项 • 给团队的非正式信息（刚好足够） • 验收标准 • 设计细节

续表

开发解决方案需求和设计定义活动	商业智能	业务流程管理	信息技术	业务架构	敏捷
分析商业分析信息		• 未来状态（将要）过程模型 • 变更策略			
协作商业分析信息	• 解决方案干系人，如 DBAs 和应用主题专家 • 对领域干系人参与和影响思考的访问设计	• 管理干系人和期望 • 新的设计、编码、实施和实施后的更改 • 持续改进优化	• 对概念设计的抵制 • 证实事实（数据、指标等） • 模拟 • "什么"（解决方案级别）和概念"如何"达成一致	• 追溯（架构视图）到功能 • 工作的透明度或其他干系人会想知道"象牙塔"里发生了什么 • 现实检查	即将推出的： • 不断变化的需求 • 更改优先级 • 价值、风险 • 产品所有者，最终用户，Scrum Master（根据需要）、团队（根据需要）
达成共识	• 使用真实事例进行双重校对 • 与解决方案干系人核实至关重要	• 范围已定义且被理解 • 业务流程文件 • 正式的 • 持续重复 • 持续改进所有权	• SDLC 依赖 • 商业分析方法依赖 • 监管影响因素	• 通常独立于 SDLC 需求管理治理 • 没有明确的共识过程 • 考虑到客户、最终用户和解决方案提供商，加强对目标组织约定的共同理解	• 冲刺评审 • 非正式的：完成验收标准 • 确定新机会 • 在版本发布前满足预期

- 领域主题专家太忙：毕竟，在许多组织中，领导人员太多，用于完成这项工作的人手却不够，因此有"将军太多，水手不够"（Too many Admirals and not enough sailors.）的说法。为了对抗管理层的阻力，商业分析师可以向管理层提出一个只有"水手"知道的重要问题，如果没有正确解决，并且如果"水手们"不参与其中，将对解决方案产生负面影响。在这种情况下，管理层更有可能优先考虑领域主题专家的参与。
- 领域主题专家没有正确地执行他们的任务：最终用户是否已经实施了一个实际上使他们的工作效率更高的解决方案？商业分析师应该审查任何记录在案的流程，并将其与流程的执行方式进行比较，因为用户并不总是遵循记录的流程或更新文档以匹配当前流程。这为分析可能获得的任何流程效率提供了机会。如果业务人员发现了一种更好的方法来错误地执行他们的工作，那么实现一个新的流程不会改变这种行为。当流程步骤很烦琐或担心解决方案不完整时，业务人员能够灵活地找到新的解决方案。在解决方案需求和设计定义方面与领域主题专家进行协作通常会为以后的解决方案获得支持提供机会。
- 最终用户可能只是铺平了"牛道"：在IT领域，铺平"牛道"意味着自动化业务流程，而不必过多地考虑该流程是否有效。因此，几乎没有采取措施来消除沿途的浪费活动。应消除浪费；但是，商业分析师应考虑组织和最终用户是否能够进行所有必要的更改以立即或逐步消除浪费。与领域主题专家合作定义新流程可能获得更多支持，而不是用户在交付时破坏新解决方案。

启发

当在步骤4中启发范围定义时，商业分析师努力只在中高层级与干系人接洽，确保范围被适当定义，让干系人不要过于深入理解解决方案需求的细节，而这绝对是一个挑战。有些人将商业分析工作称为在为"范围定义"定义商业需求和干系人需求时的战略分析工作，并将其称为解决方案需求和设计定义的战术分析工作。在一些组织中有一个从战略商业分析师移交给战术商业分析师（有时命名为系统分析师）的动作，启发式方法随着商业分析师驱动解决方案需求和范围定义而变化。现在，干系人将被要求提供他们似乎难以表达的细节。例如：

商业分析师：在范围定义中，系统可用性被识别为一个关键元素。系统可用性的可接受级别到底是什么？

干系人：哦，系统必须一直可用。（这是可能的；但是，商业分析师应该让干系人知道 100%可用性的成本。）

商业分析师：当然，100%可用性是可能的，但是，它通常是为生命处于危险中的系统保留的。对于这个系统来说，严重的故障、预定的停机时间和类似的事情呢？

干系人：哦，这类事件有什么标准吗？让开发团队理解什么是可接受的（手头有关于类似系统可用性的研究……）。

商业分析师：好吧，看看 ABC 公司的其他系统的可用性级别，目前支持这些可用性级别。让我们谈谈发生的过程和高峰时间，以指导你在这一重要方面的决策，毕竟，如果系统在你真正需要时不可用，那么这个新的解决方案又有多大价值？

在大多数情况下，商业分析师与个人或小团体合作，以获得这一战术级的信息。当计划通过启发技术来回答问题时（参见本章后面的技术部分），我们使用漏斗类比帮助确保一个容器中的内容物被移到下一个容器中，而不会丢失任何有价值（或杂乱）的内容物。计划好的问题以这样一种方式呈现，就需要使用开放式问题、封闭式问题，以及用于澄清的摘要性问题。图 6.2 描述了这个漏斗，其中有一些围绕为什么、谁、什么、在哪里、何时和如何这几方面为中心的示例问题。你可能发现第 5 章中对范围定义提出了一些相同类型的问题；但是，受众不同（从管理层到业务人员），并且商业分析师可能试图确认在该范围内所识别出的商业需求、干系人需求、假设和约束。

在商业分析师计划中，已经建立了启发事件，以该计划为指导，商业分析师将为启发做准备。根据所采用的启发技术的不同，商业分析师的准备时间会有所不同，但通常计划准备时间至少为事件持续时间的 1.5~2 倍。一般来说，以下是启发准备的注意事项。

- 研究启发：通常是一个单独的商业分析师的活动。
  - 确定研究的范围、深度和广度以保持聚焦。

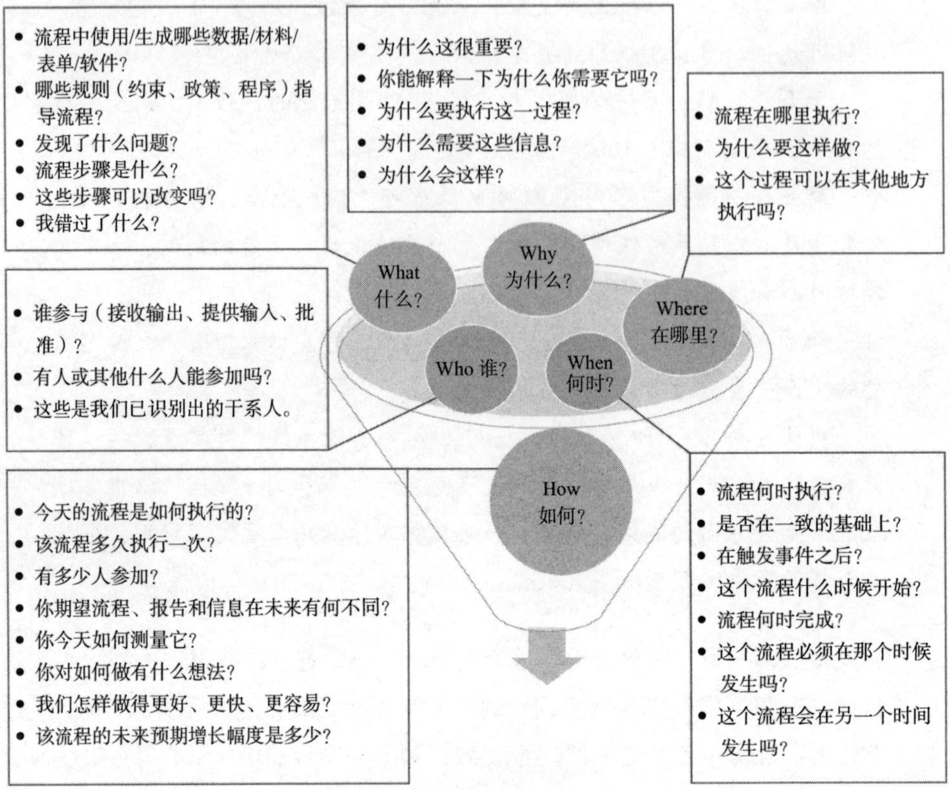

- 流程中使用/生成哪些数据/材料/表单/软件？
- 哪些规则（约束、政策、程序）指导流程？
- 发现了什么问题？
- 流程步骤是什么？
- 这些步骤可以改变吗？
- 我错过了什么？

- 为什么这很重要？
- 你能解释一下为什么你需要它吗？
- 为什么要执行这一过程？
- 为什么需要这些信息？
- 为什么会这样？

- 流程在哪里执行？
- 为什么要这样做？
- 这个过程可以在其他地方执行吗？

- 谁参与（接收输出、提供输入、批准）？
- 有人或其他什么人能参加吗？
- 这些是我们已识别出的干系人。

- 今天的流程是如何执行的？
- 该流程多久执行一次？
- 有多少人参加？
- 你期望流程、报告和信息在未来有何不同？
- 你今天如何测量它？
- 你对如何做有什么想法？
- 我们怎样做得更好、更快、更容易？
- 该流程的未来预期增长幅度是多少？

- 流程何时执行？
- 是否在一致的基础上？
- 在触发事件之后？
- 这个流程什么时候开始？
- 流程何时完成？
- 这个流程必须在那个时候发生吗？
- 这个流程会在另一个时间发生吗？

协作的启发结果

图 6.2　问题漏斗

- 定位并获取信息。
- 确定什么是有价值的，把重点放在重要信息上。
- 协作或基于实验的启发：吸引干系人。
  - 制定目的、目标和可交付成果声明。
    - 目的：我们为什么要进行这个实验？
    - 目标：我们打算如何实现目标？
    - 可交付成果：我们希望在会议结束时得到什么？
  - 确定谁拥有最相关和最新的信息：干系人分析最初创建在步骤 1 中，商业分析师将重新审视干系人分析，以洞察他们的特点以及他们喜欢的工作方式。正如预期的那样，干系人分析从我们听到变革的想法开始，并在解决方案的整个生命周期中不断改进。此外，当你与干系人接触时，干系人分析可能需要改进。商业分析师可能需要与以前合作过的其他人交谈，以理解如何建立融洽关系以及他们喜欢的工作方式。如果无法收集干系人的信息，商业分析师将准备一些用于建立融洽关系和澄清问题，并快速调整沟通方式的工作方式。

- 确定如何建立基本规则：当两个或两个以上的人聚在一起时，基本规则是建立预期实现交付证据的行为规范，这些基本规则可能是微妙的，也可能因为遵从性而发布。表6.2列出了常见的基本规则，商业分析师可以预先选择基本规则或与参与者一起构建。

表6.2 常见的基本规则

基本规则	演示	原因
准时（到达、休息、午餐、解散）	完成目标的时间有限，因此不能浪费时间	充分利用每个人的时间
准备	关闭或静音电话/笔记本电脑/平板电脑，场内将提供会议时间	保持全神贯注和在场
听	有很多分心的事情，包括那些在我们头脑里发生的事情。确保你倾听并理解	有助于确保所有参与者都能理解所有的观点
不打扰	避免与他人交谈	允许演讲者阐述完他们的想法
没有边聊	尽量减少边聊，因为所有人都可能有自己的见解	确保所有人都能听到所有的意见
把你的头衔留在门口	所有人都是出于某种原因而受邀的，在这次会议中，所有的意见都被认为是平等的，每个人都应该做出贡献	防止有权势的人压制别人的想法或导致参与者脱离主题。这可能需要商业分析师在与管理层会面之前确保给其他人第一次发表评论的机会
不要追根究底	抄写员将捕获并分发本次会议的笔记和行动项。并非所有的问题都会在会议期间得到解决	保持会议的重点和进展
批判思想，而不是批判人	这不是个人问题，而是我们要确保我们正在审查想法	防止压制想法或导致参与者脱离的感觉
尊重所有的观点	不同意是可以的，事实上我们就是想揭露冲突，但请尊重他人的观点	防止主宰者或有权势的人压制他人的想法或导致参与者逃离
不要铺"牛道"	有时很难考虑新的做事方式，但要考虑事情可能有什么不同	促进创造性思维

续表

基本规则	演　示	原　因
共识意味着"我可以接受并支持它"	你可能不喜欢解决方案的所有方面，但如果你能接受团队的决定，就放手吧。那些你绝对不同意的事情，请大声说："发起你的战斗。"（Pick your battles.）	促进关键问题的谈判，防止日后重新考虑决定
坦诚待人	这是一个理解需求的安全区域	防止重新访问稍后做出的决定
缺席或沉默等于接受	如果你对所做的决定有异议，请大声说出来	防止重新访问稍后做出的决定
提出问题	请要求澄清任何潜在的疏忽	防止重新访问稍后做出的决定
关注主题	背景资料很好，但请随时关注主题。任何与主题无关的讨论都将限制在特定的时间内	保持会议的重点和进展
小组对结果负责	我们所有人，包括我自己，都对这次会议的结果负责	促进所有参与者对结果的所有权

虚拟会话的附加基本规则：
- 安静的环境以减少背景噪声
- 不说话时保持沉默
- 对着音频接收器讲话以确保你的声音能被听到
- 每次说话都要表明自己的身份
- 说话清晰，语速缓慢，特别是如果你有很重的口音（任何一种）时
- 如果英语不是某些参与者的母语，请避免使用俚语
- 最小化音频接收器附近的噪声干扰（例如，轻敲铅笔）
- 保持现状（精神和身体），抵制多重任务的诱惑

- ◆ 考虑会议的后勤：
  - ■ 位置：商业分析师有许多位置方面需要考虑，包括是使会话虚拟化、物理化，还是将这两个方面与一些干系人联系在一起。以下是基于位置的一些注意事项：
    - ○ 对于虚拟设置，确定是否将使用协作工具，商业分析师需要在其中共享桌面或使用摄像头。许多人可能使用过Skype、网络会议、脸书等；但是，他们可能不熟悉如何充分利用所有这些工具。这可能需要商业分析师单独与需要提高工具速度的人员会面。在本

教程中，启发事件将更加有效。
- 对于物理设置，在寻找合适的会议场所时可能存在挑战。考虑在干系人的场所开会的危险性，因为他们在自己的会议空间可能更容易被打断，组织协议可能规定由干系人决定会议地点。
- 组合方法可能是最具挑战性的。商业分析师可以在会议室内投影，也可以为远程个人提供共享，如果有任何白板或活动挂图的工作，远程个人在有困难参与时，考虑音频的质量以最大限度地提高沟通效果。

- 视觉助手：商业分析师准备好要使用的视觉助手，并可能用到工具包，包括贴纸、马克笔、胶带、活动挂图等，考虑房间格局，以理解可用的布局和便利设施。

◆ 确定如何捕获会话：除考虑由谁来做记录外，商业分析师还创建了交付证据，因此有了对会话所预期结果的想法。商业分析师可以创建模板，以提供会话期间预期捕获的内容。聚焦会议，而不必考虑如何准确地捕捉这些想法。由谁做笔记基本上有三种选择：

- 商业分析师做笔记，这使得他更难以去倾听想法，并思考下一个问题或回答疑问以确保理解。
- 商业分析师雇用抄写员，如果抄写员不熟悉这个领域，可能提出问题。
- 商业分析师在征得同意后记录会议。如果会议上有很多人，那么在抄录结果时区别发言者是个挑战。

◆ 创建问题：考虑需要什么信息以及为什么需要它。通常，商业分析师会受到干系人的质疑，他们为什么会被问到某些问题。商业分析师应确保不对干系人提出的问题进行研究。考虑如何处理这些问题的方法，它是通过逻辑排序、优先级、干系人的可用性、时间安排等来实现的吗？

◆ 创建和分发带有交付证据的议程：议程将对会议进行计时，并向干系人提供会议发生的原因和会议流程的预期。分发时应包括授予的权利。

在商业分析师完全准备好的情况下，考虑如何实行启发会话。对于研究启发，商业分析师将继续关注所研究的目标，并记录任何需要解决的问题。为了合作或者基于实验的启发，商业分析师将邀请干系人参与，任何曾经主持过会议的人都可能承认，对于他们将如何被感知、会议是否成功，以及许多其他复杂问题，人们的焦虑会提高到一定的程度；考虑到这一点，商业分析师的能级得以提高。当干系人参加会议时，可能有许多相互竞争的想法，他们需要一些时间来适应，然后才能专注于本次会话。人们与那些映射他们行为的人相处得更好，因此，商业分析师应该调整他们的能级，使其略高于干系人的能量水平。关于会议的其他注意事项包括：

- 沟通交付证据，制定基本规则，审查议程。
- 进行介绍，并鼓励干系人描述其对动议的作用和责任，以及他们希望对会议做出的贡献。
- 商业分析师将通过会议管理工具和策略来控制会议，例如：
  - 执行基本规则。
  - 用靠近等动作提醒边聊或分散注意力的人，以使他们安静或集中注意力。
  - 询问其他参与者的意见。
  - 将问题/主题转移到"停车场"（可见的在其他时间要审查的条目列表）。如果所有人都能看到主题栏、重访或解决日期以及问题所有者（简单的手绘版本见图 6.3），那么商业分析师在将主题项转移到"停车场"时会遇到较少的阻力。如果干系人坚持讨论该条目，商业分析师可以为讨论设定时间限制，如果没能得出解决方案，那么他必须运用"停车场"来跟踪条目。
  - 采用会话间隔休息的方式以更小的小组来解决问题，或者让冷静的人占上风。
  - 注意你的干系人和你所投射的非言语交流线索。关于阅读他人的肢体语言，人们有很多说法，但也要考虑商业分析师所展示的非言语暗示，表 6.3 列出了常见的肢体语言提示。非语言沟通的另一个方面是语音变化，使用愉快或感同身受的语气可以让商业分析师以干系人寻求理解的方式传达坏消息。

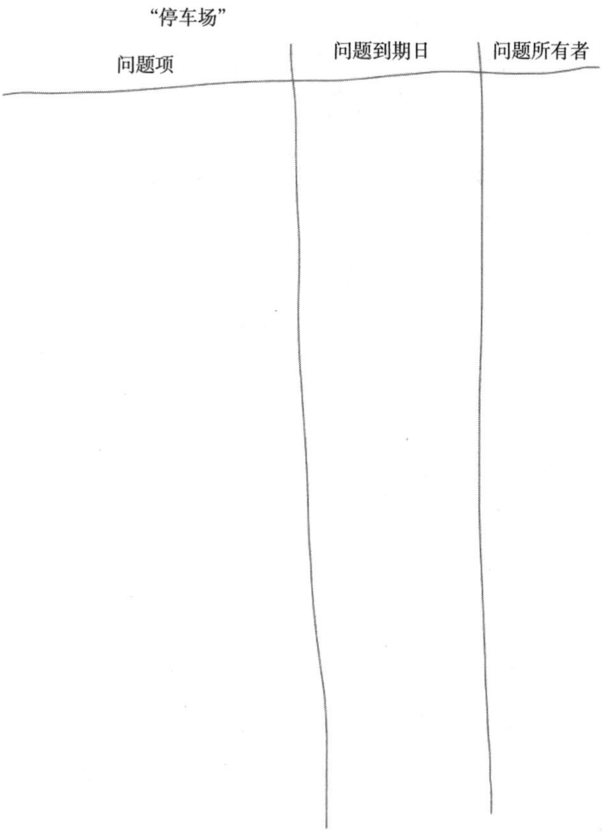

"停车场"		
问题项	问题到期日	问题所有者

图 6.3 "停车场"模板

- 当启发信息时,记住某些积极的词和短语可以激发进一步的讨论,而其他的词或短语则可能影响讨论,表 6.4 提供了一些关于有效词语的指导,在启发会话期间,一定要限制"避免"列中短语的使用。
- 了解开发一套完整的商业分析信息所需的信息,在第 1 章讨论的需求分类结构将有助于提醒商业分析师所要提出的后续问题。通常,干系人可以轻松地表达参与者所需的功能,商业分析师将就支持功能所需的服务质量、数据和规则提出后续问题。
- 总是留出时间在会议结束时进行总结,以庆祝会议的成果并回顾下一步,当然,感谢总是为了更好的参与。

表 6.3　常见的肢体语言提示

线　　索	感　　觉
张开双手，未系纽扣的夹克	开放性
双臂交叉，斜视，触摸或摩擦鼻子	怀疑
手插口袋，咬笔/铅笔，咬指甲	不安全
背部挺直，手放在背后，手放在口袋里，拇指向外	自信
双臂交叉在胸前，双腿交叉，拳头式手势，伸出食指	防御
面对面做手势，倾斜头部，抚摸下巴，凝视眼镜，摘下眼镜，清洗眼镜	评价
上身呈短跑姿势，张开双手，坐在椅子边缘，解开夹克，倾斜头部	合作
短促的呼吸，"tsk"的声音，紧握的拳头，摩擦脖子后面	挫折
清喉咙，"喘息"声，吹口哨，坐立不安，说话时用手捂住嘴，没有眼神交流	紧张

表 6.4　用于获取信息的有效词汇和短语

正　向　的		激　　励	避　　免
优势	新的	祝贺你	我会告诉你的……
发现	积极的	很荣幸	换句话说……
容易的	经过证实的	拜托	让我对你说实话
担保	结果	谢谢你	明白我的意思吗？
健康	安全性	你能帮我吗？	明白吗？
爱情	保存		我想说的是……
钱			

协作

　　商业分析师一直在寻找能够激励干系人朝着一个共同目标努力的协作点，在一个连接不断增加、项目移动速度越来越快的世界中，团队环境中的启发和协作效率要高出许多倍。在这个团队环境中，信息在参与者之间流动，而不是引导者必须每次都为每个干系人处理信息，团队环境中的引导者引导对话，以确保达成共识。让参与者互相倾听并不总是容易的。通常，他们可能用不同的方式说同样的话，而主持人必须确保他们认可协议。为了创建协作环境，协作组织采用了以下原则，这将有助于解决方案协作：

- 个人参与解决方案协作的收益与组织的目标同样重要（也许更重要）。
- 先战略后技术（先理解为什么然后才是如何做）。

- 倾听客户（或用户）的声音。
- 学会让路，太多的管制会扼杀合作。
- 以身作则；确保管理层理解其行为是组织中的强大工具，通过管理层表达、支持和展示协作行为，其他人将在组织内对其进行建模。
- 融入工作流程。
- 创造一个支持性的环境。
- 衡量什么是重要的。
- 适应和发展。
- 员工协作也有助于客户。

商业分析师所面临的挑战是确保所有干系人都有共同的理解，这似乎足够简单，然而，人类常常偏向于听到和看到他们所想要的东西。此外，口头语言和书面语言常常是模棱两可的，而且根据所涉及的个人，在词语的解释方式上可能存在文化差异。即使没有文化差异，一个词也可能有两种含义，例如，双月制（Bi-Monthly）意味着什么？字典提供两种含义：①每月两次；②每隔一个月。对于解决方案的需求，精确性是必不可少的，像双月制这样的字眼破坏了清晰、简洁的需求。

分析

对商业分析信息进行分析要求商业分析师获取已确认的启发结果（根据预期对其进行确认），并将这些启发结果转换为需求和设计变革动议的定义。这种转换是迭代的，因为商业分析师将所有的启发结果合并到一个用于解决方案需求和设计定义的内聚包中，商业分析师可能在这一分析过程中遭遇差距和冲突。

这些差距和冲突可以通过证实来解决。例如，在启发会话中，业务干系人可能提出在商业分析师看来是对系统所必须支持的质量级别的不切实际的请求，商业分析师应该通过研究当前系统支持的质量水平来证实这一需求。以下是几个例子。

- 专家参与：在塑料注射成型制造环境中，传送带的速度可以达到现有速度的三倍。干系人预计生产率的增长至少是产量的两倍，这是用来为变革动议制定理由的，这将提供额外的速度。商业分析师与工程师进行了交谈以证实这一销量增长目标，工程师解释说，对其中75%的库存所需的冷却时间将阻止其提高速度，但对于剩余的25%的库存，生产率确实将提高。这一佐证需要主题专家的参与。

- 数据挖掘：干系人表示，该系统为应收账款财务套件支持约 14 000 名业务人员并行工作。商业分析师知道该组织雇用了大约 30 000 名业务人员，并且对几乎一半的业务人员在任何时候都会访问这个功能这一点表示怀疑，商业分析师应该研究当前应收账款功能的最大并行用户数，以证实此信息。
- 观察：管理层干系人参加了一个研讨会，其中记录了业务流程，以定义接收库存条目的"现有"流程。为了证实这一流程，商业分析师将安排对该过程的观察，任何差异都将进行分析以确定解决方案。

在分析启发结果的过程中，商业分析师一直在产生工作产品，其中一些产品有助于对启发结果的理解，并且可能不会成为商业分析可交付成果的一部分。根据项目类型、干系人偏好和商业分析方法，解决方案需求的文档、时间和形式会有所不同。在步骤 3 中所讨论的商业分析师工作计划为预期的分析活动和技术提供指导，在步骤 4 中范围定义被明确定义之后，干系人需求将为进一步的分解提供指导。例如，如果为范围定义执行了某种类型的功能分解，这就为商业分析师（或商业分析师团队）提供了功能块，这些功能块可以是用例、场景、特性、史诗、故事、流程或子流程等。从这里开始，商业分析师将每个功能块都分解为单独的步骤（或功能性需求）。在每个步骤中，商业分析师将分析：

- 步骤中被管理的数据。
- 进行下一步之前必须执行的规则。
- 此步骤所需的服务质量。

逐步分析完成后，商业分析师将审查流程，以确定适用于整个流程、流程的一条可能路径或一组步骤的任何附加服务质量需求。对适用于获得贷款报价的一组步骤的服务质量需求示例如下：

系统应在贷款报价提交后 10 秒内提供贷款定价信息。这个需求可以用文本方式表示，也可以用图 6.4 所示的计时器在工作流模型中捕获。可能有多个步骤，其中设计中的系统必须访问多个系统，以了解借款人的信用度、抵押品价值和贷款利率；然后运行所定义的规则（这些规则也在解决方案需求中），并提供贷款定价信息。贷款定价信息由定义此别名（复合数据元素）的数据要求组成（数据元素分组）。

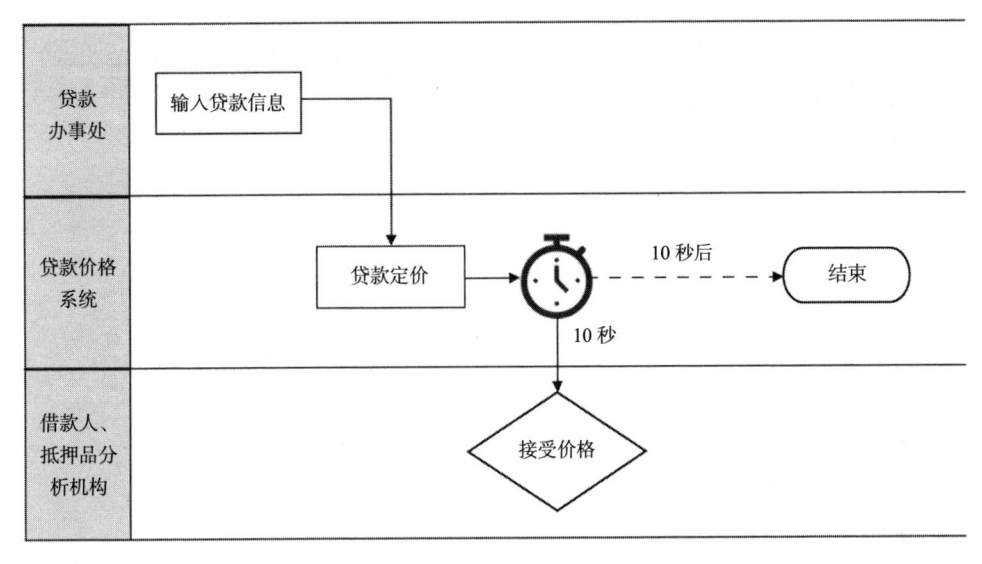

```
┌─────────┬──────────────────────────────────────────────────────┐
│ 贷款     │  ┌──────────┐                                        │
│ 办事处   │  │输入贷款信息│                                       │
│         │  └─────┬────┘                                         │
├─────────┼───────│──────────────────────────────────────────────┤
│ 贷款价格 │       ▼                                              │
│ 系统     │  ┌──────┐    ⏱  ---10秒后--→ ( 结束 )                │
│         │  │贷款定价│──→                                         │
│         │  └──────┘    10秒                                     │
├─────────┼─────────────────│────────────────────────────────────┤
│借款人、  │                 ▼                                     │
│抵押品分  │              ◇接受价格◇                               │
│析机构    │                                                      │
└─────────┴──────────────────────────────────────────────────────┘
```

图 6.4　工作流描述

与特意保留在中高层级的范围定义不同，解决方案需求必须适合干系人的目的，即：

- 领域主题专家确认每个需求是否正确。
- 解决方案提供商核实需求是否适合其目的，以指导解决方案创建。
- 测试人员核实需求是否适合其目的，以完整测试该解决方案。

为了确保质量水平，商业分析师应该有一个质量检查表。表 6.5 描述了所建议的有效需求的特征。

表 6.5　有效需求的特征

特　征	高质量指标
原子的	可以独立于其他需求或设计理解
完整的	在适当的层级上记录并提供足够的信息来指导下游工作。所需的完整性级别根据商业分析视角、方法、商业分析方法和生命周期中检查或表示需求的点而有所不同
一致	不与其他需求相违背或重复。在所有需求中，相同的术语用于相同的条目
简洁/易懂	用听众的常用术语简单明了地陈述，易于阅读和理解并只说明一项需求
可行	可以通过开发一个或多个系统概念以合理的成本、交付时间和商定的风险来实现；或者在合理的范围内通过实验或原型进一步研究
明确	只有一种解释。语句中使用的语言不会让读者对预期的描述或数值产生任何疑问
可测试的	核实和确认解决方案实现的可接受级别取决于需求或设计的抽象层次
优先	根据重要性和价值与所有其他需求或设计进行排名、分组或协商

续表

特　征	高质量指标
正确的	准确地表示由干系人或其他需求源定义的所要构建的功能。最佳实践是确保需求得到第二个来源的证实
可跟踪的	需求可以被唯一地标识，并且可以在整个变革动议的生命周期和需求层次结构中被引用
可核实的	可通过四种方法之一进行核实：检查、分析、演示或测试
必要的	产品或过程的基本能力、物理特性或质量因素。如果被移除或删除，将存在产品或过程的其他能力无法满足的缺陷
摘要	说明需要什么，而不是如何满足需求。需求声明不反映设计或实现方法

共识

在这个启发、协作、分析商业分析信息、开发工作产品的周期中，在 SDLC 中有一段时间的可交付成果对下一阶段而言是稳定的，此时来寻求干系人共识。步骤 6 描述了通过核实和确认达成共识的更多信息，同样，此可交付成果的批准的正式级别因商业分析方法而异，指导却提供自：

- 商业分析管理计划：用于需求批准流程。
- 干系人分析：由谁负责批准需求，就需求进行咨询，并就需求进行告知。

将解决方案需求分解为有效的设计定义

随着在层级上发现更多的功能和数据，设计开发将是一个迭代的精化过程。设计开发将采用上节中为解决方案需求所定义的启发、协作、分析和共识这一周期。

设计定义在技术上仍然不可知，但它在概念上定义了以下内容：

- 外部接口：
  - 这涉及系统对系统的信息交换或工作包传递，商业分析师需要考虑系统之间的信息接口。随着遗留的系统被替换，商业分析师可能在这些并行解决方案之间进行交互，以在该系统退役之前保持两者的同步。然而，当我们考虑相互连接的设备数量时，这种信息交换量激增，商业分析师面临的挑战是，要比仅仅只考虑组织内部系统更广泛地思考问题。例如，由行业（大数据）生成的大量数据将使广告和媒体从业人员能够获得有关行业当前使用的目标机制的详细信息层。Gartner（一家领先的研究公司）预测："在未来几年内，某种程度的智能设备和连接性很可能被视为标准，这将很快被应用到主流产品和服务中。"但如此多的数据流必须被谨慎管理和保护起来才有用。Gartner 公司副总裁兼院士史蒂夫·普伦蒂斯（Steve Prentice）警告说："各组织必须在收集和分析智能设备信息的愿望与丢失或误用这些信息这一风险之间取得平衡，以跨越智能设备中所有可用信息的紧张关系。"其预测所连接设备的数量，2015 年为 150 亿个，2020 年为 500 亿个。必须考虑定义所使用信息威力控制的设计，这种对信息的控制使商业分析师成为企业成功的强大力量，他们会问："我们能够获得信息，我们想用这些信息做什么？"

- 图形用户界面，允许人类交互，需要从高层级到概念模型到整体站点地图或故事板，最后到解决方案需求和设计定义的屏幕展示层（线框、模型、屏幕设计）这一流向的分解。人物+旅行地图是通过有助于确定设计的详细需求开始的好方法。随着屏幕变得越来越小，智能对象（也称为物联网）的出现将虚拟的体验带入现实世界，用户体验设计的本质正在变得越来越不是主要体现在屏幕设计中，而更多地体现在人类对传统屏幕或非传统屏幕内容的参与。数字技术的经验正在叠加在我们的整个环境中，这很像电能驱动的设备在一百年前被视为孤立的物体，现在电能被混合到所有东西的结构中，这大大提高了用户体验客户和专业人士的期望。
- 硬件的系统方向，例如当系统（人工或非人工组件）必须在打印机（硬件设备）上启动打印作业时。
- 流程改进设计：可以提供工作辅助或流程模型，以对执行的任务和预期的效率提高进行设计。根据所涉及的风险，可以模拟多种解决方案来确定最佳设计。可以定义设计方向，然后进行持续改进，这是精益型方法的基础。例如，设计定义可以提供预期的时间，以实现对业务人员的度量。将对设计进行调整以实现目标。
- 组织结构设计：以组织结构图的形式定义组织结构，并部署变革。这可能包括对新组织结构所需的适当技能集的建议。

成熟度：如何知道何时结束

对于商业分析师来说，一个永恒的问题是："如何知道我已问了足够多的问题并记录了足够多的商业分析信息？"到目前为止，如果仔细阅读本书，就知道商业分析的迭代性质已经被很好地记录下来了。商业分析师如何知道何时结束询问，特别是当有障碍物阻止其提前退出时？

刚性瀑布 SDLC 和方法论以及项目管理生命周期旨在在进入下一个阶段之前强制定义阶段门，在这种类型的变革动议中，商业分析师可以利用模板，例如所要完成的商业需求文档、系统需求规范、工作说明书等，这为商业分析师提供了一种安全感，即如果每个部分都完成了，那么商业分析信息就完成了。在受敏捷影响的变革动议中，商业分析师面临的挑战是进行对话但只记录足够用的内容。用爱因斯坦的话来说："每件事都应该尽可能简单，但不是更简单。"（Everything should be made as simple as possible, but not simpler.）下文包含了一些关于完整性的指导原则，不管是预测型、适应型，还是两者混合的商业分析方法。

- 商业分析信息分类方案：第 1 章讨论了需求层次、需求类型和设计定义。使用分类方案将有助于商业分析师提出全面定义解决方案所需的问题。例如，业务干系人在用户允许的功能和对系统将要做什么样的期望方面很容易参与，但是系统必须具备的质量方面则很容易被商业分析师新手所忽略。拥有商业分析信息的分类方案就像拥有清单来指导启发课程，当商业分析师考虑了所有的商业分析信息类别时，这表明对解决方案需求和设计定义的彻底分析已经完成，当这项工作发生变化时，变化是基于新事物而不是因为忽略了商业分析信息。

- 人员/流程 CRUD 数据：另一个指标是确保我们已经考虑了数据管理，包括谁可以管理数据以及哪些流程负责管理数据。数据管理有时被称为 CRUD（Create, Read/Review, Update and Delete）。商业分析师可以在启发过程中开发一个 CRUD 矩阵，或者使用一个矩阵来分析启发结果，CRUD 矩阵是一个二维表，显示哪些用户角色具有 CRUD 特定数据记录的权限，可以使用同一类型的矩阵来显示哪些流程（而不是用户）具有 CRUD 权限。商业分析师使用范围定义来进一步分解这个 CRUD 矩阵，例如，使用用例图或史诗故事清单来定义流程和用户；将其与逻辑数据模型结合起来，商业分析师可以构建 CRUD 矩阵，一个流程 CRUD 矩阵以流程为行,以数据实体为列;一个用户角色 CRUD 矩阵则以角色为行,以数据实体为列,如图 6.5 所示。

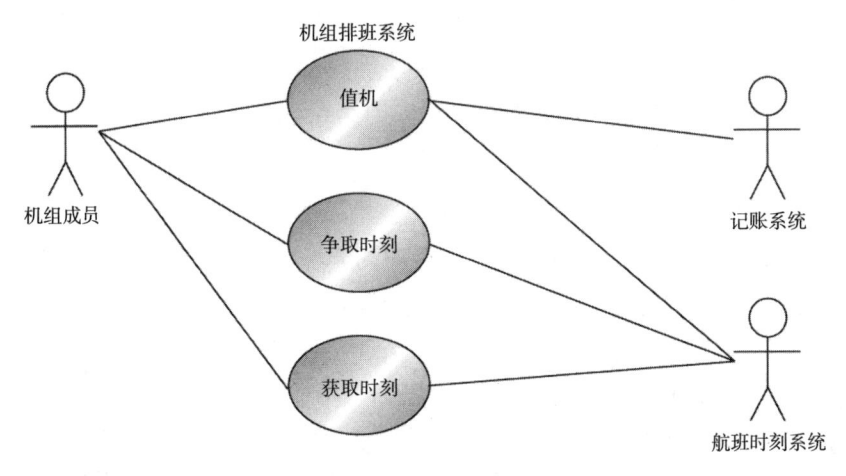

参与者/用户角色	对象		
	机组成员	飞行	时刻表
机组成员	R, U	R	R, U

对象	过程		
	值机	争取时刻	获取时刻
机组成员	R, U	R, U	R
飞行	R	R	R, U
时刻表	R	R	R

图 6.5　用户角色/数据 CRUD 矩阵描述

- 审查假设:假设可能在范围定义中得到记录或隐藏在会议记录中,或者在干系人的头脑中。在启发和审查解决方案需求和设计定义时,商业分析师应调查所有假设,以确保其完整性。
- 在范围分析过程中,将干系人保持在商业需求和干系人需求级别并不是一项小任务。开发假设是一种方法,可以让商业分析师在不太详细的情况下保持对全局的关注。但是,当商业分析师达到步骤 5 时,需要对先前所做的假设进行确认。
- 提交给决策者的决策包可能基于某些假设。这是确保成熟度的另一个机会,商业分析师审查先前做出的假设,并确认这些假设事实上是否真实。

如果假设被发现不切实际并对动议的成功产生重大冲击，决策机构必须重新审视动议的价值，以确定该动议是否应继续：

- **干系人成功标准的实现**：需要记录干系人成功标准的许多机会和来源。商业分析师可以使用以下任何一种：
  - 为动议提供资金的决策包。
  - 动议的商业论证。
  - 范围定义文档。

掌握了这些信息后，商业分析师将审查商业分析信息，以确保解决方案已被定义、成功路径已被定义，并且根据目标时间线来衡量成功所需的数据已明确定义。

技术

表 6.6 描述了所建议的对商业分析师而言在分析解决方案需求和设计定义时可能有用的技术，此表是根据《PMI 商业分析指南》、PMI 实践指南和 IIBA《BABOK 指南》的输入编译的，并且是表 1.14 的节选列表。当然，在执行多个活动的过程中，商业分析师可以使用一些技术。因此，本节将详细介绍解决方案需求和设计定义分析任务最常用的技术。

表 6.6　步骤 5：开发解决方案需求和设计定义技术对照

技术	5. 开发解决方案需求和设计定义	阐述商业分析信息的各个方面				商业分析视角				
		启发	协作	分析	共识	商业智能	业务流程管理	业务架构	信息技术	敏捷
验收和评估标准	×	×	×	×	×	×	×	×	×	×
未完项管理	×	×	×	×	×	×	×	×	×	×
头脑风暴	×	×	×	×		×	×	×	×	×
商业规则分析	×	×	×	×	×	×	×	×	×	×
概念建模	×	×	×							×
客户行程图	×	×	×	×	×			×		
数据字典	×			×		×		×	×	
数据流程图	×			×		×		×	×	
数据挖掘	×		×			×			×	
数据建模	×	×	×	×	×	×	×	×	×	
决策分析	×	×	×	×	×	×	×	×	×	
文档分析	×	×		×				×	×	
失效模式和影响分析	×			×						
财务分析/估值技术	×			×						
焦点小组	×	×	×	×		×			×	
差距分析	×			×		×	×	×	×	
术语表	×			×				×	×	
接口分析	×	×	×	×		×	×	×	×	×
访谈	×	×	×	×						
条目跟踪				×	×					
改善事件				×	×					
轻量级文档	×			×						×
指标和关键绩效指标	×			×	×	×	×	×		
思维导图	×	×	×	×						×

续表

技术	5. 开发解决方案需求和设计定义	启发	协作	分析	共识	商业智能	业务流程管理	业务架构	信息技术	敏捷
非功能性需求分析	×			×		×	×	×	×	×
观察	×	×	×				×	×	×	×
组织建模	×						×	×	×	
流程分析	×	×	×	×	×		×	×		×
流程建模	×	×	×	×		×	×	×		×
项目组合分析	×			×			×			
原型	×	×	×	×	×					
实物期权	×				×					×
需求配置管理系统和版本控制系统			×		×					
风险分析和管理	×					×	×	×		
角色和权限矩阵	×			×		×	×			
根本原因分析	×	×	×	×						
序列图	×			×		×			×	
示例的规范	×			×						×
干系人、干系人名单、干系人地图或人物	×	×	×	×		×				
状态建模	×			×		×		×		
故事阐述	×	×		×						
调查或问卷	×	×		×						
约束理论思维过程	×			×						
跟踪矩阵	×			×						
用例和场景	×			×		×	×	×	×	×
用户故事	×			×		×	×	×	×	
供应商评估	×			×		×	×		×	
研讨会	×	×		×						

验收和评价标准

验收和评价标准技术允许对需求、设计、解决方案进行评估，尽管可能为所有级别的商业分析信息建立这些标准，但对于解决方案需求和设计定义而言，这一点尤其重要。现在来看一下验收标准和评价标准两者之间的区别。

- 验收标准：表示实现解决方案必须满足的最低需求集。这实际上是对单个解决方案的通过/失败的测试。
- 评价标准：定义对解决方案进行排名的度量。评价标准将有助于评价多个解决方案。请注意，这两个标准可能是相同的，但是应用程序根据对多个可能的解决方案选项（评估标准）或单个选项（验收标准）的分析而有所不同，敏捷项目通常需要制定验收标准来确定冲刺结果是否通过验收。

商业规则分析

商业分析师可以预期，任何变革动议都必须在组织政策和外部监管环境的约束条件下定义商业规则。在对范围进行文档化时，商业分析师可能启发通用型理解，并随着解决方案需求的不断清晰阐述而进一步澄清。例如，当定义 ATM 解决方案的范围时，商业分析师会记录提款限制将应用于从 ATM 获得现金这一情况，这些提款限制是在开发解决方案需求时将进一步分析的商业规则。在功能性需求的背景下，ATM 确认取款请求，商业分析师将创建与此步骤关联的单个商业规则，这可能是链接到此功能性需求的单个文本语句，也可能以表格格式捕获，其中每行都被视为单独的商业规则，表 6.7 描述了 ATM 取款限额的商业规则。商业规则必须被小心管理，因为它们可能在产品的整个生命周期中发生变更，如果单独的商业规则存储库是通过对功能背景的可跟踪性来维护的，那么在发生变更时，可以很容易分析其影响，并且需要将单个变更点传达到所有跟踪的功能性需求（如有保证）。

表 6.7　ATM 取款限额的商业规则

唯一标识符		客户类型		提款限额
BR17	如果客户类型为……	铂金	则允许提款小于或等于	500 美元
BR18	如果客户类型为……	黄金	则允许提款小于或等于	300 美元
BR19	如果客户类型为……	青铜	则允许提款小于或等于	100 美元

商业规则通常分为两类并可以进一步分类。
- 定义性的规则：这种类型的规则是基于事实的。这些规则描述如何派生、推断、计算和定义系统的信息。这些规则可进一步分类：
  - 数据定义规则：通常是对数据理解的补充。数据定义将提供数据元素的术语表定义以及描述数据的属性。这些数据属性具有定义其有效值、允许的字段格式、屏幕定义、搜索条件和许多其他方面的规则。这些类型的规则可以通过数据模型和/或数据字典来描述。
  - 计算规则：定义了如何应用公式，例如计算对采购征收的增值税以确定采购总价，或计算汽车贷款的贷款与价值的比率，在这两个示例中，都有用于创建复合数据元素的基本数据元素。
  - 系统推断：描述了如何根据系统检测到的事件推断数据。例如，如果在到期日或之前收到付款，系统应将发票状态设置为"已全额支付"，否则将发票状态设置为"拖欠"。请注意，发票的寿命可以通过状态图建模，通过状态图，可以通过发票对象状态之间的可允许转换捕获此规则。
- 行为规则：管理日常商业活动，这些规则规定了行为人执行任务、采取行动、应用实践、遵循程序这些行为的义务。商业分析师可以选择使用流程建模来描述这些行为规则。与定义规则不同，这些规则可能被违反，并且处理方法可能因下面的定义而变化。

- 严格执行：定义了防止参与者行为的规则。如果借记卡个人识别码有效，则提供用户权利，否则在最大限度尝试后拒绝购买。顺便说一下，最大限度尝试是一个定义性的商业规则。
- 授权参与者允许的覆盖：为允许覆盖接收到的错误的参与者定义规则，阻止进一步的操作。例如，总统车队的路障可能被暂时移除，很可能一名警官是被授权的参与者来清除路障。
- 准则：定义了使参与者能够导航系统的规则。旅游网站可能有一条指导原则，提醒旅行者他们正试图预订一个日期与另一次行程重叠的旅游段。系统允许此预订操作，但是它会警告旅行者已产生时间重叠。

商业规则网络将很快变得非常复杂和相互关联。考虑一个抵押贷款系统，其中向借款人报价的利率需要通过一组商业规则进行复杂的导航，以达到报价的利率。一些依赖关系可能包括借款人的信用评分、房地产类型（住宅、公寓、单一结构）、地震区、借款人收入、洪灾区等。商业分析师必须启发并详细说明这些独立的应用规则的顺序。在这种情况下，使用决策树或决策表可能是一种有用的沟通工具。

商业规则是独立于技术进行管理和维护的，事实上无论是否有自动化解决方案，这些商业规则都会存在。商业规则目录可以独立于动议进行维护，并且可以跨许多动议被引用。然后，可以经常分析现有的商业规则以便与商业目的和目标保持相关性和一致性。

数据挖掘

信息的力量是强大的，而要想利用信息所具有的强大力量就需要对信息进行分析，数据挖掘是一种分析过程，它检查大量数据，对数据进行切分以发现重要的模式、趋势和关系。这种分析通常涉及数学模型，然后将提取的信息用于帮助做出更明智的决策或用于监控系统，这种技术特别适用于商业智能视角下的商业分析。数据挖掘是一个通用术语，用于解决以下三种不同用途的子技术。

- 描述性：定义数据中的模式，例如确定最流行的产品。
- 诊断：定义分段和分段特征。这将有助于理解这些分段存在的原因。
- 预测性：检测结果的概率。该子技术是理解风险发生可能性的关键，例如现有长期护理保险单的数量，其风险敞口超过其收入。

数据建模

用于定义解决方案的许多商业分析信息必须以数据为中心，数据模型提供了与解决方案相关的静态信息的可视化，它可能是启发和阐述数据需求的最佳工具之一，商业需求很难被清楚地表达，这需要广泛的文本布局，该模型简洁地提供了大量数据信息和围绕数据关系的商业规则。许多商业分析师只存在于由实施主题专家（特别是数据建模者和数据库管理员）所定义的物理数据模型中。但是，通常有三种为人所知的数据模型提供不同的视图。

- **概念数据模型**：用于传达业务如何感知其信息。在这个层次上，使用实体关系图、类图、对象模型提供相同类型的结果，即大型业务对象（也称为事物、概念、对象、实体或类）的一致术语表、描述大型业务对象的属性，以及大型业务对象之间所允许的关系（商业规则）。所有这些技术都是独立的，只与业务如何定义其信息相关。
- **逻辑数据模型**：抽象概念数据模型，应用规范化规则，正式管理信息和关系的完整性，此模型与技术解决方案的设计相关联。通常是数据库管理员和商业分析师一起审查以确保逻辑数据模型满足概念数据模型所要求做的工作。
- **物理数据模型**：描述如何定义数据库中的物理表。在数据库管理员的监督下，数据建模者将确保正确定义数据库，以支持系统所需的性能、并行性和安全性。

商业分析师负责定义数据需求，概念数据模型为这一启发和阐述提供了很好的工具，数据模型通常采用图表的形式，并支持文本描述。这些文本描述很可能是使用本节前面所讨论的数据字典技术捕获的。（概念性）数据模型的组成部分包括：

- **大型业务对象**：在图中被描述为三个分区盒。业务对象的名称在盒的第一个分区中描述。业务对象通常是个人、地点、事物或商业事务。该图将描述与被建模的解决方案相关的所有业务对象。
- **属性**：在图的第二个分区盒中描述。对于实体关系图（Entity Relationship Diagram，ERD），唯一标识业务对象的属性在盒的第二个分区盒中，其余属性在第三个分区盒中。

第 6 章 步骤 5：开发解决方案需求和设计定义

- 关系：或者用一条线来描述大型业务对象之间的关联。在该行上，为该行关联的两端捕获允许的关系数。ERD 和类图的符号各不相同。

数据可以在 ERD 或类图中建模，从商业分析师的角度看，这两个图在符号上有细微的差异，图 6.6 描述了这些差异。

实体关系图
贷款人发起从零到多笔贷款
贷款是由一个贷款人发起的

贷款人
- A 商业分析师#
- 贷款人地址
- 贷款人名称

贷款
- 贷款 ID
- 贷款金额
- 贷款起始日期

服务商
- 服务商#
- 服务商地址
- 服务商名称

贷款由一个服务商提供服务
一个服务商服务于多笔贷款

借款人
- 信用评分
- 主要借款人
- 次级借款人

一名贷款人向许多借款人提供贷款
一名借款人从一个或多个贷款人那里借款

贷款由一项财产担保
一项财产可担保多笔贷款

财产
- 地址
- 类型
- 价值

基数
- 实体 0~1
- 实体 1~1
- 实体 0~许多
- 实体 1~许多

类图
贷款人发起零到多笔贷款
贷款是由一个贷款人发起的

贷款人
- A 商业分析师#-*
- 贷款人地址
- 贷款人名称

贷款
- 贷款 ID-*
- 贷款金额
- 贷款起始日期

服务商
- 服务商#-*
- 服务商地址
- 服务商名称

贷款由一个服务商提供服务
一个服务商服务于多笔贷款

借款人
- 信用评分
- 主要借款人
- 次级借款人

一名贷款人向许多借款人提供贷款
一名借款人从一个或多个贷款人那里借款

贷款由一项财产担保
一项财产可担保多笔贷款

财产
- 地址-*
- 类型
- 价值

多样性（可规定具体限制）
- 实体 0~1
- 实体 1~1
- 实体 0~许多
- 实体 1~许多

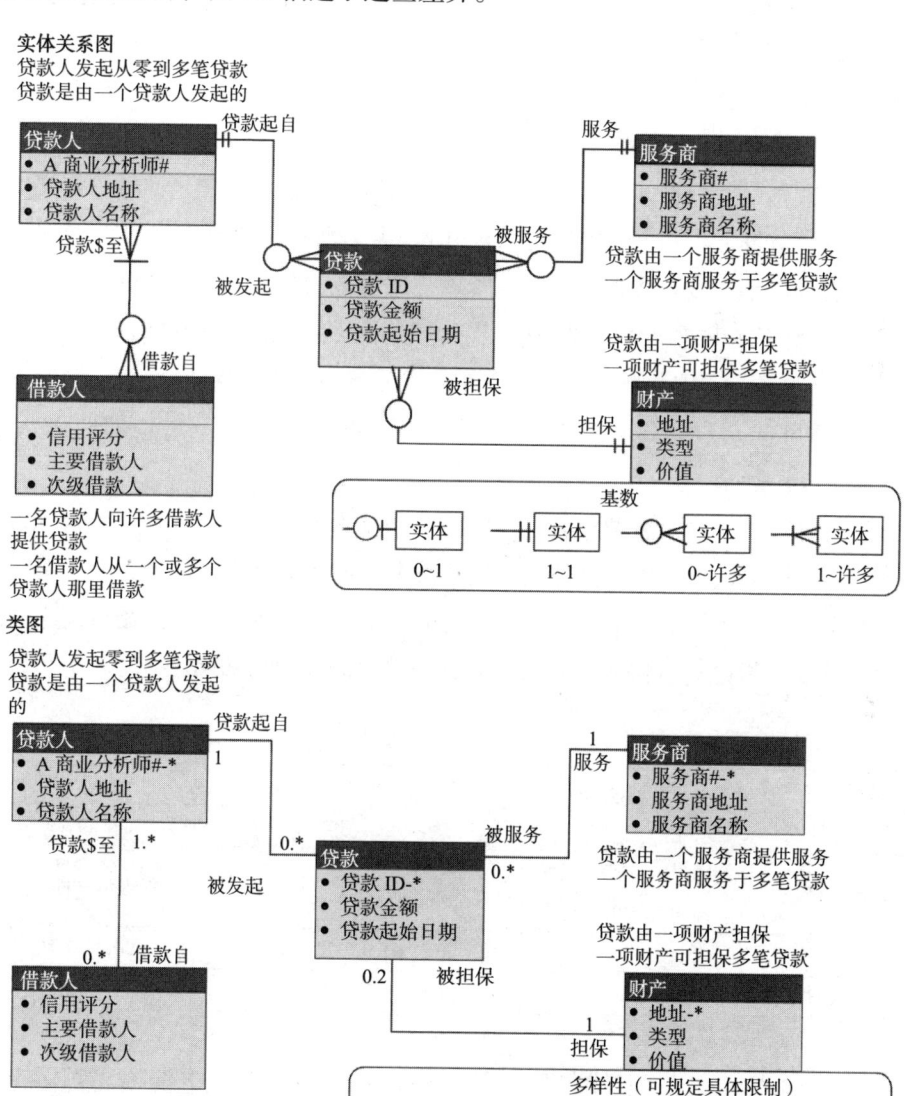

图 6.6 数据模型差异

数据字典

数据字典是有关大型业务对象及其属性的更多信息的表格表示，数据模型就位后，此结构将允许一致的文档，并进一步严格定义复杂且多次被忽略的数据管理商业规则。将在数据字典中捕获的一些常见属性可能包括但不限于：名称、描述、大小、字段类型、验证规则、有效值、可选性和别名。数据字典中记录了两种类型的数据元素。

- **原始数据元素**：那些不能分解成简单形式的数据元素，必须在数据字典中定义。原始数据元素可以由客户姓氏、客户年龄或客户电话号码定义。
- **复合数据元素**：由原始数据元素组成。复合数据元素允许将多个相关数据块作为单个复合数据元素进行管理。这可以通过三种方式实现：
  - 对基本数据元素排序并指定它们必须始终以相同的顺序出现。
  - 重复的基本数据元素使它们在复合元素中发生多次。
  - 可选元素是作为复合数据元素的一部分出现或不出现的原始数据元素。

客户名称的顺序复合数据元素可以由多个基本数据元素组成，例如客户名后跟客户姓。许多数据建模工具都提供创建数据模型和数据字典的能力，以填充更多的细节。表 6.8 提供了从数据模型示例扩展到数据字典的示例。在回顾这个例子时，商业分析师可以快速识别出当表不完整时需要提出的问题。

表 6.8　数据字典描述

数据名称	别　名	说　明	字段类型	字段长度	有效价值	规　则
贷款						
贷款标识符	贷款编号，贷款标识符	唯一表示单笔贷款	数字	N/A	N/A	必须是唯一的
贷款金额	—	借款总额	货币	10	N/A	>12 000 和<1 500 000
贷款发放日期	截止日期		日期模式	日期模式	日期模式	日期晚于
财产	家					
地址		物理地址	地址模式	地址模式	地址模式	
类型			列表		复式公寓	
货币						
贷款人	银行					

续表

数据名称	别名	说明	字段类型	字段长度	有效价值	规则
ABA#						校验位规则
地址	物理地址		地址模式	地址模式	地址模式	
名称	—		组织名称模式	组织名称模式	组织名称模式	
借款人	财产所有者					
信用分						
主要借款人			名称方式	名称方式	名称方式	
次级借款人			名称方式	名称方式	名称方式	
服务人						
地址	物理地址		地址模式	地址模式	地址模式	
名称	—		组织名称模式	组织名称模式	组织名称模式	
服务人标识符	—		列表			

切记在构建数据字典时，商业分析师不是定义物理表，而是提供对业务而言很重要的数据需求。如果业务与系统生成的唯一标识符的格式无关，那么不要通过填充表中的单元格来过度约束设计，从业务的角度来看，解决方案团队可以决定这一方面。

数据流图

数据流图描述了向流程提供输入或从流程接收输出，以及通过流程转换数据的实体（参与者、人或非人）。在步骤 4 中，背景图显示为高层级数据流图。在本章中，随着解决方案需求和设计定义得以阐述，商业分析师可以使用此数据流图技术来打开背景图设计中的系统，并在那个圆圈里定义过程。

图 6.7 描述了将图 5.16 中的背景图分解为数据流图的示例。此图中使用的符号的意思如下所述。

- 圆形：表示一个过程。
- 方形：表示可以是个人、组织、部门、自动化系统的实体，或任何能够产生或接收数据的装置。
- 开放式矩形：表示一个数据仓库（特殊类型的实体），在该仓库中可以读取或存储数据以供将来使用。

- 方向流：表示在进程（圆）与实体（方形或开放矩形）之间移动的数据。

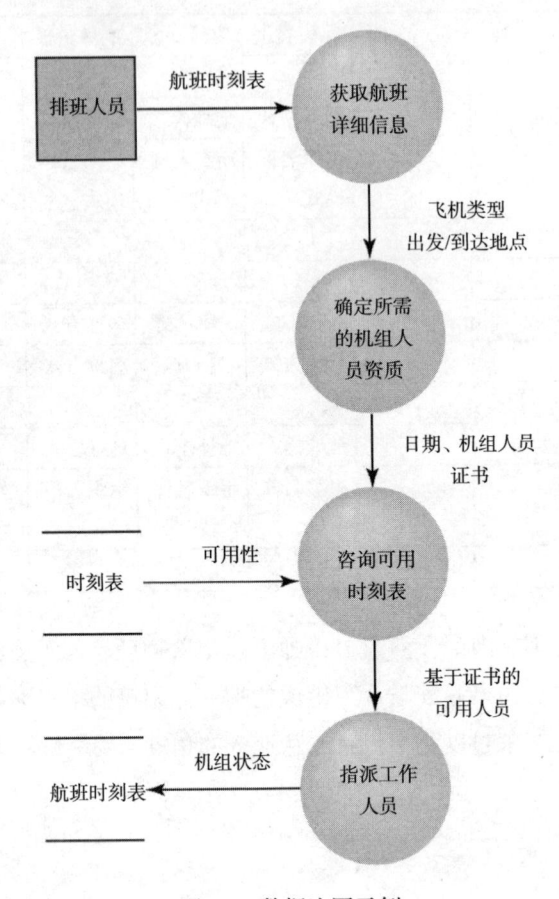

图 6.7 数据流图示例

这个图的根源是大型计算机的结构化开发世界，在这个世界中，数据是无声的，并被输入一个神奇发生的过程中。在面向对象的环境中工作时，商业分析师将更倾向于使用接下来将要解释的序列图。

序列图

序列图描述了每个使用场景完成（无论成功还是失败）时对象（数据元素）之间的消息传递。每个对象都有责任接收和/或发送这些消息，这些消息被称为类模型（UML 数据模型）上的类操作，并显示在第三个分区类的图标中。因此，只有在面向对象的环境支持解决方案的情况下，商业分析师才能用序列图对使用场景进行建模。

此图由以下 UML 表示法支持：
- 水平矩形：表示对象，可以是个人、组织、部门、自动化系统或任何能够传递数据的设备。对象是类的一个实例。例如，如果类（Class）是借用者（Borrower），那么对象（Object）是具有她的所有特定属性的 Mary Jones。使用场景的参与对象在图的顶部水平排列。
- 垂直虚线：表示对象的寿命，称为生命线。生命线绘制在每个对象的下面。
- 垂直矩形：表示执行操作的周期，称为激活框。激活框底部的×表示生命线的终止。
- 方向流：表示两个对象之间的交互，称为消息。传递给对象的消息可能创建一个激活框（如果尚未激活），有时，对有关处理规则的详细信息进行建模是很有帮助的。方向流可以进一步详细说明：
  - 同步消息：表示发送方必须等待响应，然后才能进一步操作，这由箭头的填充三角形表示。
  - 异步消息：表示发送方可以在发送消息后继续处理。这由开放箭头表示。
  - 返回消息：由带开放箭头的虚线表示（如果建模）。

图 6.8 描述了机组调度方案的简化概念数据流。

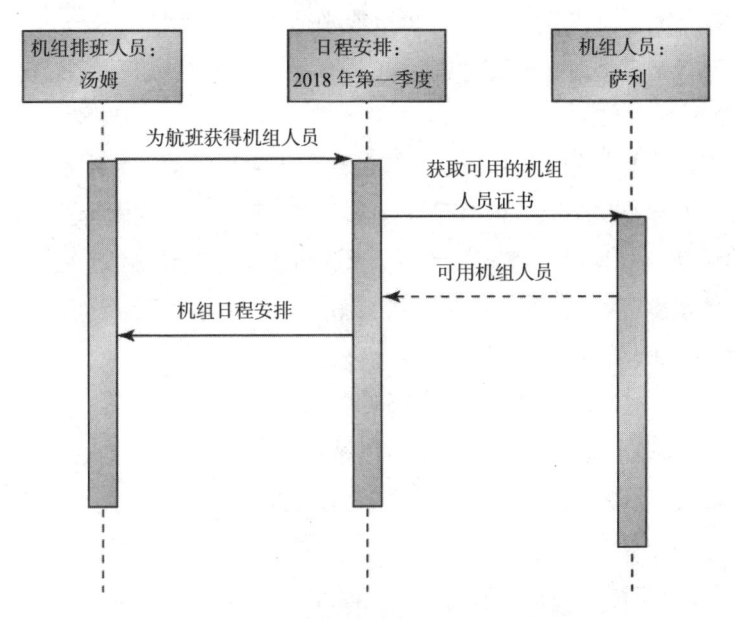

图 6.8 机组调度方案的简化概念数据流

在对序列图（需要类模型）或数据流图（所需的实体关系图）进行建模之前，需要定义一个数据模型，商业分析师期望在技术设计中经常遇到这两个图（序列图和数据流图），并且需确认需求的表示。另外，在概念级别上也可能有机会使用它们。

状态建模（状态表/状态图）

正如商业分析师分析数据一样，数个大型业务对象在其生命周期中经历足够的变化，以至于干系人可能因为在需求中忽略了适当的控制而变得非常紧张。例如，假设一笔贷款只有在它被确认可以购买、证明实物票据与电子数据相匹配之后才能获得资金支持。如果贷款没有通过这些验证点，或者我们称为对象生命周期中的状态，那么可能产生灾难性的后果。通过在图或表中建模这些状态，商业分析师将确保对象状态的启发和协作以及状态之间允许的转换。如果状态图被广泛用来与所有干系人的沟通，那么使用状态名就可以使文本需求变得更加简洁。具体来说，状态模型描述了：

- 对象的可能状态集。
- 允许的状态序列。
- 对象如何从一种状态转换到另一种状态（由事件和条件定义）。
- 对象在其生命周期中移动时可以或必须执行的操作。

在构建状态模型时，需要考虑对象生命周期中的重要事件，状态建模可以使用以下方法之一完成：

- 状态图通常使用 UML 表示法来反映，乍一看类似于装配活动图，其主要关注对象是生命流，该对象跨越许多流程路径，这些流程路径在构成系统的活动图中表示。状态图允许干系人可视化来确认流程。图 6.9 是一个状态图示例，UML 表示法包括状态图的以下内容：
    - 填充圆圈以表示开始或初始状态。
    - 有界（Bounded）填充圆表示结束或最终状态。
    - 圆角矩形表示状态。矩形可以被划分为表示以矩形顶部为中心，下面以行分隔的状态名称，以及状态中发生的操作（例如：do/clear loan purchase edits）。
    - 方向流（或箭头）表示从一种状态转换到另一种状态的事件。事件写在括号内的箭头上［例如，（通过贷款购买编辑）］。这种转换也称为保护条件。
- 状态表是一个二维矩阵，反映了一个维度上的状态和另一个维度上的转换。以这种格式描述状态可以确保覆盖所有转换，表 6.9 描述了使用前一状态图的航班对象示例的状态表示例。当分析人员检查表中的每个单元格时，注意表中 Hmm 中的问题部分。如果每个状态涉及的行动都难以推动，干系人可能更愿意在状态表之前参与制定事件/响应表。

然后可以将事件分组，以识别对象生命周期中的重要状态。

并非每个大型业务对象都需要细化状态模型，因为有些对象的生命周期很少变化；但是，一个或两个对象对于协作干系人理解可能是至关重要的。考虑使用此技术更简洁地定义与将对象从一种状态移动到另一种状态相关的商业规则。

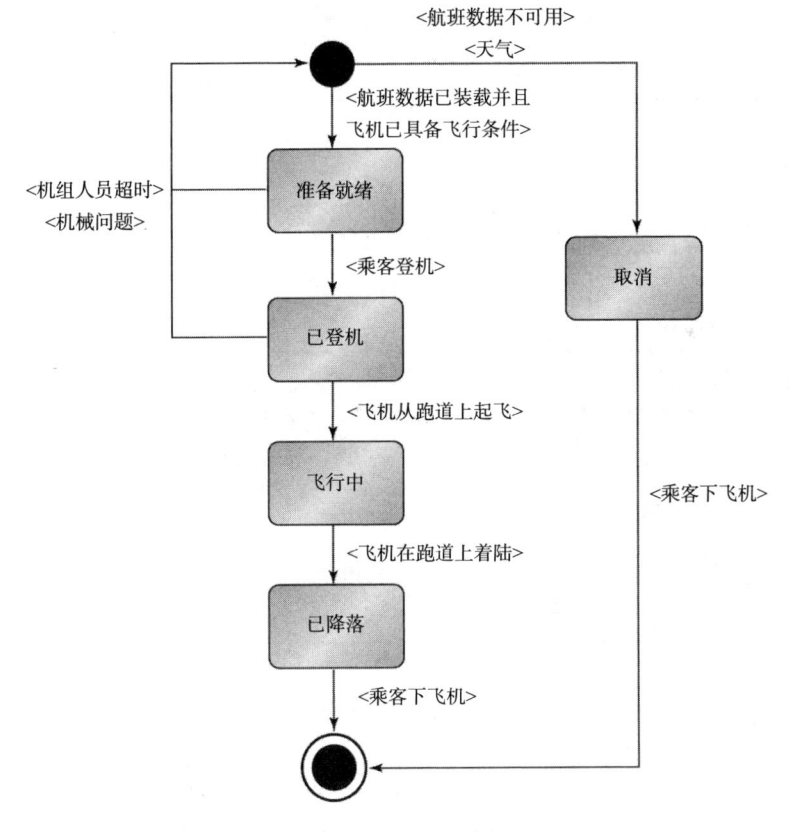

图 6.9 状态图示例

表 6.9 状态表示例

		航班状态						
		初始状态	准备就绪	已登机	飞行中	已降落	取消	最终状态
事件	航班数据已装载，飞机可以起飞	移动到准备就绪状态	Hmm?（1）	Hmm?（2）	不会发生的	不会发生的	不会发生的	不会发生的
	乘客已登机	不会发生的	移动到已登机状态	Hmm?（3）	不会发生的	不会发生的	不会发生的	不会发生的
	飞机从跑道上起飞	不会发生的	不会发生的	移动到飞行中状态	不会发生的	不会发生的	不会发生的	不会发生的
	飞机降落在跑道上	不会发生的	不会发生的	不会发生的	移动到已着陆状态	Hmm?（4）	不会发生的	不会发生的
	乘客下飞机	不会发生的	不会发生的	Hmm?（5）	不会发生的	移动到最终状态	移动到最终状态	不会发生的
	机组人员超时	移动到已取消状态	移动到初始状态	移动到初始状态	Hmm?（6）	Hmm?（6）	不会发生的	不会发生的
	机械问题	移动到已取消状态	移动到初始状态	移动到初始状态	Hmm?（6）	Hmm?（6）	不会发生的	不会发生的
	航班数据不可用	移动到已取消状态	移动到初始状态	移动到初始状态	Hmm?（6）	Hmm?（6）	不会发生的	不会发生的

Hmm?

1. 是否有任何航班部件或飞机检查可能未完成，但允许飞机处于准备就绪状态？
2. 如果在已登机状态下需要修正，是否必须将乘客请离飞机？
3. 我们有没有等候晚点的乘客的情况？
4. 飞机能降落并再次起飞吗？
5. 在什么情况下会要求乘客下飞机？
6. 对于上述任何例外情况，如果这些情况在飞行中或着陆时发生，会发生什么情况？

接口分析

接口分析技术对系统组件之间的连接进行定义。与系统接口的常见组件有参与者（人类和非人类）和硬件（如打印机），组件之间可能有工作产品和数据交换。接口组件通过以下方式建模：

- 背景图：在第 5 章中详细阐述。

- 数据流图：在本章前面已经详细阐述过。
- 报告表：描述单个报告的详细要求。此表将包括报告名称、字段级信息、报告上显示的信息以及报告所需的计算等信息。或者，该表将包括根据报告预期做出决定的指导。报告表可能引用一个带有数据示例和显示信息的单一报告模型，这些信息是使用本章详述的原型技术开发的。
- 系统接口表：显示源组件与目标组件之间的通信，包括特定数据、数据量、数据频率、安全约束和错误处理。这有时被称为接口控制文档。
- 用户界面流：描述人类参与者和系统之间的通信流，以实现参与者的目标。这可以分解为单独的线框。有关更多信息，请参阅本章后面的原型制作。
- 线框/显示操作响应：定义预期的参与者操作和系统响应。有关更多信息，请参阅本章后面的原型制作。
- N2 图：以表格格式表示接口组件的触发器和结果。通过这种可视化呈现，可以识别出关键路径。

接口分析技术通过早期识别接口提供价值，有助于理解动议的广度并澄清边界。

轻量级文档

此技术确保对所生成的所有文档进行考虑。在研究商业分析信息的适应型方法时，锅炉板（Boiler Plate）模板已经不复存在，商业分析师应该确定什么是对文档创建有意义的。这项技术突出了敏捷宣言中的一项原则，即"我们重视工作软件胜过广泛的文档"，这一原则被错误地解读为敏捷项目没有文档。商业分析师在记录敏捷动议时应该考虑以下几点：

- 文档的显性价值。
- 组织背景可能需要基于法规和/或严格立法环境的文件。
- 动议所需的长期职能记录和决策。

此文档可能在解决方案开发之后而不是之前生成，使用这种技术，商业分析师可以及时地开发足够的文档。

非功能性需求分析

非功能性需求描述系统所必须保持的条件以及系统质量。第 1 章介绍了这些需求以及通用分类方案的详细信息，表 6.10 提供了每种类型的示例。

表 6.10 非功能性需求 SMART 示例

类 型	SMART 的例子
可用性	"更新时间"流程应在周一至周五上午 8:00 至晚上 10:00 的时间内，根据东部标准时间，99.999%可用
兼容性	时间报告信息可下载到企业支持的 Word 和 Excel 格式的 Office 中
功能	所有自由文本字段都提供拼写检查功能
可维护性	商业规则变更必须在变更通知后 15 天内实施
性能效率	系统对参与者交互的响应在 2 秒内
便携性	用另一个数据存储器替换当前数据存储器的时间不得超过 2 小时
可靠性	每运行 1 000 小时，系统故障率应小于 1 次
可扩展性	系统应支持每年增加 12%的客户
安全性	系统允许在职员工"更新时间"
可用性	4/5 的员工在时间报告系统引入 2 小时后 5 分钟内成功完成"更新时间"
认证	从每年 4 月开始，邮政编码地址文件的许可期为 1 年
服从	供应商选择过程应符合 ISO 37001（反贿赂管理标准）
本地化	该系统应支持美国和墨西哥的货币
服务水平协议	工资单处理代理应在工资单处理日期前 24 小时提供工资单文件
可扩展性	（时间报告）系统应提供工作类型的扩展

非功能性需求分析从干系人级需求开始，因为范围正在被精化，并通过解决方案级需求分析不断充实。在范围精化期间，非功能性需求可能不精确，最佳实践是在范围定义中标记这些需求的。考虑在范围声明中使用"不精确是可以的"（Imprecision is okay，IOK）；但是，随着解决方案需求的详细说明，将重新访问非功能性需求以理解详细信息。这种分歧可以与商业分析师的干系人建立信任，因为 IOK 设定了这样的期望，即商业分析师不会忘记询问细节，而是打算在生命周期的后期对其进行详细说明。示例如下：

- 干系人需求级别的范围：系统必须是用户友好的。
- 解决方案级别需求：95%的新手用户（定义链接到新手用户定义）在 15 秒内完成 X 个任务。

将非功能性需求识别为一种技术的价值在于允许商业分析师单独捕获和分析这些特殊类型的需求，如商业规则分析和数据分析。这些非功能性需求可追溯到功能性需求，并可在一个动议中重复使用，或要求整个企业遵守。

观察

观察，也称为工作阴影，为商业分析师提供了一种启发技术，用于检查用户在自己的环境中所执行的工作。主题专家试图通过多种形式来解释其流程，包括访谈或流程建模，他们相信自己提供了所需的所有信息，然而，假设是由主题专家和商业分析师做出的，这些假设被纳入过程分析，然后最终进入功能性需求，由于这些假设的存在，解决方案在用户眼中就可能存在缺陷。观察是理解最终用户在完成其工作功能时所实际执行的操作的一个很好的方法。有些工作职能比其他职能更有利于采用这种技术。例如，观察由生产线工人（生产线职能部门）完成的车门总成比观察经济学家计算定价模型（知识职能部门）获得更多的洞察力。观察会话有四种基本方法：

- 积极/值得注意：在观察会话期间，商业分析师可能中断工作流程和插入问题，以寻求澄清和征求意见。商业分析师也可能要求模拟异常情况。
- 被动/不明显：在观察会话期间，商业分析师不会中断工作流程，并保留所有问题，直到工作完成。这将允许测量计时。
- 参与性：在积极/值得注意这一方法的变化过程中，商业分析师参与工作，商业分析师可以亲身体验用户的体验，这可能产生其他问题。
- 模拟/背景查询：这种观察方法允许商业分析师通过在受控环境（如产品/系统测试版本）中重新创建工作来模拟工作。使用这种方法，商业分析师将跟进用户以获得更多的细节。

与任何启发技术一样，商业分析师需要为观察做准备。观察的准备要素包括：
- 确定观察会话的目的，大致可包括以下任何一项：
  - 对工作的理解，包括执行的任务、使用的工具、触发事件和执行的交互。
  - 识别改进机会。
  - 建立绩效指标。
  - 评估当前解决方案。
  - 确认假设或解决先前启发活动中的冲突信息。
- 估计要执行的观察会话的数量，因为用户之间可能对如何执行工作存在差异。
- 确定要观察的工人级别。例如，商业分析师只观察专家，因为工作是每天完成的，工人很快就会成为专家。
- 准备会话中期望回答的问题。
- 与受影响方（经理和工人）沟通观察结果，包括：
  ◆ 观察时间表。
  ◆ 观察的目的（不是判断而是理解过程）。
  ◆ 观察法。
  ◆ 预期结果。
  ◆ 商业规则，包括：
    ■ 工人可自行决定终止会话。
    ■ 工人大声讨论，分享推理，披露过程异常或任何其他问题。

在进行观察时，向工人保证，重点是理解过程，他们在商业分析师眼中不会做错任何事。提醒员工，他们的输入很重要，因此他们分享关于流程步骤、推理、流程异常和关注点的任何意见都是有帮助的。商业分析师应确保在会话期间或之后根据观察方法及时提出问题。

观察启发会议期结束后，商业分析师审查所有结果以汇总结果。可能有差距并产生更多问题，因此可能需要后续会话进行解决。然后将需求和机会传达给干系人。

流程建模

流程建模技术允许对流程进行图形化表示，这种图形化表示可以使用标准化符号或任何形状组合来描述活动的顺序流，流程模型通常是商业分析师最好的朋友，因为这是所有类型的干系人都熟悉的技术。但是，请记住，此技术仅用于处理流程，然后与其他技术结合，以完善数据、规则和质量的其他方面。

流程模型足够灵活，能够反映企业范围或程序级别的高层级内容，然后逐步将其分解为越来越低的层级，直到最终能为流程模拟提供基础。在步骤4中，如果使用流程分析技术，一个高层级的流程模型很可能被捕获，在本章中，将过程分解为多个低层级的流程模型，将使我们能够发现更细粒度的替代路径、异常路径和结果。流程模型可用于对当前或当前状态流程以及所描述的任何层级的将来或未来状态流程进行建模。如果使用基于场景的需求细化，流程模型可能伴随文本需求（通常是用例格式）或会话（在用户故事的情况下）。

流程模型可由以下这些部分组成：

- 一种活动，是流程中的一个步骤，通常被描述为矩形。
- 终止符表示进程的开始和结束。
- 决策暗示的是过程中的一个点，在这个过程中，一个参与者的选择或结论根据决策成果转移了流向，决策通常用菱形表示。
- 并行活动也可以建模，以表明特定活动不需要控制序列。
- 方向流表示允许从一个活动到一组并行活动或下一个活动的决策顺序。
- 泳道代表了参与水流的参与者，这些泳道可以水平或垂直放置。
- 游泳池表示组织单位或部门，如果一个游泳池有一条或多条泳道，它们通常用围绕游泳池泳道的粗线表示。
- 子流程也可以嵌入，如果流程模型看起来变得过于复杂或笨拙，子流程将很有帮助。

图 6.10 描述了三种最常用的流程模型符号。

- 工艺流程图：最初由美国机械工程师学会在 20 世纪 20 年代定义，目的是寻找一种最佳的工作方式。这些流向主要用于业务干系人或大型机应用的结构化建模。
- 活动图：遵循 UML，旨在与 20 世纪 80 年代末引入的面向对象软件开发方法兼容。
- 业务流程模型：遵循业务流程模型和符号（Business Process Model and Notation，BPMN），它寻求在所有领域干系人之间提供共同的理解，是解决方案实现的桥梁。BPMN 自 2005 年以来一直由对象管理组（Object Management Group，OMG）维护和管理，2004 年由业务流程管理动议首次公开发布。

一些人认为流程建模是一种老式的重文档的商业分析方法；但是，使用这些技术有许多优点。如果遇到阻力，你可以通过描述以下收益来证明其使用的合理性：

- 识别可能被忽视的干系人群体。
- 由于其阐述的顺序性，易于被理解。
- 大多数干系人都乐于参与构建流程模型。
- 通过分解容纳多个观点。
- 描述多个场景和并行分支。

- 通过痛点识别潜在的改进。
- 可由培训和操作步骤定义等下游组重复使用。
- 明确指出交接和责任。

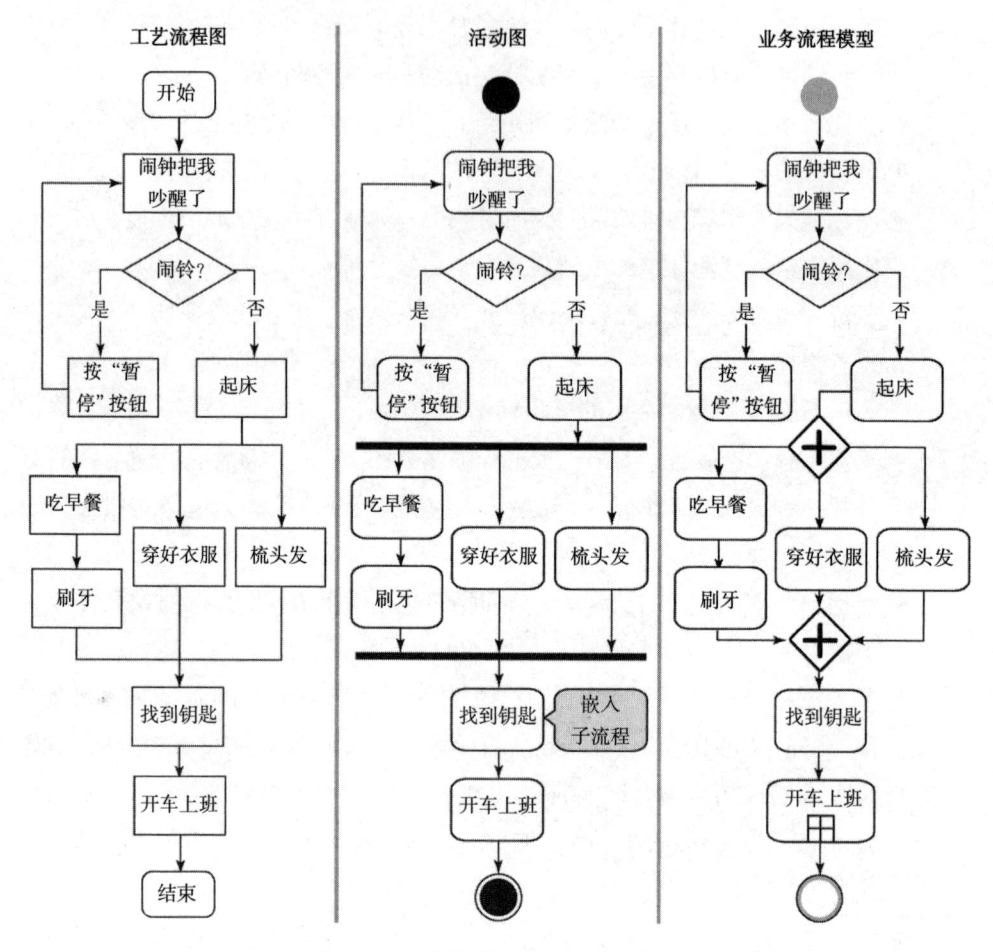

图 6.10　三种最常用的流程模型符号

原型制作（故事板、线框）

原型制作提供解决方案的可视化，这种以用户为中心的技术的目标是提前启发、协作和确认：

- 功能。
- 流程步骤。
- 数据。

- 规则。
- 用户体验。
- 设计选项。

原型制作可以是解决方案的一个浅显而广泛的视图，以帮助理解用户将如何在有时被称为水平原型（Horizontal Prototype）或低保真模型（Low Fidelity Model）的函数中导航；它也可以是对解决方案中特定函数的深而窄的视图，有时被称为垂直原型（Vertical Prototype）或高保真模型（High Fidelity Model）。无论是水平原型还是垂直原型，原型的开发都可能被抛弃或进化，被抛弃的原型是一手开发的不可传输到工作应用中的绘图或数字方式，进化原型是在同一个工具中构建的，其将成为工作解决方案。

在被抛弃的原型的背景中，应该首先考虑将其捕获到纸上，图 6.11 描述了一项在线调查的结果，其中 172 名专业人员回答了这个问题："纸原型对你的工作有何重要性？"绝大多数人都看到了一定的价值。捕获原型所需的努力越多，我们在导航、布局、设计等方面投入的情感就越多；因此，随着干系人协作和确认的稳定，从纸开始并转换为数字。表 6.11 概述了在纸张和数字格式中捕获原型的收益，对于数字捕获，你可以考虑使用标准的 Office 工具或专门的原型应用程序，市场上有许多这样的应用程序。对于纸张捕获，考虑使用切纸进行存储，因为你可以将元素写在切纸上。

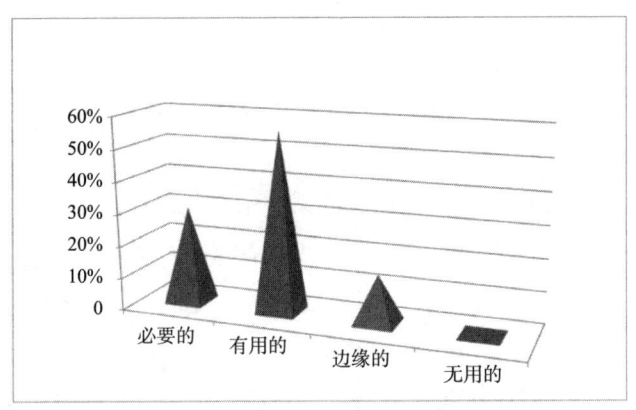

注：共 172 个反馈。
必要的：30%
有用的：55%
边缘的：15%
无用的：0

图 6.11　纸原型有用性调查结果

表 6.11 原型的收益

纸张和数字捕获的收益	
纸张	数字
鼓励创造力	更有利于组织和存储
零编码工作不需要技术技能	更适合远程协作
早期的设计思想和概念；促进快速的迭代开发	在商定了总体流程和功能之后，情况会更好
不要误以为是工作申请	能够证明技术可行性
提供重要的用户反馈	可能发现技术差距
最大反馈，最小努力	为设计师提供学习需求的工具

当大多数人听到解决方案将要原型化时，他们脑海中的视觉呈现都是一个垂直的进化原型，也许项目经理的第一个担心是这将花费大量的金钱和时间。因此，商业分析师需要澄清原型工作的范围。在开始之前，商业分析师必须对所涉及的函数和数据有一些理解，一个好的原型制作过程如下所述。

1. 理解用户并结合角色技术，使典型的用户需求人性化。
2. 为了开发站点策略，商业分析师需要理解解决方案的组织方法，这可能涉及竞争分析、行业分析和内容理解，在这一步中，可能用到标杆对照、SWOT 分析和概念建模等技术。
3. 制定一份现场地图，以提供现场建设方式的视图，包含通过功能块的高级用户导航，有时也被称为结构模型、分类法、层次结构、故事板、用户界面流、导航模型或站点结构。
4. 对于每个功能块，开发一个流程模型（使用流程模型技术）来描述该块中的步骤。
5. 对于每个功能块，开发一组线框来表示初始设计思想。这些最初的设计思想旨在传达内容、结构、优先级和页对页的内容，但仍在寻求不确切的方式。如果线框太光滑，干系人会把注意力集中在标识而不是最新版本上，并且没有注意到已丢失或不正确的内容、结构、优先级或页面到页面的导航。线框图也可以称为屏幕流、示意图、蓝图，或者只是原型。对于线框上的每个用户界面元素，都考虑开发一个显示操作响应模型，该模型将定义以下部分或全部内容：
   A. 用户界面元素的唯一标识符。

第 6 章 步骤 5：开发解决方案需求和设计定义　297

　　B. 用户界面元素说明。

　　C. 根据可能的前提条件显示用户界面元素。

　　D. 基于用户操作的用户界面元素的行为和基于可能前提条件的系统响应。

6. 在这个步骤中，线框被详细描述成实际的屏幕设计，它表示站点的实际外观。在许多情况下，此步骤由实施主题专家执行。在这一步中，我们寻求干系人对网站实际外观和感觉的反馈。

确保干系人的启发、协作和确认发生在这个过程的每个步骤中，并期望迭代这些步骤。图 6.12 提供了原型制作过程中每个步骤的示例。

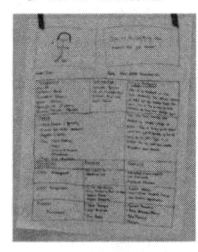

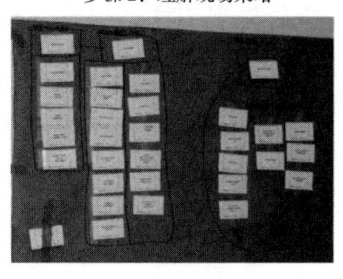

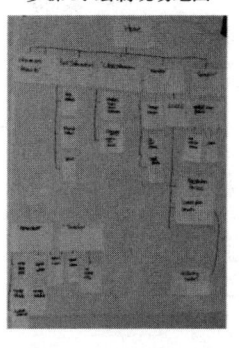

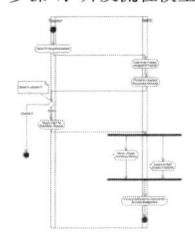

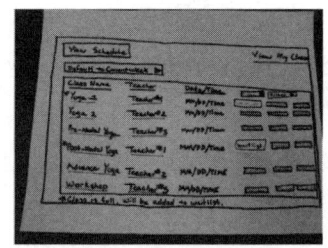

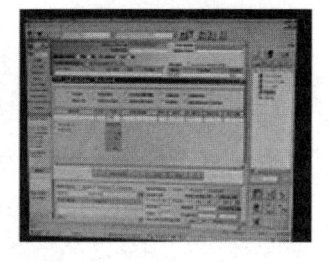

图 6.12　原型制作过程中每个步骤的示例

在步骤 5 开发线框的过程中，考虑一些可用性测试；证据在正在做的过程中，这使得商业分析师能够评估产品满足预期目的的能力，深入理解用户如何接近界面，以及什么对用户有意义。执行可用性测试的一般准则如表 6.12 所示，这个过程可以被用来支持正在进行的可用性测试，或者如果时间和资源受到限制的话，可以变得更加不正式。通过观察用户执行任务而不是与干系人一起展示和讲述线框图，洞察的数量显著增加。

表 6.12　执行可用性测试的一般准则

	发生了什么事	谁	时间
开工	讨论目的、风险和关注点，商定用户配置文件，确定核心团队，制定时间表	所有干系人	3 小时
用户招募	查找符合用户概要和进度计划的人	1~2 个（如果是内部的）；可以外包	2~3 周
任务设计	创建可用性测试中要使用的任务	核心团队	3~5 小时
创建和试运行	列出与任务相关的接口元素，在可用性会话之前，在没有实际用户的情况下进行定期试运行	核心团队；其他人可以按计划参与	最多 5 天
可用性会话和改进	执行可用性会话（1~2 小时/次）。列出每次会议后的问题；在下次会议前修改原型	所有干系人	共 2 天
优先处理问题和行动计划	确定未解决问题的优先级，讨论首要问题和可能的解决方案，制订解决问题的行动计划，并跟踪问题	与会者和核心团队	3 小时
结果沟通	将结果社会化并创建外部接口文档	商业分析师	1 小时到很多天

实物期权

实物期权（Real Option）技术是为敏捷视角开发的，若考虑将其作为一种工具，则可通过以下三个简单原则简化决策：

- 认识到当存在条目时，每个条目都有关联的值，这将强制关注结束状态。
- 期权终将到期，因此需确定期权何时到期。
- 只有在原因明确的情况下，才可以不过早地对一个选项进行阐述。

在讨论选择之前，应首先探讨承诺，实物期权迫使干系人（由商业分析师协助）区分是否有期权，如果一个条目不是一个期权，则它被称为承诺，例如，当未完项从产品未完项转移到冲刺未完项时，团队将致力于交付。

不履行承诺往往会受到惩罚，由于期权具有价值，干系人应设法延长期权的到期日。确定期权到期是实物期权最重要的方面，因为没有这一点，决策过程就会有缺陷，决策将过早或过迟做出，并且无法确定哪种方式是正确的。例如，如果一个用户故事在故事细化之前被提交到冲刺未完项中，那么当工作开始时，可能导致意外，从而阻止团队做出承诺。最后一个负责任时刻的概念是关键的决策过早地限制了我们的选择，并且拖延太久会导致返工或其他浪费。

选项允许选择不包括做某事，在上面的示例中，可以从未完项中删除产品未完项，在未完项中按不同的优先级排列，在未完项中进一步分解，或者移动到冲刺未完项中。

对你的干系人来说，真正的期权可能是违反直觉的，因为他们强制定义期权的最终状态价值及其到期日期/事件，而不是预先定义期权决策。将承诺推迟到期权到期日是很有价值的，因为它迫使决策只针对最相关决策信息的即时期权到期。

角色和权限矩阵

角色和权限矩阵用于识别角色，将其与解决方案活动相关联，并确定可以执行这些活动的权限。角色通常被捕获为表格的列，而活动则被捕获为表格的行，因此，以这种技术的名义引用矩阵，权限由每个活动和角色相交的单元格所表示。基于商业分析的观点，在角色和权限矩阵中可能有不同的抽象层次。这种技术的变体包括：

- 可在 RACI 矩阵中确定动议层级的角色和责任。
- 具体职责可在 CRUD 矩阵中识别。

表 6.13 提供了一个 ATM 示例，其中指出银行客户和持卡人均可以访问"提取现金"活动，但只有银行客户可以访问"存款现金"或"转账"活动。

表 6.13 活动/用户角色 CRUD 矩阵描述

活动	角色			
	银行客户	持卡人（非银行客户）	ATM 服务商	银行出纳员
提取现金				
存款现金		×		
转账		×		
核对 ATM			×	×
补充 ATM			×	×
验证 ATM 存款				×

此技术在以下方面有效：

- 突出显示任何缺少的角色或权限，如果活动没有指示权限，则会发生这种情况。
- 识别即将发生变化的沟通接收者。
- 确定角色职责。
- 如果关键活动需要授权，则促进讨论。
- 确定所需的角色安全。

角色和权限矩阵可能被实施主题专家和测试人员重复使用，因为它易于阅读，并且表格格式提供了交叉引用。

故事精化

用户故事的一个元素是对话。故事精化技术为对话提供了方法，在对话中及时提供足够详细的设计和验收标准。这个对话可能是在敏捷冲刺的过程中进行的，就在这个故事要由团队完成之前。领域主题专家（需要故事的客户）和受影响的团队成员（负责构建和测试故事）通过商业分析师参与一个简短的研讨会，引导并挑战故事，故事精化使人们对故事的含义和完成故事所需的标准有了共同的理解。为了让大家有共同的理解，故事精化研讨会的输出可能包括：

- 团队任务定义和任务分解。
- 在行动中阐明意图的故事实例。
- 流程模型。
- 数据模型。
- 线框图。
- 报告模型。
- 说明如何测试故事。
- 在开发和测试故事中有用的任何其他模型（示例包括状态图、数据流图、序列图或事件/响应表）。

商业分析师可能在一开始就努力确定最好的时间来精化这个故事，请记住，如果故事精化发生得太早，输出将变得陈旧，必须重新处理，这等于浪费；如果故事精化发生得太晚，可能延迟项目团队的发展。考虑在一系列条件上应用"为团队准备就绪"的概念，这些条件将确保理解用户故事并开始构建故事。团队应该制定准备就绪的定义。一些常见的识别条件包括：

- 验收标准已由产品所有者确认。

- 已附加任何所需附加的信息。
- 用户故事和验收标准已经过团队核实，以获得可接受的简洁性。
- 已调整用户故事的大小。

用例和场景

简单地说，用例是对参与者交互的描述，其中主要参与者达成或未能达成他们的目标；而场景描述了通过用例的一条可能路径。一个用例包含几个场景。

尽管没有标准的用例模板，但是用例通常包含以下部分。

- 用例名称：通常，对于动议或域是唯一的，并以动词+名词的格式表示。
- 目的：从主要参与者的角度简要描述成功的结果。作为用例的摘要，目的部分可以在精化之前编写，以提醒干系人用例的预期范围。
- 参与者：提供用例的参与者列表，最佳实践是维护一个参与者术语表，以便在用例中引用定义的参与者。通常，有三类参与者。
    - 主要参与者：获得收益的人类参与者。
    - SUD：解决方案的名称，在精化场景时，SUD 通常称为系统。
    - 次要参与者：必须参与用例以实现场景的参与者（人类或非人类）。
- 前提条件：定义在用例开始之前必须为真的情况。
- 场景：定义通过用例的所有路径的顺序步骤。
    - 主要成功场景：从主要参与者的角度来看，主要成功场景代表了实现成功的最简单、最短路径。这也被称为快乐之路、完美世界、基本流程、正常流程或主要流程。
    - 替代路径：描述了场景中的行为在某个场景中的某个点上发生变化的场景；但是从主要参与者的角度来看，仍然会取得成功，替代路径以另一种方式取得成功，或者与另一个场景连接起来。
    - 例外路径：在描述的场景中，行为在某个场景中的某个点发生变化，导致主要参与者无法实现其目标。当然，在旁观者眼中，例外路径通常保护沉默干系人的利益。例如，ATM 持卡人拒绝提取现金保护了持卡人银行的利益。
- 后置条件：定义用例完成时的所有事实。

用例可以在多个抽象层次上进行编写，摘要/目标级用例（也称为商业用例）是自动化解决方案的无效编写，但定义了所需的商业功能。对于小型组织而言，可以在企业级别使用这些摘要/目标级用例。对于更大或更广的组织来说，可以在域或部门级别定义这些摘要/目标级用例。用户目标级用例（也称为应用程序用例）定义了人类参与者和非人类参与者的交互，从而可以指导解决方案的开发和测试。当功能在用户目标级用例中重复时，将提取子功能用例。登录是子功能用例的一个很好的例子，以避免在需要登录或允许启动登录的多个用例中重复功能性需求。如果用户目标用例需要子功能用例，则称为包含子功能用例或扩展子功能用例。

用户故事

用户故事最初是由极限编程在 1998 年作为游戏片段引入的，在计划游戏中用于帮助客户定义范围。经过多年的发展，用户故事已经成为影响适应型生命周期项目功能的主要方式。组织正在将用户故事的使用扩展到其他动议中，因此用户故事不再仅仅是针对敏捷的。随着时间的推移，有一件事是正确的：用户故事是从用户的视角编写的。将用户案例定义为解决方案需求，而不是将其定义为讨论此功能块方面的本票，讨论的重点是开始开发解决方案需求和设计定义。用户故事只需简单简洁地捕捉谁、什么和为什么，通常使用毡尖笔在小记事本（3 英寸×5 英寸）上手写。小记事本和毡尖笔标记的目的是确保简洁，用户故事的可接受格式是 "作为一个<persona/role>，我想要<goal/希望>"，以便在记事本的背面详细说明所接受的标准，这将显示实施主题专家的完成度，图 6.13 显示了完整用户故事的示例。需求配置管理系统工具已经开发，能够以数字形式跟踪用户故事，而不是鞋盒或塑料记事本盒（也可以工作）。

编写用户故事很容易，但是，编写有效的用户故事可能很难，从 2001 年开始，罗恩·杰弗里斯（Ron Jeffries）引入了三个 C 的公式来捕获用户故事。

- 卡（Card）：耐用、有形的代币。
- 对话（Conversation）：在不同的时间和地点与该特性的干系人之间发生。
- 确认（Confirmation）：确保对话的目标最终实现。

接下来，比尔·威克（Bill Wake）介绍了 INVEST 原则来表示有效用户故事的特征。

- 独立的（Independent）：在所有其他人中是独立的。
- 可协商的（Negotiable）：不是一个具体的特征合同，而是留有讨论的余地。
- 有价值的（Valuable）：必须为干系人提供价值。

- 可估算的（Estimable）：必须能够估计大小。
- 短小的（Small）：必须符合迭代。
- 可测试的（Testable）：描述必须提供必要的信息以允许测试开发。

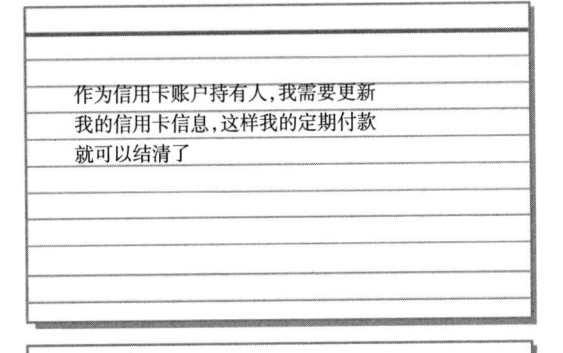

```
作为信用卡账户持有人,我需要更新
我的信用卡信息,这样我的定期付款
就可以结清了
```

```
验收标准：
• 参与者不能在没有更新信用卡所有必填字段
  的情况下提交信用卡更新表
• 表单中的数据存储在支付信息数据库中
• 根据数据定义验证信用卡信息
• 信用卡公司验证更新
• 发送确认电子邮件
```

图 6.13　完整用户故事的示例

在发现用户故事期间,不清楚用户故事是否符合所有的 INVEST 原则,例如,用户故事是否适合迭代？在这一点上,商业分析师可能不知道,这没关系。如果在与实施主题专家的讨论中,用户故事不够小,则需要将其划分为更小的用户故事,这被称为切片。在进行用户故事发现时,请记住以下准则。

- 确保首先关注用户：如果干系人不确信谁是用户,那么用户故事组合就为时过早。商业分析师可能需要使用一些启发式技巧,如采访或观察,以获得更多的洞察力,这将阻止基于推测、数据及经验证据编写用户故事。
- 确定将使用产品来实现其目标的典型用户,这有助于关注用户需求的目标受众。这里可以使用角色技巧。
- 用户故事不是在真空中创建的规范,而是一个启发和协作工具：任何干系人都可以为用户故事贡献想法,并与实施主题专家进一步讨论。讨论演变成故事的分解，保留用户故事的简洁明了。

很可能最初发现的大多数用户故事都是大而粗略的，这样就可以在不提交细节的情况下确定动议的范围。这些大的、粗略的故事通常被称为"史诗"，源自该动议的总体目标和最小可行产品的最小可销售特性。随着史诗被提炼成符合投资原则的用户故事，商业分析师保留了从史诗故事到用户故事的可跟踪性，只有优先级接近顶部产品未完项的史诗才是这种改进的候选者（也就是说，故事分解和故事精化）。随着史诗故事的分解，这是开始考虑接受标准的最佳机会，一个好的经验法则是有三到五个验收标准。即使用户故事被保存在一个电子存储库中，对于这个故事的分解和精化，纸质卡片也可能是值得的，纸质卡片有助于协作，每个人都可以拿一张卡片，记下一个想法，然后可以很容易地将卡片分组放在桌子或贴在墙上，以检查一致性和完整性，并可视化依赖关系。

重点总结

7步流程的步骤5要求商业分析师提供商业分析信息的清晰定义，使主题专家能够验证其正确性，解决方案创建者/测试人员能够核实所提供的商业分析信息是否适合其目的。此步骤的一些要点包括：

- 在没有商定的范围定义的情况下，永远不要开始。该协议不仅包括负责批准范围的干系人，还包括被指派详细说明解决方案需求和设计定义的商业分析师。在没有明确的范围定义的情况下，开发解决方案需求和设计定义时可能发生以下风险：
  - 干系人的范围蔓延。
  - 干系人预期收益未实现。
  - 由于方向不明，干系人参与不足。
- 商业分析信息的频繁非正式社会化将为以下方面提供机会：
  - 建立对范围分解的共识。
  - 识别商业分析信息中的模糊性。
  - 确保商业分析信息正确。
  - 确保商业分析信息符合目的。
- 商业分析的迭代性是一个持续的主题。从解决方案需求到设计定义的分解可能揭示解决方案需求中的差距或冲突，也可能需要重新审视商业需求和干系人需求。这些重复允许商业分析师提供最完整和完全渗透的商业分析信息集，在这一步骤中所发现的困难或错误要比对已完整构建的解决方案进行纠正成本低得多。
- 利用启发、协作和分析技术来测试解决方案需求和设计定义的完整性。

第 7 章

步骤 6：管理范围

你可能听说过商业分析师在管理范围时使用核实需求（Verify Requirement）和确认需求（Validate Requirement）这两个词作为彼此的同义词，而事实上，核实需求与确认需求之间存在非常大的差异。本章首先识别范围管理中的核实需求与确认需求之间的差异，然后对推荐的解决方案、监控产品需求、设计定义，以及范围变更进行检查，以便在整个商业分析工作中有效地管理产品范围。当你继续浏览图 1.17 所示的商业分析行程图时可以发现，管理产品范围需要涉及大量的干系人参与（见表 7-1）。

核实需求

核实需求对于确保质量至关重要，核实需求是确认需求已正确表达，并具有足够的质量，可用于解决方案的设计、开发、实施。核实需求还确保需求可用于预期目的、确认完整性并满足质量标准。此过程确保商业分析信息满足遵从性、法规、规范或强制条件。核实需求对所有视角和项目生命周期而言都很重要，这个过程可以正式或非正式地进行。

你可以执行一些核实工作，但是，最好由另一位商业分析师或解决方案干系人执行该核实工作。这些干系人审查商业分析信息中是否存在错误或质量问题，你将与这些关键干系人一起确定需求和设计是否适合使用。此质量检查确定需求是否满足将使用该需求的干系人的需求。任何书面需求都需被干系人所理解，任何模型都必须使用正式或非正式的符号表示客观现实。对非功能性需求和验收标

表 7.1 范围管理的五个视角

管理范围活动	商业智能	业务流程管理	信息技术	业务架构	敏捷
核实需求	• 需要与技术专家就需求可用性进行频繁的协作 • 确保商业视则和数据整性和数据转换方面的可用性	• 确保以下需求适合使用： ◆ 过程模型 ◆ 商业规则 ◆ 决策 ◆ 数据需求	• 利用技术专家决策如何使用技术来满足需求 • 使用同行评审确保 IT 需求与商业需求相一致，通常是非正式的 • 需求文档允许业务和 IT 干系人核实需求，可以是非正式的或正式的 • 通过测试人员确保技术解决方案能够满足定义的商业需求和交付成果	• 从多个架构视图综合知识和见解	• 基于学习来适应变化 • 接受标准有助于明确定户故事的适用性 • 非正式使用渐进式阐述
确认需求	• 确认商业规则、数据需求、功能性需求和非功能性需求与解决方案范围一致 • 与签核不同，确认可以是正式的，也可以是非正式的	• 确认以下需求与业务战略和业务干系人一致： ◆ 过程模型 ◆ 商业规则 ◆ 决策 ◆ 数据需求	• 有效的需求文档允许： 1. 用商业来确认需求 2. 开发人员设计表单 3. 测试人员在部署到生产环境之前测量解决方案 • 确认可以是非正式的或正式的	• 系统性优化整个企业，而不仅仅是其中的一部分 • 确保所提议变革的战略一致性 • 在变革之前、之中、之后向干系人交付价值	• 基于学习来适应变化 • 验收标准包含用户故事的详细信息 • 在每个冲刺的末端同与干系人一起执行 • 非正式确认发生在每个冲刺迭代的末尾，而不是正式的需求评审

续表

管理范围活动	商业智能	业务流程管理	信息技术	业务架构	敏捷
推荐解决方案	• 探索和评估商业智能解决方案可以提供的其他价值机会 • 根据商业需求评估建议的解决方案(包括COTS包装)的功能 • 对于COTS包装,执行供应商评估 • 帮助业务干系人利用数据做出有效的商业决策	• 构建、购买或改造有关新的或改进的业务流程的决策 • 区分潜在价值和实际价值,以确定哪种解决方案会表现更好或实现更多价值 • 识别已实施解决方案的机会和限制	• 执行影响分析以评估解决方案推荐的过程和系统变更 • 识别解决方案价值、成功标准和收益实现 • 评估解决方案限制和解决方案限制的影响	• 确保所提议的变革实现组织的目标,并且不与战略冲突 • 确定如何使用智能目标衡量结果 • 利用商业绩效信息做出明智的解决方案投资决策	• 随着解决方案的不断发展,不断评估和评价解决方案建议 • 解决方案评估在每个开发周期结束时进行 • 确定将为业务增加价值的新机会
监控产品需求和设计定义	• 识别将为业务增加价值的新机会 • 确保数据转换为业务的增值信息 • 在阶段驱动的生命周期中监控解决方案中的结构依赖性 • 考虑联合实施相关需求以提高效率	• 评估支持新流程或改进流程所需的IT变更 • 监控业务流程变更的结果 • 根据对流程变更结果的反馈调整结果 • 持续改进以进一步优化业务流程	• 需要商业分析师特别注意对需求的协调、批准、可跟踪性和管理 • 为评审不断变化的需求创建一致的方法 • 对提议的范围变更进行影响分析 • 跟踪依赖项、需求源和需求所有者的范围变更 • 确保需求完整并得到批准 • 批准通常更正式	• 需要行政人员的支持 • 利用审查委员会才能开展工作,架构审查委员会会根据对商业成果和战略的影响对变更进行优先级排序 • 持续关注扩展、纠正或改改业务架构	• 随着需要的改变,不断评估和评价范围,并增加细节 • 在每个周期中执行的工作作基于对价值的特性的优先级排序 • 识别将为业务增加价值的新机会 • 需求跟踪涉及双向跟踪用户故事

续表

管理范围活动	商业智能	业务流程管理	信息技术	业务架构	敏捷
范围变更	通过在三个层面上调查对业务的影响，评估范围变化： 1. 高管层面 2. 管理者层面 3. 流程层面	• 确定将为业务流程变革提供的交付潜在价值 • 就业务流程的变更和改进 • 与干系人和流程所有者持续沟通	• 需要商业分析师特别注意需求协调和变更控制 • 为评审不断变化的需求创建一致的方法 • 评估依赖性，确保与需求源/所有者在范围变更中保持一致 • 进行影响分析，以确定范围变更间的正值或负值 • 创建范围变更的文档，以提供历史知识和审计跟踪	• 根据市场条件确定可能出现的业务架构变化 • 需要架构审查委员会对业务架构变更的支持和同意	• 随着商业需求的变化，需求和设计也将不断演进 • 大多数范围变更都是非正式的；当需要更正式的变更控制过程时，需要确定阈值

准的核实，评价的是商业分析信息的可测量性。当无法获得核实时，商业分析师会详细描述或重写商业分析信息。核实过程将跟踪商业分析计划中所创建的内容。核实聚焦于正确地构建产品，而确认则是构建正确的产品。

为了确保需求无差错，并且按照质量标准正确地构建，需要关注某些特征以创建可接受的质量需求。对于预测型方法而言，需求质量的水平可能是在动议的各个阶段之间移动。在预测型方法中，可使用以下特征：

- 独立的：能够自主地理解其他需求或设计。
- 完整性：完整地描述了要交付的功能以及要继续工作的适当细节级别。完整性取决于所选择的项目方法以及在生命周期中检查需求的时间。
- 一致性：符合干系人的需求，与其他需求不重复或不矛盾。
- 简洁性：不包含不重要或不必要的内容。
- 正确：根据干系人或其他需求源准确描述要构建的功能。
- 独立设计：识别需要做什么，而不是如何做。
- 文档化：书面的或模型化的，以便有效地传达需求。
- 可行性：在已知能力、约束和风险范围内合理地实施，可行性可能需要通过实验或原型进行进一步的研究。
- 可测量的：通过分析、测试、检验或演示来证明或验证的能力。
- 可修改性：结构化的，因此在保留结构和样式的同时，可以轻松地进行更改。
- 必要性：用户真正需要的能力，由于外部需求或标准而需要的能力。
- 精确性：准确地说明商业机会或问题的解决方案，而不添加或遗漏任何内容。
- 优先级排序：排序、分组或协商以识别与所有其他需求相比的价值和重要性。优先级排序可以包括实施优先级。
- 可测试性：核实需求或设计已经满足并以可测试需求的方式记录。
- 可跟踪性：连接到需求源并转发到其他系统元素。
- 明确性：以一种所有读者都能得到干系人单一、一致的解释的方式记录下来。
- 可理解性：使用干系人的常用术语进行记录。

对于适应型方法，团队的所有成员都可以使用首字母缩略词 INVEST 在未完项优化和迭代计划期间参与审查工作项。用户故事的特征包括：

- 独立的（Independent）：通过避免用户故事之间的依赖性来记录用户故事交付顺序的独立性。
- 可协商的（Negotiable）：在内容、优先级、形式、意图和功能方面有灵活的范围。
- 有价值的（Valuable）：定义的有利于业务的特性和功能。所有干系人都知道这一意义。
- 可估算的（Estimable）：清晰、简洁地定义用户情景，以创建有效的估算或讨论。这些讨论有助于确定用户故事的有效大小和复杂性。
- 短小的（Small）：记录在单个冲刺或迭代中实现。
- 可测试的（Testable）：由验收标准衍生，需独立核实。

用于核实需求的过程包括同行评审和检查。

同行评审

同行评审是对解决方案干系人或另一位商业分析师发现缺陷和改进机会的需求进行的手动评估。最佳做法是让不参与项目的商业分析师在领域干系人审查商业分析信息之前执行非正式的同行评审。同行评审可以是正式的或非正式的，同行评审的目的是确保需求文档满足有效需求和组织标准的特征。

1. 向评审员提供商业分析信息的副本，并在同行评审之前让评审员分析需求。
2. 通过让每个干系人识别商业分析信息中的问题、困难或关注点，进行同行集体评审。
3. 在同行评审期间标记商业分析信息（使用屏幕共享或其他可视化手段），以便所有干系人都能看到所做的更改。
4. 通过向干系人发送修订后的商业分析信息进行跟进。

在预测型方法中，同行评审会导致需求签署，一些组织没有进行正式的同行评审，而是通过电子邮件将需求发送给干系人，并让这些干系人通过跟踪文档中的更改来执行同行评审，你可以使用特定的需求管理工具，这些工具将为执行电子同行评审提供更强大的功能。

当你准备好接受同行评审时，请考虑以下干系人：商业分析师、测试人员和培训师。

检查

检查是更正式和更严格的同行评审，由同行团队在一个小组内进行。检查适用于评审任何产品、服务或结果的准确性、完整性和相关性。执行团队评审可提供比单独评审商业分析信息更全面的评审并会有更多的发现，可以对已完成需求进行成组检查或对其进行部分检查。

对于预测型方法，通常在需求文档完成时执行需求的正式检查。在检查之前，领域干系人进行评审并确认他们的具体需求。

执行检查的同行均已参与需求的创建和文档记录，这些同行也是文档化需求的接收者，而领域干系人和管理层都被排除在检查之外。

检查清单有助于确保质量，在需求检查清单中要考虑的领域包括：

- 建制和组织。
- 一致性。
- 完整性。
- 正确性。
- 服务质量。
- 可跟踪性。
- 歧义。
- 适当的详细程度。
- 与技术设计的桥接。
- 实施优先级。
- 外部接口定义，包括硬件、软件和通信。
- 功能性需求算法。
- 预测错误条件的预期行为。

同行评审与检查之间的一个主要区别是检查使用的是已知缺陷的检查表，该检查表有助于确保核实需求和概念设计所做的质量控制，检查涉及团队成员应遵守的角色、职责和规则，典型的检查角色包括：

- 需求的作者。
- 促进检查并鼓励参与的协调者。
- 在检查过程中一次说出一个需求的读者。
- 为作者记录需求问题的抄写员。

无论组织选择执行同行评审还是检查，以下核实操作都有助于确保需求质量：
- 符合组织过程资产。
- 建模符号和模板的正确性。
- 模型的完整性。
- 模型的一致性。
- 术语的一致性和清晰性。
- 适当的例子。

当在需求核实期间发现缺陷或问题时，你可以使用条目跟踪或问题日志进行文档记录。条目跟踪和问题日志在本章的技术部分进行了描述。

本章后面所描述的范围变更可能是某个项目基线和实际绩效差异的结果，差异分析将帮助你确定偏差的严重程度，以及是否需要采取纠正措施。无论选择的是视角还是产品生命周期，只要你发现范围基线和实际商业分析绩效之间存在显著差异，就必须对差异进行差异分析，并对差异进行潜在的根本原因分析。

核实需求不能确保商业分析信息满足商业需要，为了有效管理范围，商业分析信息应被确认、排序、批准。

确认需求

确认需求意味着商业分析信息已经被评价过并且准确地反映了干系人的意图。确认需求确保商业分析信息满足需要、期望、商业目的和目标。确认需求确认了领域干系人的需要是通过正在创建的产品、服务或结果来满足的，并且交付了正确的解决方案。确认需求可确保商业分析信息与商业需求保持一致，并为干系人提供价值。根据 PMI 的专业年度脉搏报告，53%的被调查者没有以公正的方式使用正式的确认需求过程。

确认需求工作可以在核实需求完成之前开始，但在需求被完全核实之前，确认需求不能完全完成。任何类型的需求和概念设计都可以被确认。确认需求工作包括：

- 识别假设：定义和管理产品、服务或结果的风险。
- 定义可度量的评估标准：确定和定义基线度量，以度量产品、服务或结果的成功。
- 评价与产品范围的一致性：检查不一致的范围，如果出现偏差，决定是否：

- 重新评价未来状态。
- 更改产品范围。
- 从产品范围中删除需求。
- 修复不明确的需求。
- 改变设计。

确认需求是一个持续的过程，通常被称为持续确认。确认可以在单个需求、单个模型或所有商业分析信息中进行。确认需求通常通过演练（Walkthroughs）或评审（Reviews）来执行，当商业分析师与干系人一起评审所启发的需求时会发生持续确认，可以通过正式或非正式的需求文档方式来持续确认需求。持续确认与批准或签核（Signoff）不同，为了批准得以进行，授权的干系人必须先给予批准。确认是来自领域干系人的确认协议，以确认正在开发的解决方案是合适的，并且满足商业需要。当动议的商业目的、目标或范围变更时，可能需要更新商业分析信息，然后重新确认以反映变更。

将需求分解为较小的演练或评审会话，可以对解决方案是否在正常运行这一问题进行持续反馈，因为该过程没有那么困难或耗时，这将使整个解决方案的批准变得更容易。更少的演练和评审会话意味着更少干系人的更少时间投入和参与。

在执行确认需求时，你要确保干系人、解决方案和过渡需求都符合商业需求，并且确保概念设计满足需求。商业分析师需要理解干系人所期望的未来状态，以便成功地确认需求。如果你在需求分析期间没能发现本相互冲突的需求，那么这些不兼容的需求和期望将在确认需求期间暴露出来。

你可以按功能领域或需求类型划分来评审需求文档，以便从受影响领域的干系人获得确认，采用这种方法需要做更多的工作，但对于只想关注其需求的干系人来说，这种额外的付出是值得的，这其中的风险包括按区域划分的需求不正确，以及由于没有让每个干系人确认每个需求而漏掉潜在的干系人影响。另一种选择是在与干系人进行演练期间确认需求，并使用德尔菲技术在商业分析信息确认方面达成共识。

在适应型生命周期方法中，当使用了故事映射并且确定了第一个版本的最低能力集的主干时，这通常被称为最小可行产品（Minimum Viable Product，MVP）。这些特性、史诗、工作项对于干系人接受或进行功能考虑是必不可少的。

确认不能确保商业分析信息满足商业目的和目标。为了有效地管理范围，商业分析信息需要被确认、优先级排序和批准。

推荐解决方案

商业分析师的主要职责之一是推荐能够满足商业需求的可行的解决方案。为了有效地推荐解决方案，商业分析师将执行根本原因分析或机会分析，而这取决于商业分析工作是解决问题还是增强商业机会。基于这种彻底的分析，你可以确定解决方案是否牵涉到流程改进，或者是否需要新的功能和新的资源。商业分析师拟推荐的其中一些解决方案可能涉及技术，而其他解决方案选项可能不涉及技术。

为了识别新的能力，可以将能力地图或能力表如第3章所讨论的方式放在一起。在向业务推荐新能力之前，需先调查业务的当前能力。检查能力的目的是确保解决方案能够解决根本原因或机遇，而领域干系人和解决方案干系人往往很容易在不理解问题或机会的情况下识别解决方案。在分析能力时，商业分析师正在调查领域干系人将从需求、概念设计和设计选项中获得的潜在价值。与所有选项一样，设计选项也有优势和劣势，需要考虑这些优势和劣势以便做出合适的建议。

> **在现实生活中……**
>
> 人们很容易在不完全理解实现该解决方案所导致后果的情况下跃进到解决方案这一步。在我们公司，人力资源部在未与IT部门协商的情况下购买了一个COTS系统来跟踪培训记录。由于越来越多部门集成了SAP，因此需要人力资源部门开始使用SAP，遗憾的是，人力资源部购买的用于跟踪培训记录的系统无法与SAP集成，由于数据转换的成本太高，人力资源部不得不雇用承包商将系统中的所有数据重新输入SAP中。如果当时人力资源部在未理解清楚问题的情况下没有急于跃进到解决方案的话，那么他们就可以避免代价如此高昂的返工。

在步骤2中所讨论的标杆对照技术也可以是根据商业需要推荐解决方案的有效技术。标杆对照和构建商业论证有助于识别哪些建议是值得的，而哪些在满足商业需要方面是没有效果的。

使用这些技术可以帮助识别当前状态和所期望的未来状态之间的差距，此分析的结果允许推荐一个可行的解决方案。让商业分析师执行这项工作可以极大地提高动议或项目的成功率，并通过不执行错误的解决方案来节省大量的时间和成本。

很少有只有一个可行的解决方案的情形。在执行需要分析之后,会推荐具有解决商业需要的最大可行性的潜在解决方案。是构建解决方案、购买解决方案还是改造现有解决方案的决策现在变得更明显,有时候解决方案涉及构建、购买或改造的组合。

解决方案的预期收益是干系人从解决方案中所实现的积极成果和价值,预期收益可以在设计选项将达到的需求水平或需求集上进行评价。总预期收益包括所建议的设计方案的所有需求净收益,预期收益会在一段时间内进行衡量。

解决方案的预期成本是干系人将从解决方案中实现的负面结果,包括解决方案获取成本、解决方案维护成本及对干系人的负面影响。商业分析师还将机会成本评价作为预期成本的一部分。机会成本是由于选择了一个设计选项而错过另一个设计选项后未能实现的潜在资源收益,即错过机会的成本。

商业分析师通过权衡每个解决方案的收益和成本来确定干系人从潜在解决方案中所能获得的价值。当解决方案的收益大于成本时,出现正值;当解决方案的成本大于收益时,出现负值。需要对整个企业的价值进行评价,而不是按干系人的类别进行评价,其中一些估值包括潜在价值,潜在价值是有风险的,因为它是不确定的。预期收益可以被识别为有形的或无形的,同样,预期成本也可以被识别为有形的或无形的,这些可能性的存在使价值确定变得更加困难,因为是在预测未来,而未来是不确定的。

商业分析师评价每个拟交付给干系人的设计选项的潜在价值,通常重新评价设计选项是因为不断变化的商业条件或新的信息变得可用。在分析设计选项时,需考虑以下因素:

- 资源可用性:受限的资源将限制可实现的需求数量。如有必要,可以创建一个商业论证来证明额外投资的合理性。
- 解决方案约束:可能需要优先于其他需求的法规或法律需求和商业决策。这些需求可能需要手动或自动化的过程。
- 需求依赖性:可能需要先实现有限价值的需求,因为高价值需求依赖这些需求的完成和支持。
- 供应商关系:许多企业都有限制设计选项选择的首选供应商列表。
- 动议/项目相关性:由于依赖其他动议或正在完成的其他项目,设计选项可能受到限制。
- 文化：企业的运作方式会影响设计选项的选择。
- 财务：现金流不足会影响企业的设计选择。

为业务提供选项允许在决定哪种解决方案最有效时考虑时间、人员、资金或技术的限制。除约束之外，还将识别与所建议的解决方案相关的假设和风险。假设具有危险性，因为如果证明它们不正确，则需要重新检查商业需求和可能的商业论证，识别潜在解决方案的风险也很重要，因为降低或转移风险等风险应对会增加项目或动议的成本。

理解组织文化、风格及组织准备度对于理解商业环境至关重要。评价组织文化将帮助执行企业文化评估，企业文化评估描述了企业如何准备接受与解决方案相关的变革，以及企业是否能够并愿意适应文化变革。此评估涉及商业分析工作的内部和外部干系人。

商业分析师不是关于最可行解决方案的决策者，而是以推荐者的身份提供服务。商业分析师的解决方案建议得到了需求分析（包括成本和收益分析）的详细信息和证据的支持。需要确保解决方案建议在满足商业需求方面为干系人提供最大价值。在某些情况下，如果没有可行的解决方案，商业分析师的建议就是什么都不做。决策者不喜欢依靠直觉，通常发起人、高管或流程所有者将决定解决方案。步骤2中讨论的决策分析技术可以帮助决策者选择最佳选项，解决方案干系人也将向决策者提供有关开发解决方案可行性的信息。

监督需求和设计定义

为了支持对需求和设计定义的监督和控制，可以对需求进行跟踪、维护、优先级划分、监督，以确保在整个需求生命周期中的管理和批准。本节将重点介绍这些重要的商业分析任务。

跟踪需求和设计

在步骤3中，首先考虑的是对需求和设计的跟踪。需求跟踪有助于支持卓越的需求。可跟踪性包括关联、链接、关系或需求、设计、解决方案组件和工作产品。可跟踪性是双向的（前向和后向），如图7.1所示，可跟踪性对所有视角都很重要，因为它提供了一致性和完整性。当范围发生变化时，需求跟踪有助于执行影响分析，因为此过程有助于监督和控制产品范围。此外，可以使用需求跟踪来帮助进行风险、时间、成本和沟通管理。商业分析师负责管理产品范围，而项目经理负责管理项目范围，对于商业分析师来说，在项目范围和产品范围的管理方面与项目经理协作是非常重要的。管理产品范围的一部分涉及可跟踪性，可跟踪性提供了许多收益，包括：

- 发现缺失的或无关的需求。
- 减少镀金（在没有业务所有者的情况下添加特性或功能）。
- 提供更快、更容易的影响分析。
- 提高商业分析信息的质量。
- 防止产品范围蔓延。

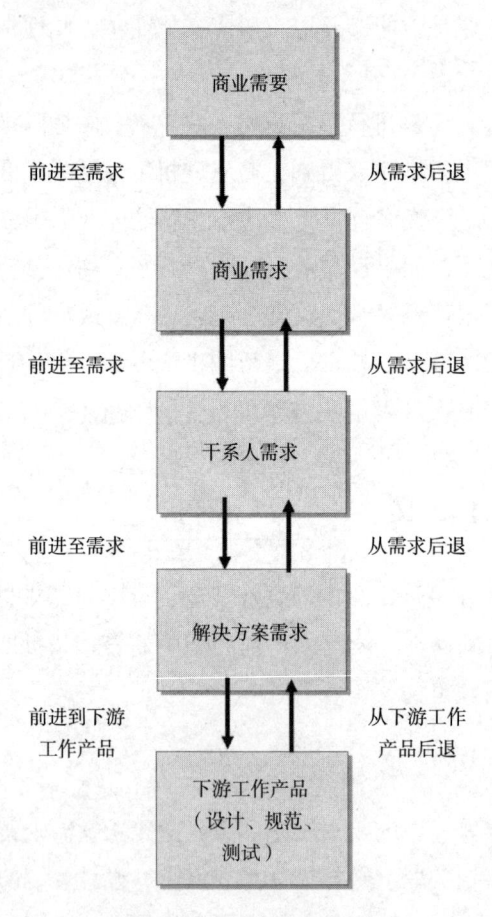

图 7.1 可跟踪性的双向性

- 增强有关范围变更的信息。
- 通过跟踪和监控需求来管理产品范围。
- 支持需求分配和发布计划。
- 满足干系人的期望。
- 确保需求增加商业价值。
- 为发布做决策。

为了确定需求跟踪的正式程度，需要调查每个可跟踪链接将提供的价值及需求关系的使用。对这些需求关系的调查包括：

- 派生：用于不同抽象级别的两个需求之间。例如，可以从商业需求派生一个干系人需求，一些商业分析师称之为子集。
- 依赖性：当一个需求依赖另一个需求存在时，在这两个需求之间使用。有两种类型的依赖关系：
  - 必要性：当一个需求需实施是因为另一个相关的需求也被实施时，必要性有时被称为实施依赖性。
  - 投入：当一个需求更容易实施是因为相关的需求也被实施时。
- 满意的：在实施组件和正在履行的需求之间使用。例如，非功能性需求和实施它的解决方案组件之间的关系。
- 已确认：在需求和测试场景或其他组件之间使用，以显示解决方案是否履行了该需求。

在决定可跟踪性正式性的数量时，需要考虑以下因素：

- 组织标准和治理。
- 产品复杂性。
- 项目生命周期或项目方法。
- 调节水平。
- 对产品错误的风险偏好。
- 商业分析工作和商业分析信息的大小。
- 可跟踪性结果的使用。

大多数人都认为可跟踪性只适用于预测型或由计划驱动的生命周期方法，但现实情况是，可跟踪性对变革驱动和适应型项目同样重要。在适应型项目中，可以将史诗或工作项跟踪至特性和验收测试。故事片可以帮助将上级工作项分解为下级工作项的子集；还可以使用信息雷达（如看板）来显示对解决方案组件需求的可跟踪性。

当动议规模很大、很复杂、风险极高，或者当干系人请求可跟踪性文档时，具有强大的可跟踪性就显得非常重要。如果企业受到高度管制或具有多个跨功能系统和接口，那么你就是执行更可靠的可跟踪性的合适人选。

随着商业分析工作的进展，必须监控商业分析信息的跟踪，以确保流程提供价值，但如果有太多的可跟踪性，项目团队就很难维护这个过程。因此，这些团队将停止执行跟踪。在这种情况下，一个更好的方法是重新审视可跟踪性的数量，并随着渐进式精化的发生进行调整。

可以通过创建跟踪矩阵或交互矩阵来管理需求跟踪，这在本章的技术部分中进行了描述。另外是使用需求配置管理系统（RCMS），这使得大量需求通过自动化而不是手动方法而更易于管理。在考虑 RCMS 时，企业需要创建一个需求列表，这些需求对于所使用的视角、需求的开发和需求的管理是必要的。

维护需求和设计

管理产品范围的第二个关键方面是维护需求和设计，维护需求涉及需求在整个动议生命周期中的准确性和一致性，其包括对需求的变更，并将需求重新应用于其他解决方案。

维护需求的目的是确保在所批准的变更发生时，继续保持需求是正确的和最新的。作为商业分析师，你有责任保持需求的准确性，并确保每个需求的名称清晰、定义明确、干系人可以轻松地访问。你还得负责保留需求、需求集和任何相关商业分析信息之间的关系，维护需求有助于实现商业分析信息的可跟踪性。

属性维护在需求维护中也扮演着重要角色。在商业分析工作期间，某些属性可能发生变更，例如，一个工作项的优先级可能改变，或者需求可能出现未被识别的风险。在这些例子中，属性改变了，但是需求保持不变。

需求维护的最后一个方面是重复使用需求，重复使用需求提供了以下收益：

- 加快上市时间。
- 降低成本。
- 提高产品质量。
- 减少需求开发时间。
- 维护现有解决方案。

可以遵循以下过程来创建需求：
1. 确保需求被记录并存档在可搜索的存储库中。
2. 检查所存档的需求，并对需求进行微调，使其可重复使用。
3. 创建域不可知的需求，并可用于任何系统。
4. 谨慎使用需求中过多的细节；详细的需求通常是解决方案。
5. 为依赖性目的识别需求链接和连接。

重复使用需求的目的是识别长期需要的潜在需求，重复使用需求适用于以下情况：

- 进行中的商业分析工作。
- 可比较的动议或项目。
- 可比较的部门或业务单元。
- 为了整个企业。

大多数商业分析师都没有时间来维护重复使用的需求。对于有兴趣追求此最佳实践的商业分析师，可首先以当前状态下的合规、监管和商业规则作为潜在候选需求，并非所有需求都是可重复使用的候选需求，因此需要与干系人协作以识别可重复使用的候选需求。

对需求和设计进行优先级排序

管理产品范围的第三个关键方面是商业分析师与干系人协作对商业分析信息进行优先级排序。在步骤3中，首先考虑了商业分析信息的优先级，在启发需求之前定义优先级排序过程是很有帮助的，提前定义优先级排序过程有助于在需求被启发和分析时最小化干系人之间的冲突。

优先级是通过对需求的相对价值或需求所需要实现的顺序进行排序来加以定义的。对需求进行优先级排序的目的是识别各需求对干系人而言的重要性。在整个动议过程中，优先级排序将继续进行，因为随着更多信息被发现，需求的重要性和顺序会相应发生改变。

需求和概念设计都在优先级排序任务中加以考虑。需求与设计之间的任何相互依赖关系也被考虑用于优先级排序目的。

在需求启发和分析过程中，在与干系人合作时将执行需求优先级排序计划。商业分析师的职责是促进和协商需要由负责的干系人做出的优先级决策，在某些情况下，帮助干系人解决与优先级决策相关的冲突。对需求的优先级排序对所有视角及商业分析工作都很重要，对此负责的干系人将根据价值对商业分析信息进行优先级排序，以下优先级元素是商业分析工作中的考虑因素：

- **成本**：评估与实现需求所需的资源工作相关的财务成本或机会成本，成本信息来自解决方案干系人，有时也可能来自供应商。当干系人在理解与需求相关的成本时，知识差异会影响需求优先级。
- **依赖性**：测量需求之间的关系，以确认是否有需求因为实施优先级而依赖另一个需求。依赖性与跟踪需求有联系，依赖性可能产生同时需要被实施需求这样的需要，或者它们可能基于供应商和其他动议。
- **难度/复杂度**：权衡工作投入以及实施需求的难度或复杂程度，难度/复杂度与风险和成本有关。
- **处罚**：考虑不实施需求的后果，虽然风险会产生积极或消极的影响，但是处罚会产生消极的结果。处罚不仅会损害企业的声誉，还会损害企业的利润。
- **监管**：关注对企业所施行的遵从性、法规或政策，这些都需要满足企业的遵从性需求。法规要求通常优先于干系人需求而被认为是更重要的需求。在这种情况下，不遵守是不值得去冒的风险。
- **风险**：评价需求为干系人带来价值和收益的可能性。在某些高风险的情况下，可能无法满足需求，高风险需求通常给予更高的优先权，以便问题被尽早识别出来，在生命周期的早期无法满足解决方案需求有助于防止解决方案干系人浪费精力和成本，为了缓解高风险，解决方案干系人将创建概念证明，以确定需求是否可实现。
- **稳定性**：对需求因未被分析或者未达成干系人的共识而变更的可能性进行调查，不稳定的需求会造成返工、浪费精力、增加成本、增加风险。
- **时机**：评估执行需求进度计划的敏感性，时机对于具有竞争力的企业来说很重要，因为如果另一个企业更快地进入市场，本企业可能失去市场份额。提供季节性产品和服务的企业也很重视需求实施的时机把握。
- **价值/收益**：关注高价值和干系人在实施需求时将获得的优势。价值和收益与战略目标和在动议或项目上工作的目标相连接，当它们之间出现偏差时，需要问为什么存在不兼容。收益和价值可以被定量或定性地衡量。

随着产品范围的逐步精化，需求优先级可能发生变化。这是正常的，你不该为此感到惊讶，优先级排序将在高层级、中层级和低层级分析中进行。由于这种连续的优先级排序，导致用于对需求进行优先级排序的元素可能发生变化。当范围发生变化时，也需要对变更请求进行优先级排序。根据项目生命周期的不同，这些变更请求可以是正式的或非正式的。最终需要确保优先级排序流程与商业需求，以及为干系人所提供价值的内容保持一致。

多个干系人在需求优先级方面会有分歧，但干系人还可能告诉你，所有需求在优先级上都是平等的。挑战在于，干系人已经理解如果他们不预先对每个需求直接提出优先级要求，他们可能就得不到所需的东西，因为另一个项目可能使他们项目的优先级降低，或者团队可能被从项目中释放出来，从而导致没能满足干系人的需求。商业分析师需要利用冲突解决、便利化、谈判能力在这些干系人和这些矛盾的需求之间达成共识。本节中所描述的优先级排序元素可以帮助商业分析师推动干系人冲突的解决。当通过对需求进行优先级排序来帮助干系人时，商业分析师可能需要向干系人解释需求之间需要权衡的地方。

有多种技术可以用来对需求进行优先级排序。一些常用的技术包括 MoSCoW、多票制、时间盒法和加权排序。在适应型或变革驱动的方法中，产品未完项中工作项的优先级决定了将开发哪些工作项。

监督需求和设计

管理产品范围的最后一个关键方面是监督需求和设计，对需求和设计的监督确保了产品范围的持续管理，监督意味着密切关注商业分析计划中的任务和流程的执行情况。监督商业分析信息的目的是关注需求状态并管理需求基线，需求基线定义了已批准需求的边界（范围内商业分析信息），这个边界可以应用于动议、项目、项目阶段、迭代、冲刺、增量、发布。

本章前面所描述的需求和设计的跟踪、维护和优先级排序涉及监督，可跟踪性将随着需求变更的发生和批准而更新，检查需求的完整性和准确性将涉及需求维护，优先级会随着商业需要的变化而变化。随着动议的进展和范围被要求变更，实现了变更控制过程这一需要。

为了在需求开发过程中有效地监督需求，商业分析师的工作将在跟踪、基线化、监督和管理变更之间迭代，同时记录和传达需求的状态。商业分析师有责任确保需求是已经批准的，该批准在规划过程中定义，可以是正式的或非正式的。商业分析信息的批准包括产品范围、可跟踪性、已确认的需求、已核实的需求和已争取的干系人，已批准的需求构成需求基线。图 7.2 显示了需求开发和需求管理过程中所表现出来的迭代性质。

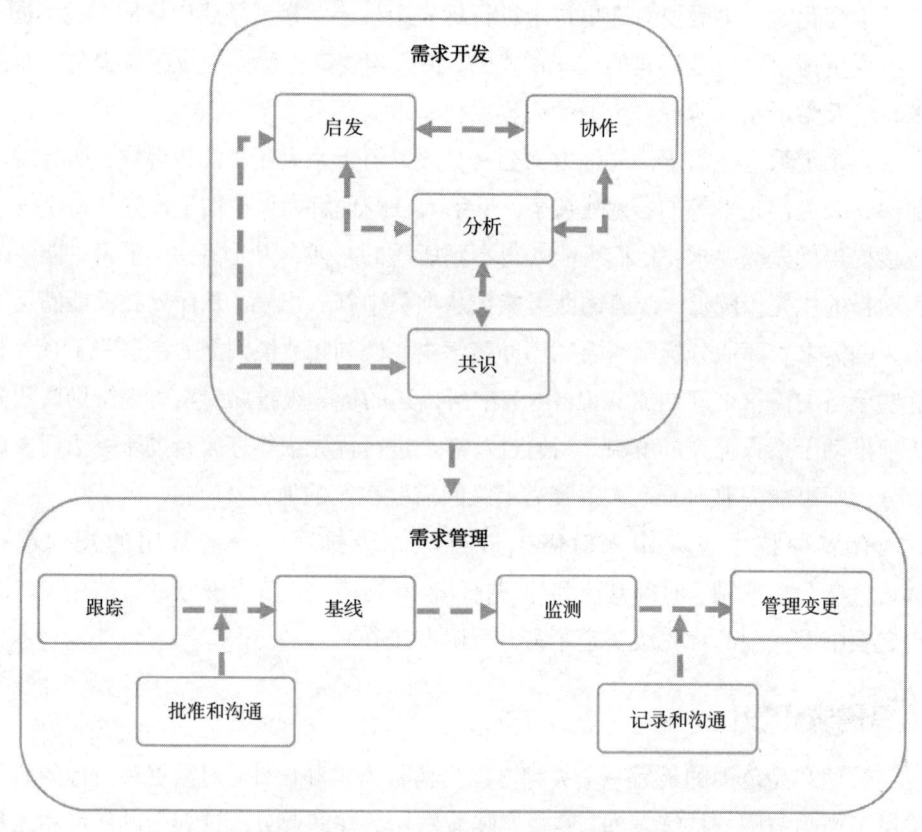

图 7.2　需求开发和需求管理过程中所表现出来的迭代性质

对于使用计划驱动或预测型方法的企业，通常会创建一个正式的需求文档，需要获得关键干系人的批准和/或签准。当请求增加额外的产品范围时，将执行变更请求和/或变更管理过程以演进基线。

对于使用变革驱动或适应型方法的企业，将创建不需要关键干系人正式签核的工作项，从技术上讲没有正式的签核；但是，由于产品所有者是客户的声音，因此产品所有者负责批准需求。为了简洁，产品积压这一术语将被用于用户故事或工作项，每次迭代都包括工作项的一条基线，基线可以用迭代未完项或看板来表示。准备就绪的定义可以当作工作项的批准。

理解企业中不同类型的批准对于达成需求共识非常重要。批准类型包括：

- 批准者（Approver）：口头或书面提出批准需求的建议。在一些企业中，在发起人或主管部门签核需求之前,需要有批准者的建议。
- 拒绝者(Rejecter):口头或书面提出拒绝需求的建议。拒绝者可以是干系人,他是审阅者、批准者或签名者。
- 审阅者(Reviewer):对需求进行评审并提供反馈,在某些企业中,审阅者不是批准者或签核者。
- 签核者(Signer):正式签署需求。签核者通常是企业内具有权威的发起人、产品所有者或干系人。

正式和非正式的批准需要被跟踪,因为持续的工作投入依赖商业分析信息批准。批准是指确认商业分析信息正确、完整,因此,批准需要与核实、验证和对商业分析信息进行优先级排序一样多的共识工作。可以使用协作游戏、德尔菲或决策技术来达成共识。

无论企业使用哪种方法,解决方案团队都可以度量和评估相对于基线完成的进度,将修订后的基线与原始基线进行比较,有助于识别对未来商业分析工作规划进行改进的领域。由于基线是范围内和范围外的边界,因此基线还帮助解决方案干系人识别何时发生变更。

每个动议中的关键需求都需要对其进行持续监控,这些关键需求是决定解决方案有效性的指标和关键绩效指标,未能满足这些指标和关键绩效指标也会导致无法满足商业需要。

当商业分析工作投入的部分发生变化时,商业分析师将迭代规划流程并更新商业分析文档,以确保将这些信息传达给适当的干系人。在对产品范围定义的监控过程中,商业分析师将确保与干系人进行有效的沟通,并随着需求状态的进展,遵循步骤3中的沟通计划。沟通需求状态包括领域干系人和解决方案干系人,通常,将传达以下信息:
- 商业分析工作投入。
- 指标和关键绩效指标。
- 需求满足状态。
- 需求基线更新。
- 变更请求。

在产品范围的监督过程中,干系人所关注的问题通常会自然而然地浮出水面,为了确保这类关注得以识别和强调,可以将条目所记录的跟踪项或问题日志放在一起。

范围变更

在所有的事情中，唯有变化是永恒不变的，越早意识到范围变化的不可避免越好。范围变化不可避免的原因在于在商业分析工作开始时缺乏完整的信息。一开始，当需要被识别出来时，其范围是不明确的。在启发和分析的过程中，其范围也是逐步精化的，换句话说，范围的分解过程依次是商业需要、商业需求、史诗、干系人需求、解决方案需求、过渡需求。如果所分解的范围在动议范围的边界之内，则不会发生范围蔓延或范围变更，此边界就是本章前一节中所描述的基线。当允许将需求添加到动议中而不解决所附加的范围对基线中所规定的动议最后期限和成本的影响时，范围蔓延就会发生。需求监控确保只将已批准的需求添加到产品范围中。商业分析师与项目经理、Scrum Master、产品所有者和或解决方案干系人协作来管理范围变更。

在预测型或计划驱动的方法中，一旦需求被启发、分析、记录、批准，需求就已被基线化，并且将通过正式的变更控制过程处理范围变更，管理变更请求的过程在商业分析计划中定义。变更请求是对文档、可交付结果、三个基线之一的期限、预算、范围进行修改的正式记录。许多企业要求将变更请求正式记录在模板中，如变更请求表（Change Request Form，CRF）。根据企业和行业文化，CRF的详细程度会有所不同，在企业中完成 CRF 的干系人也有所不同，一些企业坚持由项目经理完成 CRF，而另一些企业则要求商业分析师或干系人通过请求范围变更来完成 CRF。根据企业的不同，CRF 可以手动提交或在线提交。商业分析师与项目团队合作，分析所请求范围变更的影响，如果使用的是可跟踪性，那么影响分析将更加简化，受影响的可能是需求、预算、风险、已完成的工作、人力资源或截止日期。执行影响分析后，商业分析师与项目经理合作，向决策者提议所推荐的变更行动方案。这些决策者通常被称为变更控制委员会（Change Control Board，CCB）。有时候，所推荐的行动方案会变成一个小型的商业论证，决策者将对是否批准、拒绝、推迟或尚需其他信息进行决策。根据该决策采取以下行动：

- 变更批准：商业分析信息根据变更的影响进行更新或调整，变更将在变更日志中更新（如果适用）。变更沟通根据商业分析计划和变更管理流程进行。

- 推迟变更：在变更日志中更新文档和理由（如果适当），考虑将来的变更。
- 拒绝变更：在变更日志中更新文件和理由（如果适当），变更被认为超出范围。
- 需要附加信息：启发并分析进一步的商业分析信息，更新影响分析。在预测型方法中，向 CCB 提供建议；在适应型方法中，根据优先级，及时地详细描述有关工作项的其他商业分析信息。

可以在变更控制工具（CMS、VCS、可跟踪矩阵或本章技术部分所述的需求管理工具）中跟踪变更文档。

在适应型或变更驱动的方法中，需求被迭代地启发、分析、非正式地批准，产品未完项中的工作项成为基线，并承诺当工作项上升到产品未完项的顶部时，进行额外的商业分析工作。范围变更是通过产品积压来管理的，由于解决方案干系人工作的适应性及与领域干系人的持续协作，因此处理得不太正式。事实上，这种方法是期待并拥抱范围变化的。每个冲刺或迭代的评审都用于识别：

1. 需要添加到产品未完项中的其他工作项。
2. 产品未完项中不再需要的工作项。
3. 产品未完项中工作项优先级的变更。

这个过程允许根据价值进行持续的审查、规划和调整。具有更高价值的变更将优先置顶于产品未完项的顶部。虽然经常对产品未完项的工作项进行变更是很常见的，但是一旦冲刺或迭代未完项被锁定，通常需要进行重大的意外变更或灾难性的变更来修改产品范围。可能发生放弃迭代或冲刺的现象，当发生时，团队会返回到已被更改工作项的迭代计划中。批准通常是非正式处理的，产品所有者是负责批准需求的干系人，这种非正式性意味着产品所有者通过以下方式创建范围变更过程：

1. 确定需要批准哪些范围变更。
2. 区分如何批准范围变更。
3. 批准范围变更时的命名。

无论采用哪种方式，仍将执行相同的任务和活动。区别在于工作的时间安排、需求的文档记录、详细程度，以及处理范围变更的方式。在任何类型的商业分析工作中，处理范围变更的过程一般包括：

1. 建立范围基线。
2. 提交范围变更。

3. 验证范围变更。
4. 对范围变更进行影响分析。
5. 批准、拒绝、推迟或请求范围变更的其他信息。
6. 如果范围变更得到批准，则实施变更。如果请求附加信息，需要获取附加信息并重复执行前面的任何必要步骤。如果范围变更被拒绝或延迟，则流程将转到下一步。
7. 将范围变更处理结果传达给适当的干系人。
8. 完成范围变更过程。

当识别出新的需求时，将执行影响分析以确定变更将产生的影响。需要考虑的影响包括：

- 依赖项。
- 动议、项目或项目集。
- 其他需求和设计。
- 整体产品。
- 需求属性。
- 需求优先级。
- 需求可跟踪性。
- 已完成的工作。

有时范围变更是由产品缺陷引起的，最好由团队自身发现这种类型的范围变更，而不是被领域干系人发现。一个积极地识别问题或缺陷的团队，将使用审计、检查、演练、审查等技术来确保干系人的质量。商业分析师与解决方案干系人协作来修复缺陷以确保满足干系人需求。

当范围发生变化时，需要对基线进行检查，以确定今后是否将使用修订后的基线。一些企业建立了与原始基线相关的公差，以适应产品范围、预算或时间的增益或损失。如果范围变化在这些公差范围内，则不需要请求变更，基线也不必演进。然而，即使小范围的变化也需要评估影响并与项目经理进行协作。如果范围变化超出了这些公差范围，则需要请求变更，如果该变更请求被批准，则会创建修订后的基线。原始基线不会改变，它是为了测量和学习而保留的，原始基线与修改后的基线之间的差异并不意味着让商业分析师和项目经理难堪，这样的差异用来学习如何在未来更有效地规划。

变更请求和影响分析文档需要保存和存档，文档的正式程度取决于所选定的项目方法，预测型方法使用变更控制日志来跟踪变更的处理和数量，文档提供了重要的经验教训。除产品范围之外，变更请求同样可适用于最后期限、财务变更、文档、可交付成果。

当范围变更得到批准时，对商业分析信息的影响要求更新现有计划或文档，适应型方法中的文档比预测型方法中的文档要少。

在整个范围变更过程中，可以使用依赖性分析、影响分析、可跟踪性和版本控制技术。

技术

表 7.2 描述了建议使用的在管理范围时可能有用的技术。此表是根据《PMI 商业分析指南》、PMI 实践指南和 IIBA《BABOK 指南》的输入编译的。此表是表 1.14 节选，它提供了商业分析活动中所使用技术的总体交叉引用。当然，在执行多个活动时可以只使用其中的一些技术，因此，本节详细介绍了范围管理最常用的技术。

表 7.2　范围管理技术对照表

技术	阐述商业分析信息的各个方面					商业分析视角				
	6.管理范围	启发	协作	分析	共识	商业智能	业务流程管理	业务架构	信息技术	敏捷
验收和评估标准	×	×	×	×	×	×	×	×	×	×
未完项管理	×	×	×	×	×	×	×	×		
商业论证	×	×	×							
商业动机模型	×			×	×			×		
业务流程架构	×			×	×		×			
商业价值定义	×	×		×	×					
变更控制委员会	×				×					
决策分析	×	×	×	×		×		×	×	
文档分析	×	×	×	×			×		×	
估算	×	×	×	×	×	×	×	×		×
失效模式和影响分析	×			×			×			
财务分析/估值技术	×			×						
功能分解	×			×		×		×	×	
质量屋/客户之声	×			×						
影响分析	×			×						
接口分析	×	×		×			×	×	×	×
访谈	×	×				×		×	×	
条目跟踪	×			×	×	×		×		
改善活动	×	×	×	×			×			
卡诺分析	×	×	×							×
指标和关键绩效指标	×			×	×	×		×		
优先级	×			×	×	×		×		
产品组合矩阵	×	×	×	×			×	×		
项目组合分析	×								×	

续表

技术	阐述商业分析信息的各个方面				商业分析视角				
	6.管理范围	启发	协作	分析	共识	商业智能	业务流程管理	业务架构	信息技术	敏捷
目的对准模型	×			×	×					×
实物期权	×				×					×
需求配置管理系统和版本控制系统	×		×	×	×					
评论	×		×		×	×	×	×	×	
风险分析与管理	×			×	×	×	×	×	×	
路线图	×									
根本原因分析	×	×	×	×	×					
干系人、列表、地图或个人	×	×	×	×	×	×	×	×	×	
跟踪矩阵	×			×						
研讨会	×	×	×	×	×	×	×	×	×	×

未完项管理

产品未完项在动议开始时创建，它包含了需要完成的多余工作项的数量。未完项管理是一种用于组织、跟踪和优先处理超出容量的工作项的技术。未完项管理主要用于适应型和迭代型方法，但也可用于预测型方法。

每个工作项都是单独标识的，因此可以对其进行优先级排序，产品未完项顶部的工作项具有更高的价值和更高的优先级。当工作项到达产品未完项的顶部时，它们需要及时地精化适当的建模技术来充实开发所需的细节，一些商业分析师将此称为改进或整理未完项。除价值之外，未完项管理还考虑工作项的依赖性和约束，表7.3包括了可以包含在产品未完项中的工作项类型。

表7.3 产品未完项中的工作项类型

变更请求	维修项目
已完成的文档	非功能性需求
客户订单	演示文稿项目
缺陷	需求
设计	返工项
特性	风险项
功能性需求	用例
维修项	用户故事

在整个动议中，对于具有不断变化的优先级或不断变化的商业需求的动议，使用产品未完项有助于解决干系人不断变化的需求。当工作项添加到产品未完项

中或从产品未完项中消除时，可进行根本原因分析，向产品未完项中添加工作项可能意味着增加了干系人的需求或降低了生产力，添加到产品未完项中的工作项是根据与产品未完项中已有的工作项的相对值进行排序的。从产品未完项中删除工作项可能意味着干系人的需求减少或生产力提高，删除的工作项可能由于以下原因而重新添加：

- 干系人需求或优先事项的实质性变化。
- 完成工作项所需的大量时间。
- 需要额外的时间来完成大量的优先工作项。
- 相当大的缺陷。

从产品未完项中删除的工作项也可以表示工作项的完整性，未完项管理涉及使用优先级技术。

未完项管理是产品所有者的责任，其输入来自解决方案域团队、Scrum Master和商业分析师（如果商业分析师角色与产品所有者角色分开的话），如果没有正式的产品所有者角色，那么具有商业分析技能的人需要履行未完项管理的职责。

在迭代计划期间，解决方案域团队将选择和计划他们将在即将到来的迭代中工作的工作项。商业分析信息工作需要在迭代计划之前进行详细说明和完成，以便团队能够完成他们的开发工作。

变更控制委员会

使用 CCB 的企业寻求确保以更正式的方式管理变更。CCB 是一个正式授权的干系人小组，负责审查、评估、批准、推迟或拒绝对动议或项目提出的变更，CCB 成员确保与变更相关的决策记录并传达。

CCB 技术更常用于预测型方法或高度规范的组织，其实，它可以用于任何项目生命周期，包括适应型方法。增加创建 CCB 可能性的其他特征包括组件、接口、风险和干系人。

当变更决策超过发起人的批准权限级别时，就要求 CCB 采取行动，CCB 将帮助确定财务金额（阈值），如果提议的变更低于阈值，那么发起人或关键领域干系人有权批准变更；相反，如果变更超过阈值，那么变更请求将被提交给 CCB。阈值的确定包括以下影响：成本、可交付成果和进度。

对于需要 CCB 的动议或项目，一旦需求和设计基线化，超过规定阈值的建议变更都将提交给 CCB。

冲击分析

冲击分析是一种旨在揭示变更所导致的不可预见的负面影响的技术。很少有组织进行冲击分析，这是许多项目以失败告终的原因之一。冲击分析包括评价变更以确定以下影响：

- 其他需求。
- 产品或服务。
- 项目或模仿的。
- 项目集。
- 项目组合。

可跟踪性有助于支持和增加执行影响分析的成功性和易用性。除评价前面提到的影响之外，还要分析对商业分析和项目管理的影响。

商业分析师需要考虑对以下商业分析领域的影响：

- 正在进行、已批准或已完成的商业分析工作。
- 解决方案开发生命周期。
- 商业分析活动和计划。
- 现有商业分析文档的更新。
- 修订商业分析计划和文档的估计。

商业分析师与项目经理协作，考虑对以下项目管理领域的影响：

- 子项目管理计划，包括商业分析、成本、沟通、人力资源、流程改进、采购、质量、风险、进度、范围和干系人。
- 成本、进度和范围的基线。
- 产品路线图和发布计划。

执行冲击分析包括以下过程：

1. 评价所提议变更的影响。
2. 识别与所提议变更相关的风险。
3. 确定整合提议变更所需的工作。
4. 隔离进度和成本影响。

图 7.3 说明了冲击分析过程，商业分析师与团队（包括解决方案干系人、项目经理、Scrum Master、产品所有者等）协作以执行冲击分析。

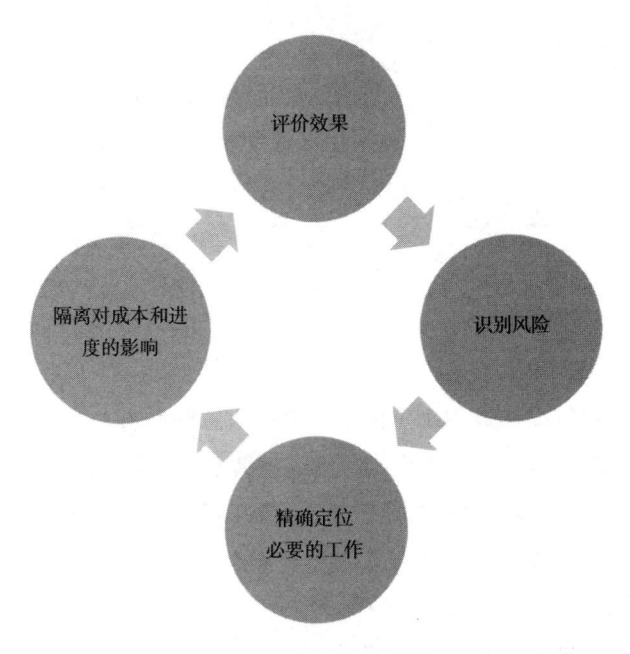

图 7.3　冲击分析过程

冲击分析有助于防止范围蔓延的发生，还可作为协助决策者（包括 CCB）评价所提议变更的输入，有助于整合三个约束（时间、成本和范围）的动态性，以及质量、风险、人力资源。

商业分析师在执行冲击分析中的角色对于确保以下各项的完整性至关重要：

- 为干系人提供价值。
- 已实施的功能。
- 需求基线。
- 解决方案组件。

在对决策者或 CCB 进行冲击分析并对所提议的变更提出建议后，可能存在需要进行额外冲击分析的情况，这要求执行额外的启发、分析、协作和共识。除此之外，需要考虑更新初始冲击分析，并将信息重新提交给决策者或 CCB。

条目跟踪/问题日志

使用条目跟踪/问题日志有助于跟踪和监视整个项目或动议中未解决的要素。用来考虑跟踪和监控的要素包括：

- 行动。

- 假设。
- 约束。
- 缺陷。
- 依赖项。
- 干系人之间的争议或分歧。
- 增强。
- 问题。
- 干系人关注的问题。

跟踪条目的目的是确保识别、记录、跟踪和监控干系人关心的要素以提供闭环，这项技术有助于保护要素不被遗忘。这些要素的文档通常以表格或矩阵格式描述。表 7.4 包括条目跟踪/问题日志中用于跟踪的属性，对表中属性的定义：

- 唯一标识符：将要素与其他要素分类的单一方法。
- 条目/要素：条目或要素的名称。
- 描述：条目或要素的简要定义。
- 类型：条目或要素的类别。
- 鉴定者：最初介绍条目或要素的人。
- 鉴定日期：条目或要素的引入日期。
- 影响：条目或要素未在到期日期前得到解决，对积极或消极后果的重要性。
- 优先级：条目或要素将影响的干系人的相对重要性。
- 分配日期：条目或要素被指定给调查者的日期。
- 到期日期：要解决的条目或要素的目标日期。
- 调查者：被指派解决条目或要素的人。
- 问题/要素所有者：保留条目或要素的人。
- 恢复计划：商定的条目或要素策略可以包括接受、避免、缓解、追求或转移。
- 状态：条目或要素类别的当前状态可以包括已分配、有风险、落后、已取消、打开或已解决。
- 更新：有关解析条目或要素的进度的详细信息。
- 升级：如果条目或要素未在到期日期前解决，要遵循的升级过程。

表 7.4　条目跟踪/问题日志中用于跟踪的属性

唯一标识符	条目/要素	描述	类型	鉴定者	鉴定日期	影响	优先级	分配日期	到期日期	调查者	问题/要素所有者	恢复计划	状态	更新	升级

与干系人沟通条目跟踪/问题日志有助于提供关于记录中所含要素的状态和更新的透明度及可视性，这种技术也有助于确定需要解决哪些条目或要素才能管理范围的优先级。需要用好该技术，以确保用于实现干系人的重要利益和价值时的解决方案。

优先级排序

优先级排序技术可以包括 MoSCoW 分析、多票制、时间盒法、加权排序、加权最短优先作业（Weighted Shortest Job First，WSJF）、最小可行产品和德尔菲等，优先级由需求的相对价值或需求实现的顺序来定义。商业分析师要促进干系人之间的优先级讨论，以识别需求和设计的相对重要性。在这种情况下，商业分析师也会参与促进优先级排序讨论，讨论哪些流程需要改进、哪些供应商需要选择，或者哪种解决方案是最佳选择。

商业分析师需要确定干系人用于优先级排序的标准是否符合企业的战略，这是一个微妙的平衡行为，由于优先级可以在动议的整个生命周期中转移，因此需要重新审视整个动议中商业分析信息的重要性和价值。

MoSCoW 分析

MoSCoW 分析是一种用于分配相对排名的优先级排序技术。MoSCoW 帮助干系人就商业分析信息的重要性和商业分析信息的交付达成共识。MoSCoW 的含义：

- 必须有（Must Haves）：为使项目成功而必须提供的商业分析信息，"必须有"的基本特性是商业分析工作成功的基础。

- **应该有（Should Haves）**：如果可能，应该包含在解决方案中的商业分析信息，"应该有"包括重要项，但没有"必须有"那样高的优先级。商业分析工作的成功并不依赖"应该有"。
- **可以有（Could Haves）**：商业分析信息是可取的，但不是必要的，只有在时间和资源允许的情况下，才能包含"可以有"。遗漏"可以有"，有的不会影响商业分析工作的成功。
- **会/不会有（Won't haves/would haves）**：在预测型方法中，"不会有"用于干系人同意不会在给定的发布或项目中实现的商业分析信息。未来可能考虑"不会有"，但在这之前，不会执行任何商业分析工作。在一些适应型方法中，产品未完项中包含"会有"项，因为产品未完项中从来没有"不会有"项。

MoSCoW分析是最常用的优先级排序技术之一。这种技术的问题在于干系人可能难以真正识别"必须有"。

多票制

多票制技术涉及为干系人提供多个投票，以确定最高优先级的商业分析信息。一个需求或设计从干系人那里得到的投票越多，该项的优先级就越高。

进行多票制有多种方式，其中一种方式的流程包括：

- 需求和设计总数。
- 把总数除以3。
- 为每个干系人提供粘点（sticky dots）。
- 干系人在图表页面或看板上列出的需求和设计旁边标出它们的点，每项都只有一票。
- 每个需求和设计的点数的总和。

例如，如果有50个需求和设计需要优先考虑，将50除以3，即16.7。在这种情况下，为每个干系人都提供17个粘点（投票），以确定哪些需求和设计很重要。

另一种使用粘点的方式是为优先级分配颜色，例如，高优先级项可以用绿点表示，中优先级项可以用黄点表示，低优先级项可以用红点表示，类似的过程可以跟随前面的例子直观地看到最高的优先级。

另外多票制技术是给每个干系人提供资金，以对最高优先级进行投票，一些商业分析师将此称为购买特性，例如，先给每个干系人一笔固定的资金（例如100

美元），用于满足他们所选择的需求。然后，拥有最多资金的需求成为优先事项，与第一次投票技术不同，干系人可以将其资金的任何面额用于需求。事实上，干系人可能希望将其所有资金用于一项需求。

大多数干系人喜欢并欣赏多票制技术，因为他们很容易跟随并乐于参与，这种技术可以更容易地就商业分析信息的优先级达成共识。

在现实生活中……

在与一个非营利组织合作时，董事会正在努力识别哪项活动应优先进行筹资，为了取得进展，我向他们介绍了多票制技术。该清单包括10项需要优先考虑的活动，我给每位董事提供了50美元的游戏费，并要求他们在便签上写下他们如何选择将50美元用于10项活动。我收集了所有的钱，然后把它放在适当的活动旁边，董事们花了不到15分钟的时间来完成这一过程，他们分享了这么快达成共识是多么有趣。多票制的好处在于，它给内向的董事一个机会，让他们在没有来自直言不讳的董事压力的情况下投票。从那以后，董事会对每个适当的机会都采用了多票制技术。

时间盒法

时间盒法是一种对具有不可协商的固定期限的动议进行优先级排序的技术，它可以识别团队在有限的时间内将交付哪些工作。时间盒法通常与本节中描述的其他优先级排序技术结合使用，基于优先级排序，团队一起确定在截止日期前可以交付多少优先级排序的范围。例如，如果时间框为6个月，团队将从干系人那里审查优先范围列表，并根据团队能力确定团队在6个月内可以完成的工作量。

如果识别出是固定预算而不是固定时间，则使用预算编制来识别优先级。预算编制涉及一个不可谈判的固定数额的财务动议。基于预算编制，团队审查优先范围列表，并识别可以在该预算约束内交付的商业分析信息。

加权排序

加权排序是一种将商业分析信息从最不重要到最重要进行优先级排序的技术，执行加权排序的目的是通过加权决策目的的某些标准来创建优先级客观性。开始使用矩阵或表格执行加权排序技术，这个过程包括成对匹配，选取某个选项，并将该选项与另一个选项进行一对一比较，干系人通过将选项逐个与所有选项进行比较来投票或排列最优先的选项。根据权重标准,将得到的分数相加以确定首选决策。加权排序可用于确定哪些解决方案在需求分析期间最可行,哪些需求在需求分析期间最重要。在适应型生命周期中,可以使用基于价值或基于风险的优先级排序对产品未完项进行加权排序。加权排序也有助于从任何角度解决干系人在商业分析信息方面的冲突,将加权排序与决策分析相结合是一个很好的策略。

> **在现实生活中……**
>
> 几年前,我和丈夫正处于购买房产的紧要关头,我知道购买的压力可能影响我们的决定。我们研究了几个属性,结果很难确定哪个是最好的。我决定向丈夫介绍加权排序矩阵,以帮助我们在这个重要决策过程中更加客观。首先,我们识别出最重要的标准,接下来,我们识别出需要加权的五个标准并且我们一致同意五个标准中的四个;然后,我们识别出每个标准的权重,在我们看了八个属性之后,我们填写了每个属性的原始分数。表 7.5 包括了我们在房产选择中所面临决策的原始分数。最后,我们应用加权公式来确定优先级。表 7.6 给出了我们在房产选择时所面临的相同决策的加权标准,在此表中,突出显示了前三个属性选项,最高分数代表我们选择的首选属性。这个过程对我们非常有效,我们很高兴基于对家庭而言最重要的因素所做出的这一决定。

表7.5 使用原始打分的不动产决策表

	房屋规模或升值潜力	靠近冰川	近在咫尺	易接近性	公共设施成本	整修	契约	视野	狗围栏	到机场的距离	与邻居的距离	环境（平和与宁静）	外部建筑的便利性	总分
Labrant Rd.	1	1	3	2	1	1	2	3	3	2	2	2	3	26
Trapline Trail	1	2	2	2	1	2	2	3	2.5	3	3	3	3.5	30
Lynnewood	3	2	2	4	3	5	1	1	2	3	1	2	2	31
Hungry Horse	3	3	1	2	0	1	3	1	3	1	1	1	1	21
Van Sant	3	2	3	3	2.5	3	3	3	3	1	1	1.5	3	32
Elk Park	2	2	2	4	2.5	4.5	2	2	3	3	2	3	3	35
Kuzmic Lane	3	3	1	3	3	1	3	3	3	3	2	2	3	27
Coyote Meadow	2	1	3	2	2	3	2	0	3	2	2	3	2	30

表 7.6 不动产决策加权排序表

	房屋规模或升值潜力	靠近冰川（加权*3）	近在咫尺	易接近性（加权*2.5）	公共设施成本（加权*2）	整修（加权*1.25）	契约（加权*2.5）	视野（加权*2）	狗围栏（加权*1.5）	到机场的距离	与邻居的距离（加权*1.75）	环境（平和与宁静）（加权*3）	外部建筑的便利性（加权*1.25）	总分
Labrant Rd.	1.00	3.00	3.00	5.00	2.00	1.25	5.00	6.00	4.50	2.00	3.50	6.00	3.75	46.00
Trapline Trail	1.00	6.00	2.00	5.00	2.00	2.50	5.00	6.00	3.75	3.00	5.20	9.00	4.38	54.83
Lynnewood	3.00	6.00	2.00	10.00	6.00	6.25	2.50	2.00	3.00	3.00	1.70	6.00	2.50	53.95
Hungry Horse	3.00	9.00	1.00	5.00	0.00	1.25	1.00	3.00	1.00	3.00	1.00	1.00	1.00	30.25
Van Sant	3.00	6.00	2.00	8.00	4.00	3.13	7.50	6.00	4.50	3.00	1.70	4.50	3.75	57.08
Elk Park	2.00	6.00	2.00	10.00	5.00	5.63	5.00	4.00	4.50	3.00	3.50	9.00	3.75	63.38
Kuzmic Lane	3.00	9.00	1.00	8.00	6.00	1.25	0.00	4.00	4.50	3.00	3.50	6.00	3.75	49.00
Coyote Meadow	2.00	3.00	3.00	5.00	4.00	3.75	5.00	5.25	5.00	2.00	3.50	9.00	2.50	53.00

加权最短优先作业

WSJF 技术估计了序列特征、功能或工作项的延迟成本（Cost of Delay，CoD）。可以通过将 CoD 除以持续时间来计算 WSJF。公式为：

WSJF=［商业价值+时间临界+（风险减少/机会启用）］/工作投入

交付最大价值和最短长度的工作项优先于其他价值较低、长度较长的工作项，这种技术通常用于规模化敏捷框架中。

最小可行产品

MVP 是根据特性、史诗、用户故事或工作项为解决方案的第一个版本提供的价值来对范围进行优先级排序的方法。这种技术的目标是识别出解决方案所需包含特性的最少数量，一些商业分析师称其为修整尾部，以便为客户提供价值。MVP 通过首先关注基本的产品特性，然后向未来版本添加更多特性，帮助组织加快上市时间。一些商业分析师使用 MMF 技术，这与 MVP 非常相似。MVP 优先级排序技术有助于在商业分析工作的早期实现商业价值，而不是等到最后才提供有价值的解决方案。

德尔菲

德尔菲优先级排序技术是有益的，因为它允许每个人匿名分享自己的观点。要想使用这种优先级排序技术，就要求主题专家通过引导者匿名提供优先级排序输入。在集中办公的会话中，可以在纸上进行输入；对于地理位置分散的会话，可以通过私人聊天进行输入。为了达成共识，主题专家讨论观点，然后匿名投票，引导者合并选票。如果在第一轮谈判中没有达成共识，则将进行下一轮的讨论和投票。德尔菲有助于防止群体思维，适用于人们不太愿意发表意见的情况，以及涉及强大的干系人的情况。

使用优先级排序技术来确定最有价值或最重要的内容有助于确保干系人满意。优先级排序技术可以帮助揭示过渡需求。适应型方法中的优先级排序结果是按价值和风险排序工作项的未完项的，在预测型方法中，结果可能是商业分析信息的每个组件的优先级属性。MoSCoW 分析、多票制、时间盒法、加权排序、WSJF、最小可行产品和德尔菲都是可以用于大多数视角的技术。

需求配置管理系统和版本控制系统

RCMS 提供了系统地处理变更的功能，从而使系统在一段时间内保持其完整性。实施的 RCMS 允许管理系统信息、评估所提议的变更、跟踪变更状态及作为系统变更的存储库。从商业分析的角度来看，RCMS 提供了商业分析信息的如下方向：

- 存储以防止丢失并确保可访问性。
- 跟踪以确保覆盖范围和变更影响分析。
- 访问以前版本的商业分析信息，以理解从迭代到迭代的产品变更。

除标准的 Microsoft Office 产品之外，还有一些 RCMS 工具可以帮助提高效率。在撰写本文时，Capterra 提供了对获取 RCMS 的需求管理的分析，应与其他 COTS 采购进行同等的尽职调查。

VCS 用于跟踪修订历史，版本控制系统包括：
- 原始代码和商业分析信息。
- 跟踪代码和商业分析信息的更改。

VCS 是配置管理中包含的一个重要过程，VCS 并不总是与软件相关。

使用 VCS 可以有效地管理大量商业分析信息的文档，要与项目团队合作，以确定商业分析工作是否需要 VCS。该决定包含在商业分析计划中。

一个简单的 VCS 系统可以包括文件名、日期、时间和版本号。需求管理工具使用更强大的 VCS，其中商业分析文档：
- 已签出并锁定以进行编辑。
- 签入时带有变更描述的强制注释。
- 由需求管理工具自动进行版本控制。

有许多需求管理工具可供使用，而使用需求管理工具并不能保证高质量的商业分析信息。管理产品范围的关键是在规划商业分析工作时，记住囊括项目所需的需求管理工具。

评审

评审用于以正式或非正式的方式评价和评估商业分析信息，这种类型的评审不同于绩效评审，因为它只评估商业分析信息，而不评估评审参与者的能力或绩效，它可以对已部分完成或已全部完成的商业分析信息进行审查。

参与评审商业分析信息的参与者需要知道适当的准备程度和目的，这些信息需要在评审之前清楚地传达给评审者。评审可以有很多理由，包括：
- 商业分析信息的完整性。
- 商业分析信息的正确性。
- 符合政策、程序、法规、规范、标准。
- 商业分析信息共识。
- 缺陷消除。
- 确定商业分析信息的质量。
- 问题的探索与解决。

- 通知评审者。

除同行评审和检查外，还可以组织以下类型的评审。

- 桌面检查：由不受影响的干系人在创建商业分析信息时进行的非正式评审，可以提供口头或书面反馈。桌面检查通常只需一名评审者，只需最少的准备，这种类型的评审涉及通过一个例子，浏览一个模型，或者用客观的眼光检查商业规则逻辑。
- 正式或结构化的演练：对商业分析信息进行的有计划和控制的评审，演练可以作为同行评审或干系人评审。一些商业分析师将演练称为团队评审，并将检查作为流程的一部分，这种类型的演练需要为评审者做更彻底的准备。
- 非正式的或非结构化的演练：一种随意的、随和的评审，可以对起草的商业分析信息进行评审，以请求反馈。这种类型的演练只需要为评审者做最低限度的准备。
- 传递：非正式的评论，提供来自多个干系人的口头或书面反馈。商业分析信息的传递评审可以通过电子方式或打印文档进行，这种类型的演练只需要为评审者做最低限度的准备。
- 计划外评审：一种非正式的评审，要求同事提供帮助或非正式反馈，这种类型的演练只需要做最低限度的准备。

为了准备评审，需要识别参与者和他们需要履行的角色，评审中所包含的参与者类型取决于评审的目标、所选评审的类型，以及企业的组织过程资产。表 7.7 确定了评审者的角色、解释、责任和适当的审查类型。

表 7.7　评审者的角色、解释、责任和适当的审查类型

角　色	解　释	责　任	适当的审查类型
作者	商业分析信息的作者	• 回答问题 • 倾听反馈 • 在审阅后集成对商业分析信息的变更	• 所有
评审者	同行或任何类型的干系人	• 评估商业分析信息 • 在检测缺陷时，通过跟踪发现缺陷和改进	• 所有

续表

角色	解 释	责 任	适当的审查类型
主持人	中立者（不是作者，目的在于创建公正的审查）	• 促进评审 • 确保参与者专注于评审目标 • 确认评审者已准备好 • 允许所有评审参与者参与	• 检查 • 正式或结构化演练 • 技术评审
抄写员	中立者，是一个有效的沟通者	• 记录参与者在整个审查过程中所揭示的一切，包括评审、关注点、缺陷、问题和建议	• 检查 • 正式或结构化演练 • 非正式或非结构化演练

可跟踪矩阵

可跟踪矩阵用于跟踪关联、链接、关系或连接的网格或树。可跟踪矩阵的目的是帮助变更商业分析信息，并执行影响分析。一些商业分析师将可跟踪矩阵称为覆盖矩阵。

可跟踪矩阵有助于确保每个需求都与商业需求相关联，其包括关于每个需求的信息和属性，每个唯一的属性都被用作可跟踪矩阵中的列。要考虑的属性包括：

- 唯一的需求标识符。
- 需求的描述。
- 需求状态：
    ◆ 主动的。
    ◆ 补充的。
    ◆ 经核准的。
    ◆ 取消的。
    ◆ 推迟的。
- 优先级。
- 业主。
- 需求来源。
- 版本。
- 完成日期。
- 干系人满意度。
- 稳定性。

- 复杂性。
- 接受或成功标准。
- 商业需求：
  - 商业需要。
  - 商业目的和目标。
  - 项目目标。
- 工作分解结构交付物。
- 度量标准。
- 确认。
- 产品开发阶段：
  - 设计。
  - 编码。
  - 试验。
  - 实施。
  - 核实。

对于少量需求的情况，可以创建电子表格作为可跟踪矩阵，使用电子表格管理关系涉及手动流程。对于大量需求的情况，RCMS 更合适，目前可用的大多数 RCMS 包括可跟踪性和使用自动化来帮助管理关系。在商业分析计划期间，应该考虑使用可跟踪矩阵，方法是与项目经理和项目团队就其实用性进行协作。识别跟踪关系是在管理需求生命周期时发生的，特别是在启发和分析期间。可跟踪矩阵在预测型方法中更常用，但在适应型方法中也可以使用。一些实践者发现，适应型方法中的可跟踪性更容易，因为可以通过将每个工作项跟踪至史诗（或特性）、主题和整个产品远景来完成跟踪。此外，每个工作项的跟踪都可以分解为不同的需求类别。生成可跟踪矩阵的替代方法是创建跟踪树或交互矩阵，交互矩阵是一个按比例缩小的可跟踪矩阵，它显示需求在特定时间点是否有足够的细节或者缺少实体。由于交互矩阵是针对特定时间段的，因此不需要持续维护。表 7.8 包括可跟踪矩阵示例，用于管理整个动议生命周期中的需求。表 7.9 包括可跟踪矩阵的示例，可跟踪：

- 商业需求到干系人需求。
- 干系人需求到解决方案需求。

- 解决方案需求（用例/用户案例）到其他需求（数据、商业规则、非功能等）。
- 下游工作产品的解决方案需求（功能到测试用例、技术设计解决方案等）。

正如从这两个示例中所看到的，有许多方法可以用来跟踪。

表7.8 整个生命周期的需求可跟踪矩阵

需求可跟踪矩阵
项目名称：
项目 ID：
项目经理：
商业分析师：

需求阶段							关系可跟踪性				设计阶段				编码阶段		测试阶段		实施	
需求 ID	需求描述	需求状态	优先级	业主	来源	版本	成功标准	商业需求	WBS 可交付成果	衡量（如适用）	确认	功能性需求	核实人	技术设计需求数	设计组件名称	核实人	代码组件名称	核实人	测试用例编号	核实人	已实施的组件	核实人

表 7.9 需求可跟踪矩阵

用例和参考需求																	
Hobby Farmers																	
身份证件	名称	REQ-1 响应时间	REQ-2 系统可用性	REQ-3 放弃功能	REQ-4 超时功能	REQ-5 产品默认值	REQ-6 聊天默认	REQ-7 网站通知	REQ-8 不当语言	REQ-9 电子邮件通知	REQ-10 搜索标准	REQ-11 成员类型	REQ-12 用户认证	REQ-13 用户登录最大值	REQ-14 校验位确认	REQ-15 Ad 默认	REQ-16 确认成员身份状态
UC-1	聊天后	×	×	×			×	×		×	×						
UC-2	管理配置文件	×	×	×								×			×		
UC-3	购买产品	×	×	×		×											
UC-4	管理广告	×	×	×				×	×	×	×					×	
UC-5	处理付款																
UC-6	装运产品																
UC-7	登录	×	×	×						×			×	×			×

重点总结

可以使用五个关键领域来管理范围，包括核实需求、确认需求、推荐解决方案、监控产品需求和设计定义，以及处理范围变更。

核实需求用于确认产品已按照需求和设计规范开发，并用于所有视角和方法。核实需求确保需求可用于预期目的，确认完整性，并满足质量标准。

确认需求用于评价需求和概念设计是否准确反映了干系人的意图并满足干系人的期望。确认需求确保需求和概念设计与商业需求相一致，满足领域干系人的需要，产品、服务或结果将提供价值。

当推荐解决方案时，必须识别能够满足商业需求的可行解决方案。在推荐解决方案之前，将执行根本原因分析或机会分析，基于彻底的分析，可以明确解决方案是否需要流程改进，或者是否需要新的功能和新的资源。

在需求生命周期中，可跟踪性、维护、优先化和监控需求将帮助监控产品需求和设计定义。管理需求和设计定义对所有视角和方法都很重要。

处理范围变更的最佳策略是遵循关于需求和设计定义变更的商业分析计划。范围变更的正式性或非正式性取决于用于处理商业分析工作的视角和方法。

第 8 章

步骤 7：评价解决方案

在掌握商业分析路线图的前面 6 个步骤中，商业分析师一直在领导工作，并与被仔细分析和监控的干系人团体共同启发、沟通和开发商业分析信息。而在评价解决方案这一步骤中，商业分析师将在大多数方面担任顾问角色，随着解决方案干系人开发解决方案选项、测试计划、确保组织准备度，并执行测试级别，商业分析师支持该解决方案，这种支持包括确保业务从所投入工作的资源中获得最大收益，并对业务流程变革进行价值管理。在解决方案的整个生命周期中，商业分析师都应该处于关键位置，以确保解决方案能够继续交付在解决方案及其迭代得到资助时所预期的价值。正如解决方案干系人核实商业分析信息是否适合其目的一样，商业分析师将确认解决方案是否满足商业需求，并跟踪解决方案需求和设计定义。图 8.1 描述了评价解决方案的生命周期。

在解决方案评价活动中，商业分析师将利用定量和定性措施来评价解决方案和解决方案组件的干系人价值，还将采取测量措施识别收益递减拐点。对于在迭代或敏捷框架中交付的动议，该解决方案随着增量被提议、为概念验证而原型化或被完全开发而被评价。这种适应型方法提供早期的机会来识别价值、所缺乏的领域，或者识别价值被实施和维护解决方案的成本所掩盖的想法。以下各节阐述了商业分析师在评价解决方案中所起的作用。

表 8.1 是评价解决方案的五个视角。

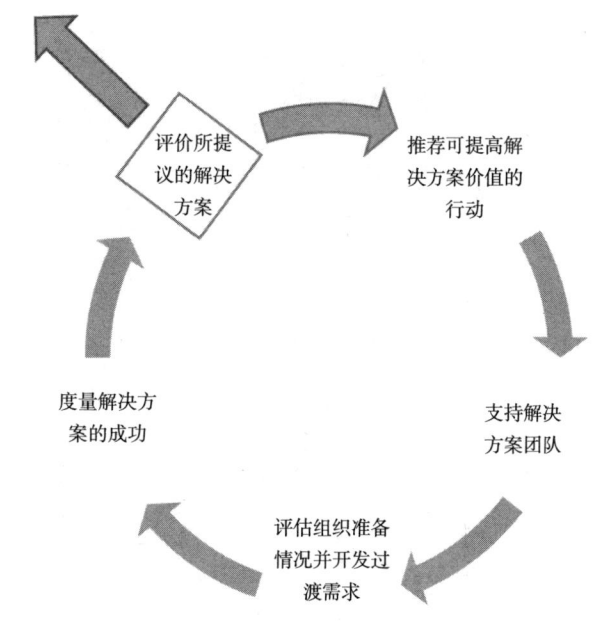

图 8.1 评价解决方案的五个视角

评价所提议的解决方案

解决方案方法很可能在开发动议正当理由时被识别，解决方案方法提供了对正当理由成本部分的估算，此时实施主题专家将使用需求和设计定义来分析范围定义中所规定的解决方案方法所涉及的潜在解决方案。例如，如果解决方案方法是：

- 购买打包的会计应用程序：实施主题专家和商业分析师可以执行供应商分析，以确定哪些供应商的应用程序将满足商业需要、业务流程和技术基础设施约束。
- 构建内部解决方案：商业分析师对所提供的技术设计进行分析，以确定是否达到预期价值。其他实施主题专家将分析设计，以确保与信息结构、技术基础设施、应用程序架构、安全体系架构保持一致。
- 简化业务流程：商业分析师分析实施主题专家所提议的已定义变更，以评估所获得的价值。业务流程改进动议通常会不断寻求改进机会，并经常对所提议的变更进行评价。

表 8.1 评价解决方案的五个视角

评价解决方案活动	商业智能	业务流程管理	信息技术	业务架构	敏捷
提供解决方案设计反馈	商业分析师提供反馈以评估所提议的满足干系人需求的解决方案。在商业智能环境中，这通常包括自助服务设施等功能、数据分析工具、数据表示工具、向下钻取功能、非功能性需求（如数据质量、数据延迟、查询性能）	业务流程管理的解决方案设计选项以流程模型、支持规则和组织结构构的形式进行评估	商业分析师基于对解决方案背景的理解及对组织环境中受影响系统（人员、流程、组织结构、技术组件）的正面或负面影响的设计，能够就提议的技术提供反馈	因为解决方案选项是根据提供对当今和未来组织发展方向的看法进行评估的，业务架构师提供关于评估的、商业分析师提供关于哪些解决方案选项正在推动组织更接近或更深入所定义的方向的反馈	通常，解决方案设计是通过用户故事以及时框迭代进行的验收标准来考虑的期间的理想情况下，在理想情况下，产品所有者和商业分析师可以及时提供反馈
需求分配支持	商业智能中的一个常见问题是缺乏对商业智能解决方案所能够提供的资源与分析工具的认识。商业分析师在该活动期间应确保解决方案被敷用来向组织提供资源和分析工具	支持流程改进可能导致信息技术影响，商业分析师将为系统组件分配业务流程管理需求提供支持	当把需求分配到解决方案组件和发布进度表中，商业分析师提供解分析师以确保每个版本都能看到价值	现有的业务架构提供了一种对需求分配影响的理解的组织能力准备度	分配产品未完项（通常是用户故事）实现时框迭代开发足够多的项未来实现时框迭代的产品所有者，评估优先处理基于主题的列表，并创建所有必要交付项的列表（有时称为冲刺未完项）。商业分析师支持这些活动

续表

评价解决方案活动	商业智能	业务流程管理	信息技术	业务架构	敏捷
解决方案团队支持	商业分析师帮助团队专注于利用商业智能解决方案的功能，而不仅是修复或替换当前存在的数据输出	商业分析师可以期望在流程变革的各个方面得到支持解决方案团队，包括流程工程师、信息技术主题专家和外包实施主题专家	商业分析师通过评估解决方案限制的影响并启发解决方案，支持开发解决方案的技术测试工作，并通过用户接受测试与干系人合作，提供解决方案团队支持	业务架构为商业分析师提供了洞察，使信息技术项目能够不断地实现愿景和目标	在时间框选迭代期间，当解决方案能够交付的产品测试已经完成时，产品可包括所有者和商业分析师供团队使用。这种支持包括进一步实施设计、回答问题和确保价值
监控和评价解决方案	商业分析师探索和评价组织的发展由商业智能解决方案实现附加价值的机会	对于业务流程管理建议，规划解决方案评价以便评价潜在解决方案价值是否正在实现。如果存在差异，则会触发业务流程管理生命周期	商业需求可跟踪至干系人需求和解决方案需求，并进行衡量，与用于定义成功评价的指标相对应。如果技术解决方案没有提供预期价值，则启动修订正值	业务架构工作处于持续的重新评估状态，询问基本问题以确定业务所表现。此评估对即将进行的信息技术工作的优先级排序提供指导	使用敏捷框架，干系人将在每个时间框选代结束时对解决方案进行评价。解决方案有者有最终鉴收或拒收责任。继续评价解决方案，审查所有问题或机会，并按优先级排序添加到未完成项中

- 使用所有方法的组合：在这种情况下，商业分析师将像前面所描述的那样分析每个组件。

通过对实施主题专家所提议解决方案的评价，商业分析师还将考虑以下内容：

- 机会成本：资源、时间、资金被投入一个设计选项而不是另一个设计选项所可能实现的替代结果。设计选项的机会成本等于未被选中的最佳备选方案的价值。例如，当一个组织投资一个回报率为 3%的设计选项，而放弃了投资另一个回报率为 7%的设计选项的机会时，机会成本就是 7%减去 3%，即 4%。机会成本就是由于没有从可用的次优选择中获得收益所产生的成本。
- 持续成本与初始投资的对比：表示在解决方案的维护成本超过初始投资以及更低的维护成本的这一时点。
- 必要性：表示解决方案组件的有限寿命，这种有限寿命可能是由于过时或市场变化造成的。此时再维持当前解决方案组件已不现实和不可能。
- 沉没成本：代表该动议已经消耗的资源。很多时候，不愿意客观地评估未来的投资是否应该继续，是因为干系人认为终止这项动议将浪费已经投入的资源。商业分析师面临的挑战是帮助干系人理解过去的投资与考虑未来的行动无关。

在这一点上，可能没有任何设计方案是可取的，最好的建议是终止该动议。

在现实生活中……

  一家大型零售连锁店资助了一个用于扫描仓库配送中心的库存托盘设计解决方案项目，解决方案团队提出了其中一个选项作为其推荐的解决方案。幸运的是，项目的商业分析师在仓库中观察到了这个过程，并记录了观察结果，商业分析师分享了这段录像，所有人都觉得用户必须站在高架叉车吊篮里才能解决问题。通过示例来表现现实能力为以用户为中心的解决方案设计方法提供了指导。

推荐可提高解决方案价值的行动

在所提议的解决方案获得批准后，实施主题专家将把需求和设计定义分配给解决方案组件和迭代。商业分析师为此分配过程提供了宝贵的输入，原因如下：

- 商业分析师是企业的代言人，确保每次交付都能获得一定的价值。例如，如果解决方案团队无法提供银行账户持有人在一次迭代中从 ATM 提取现金的能力，则可能有人建议，在第一次迭代中，解决方案团队将构建从 ATM 所属银行到金融交换机提供商之间的接口。没有与银行账户持有人的接口，就没有有形的商业价值。商业分析师可能建议解决方案团队仅在第一次迭代时为 ATM 银行客户提供功能。这对业务而言是有形的价值，而不仅仅是预先创建非人工界面。

- 商业分析师理解企业的未来状态视图。这个未来状态视图反映了企业所能预见的未来。这种对未来状态的理解将有助于解决方案团队做出架构决策，从而在需要时使用灵活性。例如，企业可能意识到通过收购来发展企业的战略，这一战略将使员工在未来五年内增加 20%。所有员工都必须在被分析的新时间跟踪系统中输入时间，这种新的时间跟踪系统估计寿命为 10 年。由于需求是跨解决方案组件分配的，商业分析师应该对容量的增加进行共享。这个例子类似于建造一堵混凝土墙，并在事后发现需要在混凝土墙上开一个门。如果对此门的使用提前进行沟通，就会在混凝土建筑过程中安装临时门，以备需要时可用。

- 具有组织知识和解决方案知识的有能力的商业分析师可以推荐替代方案。请考虑以下示例：

  ◆ 商业分析师意识到组织中另一个部门解决了类似问题。在许多组织中，组织的企业架构是不存在的或者不成熟的，使组织所拥有的解决方案几乎没有透明度。商业分析师提出的使用现有模式实现需求和概念设计的建议可以节省时间和金钱。

  ◆ 干系人可能告诉商业分析师必须实现所有功能，而动议将实现的功能部分可能不包括干系人要求的所有功能。有了组织知识，商业分析师将为可以通过其他方式暂时或持续实现的功能提供建议。

  ◆ 商业分析师可以帮助团队理解将需求分配到解决方案组件和发布到业务与用户的影响。从业务的角度来看，商业价值可能是在发布决策之前而不是之后获得的。与商业需求相关的清晰目标可跟踪至干系人需求、解决方案需求、概念设计，这有助于演示商业目标的实现。从用户的角度来看，用于实现需求的解决方案组件对其工作流和满意度有影响。人物角色的使用和实例的真实性有助于使用户人性化，从而得到更好的解决方案。

- 变更是一直存在的，变更发生在业务和解决方案团队中，商业分析师负责确保解决方案的持续一致性。
  - 业务可能因方向和/或外部驱动因素的内部变化而发生变化。这些变更可能导致新的需求和/或需求的变更。由于商业变更的可能性和不可预测性，敏捷原则鼓励及时开发详细的需求和概念设计。核心业务能力很可能不会改变。
  - 随着解决方案团队对解决方案组件理解得更多，可能有机会在解决方案中构建更强大的功能，以满足当前或未来所需的灵活性，这有时被称为向范围添加技术债务。

商业分析师和项目经理的协作能使所有干系人就范围定义的变更达成共识。

支持实施主题专家

需求和概念设计不应过度约束解决方案的物理设计，这为实施主题专家定义最佳解决方案提供了自由，有了这种自由，就有机会讨论和排除任何需要商业分析师参与的细节。在解决方案开发的预测型方法中，我们的期望是，在解决方案构建期间，需求不会发生变化，商业视角也不会参与进来。在这种环境下，商业分析师很可能被分配给另一个动议。然而，在过去的经验中还从来没有这样过。商业分析师面临着被过度分配以支持一直出现的问题的危险。在解决方案开发的适应型方法中，业务参与是强制性的。通常，在任何一种情况下，商业分析师都可以期望 10%~20% 的工作投入来支持此解决方案评价任务。对于实施主题专家提出的问题，可能重复将需求初始分配给解决方案组件，而且，由于解决方案的构建与我们的需求和设计定义无关，因此在这段时间内可能需要进行变更和澄清。

在解决方案的物理设计之后，商业分析师应评审并确认该物理设计、概念验证、潜在可交付产品是否满足需求和概念设计。

支持测试人员

正如商业分析师支持实施主题专家一样，测试人员将开发自己的测试计划和测试用例。测试人员开发测试用例至关重要的一个原因是，他们将通过与作者不同的视角来评审需求、概念设计、物理设计。使用这组新的"眼睛"，测试人员可能发现之前没有识别出的模糊点、差距或冲突。作为需求和概念设计的作者，作者只测试他们所知道的内容以便编写需求。另外，由于不可能测试采取行动的数据的每个变化，因此商业分析师希望确保测试特定的场景。商业分析师和测试人员一起工作以确保所有问题都得到解答，要寻求对测试计划和测试用例的确认以确保解决方案得到充分测试，并解决存在于解决方案或解决方案组件中的问题或缺陷。

测试人员和用户识别出由于解决方案未按预期执行或无法以预期的收益或需求实现既定目标而导致的问题。一旦确定解决方案确实存在问题，商业分析师将执行或推动分析以确定潜在的贡献者来解决问题。根本原因分析将检查解决方案的输出低于可接受的质量水平或潜在价值未实现的情况，商业分析师可能有助于评估解决方案风险和识别系统的潜在局限性。根据问题的严重性、再次发生的可能性、商业运营影响、吸收影响的业务能力，商业分析师建议：

- 稍后解决的临时方案。
- 永久性解决方案，因为解决问题的工作投入比收益更重要。
- 制定额外的质量控制措施。
- 新的或调整后的业务流程。
- 为异常情况提供附加支持。
- 对初始变革战略和解决方案方法进行评审，因为这可能对推进这一动议的决定产生影响。

从测试的视角来看，图 8.2 描述了软件测试的基本概念，测试应该在动议开始后立即开始，然后独立于开发团队进行迭代。该模型还描述了测试的各个阶段，包括单元测试、集成测试、系统测试、用户验收测试。这种方法促进了对产品质量的公正评价。由于存在许多变体，在本书中包含这个模型是为了强调测试的迭代性质，类似于商业分析的迭代性质，当然还有其他书籍和专业组织强调测试行业的各个方面。

图 8.2 测试阶段

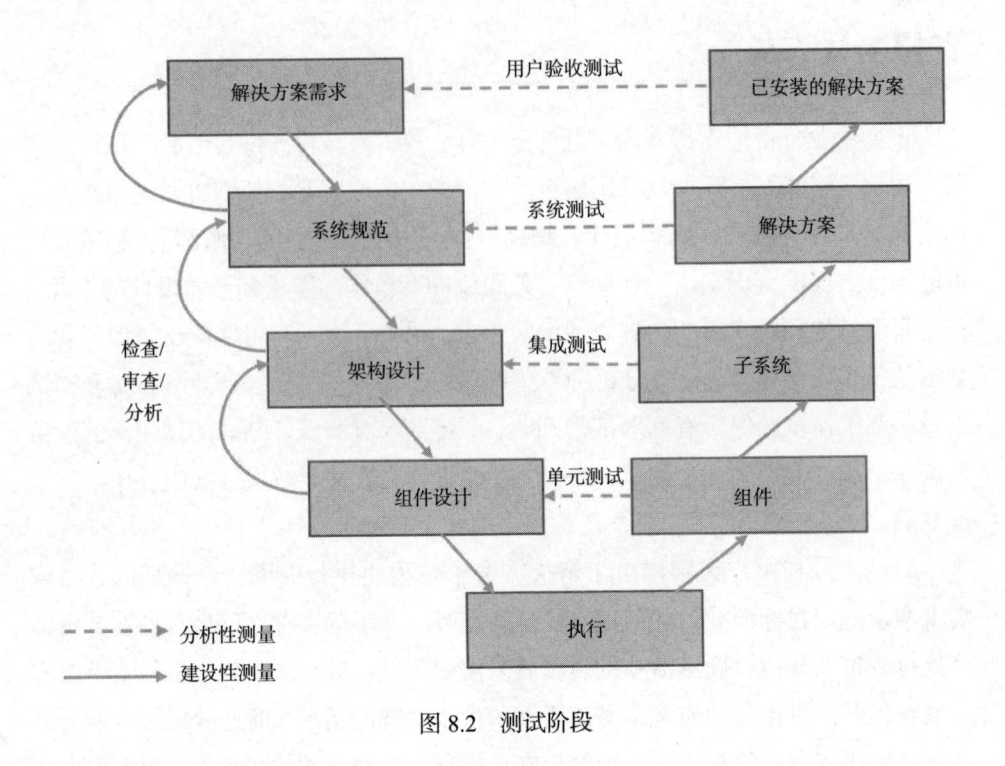

评估组织准备度

商业分析师连续对企业进行分析以理解组织是否有能力进行变革并支持变革。在评价解决方案时，准备度评估不仅评估组织进行变革的能力，而且评估组织使用、维持、实现解决方案价值的能力。该评估需要考虑干系人在进行变革时的文化方面准备、运营准备、价值实现的时间线，以及支持变革工作的资源可用性。商业分析师和项目经理很可能以迭代的方式向决策者交付评估，随着实施的临近，与决策者的会议将越来越频繁。

开发过渡需求

商业分析师将从组织评估中收集干系人的顾虑，这些顾虑可以通过过渡需求得到缓解。过渡需求通常分为以下几类：
- 当前系统的数据转换。
- 商用现货解决方案的配置。

- 并行系统的持续工作。
- 商业连续性。
- 过程更改。
- 解决技能差距所需的培训。

过渡需求的启发、分析和管理与商业需求、干系人需求、解决方案需求经历的严格程度相同。唯一的区别是过渡需求，就像项目需求一样，其寿命有限。一旦新的解决方案成为基线功能，就不再需要过渡需求，这些过渡需求描述了从当前状态迁移到未来状态环境所必需的临时能力。

度量解决方案的成功

度量解决方案的成功始于解决方案设计，并持续存在于解决方案的整个生命周期中，以确保解决方案在其生命周期中持续提供价值。因此，执行此任务的商业分析师可能是项目实施前的项目商业分析师，然后是项目实施后的业务商业分析师。在解决方案的整个生命周期中定期进行，图 8.3 代表了这个过程。解决方案价值低于预期的一些常见原因包括：

- 技术原因。
- 商业惯例。
- 商业限制。
- 产品采纳的阻力。
- 用户使用产品不当。
- 由于实际或感知到的产品缺陷，为避开而设计的用户解决方案。

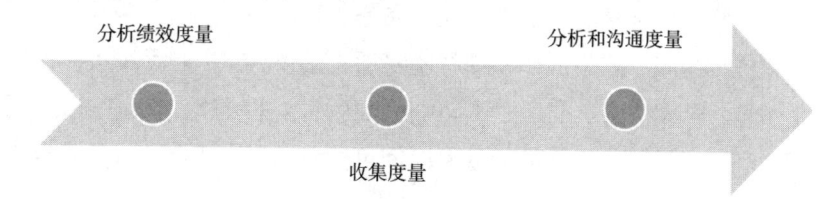

图 8.3 度量解决方案的成功的流程

分析绩效度量

商业分析师从干系人分析中获得指导，理解动议的商业环境，以及有关解决方案目标的动议范围定义。在确定了 SMART 目标之后，商业分析师有能力衡量解决方案成功，这确实为商业分析师提供了评估这些度量的机会，以确定这些度量是否为成功的最佳度量。随着对解决方案的充分理解，可能有比以前所识别的或确定的度量更好的衡量成功的方法。例如，一个动议是基于满足组织客户基础的需要而资助的，在范围定义过程中，一个成功的衡量标准被定义为：97%的现有客户在未来一年续签其年度会员资格，毕竟，如果他们不满意，可能就不会续签会员资格。这一最初的衡量标准充其量只是客户满意度的一个代表，商业分析师可能想，有多少其他动议正在根据这些相同的会员资格续签而声称取得成功？在此期间，由于外部竞争压力，组织的商业模式发生了变化，因此组织不再收取会员费，也不再进行年度续签，随着这一商业方向的转变，商业分析师必须确定由于该动议而产生的客户满意度度量。评估解决方案绩效度量的决策通常由发起人做出；其实，绩效度量可以由任何决策机构决定。

绩效度量可以是定量的或定性的，但在任何一种情况下，都应该是可测量的。

- 定量度量：是数值的、可数的或有限的，通常涉及金额、数量或比率。
- 定性度量：是主观的，可以包括态度、感知和任何其他主观反应。参与解决方案操作的客户、用户和其他人都知道解决方案满足需求的程度。商业分析师负责确保即使这些定性度量也是可量化的，这可能需要找到代理来定义这些主观度量的成功。

商业分析师确保其所建立的度量有一种收集方法，并且收集过程已经到位。

收集度量

商业分析师负责对已通过审查并认为是最相关和最经济的绩效度量进行收集，在收集这些绩效度量时，商业分析师考虑：

- 体积或样本量：收集的体积或样本量适合动议，样本量太小可能使结果产生偏差，导致结论不准确。可能有更大的样本量，但可能无法获得或分析。
- 频率和时间：收集度量的频率和时间可能对结果产生影响，并导致不准确的结论。
- 当前状态：最近的测量往往比以前的信息更具代表性。

分析和沟通度量

绩效度量的沟通要求对原始信息进行分析以理解解决方案的价值。如果度量值不足以确定解决方案价值，商业分析师要么收集更多度量值，要么将缺少度量值的情况视为解决方案风险。分析绩效度量时的一些考虑因素包括：

- 暴露出以前没有发现的风险，这些风险需要作为解决方案风险进行管理。
- 通过查看所累积和聚合的绩效度量，商业分析师将能够识别趋势，同时防止可能导致结果异常的情况。
- 使用足够频率的确认来确保收集到的绩效度量的准确性。为了被认为是准确的，绩效度量应该是可重现的和可重复的。

绩效度量值与预期绩效之间产生差异的原因是绩效不足或绩效过高，重大差异需要理解根本原因。商业分析师将沟通差异并提出改进绩效的建议，或者在绩效过高的情况下，建议重新分配可能绩效不佳的资源。产品绩效改进的一些常见建议：

- 潜在的商业实践工作区。
- 潜在产品使用工作区。
- 产品修改。
- 向干系人澄清如何使用产品。

技术

表 8.2 描述了商业分析师在评价解决方案时发现可能有用所建议的技术。此表是根据《PMI 商业分析指南》、PMI 实践指南和 IIBA《BABOK 指南》的输入编译的，并且是表 1.14 中的节选列表，它提供了交叉引用商业分析活动中使用的技术。当然，在执行多个活动时可以使用一些技术，因此，本节将详细介绍评价解决方案任务最常用的这些技术。

表 8.2　步骤 7：评价解决方案技术对照

技术	7. 评价解决方案	阐述商业分析信息的各个方面				商业分析视角				
		启发	协作	分析	共识	商业智能	业务流程管理	业务架构	信息技术	敏捷
验收和评价标准	×	×	×	×	×	×	×	×	×	×
平衡计分卡	×	×	×	×	×	×	×	×		
标杆对照和市场分析	×	×		×		×	×	×		
头脑风暴	×	×		×		×		×	×	×
商业论证	×	×		×	×					
商业价值定义	×	×								
数据挖掘	×	×		×						
决策分析	×	×	×	×		×		×	×	
成熟度的定义	×	×	×		×					×

续表

技术	阐述商业分析信息的各个方面					商业分析视角				
	7. 评价解决方案	启发	协作	分析	共识	商业智能	业务流程管理	业务架构	信息技术	敏捷
文档分析	×	×		×		×	×	×	×	
估算	×	×	×	×	×	×	×	×	×	×
失效模式与影响分析	×			×			×			
财务分析/估价技术	×			×						
焦点小组		×		×						
差距分析			×	×						
质量之家/客户之声	×	×	×	×	×					
访谈	×	×				×	×	×	×	
条目跟踪	×			×	×		×			
改善活动	×	×	×	×			×			
经验教训（回顾）	×						×			×
指标和关键绩效指标	×			×		×	×	×		
非功能性需求分析	×			×			×	×	×	
观察	×	×					×			
组织建模							×	×		
优先级排序	×			×		×	×	×	×	×
流程分析	×	×	×	×		×	×	×	×	×
流程建模	×	×	×	×			×	×	×	×
产品组合矩阵	×	×	×	×		×		×		
原型	×	×	×	×	×				×	×
实物期权	×			×						
相对估计	×									
风险分析和管理	×			×	×	×	×	×	×	
角色和权限矩阵	×			×			×	×	×	
根本原因分析	×			×			×		×	
序列图				×					×	
示例的规范	×	×	×	×						×
调查或调查问卷	×	×				×	×	×	×	
SWOT 分析	×			×		×		×		
约束理论思维过程	×	×	×	×			×			
可跟踪矩阵	×			×						
用例和场景	×			×		×	×	×	×	×
销售商评估	×			×	×	×		×	×	
研讨会	×	×	×	×	×	×	×	×	×	

对完成进行定义

对完成进行定义（Definition of Done，DoD）是一种技术，旨在减轻团队内部的不一致性，特别是对于敏捷团队而言，这些不一致性构成了完整性。团队同意并在物理或虚拟团队室中突出显示，必须满足标准列表才能被视为完成。DoD最常用于定义用户故事的完整性，同时，以下任何一个都可以作为完整性标准示例的目标。

- 用户故事/任务：
    - 代码已完成。

- 单元测试。
- 同行评审。
- 已签入。
- 测试完成。
- 故事因满足验收标准而被产品所有者接受。
- 技术设计。
- 发布说明。
- 迭代：
  - 故事已完成。
  - 构建已完成。
  - 功能和回归测试。
  - 部署到质量保证之中。
  - 关闭。
- 发布：
  - 代码评审。
  - 单元测试。
  - 功能验收。
  - 文档。
  - 生产周转率。
  - 培训材料。
  - 错误已修复。

考虑干系人的不同视角，将有助于团队编制包括所有方面在内的标准列表。例如，当代码被签入、共享和单元测试时，开发人员 Dave 可能认为一个用户故事已经完成；但是产品所有者 Pam 期待完整测试和评审。当我们定义迭代发布的完成度时，复杂度会增加，随着团队的成熟及时间的推移，DoD 将根据解决方案的独有特点而不断发展和调整。

失效模式与影响分析

失效模式与影响分析是 20 世纪 50 年代发展起来的一种系统方法，用于调查工艺失效和缺陷，并找出潜在原因。这种技术有助于识别当前状态过程中的问题，并在开发未来状态过程时采取纠正措施，以避免任何潜在的风险。跨职能团队探索产品故障、被缩短的产品寿命、安全/监管问题、环境危害、过程可靠性、客户满意度等维度的可能性，这些因素可能来自：
- 设计因素：
  - 材料性能。
  - 几何图形。
  - 公差。
  - 与其他组件和/或系统的接口。
  - 工程方面环境、用户配置文件、降级、系统交互。
- 工艺因素：
  - 人为因素。
  - 遵循的处理方法。
  - 使用的材料。
  - 使用的机器。
  - 测量系统对验收/客户满意度的影响。
  - 工艺性能的环境因素。

失效模式与影响分析的结果可以表格和图形的形式进行传达和记录。使用失效模式与影响分析有以下收益：
- 处理风险的多个选项。
- 增加变更核实和确认的能力。
- 促进产品与流程设计之间的协作。
- 改进的可制造性和装配设计。
- 低成本解决方案。
- 遗留信息、部落知识和标准工作程序的沟通和记录。

最终，这项技术是一种结构化的风险分析方法，有望防止潜在风险所导致的严重解决方案后果。

约束理论思维过程

约束理论（Theory of Constraints，TOC）由艾利·高德拉特（Eli Goldratt）博士在1984年出版的《目标》（*The Goal*）一书中提出，它是一种面向制造业的全面管理哲学。TOC 的基本前提是，组织可以根据三个衡量标准进行衡量和控制。
- 库存（Inventory）：系统投资于购买其打算出售的物品的所有资金。

- 运营费用（Operation Expense）：系统将库存转化为吞吐量所花费的所有资金。
- 吞吐量（Throughput）：系统通过销售产生资金的速率。

TOC 认为每个系统至少有一个限制目标实现率的约束。这些内部约束通常是根据设备、人员、技能、心理模型、政策来定义的。TOC 的目标是通过识别和减轻这些约束来提高效率。TOC 思维过程是一种帮助定位当前状态过程中的问题和纠正未来状态过程中的问题的技术。该方法是识别阻碍实现目标的最重要的限制因素（如约束）；系统地改进该约束，直到它不再是限制因素；重复该过程以识别约束。在制造业中，约束经常被称为瓶颈。

鼓形缓冲绳（Drum Buffer Rope，DBR）是一种将 TOC 投入生产的方法，通过确保约束前有足够的材料缓冲以减少延迟，从而确保系统约束始终以最大可能的输出运行。DBR 可用于业务流程管理视角以确保流程效率。从概念上讲，DBR 的三个主要要素是：利用容量约束（桶）的计划；防止对时间表示的约束（缓冲）的风险；一份材料放行计划（绳索），用于保护车间免受工艺中的过量工作和优先级混乱的影响。图 8.4 是 DBR 的视觉描绘。DBR 假设真正的材料约束非常罕见，适当的库存管理应确保材料根据需要提供，这种技术基本上一次只关注一个约束，并且不寻求优化流程中的任何其他活动，因为一条链的整体强度取决于其最弱链接环节。

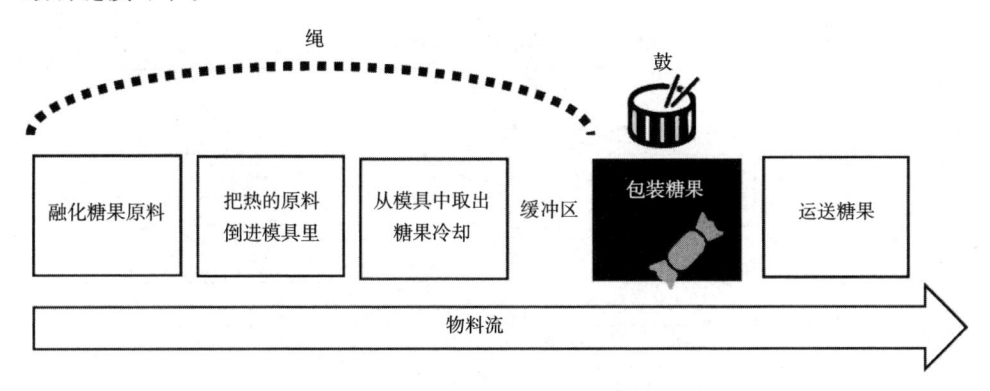

图 8.4 DBR 的视觉描绘

为了解决包装糖果的瓶颈问题，制作了一个鼓。绳索中有一定的松弛度，形成了缓冲区，最终允许订单按时发货。

举例说明

举例说明这一技术向解决方案干系人提供了事件、条件和操作的示例，这些事件、条件和操作通过具体的示例增强了用户或客户与解决方案团队之间的沟通。行为驱动开发（Behavior Driven Development，BDD）、验收测试驱动开发（Acceptance Test Driven Development，ATDD）、举例说明这些术语通常可以互换使用，并且最常在敏捷的视角中应用，同时，它们可以应用于任何生命周期方法。BDD 以简单的语法格式表示，允许填写真实场景，并采用以下形式：

给定<a context>，

当<an event>时，

然后<an outcome>。

对于单个场景，可能有多个给定语句和/或结果，这是通过链接和语句来表示的，通常只有一个事件触发结果。表 8.3 提供了多种条件和结果的示例，使用此 BDD 格式允许核实事件、条件和行动，这些场景可能作为故事和测试的验收标准，以支持 ATDD，从而推动对需求和未来产品需求的共同理解。技术团队成员使用示例理解产品需要做什么及如何确保它符合需要；领域主题专家提供了例子，以澄清他们的想法。商业分析师需要通过询问许多假设和问题来识别场景，以暴露附加场景，并将它们表示为附加示例。

表 8.3 多种条件和结果的示例

	场景 1：信用卡购买
GIVEN	鉴于我的信用卡到期日期晚于当前日期
AND	我的剩余信用额度大于购买金额
WHEN	当我选择用信用卡支付购买时
THEN	我的购买被批准了
AND	我的信用卡余额是按所购买金额增加的
AND	我的剩余信用额度因购买金额减少了
	场景 2：住宿费用的信用卡保留
GIVEN	鉴于我的信用卡到期日期晚于退房日期
AND	我的剩余信用额度大于酒店持有金额
WHEN	当我出示信用卡支付酒店住宿费和杂费时
THEN	酒店的保留被批准了
AND	我的剩余信用额度因保留金额减少了

经验教训/回顾

这项技术的目的，无论是所谓的经验教训还是回顾性会话，都在于评审所做的工作并寻求反馈。反馈包括哪些方面进展顺利，哪些方面进展不顺利，以及哪些方面在协作环境中可以得到改进。有了这些信息，团队就能够结合新的或修改过的实践，以提高生产力、能力、工作质量、和/或未来动议的能力。预测型SDLC方法中最常用的术语是经验教训，而适应型方法中最常用的术语是回顾。

由于预测型方法的性质，经验教训会话在动议结束时进行，但是，在设置范围之后，在解决方案需求和设计定义得到批准之后，通过进行经验教训会话，可以为商业分析工作获得很多收益；如果所进行的唯一经验教训会话是在动议结束时，则团队成员将很难记住商业分析工作中需要考虑的各个方面。将经验教训成果应用于未来动议可能具有挑战性，因为下一个变革动议的性质可能具有不同的背景或特征，可能导致一些经验教训不适用。

由于适应型方法的性质，回顾发生的频率更高。每次交付工作时，团队都会参与到这个协作活动中，以确定如何改进。术语回顾因看板、改善活动、极限编程、精益方法，以及所有敏捷风格而流行。因为回顾在变革动议的生命周期中发生了很多次，所以有一个更快的周转来改进。

开展经验教训/回顾会话有许多机制。在每种机制中，都有类似的事情进行得很好、可供改进的方面、可能要考虑的想法、视觉空间上按类别划分的颜色编码可能有助于增加对新兴主题的理解。为了让团队参与进来，会话可能需要使用不同的机制来避免太普通和非增值的看法，很多时候，经验教训/回顾会话之后也会有团队庆祝活动。以下描述了一些可用于促进会话的机制，图8.5列举了其中一部分。

- 学习矩阵：使用四象限矩阵表示。
  （1）笑脸：好的事情，应该重复一下。
  （2）皱眉头：是有害的，应该改变。
  （3）灯泡：新创意尝试。
  （4）鲜花：受到赞扬的人。
- 满意度柱状图：为了确定团队对第1~5名的满意度。
  （1）我对我们的团队合作水平不满意。
  （2）我有一些满意的时刻，但还不够。

学习矩阵

典型的冲刺回顾

| 要继续做的事情 | 要停止做的事情 | 要添加的事情 | 要改变的事情 |

开始、停止和继续

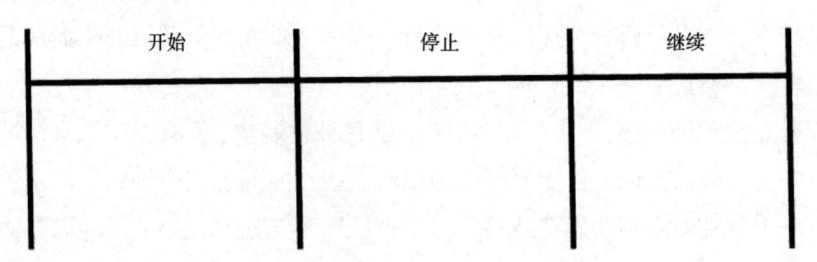

| 开始 | 停止 | 继续 |

图 8.5　经验教训/回顾性辅导技巧

（3）我相当满意；我们大部分时间合作得很好。

（4）我很高兴我是团队中的一员，对我们的团队合作感到满意。

（5）我认为我们是这个星球上最好的团队，我们在一起工作得很好。

- 温度读数：按欣赏、新信息、谜题（你不懂的东西）、抱怨、希望和愿望分类。
- 典型的冲刺回顾，包括：

　（1）要继续做的事情。

　（2）要停止做的事情。

　（3）要添加的事情。

（4）要改变的事情。
- 开始、停止和继续：作为要启发的类别。
- 疯狂、悲伤和高兴：作为要启发的类别。
- +（加）/Δ（delta）/（否定）：作为要启发的类别。
- 色码点：可以使用前面列出的任何机制进行优先级排序。

广义过程包括以下步骤：

1. 通过确定具有可视化空间的会话空间的后勤准备，如何让团队参与，并收集与会话相关的任何信息，为会话做准备。
2. 建立基本规则来确定阶段，以确保参与者的安全环境，提供对会话的期望，并解释如何进行会话（教授所使用的机制）。
3. 提供有关进展顺利、根本不起作用，以及需要改变方面的经验。
4. 促进行动过程中的协作。
5. 关闭会话。

不管经验教训的信息共享机制如何，都必须帮助未来和现有的动议确保相同的错误不会再次发生。项目经理和商业分析师应将其包括在计划中，以审查以往经验教训/回顾的输出，并执行关键里程碑节点经验教训的学习/回顾。

指标测量和关键绩效指标

此技术适用于建立解决方案成功标准和监测/评价协议，然后持续向干系人通报解决方案的绩效。必须制定指标来表示实现目的、目标、产出、活动或进一步输入的进展程度，指标测量是指标的可量化水平。关键绩效指标是衡量战略目的或目标进展情况的指标，指标测量和关键绩效指标衡量解决方案、解决方案组件的绩效及干系人感兴趣的其他事项。关键绩效指标通常在组织的高管层定义，并与组织的目的和目标相关联。一个动议很可能得到资助，因为它将有助于达到组织的一个或多个关键绩效指标，因此，这些关键绩效指标可用于评估组织在实现其目的和目标方面的进展情况。关键绩效指标的典型类别包括：财务、客户、销售/营销、运营流程（在某些情况下，信息技术属于此类别或是单独的类别）、员工、环境、企业和社会责任/可持续性。

在制定指标时，商业分析师评价哪些标准将显示实现动议目的和商业需求的进展。有效指标具有以下特点：

- 可量化：可独立核实和确认。

- 清晰性：准确无误。
- 可靠可信：基于证据和研究。
- 相关性：适合需要或关注。
- 充分性：为获得绩效提供了令人满意的基础。
- 经济性：以合理的成本提供。

考虑到以上这些特点，可能很难找到一个清晰的、可量化的指标来反映该动议的经济性目的，在这种情况下，商业分析师可能需要制定一个适当的指标作为代理指标。因此，商业分析师也在考虑以下事项：

- 从何处检索指标级别？
- 如何收集指标级别？
- 谁来收集指标级别？
- 这类收集的费用是多少？
- 多久进行一次这类收集？
- 这类收集会有多困难？

当然，指标级别收集方法是以合理成本成功监控、评价和报告的关键驱动因素。

如果指标是新的，考虑将目标指标设为范围，根据需要，可以确定满足目标指标的时间。

对系统性能的监控和评估要求建立数据收集程序、数据分析程序和报告结构。在这些程序中，有些关键因素用于评估指标和指标的质量：

- 可靠性：数据采集过程稳定一致。
- 有效性：数据直接衡量绩效。
- 及时性：交付的频率和延迟适合管理层的需要。

在报告指标和关键绩效指标时，请考虑解释数据的最有效方法，对于试图根据目的和目标衡量绩效的干系人来说，对表示类型的格式进行可视化表示可能比密集的表格更容易被理解。

产品组合矩阵

一个组织的产品组合提供了不同的绩效水平，产品组合矩阵（也称为增长份额矩阵、波士顿盒/矩阵、BCG 矩阵、波士顿咨询集团分析或投资组合图）技术可以快速可视化 X 轴和 Y 轴上所描述的产品绩效：相对市场份额和市场增长率。

然后根据矩阵的以下四个象限对产品进行分类。

- 问号（又称问题儿童）：具有低市场份额和高市场增长率的特点。所有的产品都开始了它们的旅程，成为大多数企业的问号。问号有可能获得市场份额并成为明星。如果问号未能成为市场领导者，可能在多年的现金消费之后，当市场增长下降时，它们会退化成狗。必须仔细监控问号，以确定增加市场份额所需投资的价值。
- 明星：具有较高的市场占有率和较高的市场增长率。明星是以市场或利基为主导的毕业问号，希望明星成为下一头现金牛。明星需要大量的投资来对抗竞争对手并保持增长率。如果市场份额在市场增长放缓时保持不变，那么明星就变成了现金牛；否则，由于相对市场份额较低，它们就变成了狗。
- 现金牛：市场占有率高，市场增长率低。这些产品通常会产生比维持业务所需金额更多的现金。在一个成熟市场，现金牛被认为是沉闷乏味的，然而组织却看重其拥有产生现金的价值。因此，由于增长率低，它们被不断地挤奶，而投资则尽可能少，在产品的有效性结束时，现金牛变成了狗。
- 狗（又称宠物）：市场占有率低，市场增长率低。这些产品通常是收支平衡的，产生的现金几乎不足以维持市场份额。企业考虑拥有一只狗，是因为它们可以为其他盈利领域的销售额增加提供就业机会和领导者等收益，然而，这只狗并没有在财务上产生现金，并降低了可能受投资者监控的资产回报率。

每个产品都以散点图的形式表示为一个圈。每个圈的大小都代表了直接影响组织盈利能力的价值。该技术提供了产品组合多样性的可视化，并有助于产品投资决策。

相对估计

敏捷团队使用这项技术来评估未完项，要么使用描述要开发的用户描述的相对复杂度的描述点，要么使用理想的天数来表示描述要开发的总工作量。团队的职责是定义相关的度量，给出诚实的估计，并相对地估计未完项。商业分析师和产品所有者的职责是在计划会话期间回答问题并澄清用户案例或未完项。但是，他们必须避免提供估计或向团队施压以给出较低的估计。当团队交付了一些迭代或冲刺时，他们构建了一个可以在迭代中交付的速度（故事点的数量或理想的天数）。有了这些知识，团队将寻求对故事的理解，评估故事之间的关系大小，并可以构建一个现实的冲刺未完项。

相对估计比绝对估计更容易、更准确吗？有研究认为两者存在争议。然而，当给一个苹果并询问它的大小时，大多数人会发现这很难回答，但是给两个或更多的苹果并询问它们之间的大小时，就变得可行了。一些团队发现使用所谓的亲和力评估或T恤尺寸作为评估尺度很有帮助。未完项的评级为XXS、XS、S、M、L、XL或XXL，从那里，团队就可以使用故事点或理想天数。为了便于团队达成共识，我们可以研究德尔菲、宽带德尔菲和斐波那契量表。一种常见的分配故事点的方法称为规划扑克，其中产品所有者为团队澄清故事，然后每个团队成员都通过展示代表故事点数量的卡片来提供他们的估计。如果所有的故事都显示相同数量的故事点，那么故事就分配了约定的故事点。如果存在差异，团队成员解释他们的推理，然后，团队成员单独地根据这些知识提供他们的新评估。如果没有达成共识，可能进行第三轮。如果仍然没有达成一致意见，则对这些点进行平均并分配给这个故事。图8.6是使用故事点规划的示例。相对估计是敏捷团队用来估计任务或用户故事的几种估计类型之一，不是单独的，也不是绝对的时间单位，而是通过比较或通过对具有同等难度的条目进行分组。

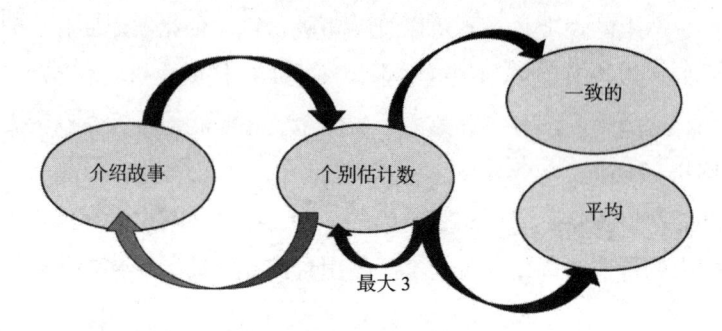

图 8.6 使用故事点规划的示例

供应商评估

当解决方案或解决方案的任何组成部分都由外部提供时，使用供应商评估技术是适当的，它可以确保供应商是可靠的、产品和/或服务满足组织的期望。供应商查询可以通过以下方式正式提交。

- 信息请求：正式的启发式方法，旨在收集有关供应商能力的信息或任何其他与潜在采购相关的信息。

- 报价请求：一种向供应商索要价格和解决方案的采购方法。
- 投标邀请函（Request for Tender，RFT）：公开邀请供应商提交货物或服务建议书。
- 建议请求：当组织寻求供应商的正式建议时发布的需求文档。通常要求投标书按照特定流程提交，并使用密封的投标书，这些投标书将根据正式的评估方法进行评估。

供应商查询可能通过口头和建议等非正式地寻求供应商建议。组织标准和动议的规模将影响供应商分析所遵循的正式程度，供应商评估的一些常见评估标准包括：

- 供应商的知识和专业知识：当解决方案涉及组织核心能力之外的能力时，组织可能选择使用第三方供应商，在这种情况下，组织根据供应商在能力方面的知识和专业知识寻求供应商。
- 供应商的市场地位：对供应商的比较分析有助于组织确定供应商之间的排名。根据组织的概况和供应商的客户群体，组织将确定哪种供应商合作关系最有利。
- 供应商经验、声誉和稳定性：供应商与客户的跟踪记录提供了对供应商履行其合同义务的可能性的洞察。需要考虑的是遵从性、质量、安全性和专业性。
- 供应商满足需求的能力：供应商对满足干系人需求的响应，可能以需求（商业和技术）列表、用户故事、特性和/或可能优先考虑和加权的用例的形式出现。
- 条款和条件：对供应商对产品或服务的合同支持和限制的调查有助于组织理解供应商协议提供的限制和价值。要调查的领域包括：
  - 知识产权。
  - IT基础设施的影响（如果将来发生向其他供应商的过渡的话）。
  - 供应商使用组织的机密信息。
  - 供应商对组织机密信息的保护。
  - 产品的任何自定义以及如何执行自定义。
  - 产品更新计划。
  - 预定交付的产品特征和时间。

- 许可证和定价模型：供应商的许可证和定价模型可能有很大的差异。商业分析师将评估使用场景和跨供应商的方案和财务评估，为供应商评估提供经济的组件。

供应商评估可包括一个或多个评估标准，在选定的标准中加权平均或分布不均，执行供应商评估会增加组织选用合适且可靠的供应商以获得长期满意度的概率。

重点总结

在规划商业分析师工作负荷时，商业分析师为了确保对解决方案进行适当评价而常常忽视不得不执行的任务。商业分析师负责在其计划中制定其工作投入量，并识别如果没有分配时间来支持成功实施的解决方案的话可能对动议产生的风险。商业分析师还需对持续监控的工作投入精力，以确保持续实现价值或考虑调整，以下是步骤7的商业分析关键活动。

- 提供实施主题专家作为业务代理提供的解决方案设计反馈。商业分析师的反馈基于需求的满足、商业价值以及对业务流程的最小影响。记住，其他人将根据适合企业架构其他方面的解决方案提供反馈。
- 一旦对解决方案设计达成一致，商业分析师将参与到解决方案组件和发布的需求分配中。商业分析师可能建议将一些需求分配给手动流程，以便在早期版本中获得商业价值，而不是构建在完成所有层之前无法使用的解决方案层。
- 支持实施主题专家和测试人员回答问题、提供示例、确认其物理设计和测试案例，并解决可能出现的任何问题。在这个步骤中，需求可能发生变化。
- 评估组织的准备情况并制定过渡需求，以确保从当前解决方案成功过渡到新解决方案。解决方案团队可能提供最好的解决方案；但是，如果商业及其用户还没有准备好，解决方案将是失败的。
- 根据已确认的度量值评价解决方案的绩效，然后在解决方案的构建过程中和解决方案的持续生命周期中将状态传达给决策者。一旦新的解决方案生效，这个评价过程就可以从动议的商业分析师移交给职能部门的商业分析师。与决策者的沟通将为下一步提供建议，这可能涉及返回到我们书中的步骤 1。

作为商业分析师,你的目的是为你的干系人提供成果并最终促使改进和实现长期价值。这些目的的一个附带收益是,干系人将开始看到你提供的价值并请求你的服务。为了在商业分析工作投入期间和之后提高你的价值,作者要求你考虑本书所涵盖的所有技术,并且不断地提高商业分析技能,这样你才能成为一名值得信赖的顾问。除这些技术之外,还要考虑使用以下七个步骤以成长为值得信赖的顾问:

1. 理解干系人。
2. 理解商业环境。
3. 规划商业分析工作。
4. 设置动议范围。
5. 开发解决方案需求和设计定义。
6. 管理范围。
7. 评价解决方案。

术语表

五问法（5 Whys）：用于快速找到问题根本原因的一种简单的解决问题的技术。找到问题的根本原因需要多次发问为什么问题会发生，但不是必须问五次。

参与者（Actor）：在与解决方案交互时履行特定角色的人、设备或系统。

适应型软件开发实践（Adaptive Software Development Practices）：描述了一套软件开发的价值观和原则，在这些价值观和原则下，需求和解决方案通过自组织跨职能团队的协作工作进行演进。提倡的实践包括适应型规划、演进发展、早期交付和持续改进，同时鼓励对变化做出快速和灵活的响应。这些实践支持许多软件开发方法的定义和持续发展。

应用程序（Application）：在计算机上运行的软件程序。

架构（Architecture）：对企业的业务流程、信息技术、人员、运营、信息和项目及其之间关系的描述。

大胆的大目标（Big，Hairy，Audacious Goal，BHAG）：被确定为商业分析工作的需要评估或需要分析的一部分。

未完项管理（Backlog Management）：一种用于组织、跟踪和优先处理超出能力范围外的工作项的技术，主要用于适应型和迭代型方法，但也可用于预测型方法。

平衡计分卡（Balanced Score Card，BSC）：一种通过添加战略非财务绩效指标来比较财务指标的技术，以实现企业的平衡视图，对学习和增长、业务流程、客户、财务这四个视角进行评估。

标杆对照（Benchmarking）：一种将组织或运营与领先的同行组织进行比较以提高绩效的技术。

蓝图（Blueprint）：一种业务架构工具，提供架构描述和视图，以提供对组织的共同理解，使战略目标与战术要求之间保持一致。

商业分析（Business Analysis）：通过对商业需要进行定义和推荐解决方案，为干系人提供持续价值，从而实现企业变革的一系列活动。

商业分析方法（Business Analysis Approach）：用于在特定背景中执行商业分析的一组过程、规则、准则和活动。

商业分析沟通计划（Business Analysis Communication Plan）：商业分析师在商业分析期间执行的沟通类型、沟通的接收方，以及这些沟通的形式和频率。

商业分析信息（Business Analysis Information）：包含商业分析专业人士在执行商业分析过程中所获取、创建、编译、传播的所有信息。这包括在用作商业分析工作输入或商业分析工作输出的任何详细级别的任何类型信息。

商业分析师（Business Analysis，BA）：执行商业分析的任何人，无论其职务或组织角色如何。

业务能力分析（Business Capacity Analysis）：描述企业或企业的一部分可以完成工作的一种技术。

商业论证（Business Case）：用于识别为什么将问题或机会视为商业分析的工作投入，并封装来自组织视角的不可量化和可量化特征，以确定项目是否值得投资的一种技术。

商业连续性（Business Continuity）：包括计划和准备，以确保组织能够在发生严重事件或灾难时继续运营，并能够在合理的较短时间内恢复到正常运营状态。

商业模型画布（Business Model Canvas）：用于开发新商业模型或记录现有商业模型的战略工具，这个可视化模型通过使用九个构建模块来展示可能的权衡，帮助企业协调商业活动。

商业激励模型（Business Motivation Model，BMM）：一种将企业或商业的激励因素形式化并封装商业需要的技术。

商业需要（Business Need）：干系人需要用它来战略性地解决问题或机遇，并推动变革。

商业需求（Business Requirement）：描述商业想要/需要解决方案的原因。一些干系人可能考虑这些目的和目标。商业需求而不是解决方案，是参与此变革动议的理由。

商业价值（Business Value）：组织可量化的收益，可以是有形的、无形的或两者的组合。

商业价值定义（Business Value Definition）：通过分析商业需求来确定什么是有价值的一种技术，是用于商业评估的标准价值度量。

能力框架（Capacity Framework）：也称为组织成熟度模型，该技术用于识别当前绩效和未来组织绩效所需的基本能力。

因果图（Cause And Effect Diagram）：也称为石川图或鱼骨图，它是一种用于根本原因分析的绘图技术，用于识别和组织所观察到问题的潜在原因。

变更控制委员会（Change Control Board，CCB）：一个被正式授权的干系人小组，负责审议、评估、批准、推迟或否决对动议或项目所提出的变更。

变更请求（Change Request）：用于修改文档、可交付成果或三条基线（交付期限、预算或交付范围）之一的正式记录。

封闭式问题（Close-ended Question）：用于启发单个回答的问题，如"是/否"或特定的数字。示例：完成索赔流程需要多少小时？

云计算（Cloud Computing）：是一种信息技术范例，它支持对可配置系统资源和更高级别服务的共享池的通用访问，这些资源和服务经常通过互联网以最少的管理工作投入来快速提供。类似于公用事业，云计算依靠资源共享来实现一致性和规模经济。

商用现货（Commercial Off-the-shelf，COTS）：市场上提供的一种预先包装的解决方案，可满足购买这些解决方案的群体买家的所有或大部分共同需求。商用现货解决方案可能需要通过配置来满足企业的特定需要。

约束（Constraint）：不能改变的影响因素，对可能的解决方案、解决方案选项、流程、项目、动议、项目集或项目组合施加限制或限定。

成本收益分析（Cost Benefit Analysis，CBA）：也称为收益成本分析（BCA），用于评估动议或项目将提供的预测价值与动议或项目相关的费用相比较的结果的一种系统方法。

决策分析（Decision Analysis）：一种用于分析不确定的问题或机会的正式过程，以获得可为企业提供价值的替代结果。这项技术检查选择项和备选方案，以便做出判断以产生结果。

决策矩阵（Decision Matrix）：一种通过检查表格中有无加权排序的备选方案来进行决策的技术。

可交付成果（Deliverable）：交付责任方同意交付用于确认的任何独特且可核实的工作产品或服务。

文档分析（Document Analysis）：一种启发技术，用于检查作为组织过程资产或企业一部分的现有和可用的材料。

最终用户（End User）：与系统交互并将使用产品的干系人，也称为用户。

企业（Enterprise）：由一个或多个组织以及它们用来实现一组共享目标的解决方案所组成的系统。

企业架构（Enterprise Architecture，EA）：对企业的业务流程、信息技术、人员、运营、信息和项目及其关系的描述。业务架构、信息架构、安全架构等是企业架构的子集。

企业环境因素（Enterprise Environmental Factor）：影响、约束、引导动议的外部或内部因素。

史诗故事（Epic Story）：一个大的用户故事，因太大而无法在迭代中构建，参见用户故事。

演进式原型（Evolutionary Prototype）：根据干系人的反馈不断修改和更新的原型。该原型是在迭代开发评审周期中开发的，最终形成成品。

保真度（Fidelity）：与预期产品的深度、宽度和光洁度的接近程度。

财务分析（Financial Analysis）：用于评估商业、投资、解决方案方法、稳定性和盈利能力的一种技术。

力场分析（Force Field Analysis）：一种通过对决策的利弊进行权衡来检查所有支持和反对决策的力量的技术。

功能分解（Functional Decomposition）：用于将复杂的商业分析过程或方法分解为更可行的组件。

功能性需求（Functional requirement）：描述参与者行为和正在管理的信息（数据）。当我们考虑参与者行为时，很可能涉及一些信息方面，无论是创建新数据、读取/查看数据、更新数据，还是删除数据（称为 CRUD 功能）。这一类别很可能在流程、数据和规则之间进一步划分。

镀金（Gold Plating）：范围蔓延的一种形式，其中包含没有业务所有者的附加特性或功能。

高保真模型（High-fidelity Model）：尽可能以屏幕质量图形提供用户接口的真实表示。高保真模型的倡导者认为，用户通过观察更理解它们。可以确信，当他们真正不去理解设计的时候，用户更容易做出决定。

水平原型（Horizontal Prototype）：对系统功能的虽浅显但广泛的视图。

影响分析（Impact Analysis）：一种用于发现企业在变更或决策时所未预见到

的负面影响的技术。

实施主题专家（Implementation Subject Matter Experts）：具有部署一个或多个解决方案组件相关专业知识的人员。

动议（Initiative）：为解决某些商业问题或实现某些特定变革目标而采取的特定项目、项目集或行动。

检查（Inspection）：由同行团队在群组环境中对任何产品、服务或结果的准确性、完整性和相关性进行更为正式和严格的同行审查。

内部收益率（Internal Rate of Return，IRR）：项目投资的预计年收益率，包括初始成本和持续成本。

物联网（Internet of Things，IOT）：物理设备、车辆、家用电器和其他嵌入电子设备、软件、传感器、执行器和网络连接的物品的网络，使这些智能对象能够连接和交换数据。每个对象都通过其嵌入的计算系统而独一无二，但能够在现有的互联网基础设施内进行互操作。

相互关系图（Interrelationship Diagram）：一种用于显示导致预期结果变化的因素之间的逻辑和因果关系的技术，并识别原因和效果（或成果）。

访谈（Interviews）：一种通过向干系人提出相关问题、澄清信息、记录响应和确认信息来启发需求的技术。

条目跟踪（Item Tracking）：一种用于跟踪和监控整个项目或动议中未解决元素以管理范围的工具，有时也称为问题日志。

工作分析（Job Analysis）：用于识别和分析在组织中执行特定角色所需的工作要求和能力。

遗产系统（Legacy System）：一种旧的方法、技术、计算机系统或应用程序。将系统作为遗产引用意味着它为所遵循的标准铺平了道路，这也意味着系统已过时或需要更换。

低保真模型（Low-fidelity Model）：通常是手绘的草图，帮助用户暂停他们的怀疑，让他们的想象力参与进来，以便他们能更好地可视化界面。使用草图的优势在于用户可以更轻松地做出更改建议。

市场分析（Market Analysis）：通过评估市场的当前和未来状态来研究某特殊市场的吸引力和动态的一种技术。

中保真模型（Mid-fidelity Model）：包括一些视觉设计，细节层次介于低保真模型和高保真模型之间。它提供真实感，并无缝融入设计过程。

最小可售特性（Minimal Marketable Features，MMF）：一种优先级排序机制，

其中仍可为客户提供价值的最小的功能块被识别。

最小可行产品（Minimal Viable Product，MVP）：仅包含所允许部署产品的核心功能，而不包含其他功能。MVP通常部署到可能的客户子集。MVP策略旨在避免构建客户不想要的产品。重复该过程，直到获得适合广泛客户群的理想产品/市场。

MoSCoW分析（MoSCoW Analysis）：用于分配相对排名并帮助干系人对商业分析信息和信息传递重要性达成共识的一种优先级排序技术。MoSCoW代表必须有、应该有、可以有、会/不会有。

多票制（Multi-voting）：一种优先级排序技术，用于为干系人提供多个投票，以确定最高优先级的商业分析信息。一个需求或设计从干系人那里得到的投票越多，该项的优先级就越高。

净现值（Net Present Value，NPV）：预期项目收益的未来价值，以这些收益在投资时的价值表示。

非功能性需求（Nonfunctional Requirement）：描述系统必须维持的条件和系统质量（服务质量需求和产品质量需求）。

开放式问题（Open-ended Question）：用于启发对话或一系列步骤的问题，不能以"是"或"否"的方式回答，但需要给予解释。示例：索赔处理程序在收到索赔单后会做什么？

运营支持（Operational Support）：对产品、系统或结果进行日常维护和管理的人员。

机会（Opportunity）：一种有利的环境，通过创造以前不存在的开端和前景来提供进步或促进的可能性。

机会成本（Opportunity Cost）：表示通过采取其他行动方案可以实现的潜在价值。

组织模型（Organizational Model）：包括定义角色、职责、职权范围、沟通渠道和资源分配的框架的一种技术。

组织过程资产（Organizational Process Asset）：特定于组织的内部计划、过程、政策、程序和知识库。

帕累托图（Pareto Diagram）：一种按缺陷发生频率排序的直方图，用于突出一组典型的大因素中最显著的缺陷。

投资回收期（Payback Period，PBP）：收回项目投资所需的时间，通常以月或年表示。

同行评审（Peer Review）：由解决方案干系人或其他商业分析专业人士手动评估需求，以发现缺陷和改进机会。

人物（Persona）：使用虚构的人来表示用户组，并为具有类似需要的干系人创建的一种干系人配置文件。

项目组合（Portfolio）：包括项目、项目集、子项目组合、动议和运营，管理这些要素有助于企业实现其战略目标。

项目组合路线图（Portfolio Roadmap）：提供了投资组合的战略优先级和组件的可跟踪性的远景。该路线图是用来识别动议与可交付成果之间的依赖关系的初始基础。

优先级排序（Prioritization）：对需求的相对价值或需求实施顺序进行排序。本书中描述了许多优先级排序技术。

问题（Problem）：一种不受欢迎或有害的情形，需要行动、结果和成果。

过程（Process）：通过接受一个或多个已定义的输入并将其转化为已定义的输出，以实现特定目标的一组活动。

产品未完项（Product Backlog）：所有需求、特性、缺陷和其他工作条目的优先级排序列表。产品未完项最初是根据初始范围需求开发的。它通常由产品所有者拥有和维护，产品所有者定期对其进行审查，以确保解决方案团队专注于那些将首先提供最高商业价值的条目。

产品质量需求（Product Quality Requirement）：见非功能性需求。

产品（解决方案）范围［Product（Solution）Scope］：用于满足商业需要并以产品、服务或结果为特征的特性和功能。

项目集（Program）：包括相关的项目、以同步方式控制的动议和活动，以实现比单个收益更大的协作收益，项目集可以持续很长时间。

项目集路线图（Program Roadmap）：提供了一个高层次的时间表、收益和每个相关项目预期要完成的战略，主要项目里程碑通常包含在项目集路线图中。

项目（Project）：为创造独特的产品、服务或结果而进行的临时性努力。

项目组合分析（Portfolio Analysis）：一种用于对项目集、项目、项目组合、子项目组合、动议和运营的组件进行建模的技术，以提供企业内战略目标的整体视图。

项目范围（Project Scope）：为交付具有指定特性和功能的产品、服务或结果而进行的工作。

概念验证（Proof of Concept）：为确认解决方案设计而创建的尚未对外观、

用于创建工作的材料或最终由干系人使用的流程和工作流进行建模的模型。

服务质量需求（Quality of Service Requirement）：见非功能性需求。

需求（Requirement）：一种必要的条件或能力，代表需要和有用的。需求表示所需要的产品、服务或结果。

需求配置管理系统（Requirements Configuration Management System，RCMS）：一种用于系统地处理变化的技术，通过允许管理系统信息、评估所提议的变化、跟踪变化的状态并作为系统更改时的存储库。

需求确认（Requirement Validation）：评估商业分析信息，以确保它准确地反映了干系人的意图。

需求核实（Requirement Verification）：根据需求和设计规范，确认产品已具有足够的质量。

责任矩阵（Responsibility Matrix，RACI）：一种干系人概况，用于根据对动议或项目至关重要的任务和可交付成果明确干系人的角色。RACI矩阵的字母决定了哪些干系人执行、负责、咨询或知情。

投资回报率（Return on Investment，ROI）：初始项目投资的回报百分比率。

评审（Review）：用于以正式或非正式方式评价和评估商业分析信息，仅用于评估商业分析信息，而不评估评审参与者的能力或绩效。

风险（Risk）：一个不确定的事件或状态；尚未发生的某些事情。当风险确实发生时，风险的结果对任何项目目标都可能是积极的或消极的。

路线图（Roadmap）：包括将向干系人交付战略目标和价值的长期规划范围的一种视觉技术。

根本原因分析（Root Cause Analysis，RCA）：一种帮助回答问题发生原因的技术。

粗略数量级（Rough Order of Magnitude，ROM）：一种高级估算，通常基于有限信息，可能具有非常宽的置信区间。

场景（Scenario）：描述了参照用例的一条可能路径。通常，一个用例包含几个场景。

范围（Scope）：作为一个项目提供的产品、服务和结果的总和。在商业分析和需求管理中，范围被定义为产品、服务和结果的边界。另见产品范围和项目范围。

范围蔓延（Scope Creep）：当添加特性和功能而不解决对时间线、成本和资源所造成的影响时，或者在未经客户批准的情况下单方面添加范围时，会出现范围蔓延。范围蔓延可以包括产品范围或项目范围的蔓延。

站点地图（Site Map）：提供了站点将如何构建的视图（也被称为结构模型、分类法、层次结构、故事板、导航模型或网站结构）。

六西格玛（Six Sigma）：流程改进的一套技术和工具。它试图通过识别和消除缺陷的原因，以及最小化制造和业务流程来提高一个过程的输出质量。它使用一套质量管理方法（主要是经验方法、统计方法），并为组织内的专家创建一套特殊的基础设施。在一个组织内执行的每个六西格玛项目都遵循一系列确定的步骤，并有特定的价值目标，例如，缩短流程周期时间、缩短周期时间、降低成本、提高客户满意度和增加利润。

软件即服务（Software as a Service，SaaS）：一种软件授权和交付模型，其中软件以订阅为基础进行授权，并集中托管。用户通常通过 Web 浏览器访问软件应用程序。SaaS 有时被称为按需软件，以前被微软称为软件加服务。

软件系统（Software System）：由在后台运行的程序组成，使应用程序能够运行。

解决方案（Solution）：在一个背景中满足一个或多个需求的特定方法。

解决方案方法（Solution Approach）：定义企业将用来实现对需要解决的问题或开发机会的解决方案的设计方向。（例如，构建内部解决方案、购买 COTS 解决方案、改造当前解决方案、流程改进或组织变革。）

解决方案需求（Solution Requirement）：在允许开发解决方案的级别上描述解决方案所需的功能和特性。这些解决方案需求可跟踪到干系人需求。

特殊利益集团（Special Interest Group，SIG）：为社区的共同利益而分享相互收益和共享特点的一群人。

发起人（Sponsor）：对动议、项目、项目集或项目组合投入资源和支持的人或团体。

干系人（Stakeholder）：与变革、需要或解决方案有关系的群体或个人。干系人是可能影响、受影响或认为自己受到项目、项目集、动议、运营或项目组合影响的任何人、团体或组织。

干系人名单（Stakeholder List）：一种干系人概要，包括所有受影响和既得干系人的目录。

干系人映射（Stakeholder Mapping）：一种干系人概要，包括显示解决方案的干系人关系及彼此之间的干系人关系的视图或图表。

干系人矩阵（Stakeholder Matrix）：一种干系人概要，使用映射将干系人的优先级分类到网格中。

干系人概要（Stakeholder Profile）：描述干系人（特别是用户）需要做什么。

这些干系人需求很可能是将解决方案功能性分解为用户期望通过解决方案实现的已定义的目标。干系人需求应该可跟踪到商业需求，以确保实现目标，并降低过度构建一个没有资金支持或没有用于变革动议的解决方案的风险。

故事板（Storyboard）：使用一系列图像或插图的网站工作流导航的故事板地图。它有助于可视化用户的步骤，以便澄清需求。

主题专家（Subject Matter Expert，SME）：在与商业需要或解决方案范围相关的主题上属于特定领域或范围的主管部门的人员。

沉没成本（Sunk Cost）：描述已经承诺投入于一项动议的资金和努力。沉没成本的心理影响可能使干系人难以客观评估替换或消除，因为他们可能不愿意浪费已经投入的努力或金钱。由于这项投资无法收回，因此在对未来行动进行决策时，沉没成本实际上是对决策无关紧要的，决策应基于所需的未来投资和可获得的未来收益。

供应商（Supplier）：居住在企业外部而不直接处于发起人影响范围内的个人或团体。供应商也称为顾问、承包商、供应方、卖方或卖主。

SWOT 分析（SWOT Analysis）：用于识别组织或更广泛商业环境的优势、劣势、机会和威胁的技术。

系统（System）：共同完成一个目标的一组组件（手动、自动或两者的组合）。

挑逗性问题（Teaser Question）：设计为问题跟进的问题，特别是核心问题是封闭式问题时。这些问题通常是关于"谁—什么—为什么"的各种问题。

技术债务（Technical Debt）：技术债务（也被称为设计债务或代码债务）是一种隐喻，指代码库中任何系统设计、软件架构或软件开发的可能后果。债务可以被认为是在一项特定的工作被认为完成或合适之前需要完成的工作。

测试人员（Tester）：通过确保解决方案满足商业分析专业人士所定义和记录的需求来执行需求核实过程的人员。

被丢弃的原型（Throw-away Prototype）：一种使用简单工具（有时只是纸和笔）快速发现和澄清需求或设计的原型。当最终系统开发完成后，它将被丢弃。

时间盒法（Time Boxing）：对具有不可协商的固定期限的动议进行优先级排序的技术，并识别团队在有限时间内将交付哪些工作。

可跟踪性（Traceability）：包括需求、设计、解决方案组件与工作产品之间的关联、链接、关系或连接。

可跟踪矩阵（Traceability Matrix）：用于跟踪需求、设计、解决方案组件与工作产品之间的关联、链接、关系或连接的网格或树。

用例（User Use）：主要参与者达成或未达成目标的参与者交互描述。

用户（User）：与系统交互并将使用产品的干系人，也称为最终用户。

以用户为中心（User-centric）：在设计过程的每个阶段，都会广泛关注用户对产品的需要、想要和局限性的设计理念和过程。这是一个多阶段的问题解决过程，可以预测用户可能如何使用产品，并可以通过可用性研究确认有关用户行为的假设。这种方法试图围绕用户可能、想要或需要如何使用产品来优化产品，而不是强迫用户改变他们的行为来适应产品。

用户故事（User Story）：对为特定干系人提供价值的解决方案能力的非正式、简洁的描述。一个用户故事通常有一到两个句子长，提供最少信息使开发人员能够估计实现它所需的工作。用户故事通常采用的形式是：作为一个<参与者>，我需要<功能>，这样我才能有<收益>。

确认需求（Validate Requirements）：评价商业分析信息，以确保其准确反映干系人的意图。

核实需求（Verify Requirements）：确认产品已按需求和设计规范进行了足够高质量的开发。

版本控制系统（Version Control System，VCS）：用于跟踪已文档化商业分析信息的修订记录的技术。

垂直原型（Vertical Prototype）：有深度但范围通常很窄的系统功能。

加权排序（Weighted Ranking）：将商业分析信息从最不重要到最重要进行优先级排序的一种技术，通过为决策目的加重某些标准的权重来创建优先级的客观性。

线框图（Wireframe）：表示用户界面内容和结构的图表，而不是布局或视觉设计。线框的目的是交流屏幕上的基本功能、初始设计思想和内容的相对优先级（也称为屏幕流、示意图、蓝图或原型）。

工作成果（Work Product）：商业分析专业人士在需求开发过程中使用的文档或注释及图表集合。